TOLKIEN

EINE ILLUSTRIERTE ENZYKLOPÄDIE

TOLKIEN

DIE ILLUSTRIERTE ENZYKLOPÄDIE

VON DAVID DAY

Aus dem Englischen übertragen
von Hans Heinrich Wellmann

OTUS

First published in 1992 under the title "Tolkien: The Illustrated Encyclopedia" by Mitchell Beazley, an imprint of Octopus Publishing Group Ltd, 2-4 Heron Quays, Docklands, London E14 4JP

ISBN 3-907194-33-0

Inhalt

EINLEITUNG 6

LEBEN UND WERK J. R. R. TOLKIENS 10

KAPITEL EINS: GESCHICHTE 13
Zeittafeln 14
Die Erschaffung von Arda 18
Die Zeitalter der Leuchten 20
Die Zeitalter der Bäume 24
Die Zeitalter der Dunkelheit 27
Die Zeitalter der Sterne 28
Die Zeitalter der Sonne 30

KAPITEL ZWEI: GEOGRAPHIE 45
Die Entwicklung von Arda 46
Karten der Unsterblichen Lande, Númenors und Beleriands 50
Mittelerde im Dritten Zeitalter der Sonne 52
Ein illustriertes A-Z der Topographie Tolkiens
einschließlich der Städte und Bauwerke 54

KAPITEL DREI: GESELLSCHAFT 125
Die Völker von Arda 126
Eine Genealogie der Menschenrassen 127
Eine Genealogie der Elbenrassen 128
Ein illustriertes A-Z der Völker und Reiche
auf Mittelerde und in den Unsterblichen Landen 129

KAPITEL VIER: NATURGESCHICHTE 189
Ein illustriertes A-Z der Flora und Fauna
auf Mittelerde und in den Unsterblichen Landen 190

KAPITEL FÜNF: BIOGRAPHIE 235
Ein illustriertes Who's Who 236

REGISTER 274

LISTE DER ILLUSTRATIONEN 279

EINLEITUNG

Diese Enzyklopädie wurde geschrieben, um den Leser in die Welt J. R. R. Tolkiens einzuführen und ihm Zugang zu der umfangreichsten und detailliertesten Mythologie zu verschaffen, die unsere heutige Literatur kennt. Seit Jahren ist viel über manche Aspekte dieser Welt spekuliert worden, doch erst seit Tolkiens zahlreiche Manuskripte und Briefe posthum veröffentlicht wurden, ist es möglich, die drei Grundfragen über Tolkiens Kosmos zu beantworten – wo, wann und warum?

In einigen aus den 50er Jahren stammenden Briefen räumte Tolkien ein, daß die Lage dieser Welt oft die Leser verwirrte: „Viele Kritiker scheinen anzunehmen, daß Mittelerde ein anderer Planet sei!“ Er konnte diesen Trugschluß nicht verstehen, denn in seinen eigenen Vorstellungen hatte er nicht den mindesten Zweifel darüber, wo diese Welt lag. „Mittelerde ist kein Phantasiename; es ist die moderne Form von Midden-Erd>Middel-Erd, eine alte Bezeichnung für die Oikoumene, den Wohnort des Menschen, die objektiv reale Welt im Gegensatz zu Phantasiewelten (wie dem Feenland) oder unsichtbaren Welten (wie Himmel oder Hölle).“

Zehn Jahre später gab Tolkien einem Journalisten eine exakte geographische Beschreibung: „Die Geschichte spielt im Nordwesten von Mittelerde, was der geographischen Breite der Küste Europas und des nördlichen Mittelmeeres entspricht... Wenn Hobbingen und Bruchtal (wie beabsichtigt) etwa auf der Höhe von Oxford liegen, dann liegt Minas Tirith etwa 600 Meilen südlicher, also auf der Höhe von Florenz. Die Mündung des Anduin und die alte Stadt Pelargir liegen etwa auf der Höhe des alten Troja." Das eigentliche Problem ist nicht die Frage nach dem Wo, sondern die Frage nach dem Wann: „Der Schauplatz meiner Erzählung ist diese Erde – die, in der wir jetzt leben, aber der historische Zeitrahmen ist imaginär." Und in einem anderen Brief: „Ich habe, wie ich vermute, eine imaginäre Zeit geschaffen, bin aber mit den Beinen auf meiner Mutter Erde geblieben."

Diese imaginäre Zeit ist die Zeit des Mythus vor Beginn der ersten überlieferten Aufzeichnungen und dem Entstehen einer überlieferten Kultur. Sie setzt ein mit einem neuen Schöpfungsmythus, der von der Entstehung eines flachen Planeten in den Sphären des Lichts und der Luft berichtet. Er wird bewohnt von den götterähnlichen Valar und Maiar sowie von Elben, Zwergen, Ents und Orks. Erst 30 000 Jahre später erscheint die menschliche Rasse. Weitere 3 900 Jahre vergehen, bevor die Zerstörung der an Atlantis erinnernden Kultur der Númenórer dazu führt, daß diese mythische Welt sich zu der Welt rundet, die wir heute kennen. Die Ereignisse der übrigen 4 000 Jahre in der Chronik Tolkiens sollten dann „schließlich und unvermeidlich zu der historisch bezeugten Geschichte" führen.

Diese Schöpfungsgeschichte wirft die dritte Frage nach Tolkiens Welt auf: Warum? Warum hat Tolkien unsere Welt neu erfunden, indem er ihr eine neue Geschichte (oder eine mythische Vorgeschichte) gab? Wieder müssen wir in seine persönliche Korrespondenz schauen, um eine Antwort zu erhalten.

„Von Anfang an war ich bekümmert über die Armut meines eigenen geliebten Landes: Es besaß keine eigene Geschichte, jedenfalls nicht von der Art, wie ich sie in den Sagen und Legenden anderer Länder suchte und fand. Es gab griechische und keltische, romanische, germanische, skandinavische und finnische Sagen, aber keine englischen, abgesehen von dem erbärmlichen Zeugs, das wir in Schulbüchern finden."

Darum ging es Tolkien sein Leben lang. Er war von dieser Idee so besessen, daß ihn die unzweifelhaften literarischen Verdienste, die er sich mit seinem Epos *Der Herr der Ringe* erworben hatte, vermutlich nur sekundär berührten. So wichtig ihm dieser Roman auch war – eine gründliche Untersuchung des Lebens und des Werks Tolkien läßt uns erkennen, daß sein größter Ehrgeiz darin lag, für die Engländer ein neues, völlig in sich geschlossenes mythologisches System zu erschaffen.

„Ich beabsichtigte, einen Korpus mehr oder weniger miteinander verbundener Legenden zu schaffen, der das Große und Kosmogonische ebenso enthalten sollte wie die romantische Märchengeschichte..., ein Werk, das ich England widmen konnte, meinem Vaterland."

Das Ausmaß dieses Unternehmens ist atemberaubend. Es war, als ob Homer, bevor er die *Ilias* und die *Odyssee* schrieb, erst die ganze griechische Mythologie und Geschichte hätte erfinden müssen. Am erstaunlichsten ist, daß Tolkien diesen ehrgeizigen Plan tatsächlich so außerordentlich erfolgreich verwirklichte. Heute, erst fünfzig Jahre nach Erscheinen des *Kleinen Hobbit*, gehören Tolkiens Hobbits ebenso zum englischen Sagenschatz wie die Gnome zum irischen, die Zwerge zum deutschen und die Trolle zum skandinavischen. Tatsächlich wissen viele Leute überhaupt nicht, daß die Hobbits von Tolkien erfunden wurden, sondern nehmen an, daß sie mehr oder weniger schon immer zu uns gehört haben. Doch die Hobbits sind nicht die einzigen Schöpfungen Tolkiens, die Eingang in unsere Welt gefunden haben. Auch Orks, Ents und Balrogs sind zu uns gekommen; doch wichtiger noch ist die Tatsache, daß er für immer viele vage wahrgenommene mythische Geschöpfe neu definiert hat. Dank Tolkien sehen wir heute Elben und Zwerge in einem anderen Licht. Und Gandalf ist ein Zauberer geworden wie Merlin, dessen Mythus tausend Jahre zu seiner Entstehung brauchte.

Im Laufe der Jahre hat Tolkiens Welt unsere eigene immer mehr durchdrungen. Computer werden Gandalf genannt, Luftkissenfahrzeuge heißen Schattenfell, Buchläden werden nach Bilbo, Restaurants nach Frodo, Schmuckläden nach Gimli, Sportgeschäfte nach Legolas, Friseursalons nach Galadriel, multinationale Gesellschaften nach Aragorn benannt, und Computerspiele laufen unter Bezeichnungen wie Gondor, Rohan, Imladris und Lothlorien.

Obgleich Tolkien nie erwartet hatte, daß diese Mythologie so populär und kommerziell so stark verwertet werden sollte, hatte er eine gründlichere Aufnahme von denen erhofft, die sich für Mythen und Folklore interessieren. Im selben Brief, in dem er von seinem Wunsch sprach, eine Mythologie für England zu erschaffen, äußerte er sich auch über seine Ziele und gab seiner Hoffnung Ausdruck, daß andere sich intensiver mit seiner Welt beschäftigen mögen.

„Ich wollte einige der großen Erzählungen voll ausmalen und andere nur skizzenhaft in die Gesamtstruktur eingliedern. Die Zyklen sollten zu einem majestätischen Ganzen verbunden werden und doch Raum lassen für andere Köpfe und Hände, die auf dem Gebiet der Malerei und Musik und des Schauspiels tätig sind."

Kampf auf der Brücke von Khazad-Dûm

Abermals hat Tolkien sein Ziel erreicht. Viele „andere Köpfe und Hände" sind an der Arbeit gewesen. Seine Schriften haben bildende Künstler, Musiker und Dramatiker zum Schaffen angeregt. Einige der wichtigsten Beiträge zu dieser Enzyklopädie stammen von den vielen bildenden Künstlern, deren Gemälde und Zeichnungen Tolkiens Welt illustrieren und auf ihre Weise fortsetzen, was er angefangen hat.

Doch über die visuellen Beiträge begabter Künstler hinaus sucht dieses Buch durch seine präzisen und detaillierten Textangaben den Leser zu orientieren und zu informieren und ihm – in Tolkiens Worten – eine Vorstellung von dem „majestätischen Ganzen" seiner Welt zu vermitteln. Um das zu erreichen, ist die Enzyklopädie in fünf Abschnitte gegliedert: Geschichte, Geographie, Gesellschaft, Naturgeschichte und Biographie. Jeder Abschnitt sucht das Verständnis des Lesers für Tolkiens Welt zu erweitern.

So ist *Tolkien: Die Illustrierte Enzyklopädie* nicht nur ein nützliches Nachschlagewerk, sondern vor allem eine Hommage an einen großen Geschichtenerzähler und Schöpfer einer eigenen Welt.

LEBEN UND WERK J. R. R. TOLKIENS

1892 *John Ronald Reuel Tolkien als Sohn britischer Eltern am 3. Januar in Bloemfontein, Südafrika, geboren. Bruder Hilary 1894 geboren.*

1895 *Mutter (Mabel Tolkien) zieht mit den Kindern zurück nach Birmingham, England. Vater (Arthur Tolkien) bleibt in Südafrika.*

1900 *Ronald besucht die King Edward's Grammar School.*

1904 *Mutter stirbt an Diabetes im Alter von 34 Jahren.*

1905 *Verwaiste Söhne ziehen in das Haus einer Tante in Birmingham.*

1908 *Ronald beginnt sein erstes Semester in Oxford.*

1913 *Ronald besteht sein erstes Examen mit Auszeichnung.*

1914 *Ronald verlobt sich mit seiner Jugendfreundin Edith Bratt. Ausbruch des Ersten Weltkriegs. Kehrt nach Oxford zurück, um sein Studium fortzusetzen.*

1915 *Zweites Examen in Englischer Sprache und Literatur. Wird zu den Lancashire Fusiliers eingezogen.*

1916 *Heiratet Edith Bratt. Marschbefehl nach Frankreich, wo er die Somme-Schlacht als Leutnant erlebt. Kehrt mit einer Kriegsneurose nach England zurück.*

1917 *Beginnt während seiner Genesung mit der Niederschrift des SILMARILLION. Geburt des ersten Sohnes John.*

1918 *Beförderung zum Oberleutnant, Versetzung nach Staffordshire. Ende des Krieges. Kehrt mit seiner Familie nach Oxford zurück. Mitarbeit am* New English Dictionary.

1919 *Arbeitet als Tutor in Oxford.*

1920 *Folgt einem Ruf als Dozent für Englische Sprache an der Leeds University. Geburt des zweiten Sohnes Michael.*

1924 *Wird Professor für Englische Sprache in Leeds. Geburt des dritten Sohnes Christopher.*

1925 *Tolkien und E. V. Gordon veröffentlichen SIR GAWAIN AND THE GREEN KNIGHT. Tolkien wird Professor für Angelsächsisch in Oxford.*

1926 *Beginn der Freundschaft mit C. S. Lewis.*

1929 *Viertes Kind Priscilla wird geboren.*

1936 *Tolkien beendet THE HOBBIT (deutsch: „Der kleine Hobbit"). Hält eine Vorlesung über Beowulf mit dem Titel BEOWULF: THE MONSTERS AND THE CRITICS.*

1937 *Veröffentlichung von THE HOBBIT. Tolkien beginnt mit der Niederschrift des späteren THE LORD OF THE RINGS (deutsch: „Der Herr der Ringe").*

1939 *Tolkien hält eine Vorlesung über Märchen unter dem Titel FAIRY STORIES. Arbeitet während der Kriegsjahre an THE LORD OF THE RINGS.*

1945 *Ende des Zweiten Weltkriegs. Tolkien wird Merton Professor für Englische Sprache und Literatur in Oxford.*

1947 *Vorläufiges Manuskript des LORD OF THE RINGS wird an mehrere Verlage geschickt.*

1948 *THE LORD OF THE RINGS beendet.*

1949 *Veröffentlichung von FARMER GILES OF HAM (deutsch in: „Fabelhafte Geschichten").*

1954 *Veröffentlichung der ersten beiden Bände von THE LORD OF THE RINGS.*

1955 *Veröffentlichung des dritten Bandes von THE LORD OF THE RINGS.*

1959 *Tolkien wird Professor emeritus.*

1962 *Veröffentlichung von THE ADVENTURES OF TOM BOMBADIL (deutsch: „Die Abenteuer des Tom Bombadil").*

1964 *Veröffentlichung von TREE AND LEAF (deutsch in: „Fabelhafte Geschichten").*

1965 *Amerikanische Paperback-Ausgaben von THE LORD OF THE RINGS erscheinen. Der Roman wird zu einem „Kult-Buch".*

1967 *Veröffentlichung von SMITH OF WOTTON MAJOR (deutsch in: „Fabelhafte Geschichten") und THE ROAD GOES EVER ON.*

1968 *Die Tolkiens ziehen um nach Poole in der Nähe von Bournemouth.*

1971 *Edith Tolkien stirbt im Alter von 82 Jahren.*

1972 *Tolkien kehrt nach Oxford zurück. Wird von der Königin mit dem Orden und Titel eines Commander of the British Empire ausgezeichnet.*

1973 *J. R. R. Tolkien stirbt im Alter von 81 Jahren am 2. September.*

Posthume Veröffentlichungen:

1976 *The Father Christmas Letters (deutsch: „Die Briefe vom Weihnachtsmann").*

1977 *The Silmarillion (deutsch: „Das Silmarillion").*

1980 *Unfinished Tales of Numenor and Middle-Earth (deutsch: „Nachrichten aus Mittelerde").*

1981 *The Letters of J. R. R. Tolkien (deutsch: „J. R. R. Tolkien – Briefe").*

1982 *Mr. Bliss (deutsch: „Herr Glück").*

1983 *The Monsters and The Critics and other Essays (deutsch: „Die Ungeheuer und ihre Kritiker").*
The History of Middle-Earth: The Book of Lost Tales (deutsch: „Das Buch der Verschollenen Geschichten. Teil 1").

1984 *The History of Middle-Earth: The Book of Lost Tales Part Two (deutsch: „Das Buch der Verschollenen Geschichten. Teil 2").*

1985 *The History of Middle-Earth: The Lays of Beleriand.*

1986 *The History of Middle-Earth: The Shaping of Middle-Earth.*

1987 *The History of Middle-Earth: The Lost Road and Other Writings.*

1988 *The History of Middle-Earth: The Return of The Shadow.*

1989 *The History of Middle-Earth: The Treason of Isengard.*

1989 *The History of Middle-Earth: The War of The Rings.*

GESCHICHTE

Die historischen Zusammenhänge der Geschichten Tolkiens über Mittelerde und die Unsterblichen Lande sind so verwikkelt, dass jeder Leser diesen Führer durch die Hauptepochen und die ihn ergänzenden Zeittafeln begrüssen wird. Es werden hier acht Hauptepochen unterschieden, von der Erschaffung der Welt bis zum Dritten Zeitalter der Sonne, das kurz nach dem Ringkrieg endete. Der gesamte Zeitraum umfasst nicht weniger als 37 000 Jahre. Ziel ist es, diese Epochen historisch zu deuten und eine Chronologie der Ereignisse zu vermitteln, die sich in ihnen abspielten.

EINE CHRONOLOGIE DER KÖNIGREICHE AU

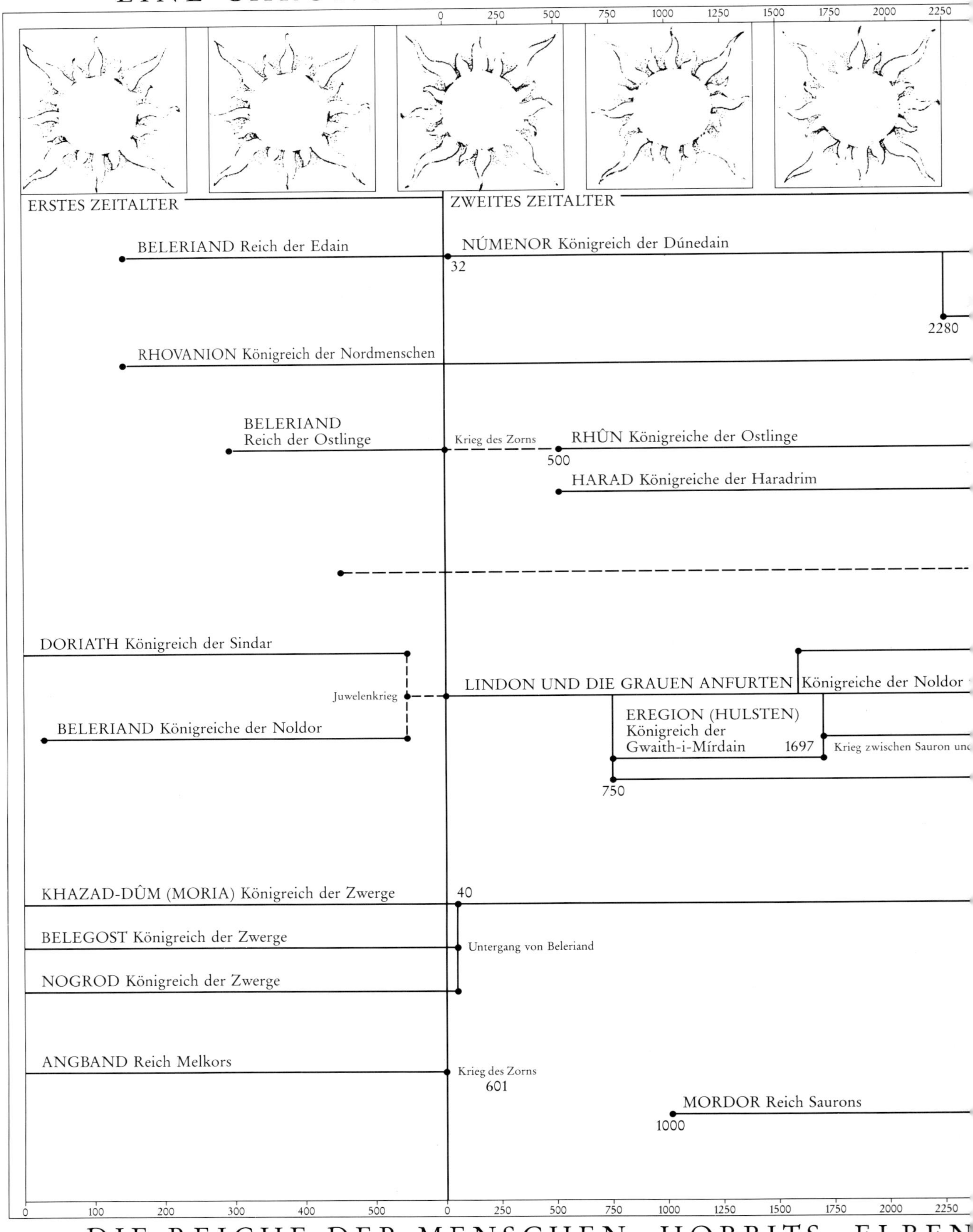

DIE REICHE DER MENSCHEN, HOBBITS, ELBEN

ıITTELERDE IN DEN ZEITALTERN DER SONNE

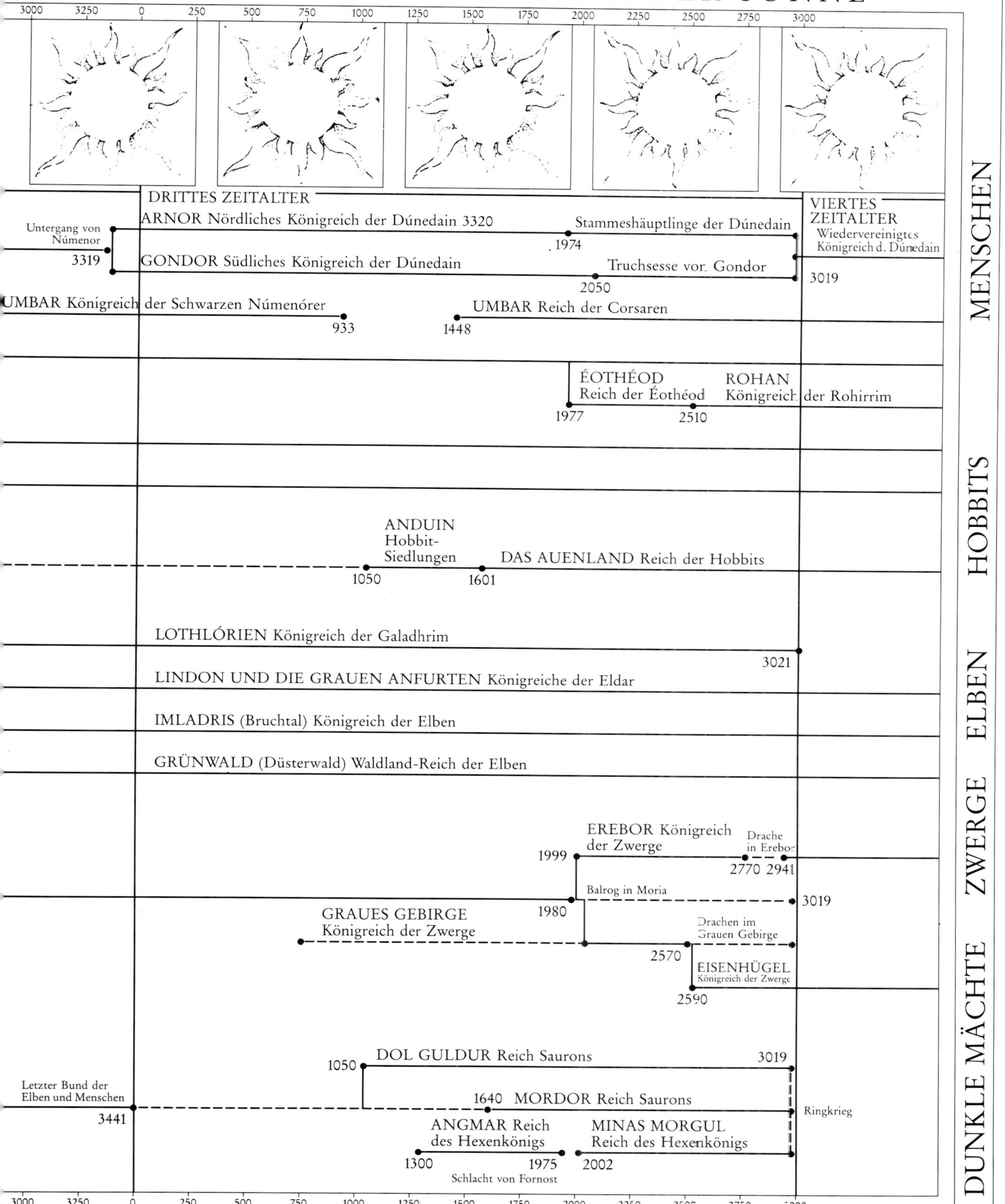

WERGE UND DER DUNKLEN MÄCHTE

EINE CHRONOLOGIE DER EREIGNISSE AUF MITTEL

	*Eru der Eine* *(„Er, der Allein ist“)*	*Errichtung der Zeitlosen Hallen* *Musik der Ainur*	*Vision von Ea* *Erschaffung der Welt (Arda)*		Jahr 1 1. ZEITALTER DEF *Valar und Maia betreten Arda* *Arda wird gesta*
ZEITALTER DER BÄUME ERSTE ÄRA UNSTERBLICHE LANDE	10 000 Jahre 10. ZEITALTER DER VALAR *Errichtung von Valinor* *Erschaffung der Bäume der Valar*	*Manwe erschafft die Adler* *Yavanna besucht Mittelerde*	*Yavanna erschafft die Ents* *Orome besucht Mittelerde*	ZEITALTER DER BÄUME ZWEITE ÄRA UNSTERBLICHE LANDE	20 000 Jahre 20. ZEITALTE DER VALAR *Varda sammelt Licht für die St*
	*Melkors Herrschaft über Mittelerde beginnt* *Schlaf Yavannas* *Errichtung von Angband*	*Balrogs, Fledermäuse, Geflügelte Untiere, Drachen, Riesenspinnen und Werwölfe erscheinen*	*Aule der Schmied erschafft die Zwerge*		*Die Sterne wer entzündet* *Die Elben erwachen*
Teleri treffen in Tol Eressea ein	*Teleri bauen die ersten Schiffe und segeln nach Eldamar*	*Errichtung von Alqualonde*	*Noldor erfinden das Tengwar-Alphabet*	*Noldor schaffen die ersten Elben-Gemmen*	*Entstehung der Silmaril* *Freilassung Me*
Falathrim verbünden sich mit den Sindar	*Zwerge kommen nach Beleriand*	*Errichtung von Menegroth*	*Orks werden aus Beleriand vertrieben*	*Laiquendi betreten Ossiriand*	*Sindar erfinder Cirth-Alphabe*
31 000 Jahre 31. ZEITALTER DER VALAR *Errichtung von Avallóne* *Valar erschaffen Númenor*	*Bann der Valar*	*Elben von Avallóne treiben mit Númenor Handel*	*Elben von Avallóne bringen die Palantíri nach Númenor*	*Feldzug der Númenórer gegen die Valar* *Umwandlung der Welt*	34 000 Jahre 34. ZEITALTI DER VALAR *Der Lange Frie Valinor beginn*
ZWEITES ZEITALTER DER SONNE *Elben errichten Lindon und die Grauen Anfurten* *Edain treffen in Númenor ein*	*Sauron errichtet Mordor* *Elbenschmiede errichten Eregion*	*Der Eine Ring wird geschmiedet* *Krieg Saurons gegen die Elben* *Eregion wird zerstört und Bruchtal gegründet*	*Erscheinen der Nazgûl* *Númenórer nehmen Sauron gefangen*	*Untergang von Númenor* *Erster Sieg über Mordor und Sauron*	DRITTES ZEI ALTER DER S *Der Eine Ring verloren* *Invasion der O beginnt*

REIHENFOLGE DER EREIGNISS

ERDE UND IN DEN UNSTERBLICHEN LANDEN

Krieg *st der* *ommenheit* *nnung Melkors*	ZEITALTER DER LEUCHTEN 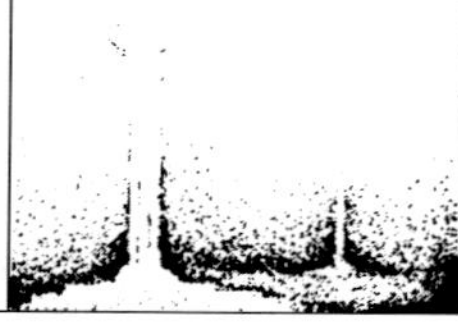	5 000 Jahre 5. ZEITALTER DER VALAR *Leuchten der Valar werden geschmiedet* *Der Frühling von Arda beginnt*	*Errichtung von Almaren* *Der Große Wald von Arda breitet sich aus*	*Errichtung von Utumno* *Aufrührerische Maiar und Dämonen betreten Arda*	*Zerstörung der Leuchten und Verwüstung von Almaren* *Frühling von Arda endet*
Maia Melian *mit anderen* *nach* *lerde auf*	*Orome entdeckt die Elben und unterrichtet die Valar von seinem Fund*	*Valar ziehen in den Krieg des Zorns*	*Fesselung Melkors* *Der Friede von Arda beginnt* *Einladung der Valar an die Elben*	*Vanyar und Noldor treffen in Eldamar ein*	*Errichtung von Tirion*
nts *hen* *werge* *hen*	*Züchtung der Orks* *Züchtung der Trolle* *Errichtung von Khazad-dûm*	*Krieg der Mächte* *Zerstörung von Utumno*	*Große Reise der Elben beginnt*	*Die Maia Melian erscheint* *Große Reise endet*	*Errichtung von Nogrod und Belegost* *Die Sindar gründen Doriath*
riede von Arda *tung von* *nos*	*Zerstörung der Bäume der Valar* *Der erste Sippenmord* *Flucht der Noldor*	ZEITALTER DER SONNE  UNSTERBLICHE LANDE	30 000 Jahre 30. ZEITALTER DER VALAR *Die Valar erschaffen Mond und Sonne*	*Die Maia Melian kehrt nach Valinor zurück*	*Valar ziehen in den Krieg des Zorns* *Verbannung Melkors*
-Runen werden *en Zwergen* *iert*	*Melkor und Ungolianth kehren zurück* *Schlaf Yavannas endet*	ZEITALTER DER SONNE  MITTELERDE	ERSTES ZEITALTER DER SONNE *Erwachen der Menschen* *Juwelenkrieg beginnt*	*Erstes Auftreten der Drachen* *Zerstörung der Noldor- und Sindarreiche*	*Krieg des Zorns* *Zerstörung von Angband* *Ende des Juwelenkrieges*
werden unter *Maiar* *wählt*	*Istari betreten Mittelerde*	*Eldar-Schiffe aus Lothlórien und Dol Amroth treffen ein*	*Valar verbannen Saurons Geist*	37 000 Jahre 37. ZEITALTER DER VALAR *Das Schiff der Ringträger trifft ein*	*Das letzte Eldar-Schiff trifft ein*
skönige von *or erobern* *d* *n erscheint* *r* *its erscheinen*	*Hexenkönig in Angmar* *Große Pest* *Arnor fällt* *Balrog in Moria*	*Der Eine Ring wird gefunden* *Uruk-hai und Olog-hai erscheinen* *Drachen erscheinen wieder*	*Krieg der Zwerge gegen die Orks* *Ringkrieg* *Endgültiger Sieg über Mordor und Sauron*	VIERTES ZEITALTER DER SONNE *Das Schiff der Ringträger verläßt Mittelerde* *Herrschaft der Menschen beginnt*	*Das letzte Eldar-Schiff verläßt Mittelerde*

M LAUFE DER ZEITALTER

DIE ERSCHAFFUNG VON ARDA

Als alles dunkel und leer war, gab es – wie die „Ainulindale“, das erste Buch des *Silmarillion* berichtet – ein allwissendes Wesen, das allein in der ungeheuren Leere lebte. Es wurde Eru, der Eine, und später von den Elben Ilúvatar genannt.

Dies war das Wesen, das Tolkien als Quelle aller Schöpfung begriff. In der „Ainulindale“ schildert uns Tolkien, wie aus den ersten Gedanken Ilúvatars das Geschlecht der Götter, die Ainur (die „Heiligen“), entstand, und durch die Kraft seines Geistes – der „Unverlöschlichen Flamme“ – schenkte Ilúvatar den Ainur unsterbliches Leben.

Für dieses Göttergeschlecht errichtete Ilúvatar eine Wohnung in der Leere, die „Zeitlosen Hallen“. Hier lehrte er sie zu singen, und sie bildeten einen himmlischen Chor. Aus der Musik dieser göttergleichen Geister entstand ein „Gesicht“, eine heilige Vision, die als runde Welt in der Leere kreiste.

Tolkiens Welt wurde buchstäblich ins Dasein gesungen, und jeder der himmlischen Schar hatte seinen Anteil daran, selbst jener mächtige satanische Geist namens Melkor, der von Streit und Disharmonie sang. Doch die Musik der Ainur schuf eben nur eine Vison; es bedurfte des Wortes und Befehls Ilúvatars (und der Kraft der Unverlöschlichen Flamme), um daraus Ea zu schaffen, die Welt Die Ist. So erhielt die Vision Substanz und Wirklichkeit. Und in diese Welt stiegen jene Ainur hinab, die den größten Anteil an ihrer Konzeption gehabt hatten und den Wunsch hegten, sie weiterhin zu gestalten.

So sah Tolkien die Erschaffung seines Planeten, der Arda genannt wurde. Es ist eine Welt, deren Konzeption seltsam ätherisch und opernhaft anmutet. Es ist überdies eine Schöpfung, die sich in doppelter Weise vollzog, denn als die Ainur auf Arda erschienen, fanden sie, daß es ihnen oblag, dem neuen Gebilde Form und Gestalt zu geben. Die Musik und die Vision waren nur vorgegebene Themen und Prophezeiungen dessen, was noch geschehen sollte. Die Formung Ardas und ihr geschichtliches Werden waren schwerer zu bewerkstelligen.

Obgleich Tolkien uns berichtet, daß die Mehrzahl der Ainur bei Ilúvatar in den Zeitlosen Hallen blieb, erzählt er uns sonst nichts mehr von ihnen. Seine Geschichte befaßt sich nur mit denen, die die Sphären der Welt betraten. Hier erst werden diese göttlichen, körperlosen Geister zu den Elementen und den Kräften der Natur, aber wie die Götter der Griechen besitzen sie eine körperliche Gestalt, eine Persönlichkeit und ein Geschlecht und sind miteinander verwandt. Die Ainur, die Arda betraten, werden in zwei Gruppen unterteilt: die Valar und die Maiar – die Götter und die Halbgötter.

Es gab fünfzehn Valar: Manwe, den König der Winde; Varda, die Königin der Sterne; Ulmo, den Herrn der Meere; Nienna, die Klagerin; Aule, den Schmied; Yavanna, die Spenderin der Früchte; Orome, den Herrn der Wälder; Vána, die Ewigjunge; Mandos, den Wächter der Toten; Vaire, die Weberin; Lórien, den Herrn der Träume; Este, die Heilerin; Tulkas, den Ringer; Nessa, die Tänzerin; und Melkor, der später Morgoth genannt wurde, der Dunkle Feind.

Die Maiar waren wesentlich zahlreicher, aber nur wenige dieser Unsterblichen werden in Tolkiens Chronik genannt: Eonwe, der Herold Manwes; Ilmare, Vardas Zofe; Osse von den Wogen; Uinen von der Ruhigen See; Arien, die Sonne; Tilion, der Mond; Sauron, der Herr der Ringe; Gothmog, der Herr der Balrogs; Thuringwethil, die Fledermaus; Ungolianth, die Spinne; Draugluin, der Werwolf; Goldbeere, die Flußtochter; Iarwain Ben-adar (Tom Bombadil) und die fünf Zauberer – Olórin (Gandalf), Curunír (Saruman), Aiwendil (Radagast), Alatar und Pallando.

Erst nachdem die Welt entstanden war und die Ainur sie betreten hatten, begann die Zeitrechnung in Arda. Da es in der Geschichte Ardas lange keine Sonne und keinen Mond gab, nach denen die Zeit hätte gemessen werden können, basiert Tolkiens Chronologie auf den Valar-Jahren und den Zeitaltern der Valar. Jedes Valar-Jahr entspricht zehn unserer Jahre. Und da jedes Zeitalter der Valar hundert Valar-Jahre umfaßt, entspricht jedes Zeitalter tausend irdischen Jahren. Obgleich es viele einander überlappende Systeme und unterschiedliche Datierungen in den verschiedenen Schriften Tolkiens gibt, besteht doch genügend Übereinstimmung, um mit einiger Präzision feststellen zu können, daß die Zeit, die von der Erschaffung Ardas bis zum Ende des Dritten Zeitalters der Sonne (kurz nach Ende des Ringkrieges) verstrich, 37 Valar-Zeitalter – oder genau 37 063 irdische Jahre – betrug.

Innerhalb dieser gewaltigen Zeitspanne waren die ersten Zeitalter der Valar damit ausgefüllt, daß die neu eingetroffenen Mächte Arda formten. Gab es bereits in der Musik der Ainur dissonante Töne, so brach bei der eigentlichen Gestaltung Ardas durch eine Schar von Maiar-Geistern, angeführt von dem mächtigen satanischen Vala namens Melkor, ein großer Konflikt aus. Das war der Erste Krieg, der dazu führte, daß die ursprüngliche Symmetrie und Harmonie Ardas durcheinander geriet. Obgleich Melkor schließlich verbannt wurde, blieben die Länder und Meere Ardas gezeichnet und zerrissen, und die Möglichkeit, die Arda einst in der Vision als ideale Welt geboten hatte, war für immer verloren.

Die Zeitlosen Hallen, die Wohnung in der Leere

DIE ZEITALTER DER LEUCHTEN

Nach der Schaffung und Gestaltung Ardas brach, wie die „Quenta Simarillion" und spätere Publikationen Tolkiens uns berichten, eine idyllische Zeit an, die Zeitalter der Leuchten, als die Valar trotz der Verwüstungen, die der Erste Krieg in Arda angerichtet hatte, die Welt mit Naturwundern von großer Schönheit und Harmonie ausstatteten. Diese Zeitalter erhielten ihre Bezeichnung nach zwei kolossalen magischen Leuchten, welche die Welt erhellten.

Es war Aule der Schmied, einer der Valar, der diese goldenen Lampen schuf, während die Sternenkönigin Varda und der Windkönig Manwe sie mit Licht füllten. Mit Hilfe der anderen Valar wurde jede der Leuchten auf eine mächtige Säule gehoben, die weit höher war als jeder Berg. Eine der Leuchten wurde inmitten eines Binnenmeers namens Helcar im Norden von Mittelerde errichtet und erhielt den Namen Illuin, während die andere, Ormal, mitten auf einer Insel namens Ringil ihren Standort fand.

Während der Zeitalter der Leuchten entstand das Erste Königreich der Valar auf der im Großen See gelegenen Insel Almaren – dem Mittelpunkt Ardas. Im Prunk der prächtigen Wohnungen und Türme der Valar und Maiar war es ein wahres Wunder, und die Welt war erfüllt von Freude und Licht.

Die idyllische Zeit wurde auch als „Frühling Ardas" bezeichnet, als Yavanna, die Spenderin der Früchte, die großen Wälder und weiten Wiesen sowie viele sanfte und schöne Tiere in Feldern und Flüssen schuf.

Aber Almaren war nicht das einzige Königreich, das in dieser Zeit entstand. Weit im Norden sammelten sich erneut die bösen Maiar-Geister, und Melkor drang wieder in Arda ein. Während die Valar sich von ihren Mühen erholten, errichtete Melkor heimlich die gewaltigen Eisenberge wie einen mächtigen Wall in den Nordlanden und baute in ihrem Schatten eine Festung mit dem Namen Utumno. Von diesem Zufluchtsort aus begann er das Werk der Valar zu verderben, und Gift sickerte in die Flüsse und in die Wälder. Yavannas schöne Geschöpfe wurden verunstaltet und gequält, so daß sie sich zu blutdürstigen Ungeheuern entwickelten.

Als er sich schließlich stark genug dünkte, trat Melkor mit seiner bösen Schar offen hervor und überzog die Valar mit Krieg. Ehe sie sich auf den Überfall vorbereiten konnten, warf er die mächtigen Säulen der Großen Leuchten um, so daß die Berge barsten und die verzehrende Flamme der Leuchten sich in der ganzen Welt ausbreitete. In dem Tumult wurde das Königreich Almaren vollständig zerstört.

So endete der Frühling Ardas, und die Welt

wurde abermals von Dunkelheit erfüllt, die nur die zerstörerischen Feuer der Erde da und dort erhellten. Erdbeben brachen aus, und Meere erhoben sich. Es erforderte die ganze Kraft der Valar, dem Tumult Einhalt zu gebieten, damit nicht die ganze Welt

Die Zerstörung der grossen Leuchten

zerstört würde. Anstatt gegen Melkor inmitten dieses Aufruhrs zu kämpfen und weitere Zerstörungen in Kauf zu nehmen, verließen die Valar Almaren und die Mittelerde und zogen weiter nach Westen zu dem großen Kontinent Aman, den spätere Zeiten als die Unsterblichen Lande kennen. So endeten die Zeitalter der Leuchten damit, daß die Valar ein neues Königreich im Westen errichteten, während die Länder Mittelerdes der bösen Macht Melkors überlassen blieben.

Die Bäume der Valar

DIE ZEITALTER DER BÄUME

Nach der Zerstörung der Großen Leuchten und des Ersten Königreichs Almaren zogen die Valar nach Westen auf den Kontinent Aman, wo sie ein Zweites Königreich namens Valinor, das heißt „das Land der Valar“, gründeten. Dort nahm jeder einen Teil des Landes in Besitz und errichtete Häuser und legte Gärten an. Zusammen bauten sie Valimar, die „Wohnung der Valar“, eine von Wällen umgebene Stadt mit Kuppeln und Türmen aus Gold und Silber, erfüllt von der Musik vieler Glocken.

Auf einem grünen Hügel vor dem goldenen Westtor Valimars pflanzten die Valar zwei gewaltige Bäume. Es waren die höchsten Bäume, die es je gab, und sie wurden Laurelin der Goldene und Telperion der Weiße genannt. Fast so groß wie die kolossalen Leuchten der Valar, leuchteten diese Bäume Valimars in einem strahlenden goldenen und silbernen Licht, das mit der Blüte eines jeden Baums alle sieben Stunden zu- und abnahm und den Bewohnern der Stadt ein Maß gab, die Tage zu zählen. Das Licht selbst nährte alle, die in seinem Glanz lebten und erfüllte sie mit Freude und Weisheit.

Aus den frühen Chroniken Tolkiens in den „Annalen Valinors“ wissen wir, daß die Zeitalter der Bäume eintausend Valar-Jahre – also zehntausend irdische Jahre – nach der Schöpfung Ardas begannen, das heißt im Zehnten Zeitalter der Valar. Aus dieser Quelle wissen wir auch, daß die Zeitalter der Bäume fast zwanzig Valar-Zeitalter oder zwanzigtausend irdische Jahre dauerten.

Es gibt jedoch einen Faktor in Tolkiens Chronologie Ardas, den es zu beachten gilt: Die Zeitalter der Bäume beziehen sich nur auf die Unsterblichen Lande. Wir hören, daß die Valar nach ihrer Ankunft in Aman einen großen Wall in Gestalt der Pelóri-Berge auftürmten, um Morgoth und seine Anhänger fernzuhalten. Diese Berge, die höchsten der Welt, schützten Valinor tatsächlich vor Eindringlingen, aber sie schirmten auch das Licht der Bäume ab, so daß der Rest Ardas im Dunkeln blieb.

So haben wir es während des Zeitalters der Bäume mit zwei parallelen Zeitsystemen zu tun. Während die Unsterblichen Lande vom Licht der Bäume erhellt wurden, folgten in Mittelerde zwei Epochen aufeinander, die jeweils zehntausend irdische Jahre umspannten – die Zeitalter der Dunkelheit und die Zeitalter der Sterne.

In den Unsterblichen Landen wurde die Ära der Bäume in zwei Zeitalter unterteilt. Die ersten zehn Zeitalter der Valar oder zehntausend irdischen Jahre waren als die Jahre der Glückseligkeit in Valinor bekannt. Es war eine Blütezeit der Valar und Maiar, deren Häuser und Wohnstätten immer prächtiger und größer wurden. Manwe erschuf die Adler, Yavanna die Ents und Aule die Zwerge. Glücklich waren diese Jahre wirklich in Valinor, während jenseits der Wälle der Pelóri-Berge Mittelerde die schreckliche Herrschaft Melkors in den Zeitaltern der Dunkelheit ertragen mußte.

In den nächsten zehn Zeitaltern der Valar erfahren wir viel mehr über die Ereignisse in Valinor und Mittelerde. Dieses zweite Zeitalter der Ära der Bäume wurde der Mittag des Segensreiches genannt, während es in Mittelerde als Zeitalter der Sterne in die Chroniken einging. Dies war die Zeit, in der Varda, die Herrin des Himmels, die Sterne über Mittelerde wieder entzündete und das Erwachen der Elben herbeiführte.

Als die Nachricht vom Erstehen der Elben die Unsterblichen Lande erreichte, machte sich Melkor auf, sie zu schlagen, zu versklaven und zu verderben. Die Valar riefen einen Kriegsrat ein, und

MELKOR RAUBT DIE SILMARIL

gemeinsam mit den Maiar drangen sie in Mittelerde ein und trieben Melkors Legionen vor sich her.

Es war dies der Krieg der Mächte, in dem viele Schlachten geschlagen und Zweikämpfe ausgetragen wurden. Die Valar zerstörten Utumno und holten den Tyrannen Melkor aus der Höhle, in die er sich verkrochen hatte. Er wurde mit einer von Aule geschmiedeten Kette gefesselt und in Valinor gefangengehalten. Diese Zeit ist bekannt als der Friede von Arda und dauerte bis fast zum Ende der Zeitalter der Bäume in Valinor und der Zeitalter der Sterne in Mittelerde.

Es waren dies große Jahre für die Elben, denn ohne nunmehr dem bösen Zorn Melkors ausgesetzt zu sein, wuchs dieses edle Volk und wurde mächtiger. Nach dem Krieg luden die Valar die Elben ein, zu ihnen zu kommen und mit ihnen im Land des Lichts zu leben. Das leitete die Massenwanderung ein, die als die Große Reise der Eldar bekannt geworden ist, denn die Eldar waren jene Elben, die der Einladung der Valar nachkamen.

Die Große Reise war das Thema vieler Elbengesänge. Die Eldar nahmen viele Entbehrungen bei dieser langen Reise auf sich und teilten sich in mehrere Rassen und Stämme auf. Diejenigen, die die Unsterblichen Lande erreichten und der Segnungen des Lichts teilhaftig wurden, waren die drei Geschlechter der Vanyar, der Noldor und der Teleri. Ihnen gaben die Valar einen Teil der Unsterblichen Lande mit dem Namen Eldamar, das bedeutet „Elbenheim". Dort errichteten die Eldar prächtige Wohnungen und Türme, die schönsten jedoch in der Hauptstadt der Vanyar und Noldor, Tirion, und in den Teleri-Städten Alqualonde an der Küste von Eldamar und Avallóne auf der Insel Tol Eressea.

Nachdem er drei Alter im Kerker gesessen hatte, wurde Melkor vor die Valar geführt. Da er sich geändert zu haben schien und für sein Verhalten um Vergebung bat, ließ Manwe, der Herrscher der Valar, seine Ketten lösen. Aber die Valar wurden getäuscht. Heimlich plante Melkor ihren Untergang. Erst säte er Streit unter den Elben, und dann führte er im Bündnis mit der Großen Spinne Ungolianth einen offenen Krieg gegen sie.

Er gelangte mit Ungolianth zu den Zwei Bäumen der Valar und stieß ihnen einen Speer ins Mark. Die Spinne saugte das Licht und das Leben aus den Bäumen, so daß sie verdorrten und starben. So fiel das Dunkel über Valinor, und Melkor lachte schadenfroh, denn zum zweitenmal hatte er das Licht der Welt gelöscht.

Noch nicht zufrieden mit dem Unheil, das er angerichtet hatte, drang Melkor in die Elbenfestung Formenos ein, erschlug den König der Noldor und stahl die Zaubersteine Silmaril. Es waren dies die kostbarsten Juwelen dieses und jedes anderen Zeitalters. Sie waren den Noldor heilig, die sie gemacht hatten, denn sie legten das höchste Zeugnis ab von der Kunst der elbischen Gemmenschneider. In der Dunkelheit, die über Valinor gefallen war, wurden sie um so höher geschätzt, als sie mit dem lebenden Licht der Zwei Bäume leuchteten.

Doch so schön sie auch waren – die Silmaril schienen einen schrecklichen Fluch in sich zu bergen. Sie brachten jedem, der sie besaß, Verzweiflung und Vernichtung. Als Melkor sie nahm und nach Mittelerde floh, schworen die Noldor ihm blutige Rache und folgten ihm unter Führung Feanors, der die Silmaril geschaffen hatte. Dies war der Beginn des Juwelenkriegs, der sich durch das ganze Erste Zeitalter der Sonne fortsetzte und in Tolkiens *Silmarillion* beschrieben wird.

Die Verliese von Utumno

DIE ZEITALTER DER DUNKELHEIT

Während Valinor und die Unsterblichen Lande im Licht der Bäume lagen, waren alle Länder der Mittelerde in Dunkelheit getaucht. Das waren die Zeitalter der Dunkelheit auf Mittelerde, während der Melkor die höllischen Höhlen von Utumno immer tiefer in die Eisenberge grub. Aus schwarzem Stein, Feuer und Eis baute er unterirdische Paläste und unergründliche Verliese.

Hier sammelte der Herr der Finsternis alle bösen Mächte der Welt um sich. Ihre Zahl schien grenzenlos zu sein, und Melkor wurde nicht müde, immer neue und fürchterlichere Formen zu schaffen. Grausame Geister, Phantome, Unholde und böse Dämonen durchschritten die Hallen von Utumno. Alle Schlangen der Welt wurden in den Höhlen eines dunklen Reiches aufgezogen, das die Heimat blutrünstiger Werwölfe und Vampire sowie zahlloser fliegender, kriechender und gleitender Ungeheuer war. Sie alle unterstanden Melkors Schülern, den Balrogs genannten bösen Maiar-Geistern mit ihren Feuerschlingen und schwarzen Keulen. Der bedeutendste unter ihnen war der Heerführer von Utumno, der Balrog Gothmog.

Doch Utumno war nicht das einzige Reich Melkors. Nach seinem Sieg über die Valar und der Zerstörung Alamarens und der Großen Leuchten zu Beginn der Zeitalter der Dunkelheit suchte er seine Macht zu vergrößern und errichtete im westlichen Teil der Eisenberge ein zweites Königreich, die große Waffenkammer und Festung Angband, den „Eisenkerker".

Dann setzte er seinen mächtigsten Schüler, den Maiar-Zauberer Sauron, als Herrscher über Angband ein. Abgesehen von den aufmerksamen Blikken Manwes, des Herrn der Winde, und gelegentlichen Besuchen Oromes, des Wilden Reiters, war in jenen Jahren Yavanna, die Bewahrerin der Wälder und Wiesen, die einzige der Valar, die Mittelerde betrat. Über alle Tiere und Pflanzen, die sie erschaffen hatte, legte sie einen schützenden Zauber, den Schlaf Yavannas, damit sie die Dunkelheit und die verhängnisvolle Herrschaft Melkors überstanden.

So waren diese Zeitalter zum größten Teil Zeiten des Ruhmes für Melkor, den satanischen Herrn der Dunkelheit. Durch seine Zerstörung der Leuchten des Lichts brachte er die ganzen Länder von Mittelerde in seinen Besitz und herrschte zehntausend irdische Jahre über sie.

DIE ZEITALTER DER STERNE

Nach vielen Altern der Dunkelheit nahm Varda, die Herrin des Himmels, den Tau vom Silberbaum der Valar und entzündete mit ihm wieder die Sterne über Mittelerde, so daß sie hell in der samtdunklen Nacht leuchteten. Die Geschöpfe Melkors waren des Lichtes so ungewohnt, daß sie vor Schmerzen aufschrien, als die Strahlen in ihre dunklen Seelen drangen. Voller Entsetzen flohen sie und verbargen sich in den Tiefen der Erde.

Das neu entzündete Sternenlicht bedeutete zugleich das Erstehen der Elben. Denn als die Sterne wieder über Mittelerde schienen, erwachten die Elben mit ihrem Licht in den Augen, und etwas von diesem Zauberlicht blieb ihnen seitdem für immer. Der Ort ihres Erwachens war der See von Cuiviénen, eine Bucht des Binnenmeeres Helcar unter den Orocarni, den Roten Bergen.

Die Zeitalter der Sterne ließen auch zwei andere zur Sprache befähigte Völker entstehen – die Zwerge, die von Aule dem Schmied geschaffen wurden, und die Ents, die von seiner Gemahlin, Yavanna der Fruchtbaren, geschaffen wurden. In den Höhlen Utumnos züchtete Melkor zwei andere Rassen, die Orks und die Trolle – verkrüppelte Lebensformen, die aus in seine Hände gefallenen Elben und Ents entstanden.

Als Orome der Jäger das Erwachen der Elben entdeckte und die Valar von dem Übel erfuhren, das Melkor ihnen angetan hatte, riefen sie einen Kriegsrat ein. Zusammen mit den Maiar drangen sie in Mittelerde ein, um gegen Melkor Krieg zu führen.

Während dieses Kriegs des Zorns vernichteten sie Melkors böse Heere, stürzten den Wall der Eisenberge um und zerstörten Utumno. Damit endete Melkors Herrschaft über Mittelerde. Er selbst wurde in Ketten gelegt und für viele Jahre in Valinor gefangengehalten.

Dies war die Zeit, die als Friede von Arda bekannt wurde, die Zeit der Großen Reise, als die Elben westwärts an die Küste der Unsterblichen Lande nach Eldamar wanderten. Es waren zumeist glückliche Jahre für die Elben, sowohl in Mittelerde als auch in den Unsterblichen Landen.

Die Hoch-Elben, die die Große Reise beendeten und sich in Eldamar niederließen, errichteten die herrlichen Städte Tirion, Alqualonde und Avallóne. Doch viele andere bleiben aus Liebe zu Mittelerde zurück. Sie schufen ihre Königreiche in den Sterblichen Landen.

Eines dieser Reiche war das Elbenreich in Beleriand im Nordwesten von Mittelerde. Dort lebten die Elben aus dem Geschlecht der Teleri unter ihrem König Thingol und ihrer Königin Melian, einer Maia. Sie wurden die Grau-Elben oder Sindar genannt, und ihr Königreich war das Waldland Doriath. Ihre Hauptstadt hieß Menegroth von den Tausend Grotten, und die Höhlen und Labyrinthe, die sie anlegten, gehörten zu den Wundern Mittelerdes. Menegroth glich einem verborgenen Buchenwald. Bäume, Vögel und andere Tiere waren kunstvoll in Stein gehauen, und die großen unterirdischen Kammern waren reich ausgestattet mit silbernen Brunnen und wurden von Kristall-Leuchten erhellt.

Die Könige der Sindar waren die Herren Beleriands und während der Zeitalter der Sterne die mächtigsten Elben in Mittelerde. Sie waren verbündet mit den See-Elben der Falas, den Laiquendi oder Grün-Elben von Ossiriand und den Zwergen von Belegost und Nogrod in den Blauen Bergen.

Diese Zwergenreiche in Nogrod und Belegost trieben während der Zeitalter der Sterne einen regen Handel mit den Elben von Beleriand. Meister der Bildhauerkunst, gruben die Zwerge auf der Suche nach Edelmetallen gewaltige Galerien in die Blauen Berge und wurden von den Elben gedungen, die großen Hallen Menegroths aus dem Fels zu schlagen. Die Zwerge von Nogrod galten als die größten Schmiede auf Mittelerde und schufen Schwerter und Speere aus feinstem Stahl, während die Zwerge von Belegost die ersten waren, die Kettenhemden und Rüstungen gegen Drachen schmiedeten.

Das Bündnis der Elben von Beleriand erstreckte sich während der Zeitalter der Sterne bis zu einem gewissen Grade auch auf die Rasse der Ents, die Hirten der Bäume, die im riesigen Urwald von Eriador lebten.

Hinter Eriador und dem Nebelgebirge lag Khazad-dûm, das größte der Zwergenreiche. Auch seine Bewohner gruben Höhlen in die Berge und trieben während dieser Zeit Handel mit den Elben, obgleich sie in der Geschichte Beleriands kaum eine Rolle spielten.

Die Zeitalter der Sterne dauerten zehntausend irdische Jahre, und es waren Zeiten der Wunder und der Magie. Doch endeten sie damit, daß Melkor abermals von den Valar freigelassen wurde. Nachdem er Reue vorgetäuscht hatte, erhob er sich im Zorn und zerstörte die Bäume in Valinor. Dann floh er in den Norden von Mittelerde, wo er wieder in seine Festung Angband in den Eisenbergen einzog. Damit endete zugleich der Frieden von Arda.

Menegroth oder die Tausend Grotten

DAS ERSTE ZEITALTER DER SONNE

Obgleich sich weitaus der größte Teil der Erzählungen Tolkiens in den Zeitaltern der Sonne abspielt, erschien die Sonne erst im Dreißigsten Zeitalter der Valar, das heißt etwa 30 000 irdische Jahre nach der Erschaffung Ardas. Und doch war diese in Sonnenjahren gemessene Zeitspanne gewaltig. Nach dem Ende des Ringkrieges im Dritten Zeitalter waren nicht weniger als 7 063 irdische Jahre vergangen.

In den „Annalen von Valinor" berichtet uns Tolkien, daß 29 980 irdische Jahre nach der Erschaffung Ardas Melkor und die Große Spinne Ungoliant die Zeitalter der Bäume dadurch beendeten, daß sie das Licht der Bäume für immer löschten. Doch es gelang den Valar Yavanna und Nienna, eine einzige Silberblüte, Isil der Schein genannt, und eine einzige Goldfrucht, Anar die Feuriggoldene, zu retten. Sie wurden in große, von Aule geschmiedete Schiffe verbracht und in die Sphäre der Sterne geschickt. Diese Schiffe waren der Mond und die Sonne, und seitdem erhellen sie die Länder Ardas.

Wie das Entzünden der Sterne das Erwachen der Elben bezeichnet hatte, so bedeutete das Aufgehen der Sonne das Erwachen der Menschen. Mit der ersten Morgenröte erstanden sie zu einem neuen Zeitalter. Denn wie Ilúvatar die unsterbliche Rasse

DAS ERWACHEN DER MENSCHEN

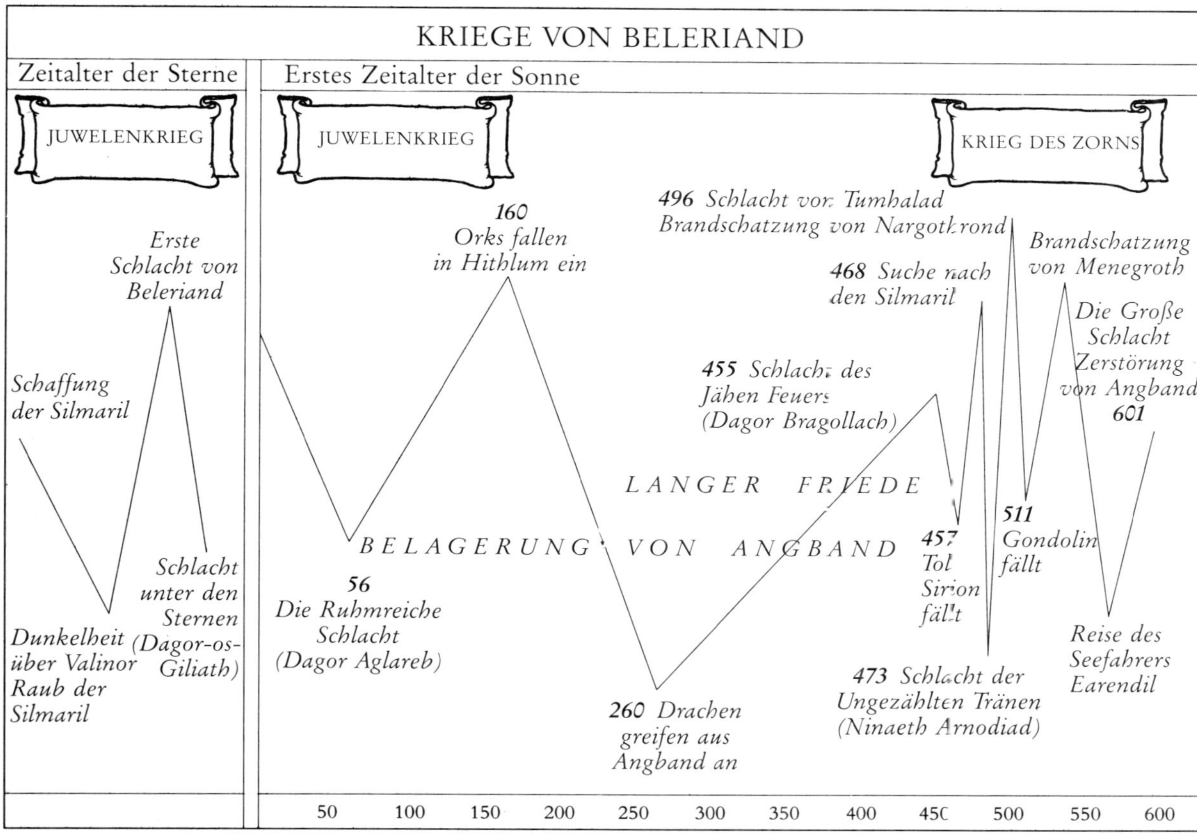

der Elben zu Beginn aller Zeiten ersonnen und sie im See von Cuiviénen verborgen hatte, so hatte er auch die Menschen ersonnen und sie im Osten von Mittelerde an einem Ort verborgen, der Hildórien hieß, das „Land der Nachkömmlinge" hinter den Bergen des Windes.

An Körperkraft und Geist ließ sich dieses neue Volk kaum mit den Elben vergleichen. Es waren Sterbliche, und selbst im Vergleich mit den Zwergen waren sie kurzlebig. Aus Mitleid lehrten die Elben sie, was nötig zum Leben war, doch entdeckten sie bald, daß in ihrer Sterblichkeit eine geheime Kraft ruhte. Denn diese Rasse erwies sich als äußerst anpassungsfähig an die Forderungen der sich ändernden Welt, und obgleich sie früh und in großer Zahl starben, vermehrten sich die Menschen schneller als jede andere Rasse mit Ausnahme der Orks.

Die Stämme der Menschen breiteten sich in alle Länder von Mittelerde aus. Die besten und stärksten unter ihnen waren jedoch die Edain, die als erste die Eldar-Königreiche von Beleriand betraten.

Das Erste Zeitalter der Sonne war das Heroische Zeitalter, das damit begann, daß sich das Elbengeschlecht der Noldor aufmachte zur Verfolgung Melkors, den sie Morgoth, den Dunklen Feind, nannten. Denn Morgoth hatte nicht nur die Bäume des Lichts zerstört, sondern auch die Elbenfestung Formenos gestürmt, den Hohen König der Noldor erschlagen und die Silmaril genannten Zaubersteine geraubt. Diese drei Gemmen waren der kostbarste Schatz der Noldor, da sie aus dem Licht der Bäume der Valar geschaffen worden waren. Es war der Kampf um den Besitz dieser Edelsteine, der zum Juwelenkrieg führte und Tolkien das Thema für das *Silmarillion* gab. Dieser Kampf dauerte sechs Jahrhunderte und umfaßte sechs große Schlachten.

Morgoth zerstörte die Bäume des Lichts, nahm die Silmaril an sich und floh etwa zwanzig irdische Jahre vor der Morgenröte des Ersten Zeitalters der Sonne nach Angband. Die Kriege von Beleriand begannen zehn Jahre später, als er seine Ork-Heere gegen die Elben aussandte. In der Ersten Schlacht wurden die Orks geschlagen und nach Angband zurückgetrieben. Die Zweite Schlacht wurde vier irdische Jahre vor dem Aufgehen der Sonne ausgefochten und Dagor-os Giliath, die Schlacht unter den Sternen, genannt. Die Streitkräfte Morgoths gingen dabei gegen die neu angekommenen Noldor im Nordwesten Beleriands vor. Obwohl sie zahlenmäßig weit unterlegen waren, kämpften die Noldor erbittert zehn Tage lang und zwangen die Orks, sich nach Angband zurückzuziehen.

Im Jahr 56 des Ersten Zeitalters der Sonne hatten sich die Streitkräfte Morgoths so weit erholt, daß er ein Heer ausschicken konnte, das größer war als die beiden ersten Armeen zusammen. Diese Dritte Schlacht wurde Dagor Aglareb genannt, die Ruhmreiche Schlacht, denn es gelang den Elben nicht nur, Morgoths Ork-Heere zu schlagen, sondern ihnen überdies den Rückweg abzuschneiden und sie praktisch zu vernichten. Ihr Sieg war so triumphal, daß die Elben vier Jahrhunderte hindurch Angband belagern konnten. Während dieser Zeit gab es gelegentliche Überfälle der Orks auf Hithlum, und im Jahre 260 versuchte der Drache Glaurung, die Elben anzugreifen; aber meist herrschte Friede in Beleriand. Nur wenige der Diener Morgoths wagten sich über die Eisenberge hinaus. Als Morgoth jedoch schließlich den Langen Frieden brach, war er gut vorbereitet. Im Jahre 455 wurden seine Ork-Legionen von Balrogs und feuerspeienden Drachen angeführt. Dies war die Vierte Schlacht, die Dagor Bragollach oder die Schlacht des Jähen Feuers genannt wurde. Ihr folgte die Fünfte Schlacht, die Ninaeth Arnodiad, die Schlacht der Ungezählten Tränen. Beide Schlachten endeten mit einem über-

wältigenden Sieg Morgoths und führten zur fast völligen Zerstörung aller Elbenreiche in Beleriand. Im Jahre 496 wurde Nargothrond geschleift. Kurz danach wurde Menegroth geplündert, und im Jahr 511 fiel Gondolin, die letzte Elbenfestung.

Fast ein Jahrhundert lang behauptete Morgoth seine Herrschaft über Mittelerde. Schließlich konnten die Valar und Maiar seine Untaten nicht länger hinnehmen, und im Jahre 601 kamen sie zum dritten und letzten Mal in die Sterblichen Lande, um den Dunklen Feind im Krieg des Zorns zu bekämpfen, der mit der Großen Schlacht endete. Bei diesem Konflikt wurde nicht nur Angband, sondern es wurden auch die herrlichen Lande Beleriands zerstört. Und obgleich Morgoth alle seine Ungeheuer und Dämonen zu Hilfe rief und sogar ein Heer feuerspeiender Drachen in den Kampf schickte, wurde er vernichtend geschlagen und für immer in die Leere verbannt. Doch dieser Sieg hatte seinen Preis. Beleriand war zerstört. Die Eisenberge und die Blauen Berge zerbrachen, und die großen Wasser drangen ins Land. Fast ganz Beleriand wurde überflutet und versank. So endete das Erste Zeitalter der Sonne.

Die Schlacht des Jähen Feuers

DAS ZWEITE ZEITALTER DER SONNE

Das Zweite Zeitalter war die Zeit der Númenórer. Wie im „Akallabêth“ oder dem „Untergang Númenors“ berichtet wird, waren die Númenórer Menschen, die von den Edain des Ersten Zeitalters abstammten und denen die Valar ein neugeschaffenes Territorium inmitten des großen Meeres zwischen Mittelerde und den Unsterblichen Landen gegeben hatten.

Den Númenórern wurde eine Lebenszeit geschenkt, die weit größer war als die der gewöhnlichen Menschen, und im Laufe der Jahrhunderte wuchsen ihre Kraft und ihr Reichtum, und ihre Schiffe segelten über alle Meere der sterblichen Welt. Númenor, das oft als Westernis übersetzt wird, wurde auch das „Land der Gabe“, das „Land der Sterne“ oder Atlante genannt, denn mit ihm ließ Tolkien in der Tat den alten Mythus des untergegangenen Atlantis wieder auferstehen.

Tolkiens Númenor war ein Inselkönigreich, das wie ein fünfzackiger Stern geformt war. An seiner engsten Stelle maß es zweihundertundfünfzig Meilen, und die Entfernung zwischen seinen am weitesten auseinanderliegenden Punkten betrug fast das Doppelte. Es war in sechs Regionen unterteilt – eine für jede Halbinsel und eine für sein Herzland, in dem der heilige Berg Meneltarma, der „Himmelspfeiler“, stand, der höchste Berg auf Númenor. An seinen Hängen lag Armenelos, die „Stadt der Könige“, in der der König und die meisten Númenórer lebten. Weiter unten befand sich der königliche Hafen Rómenna. Zwei weitere Hafenstädte, Eldalonde und Andúniё, lagen an der Westküste in Richtung der Unsterblichen Lande.

Der erste König Númenors war Elros, der Sohn Earendils und Zwillingsbruder des Halb-Elben Elrond. Als gegen Ende des Ersten Zeitalters die beiden Zwillingsbrüder von den Valar aufgefordert wurden, ihr eigenes Schicksal zu wählen, hatte sich Elrond für das der unsterblichen Elben entschieden, während Elros die Sterblichkeit wählte und König der Edain wurde. Da er jedoch ein Halb-Elbe war, wurde ihm eine Lebensdauer von fünfhundert Jahren gewährt, und so herrschte er als König bis zum Jahr 442 des Zweiten Zeitalters über Númenor.

Während die Númenórer auf ihrer Insel an Macht gewannen, sammelten sich diejenigen Hoch-Elben, die die Kämpfe des Ersten Zeitalters überlebt und sich dafür entschieden hatten, in Mittelerde zu bleiben, unter dem Banner Gil-galads, des letzten Hohen Elbenkönigs im Reiche Lindon. Dieses an beiden Seiten der Bucht von Lune gelegene Land war der einzige Teil Beleriands, der die Zerstörung überstanden hatte. Im Laufe der Jahre zogen viele

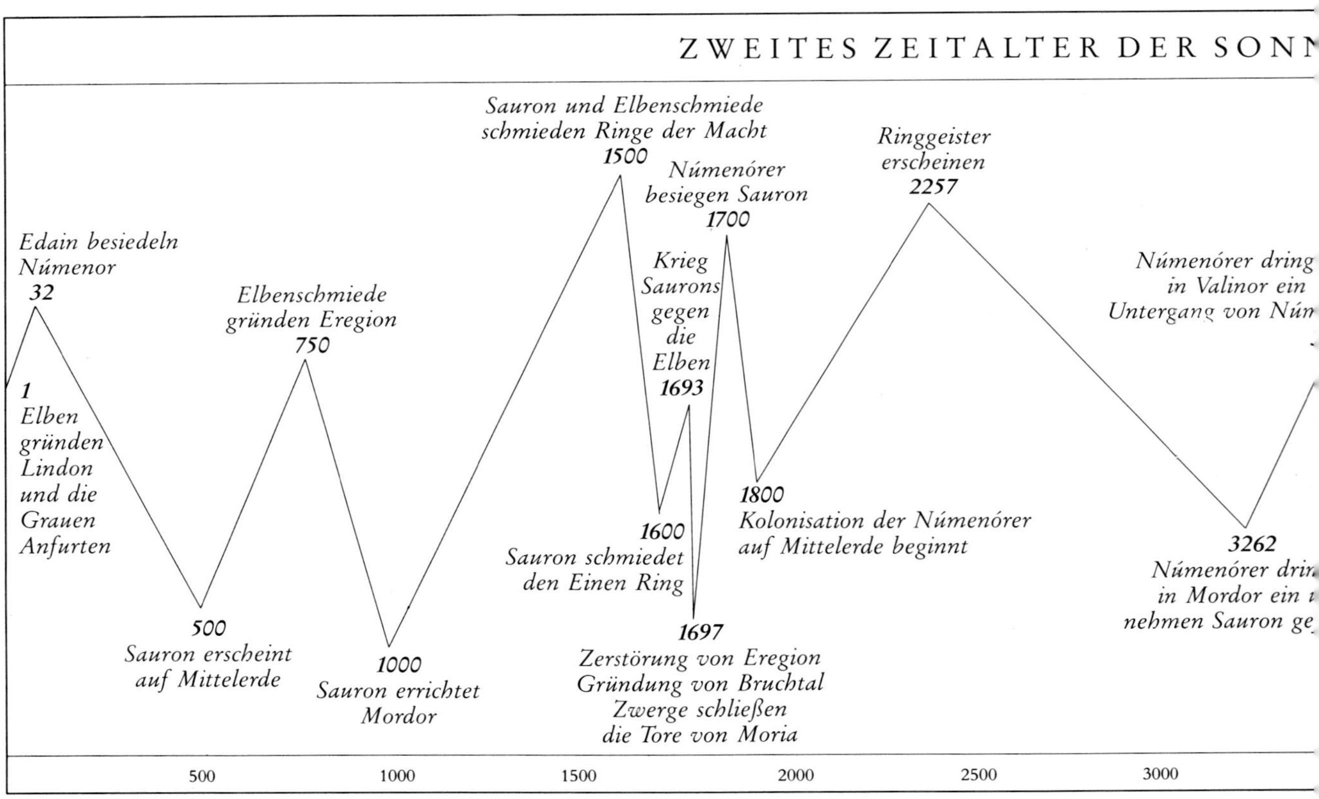

der Hoch-Elben Lindons ostwärts und gründeten neue Königreiche. Und Sindar-Fürsten errichteten Königreiche unter den Wald-Elben im Großen Grünwald und dem Goldenen Wald von Lothlórien im Tal des Anduin. Im 8. Jahrhundert schufen die Noldor unter Celebrimbor das Königreich der Elbenschmiede von Eregion westlich vom Zwergenreich Khazad-dûm. Doch Elben und Zwerge waren nicht die einzigen, die in dieser Zeit wuchsen und gediehen: Sauron der Zauberer war in der sterblichen Welt geblieben und strebte danach, die Nachfolge Melkors als Dunkler Herrscher von Mittelerde anzutreten.

Im Jahre 1000 begann er heimlich, das Reich Mordor aufzubauen, indem er die barbarischen Rassen der Menschen im Osten und Süden versklavte und Orks und andere böse Wesen in sein Königreich zog. Er begann auch, den Dunklen Turm Barad-dûr zu errichten. Sauron nahm eine schöne Gestalt an und legte sich den Namen Annatar bei, was „Herr der Geschenke" bedeutet. Mit Hilfe seiner Klugheit und seiner Macht versuchte er, die Elben zu verführen, doch gelang es ihm nur, Celebrimbor und die Elbenschmiede von Eregion zu täuschen. Bewandert in der Kunst der Metallverarbeitung und der Magie, stellten die Elbenschmiede viele herrliche Gegenstände her. Um das Jahr 1500 hatten sie den Höhepunkt ihrer Fertigkeiten erreicht und begannen unter Anleitung Saurons die Ringe der Macht zu schmieden. Um 1600 waren alle Ringe vollendet; und Sauron kehrte nach Mordor zurück, wo er den Dunklen Turm Barad-dûr fertigstellte und den Einen Ring schuf, mit dem er der Herr aller Ringe wurde.

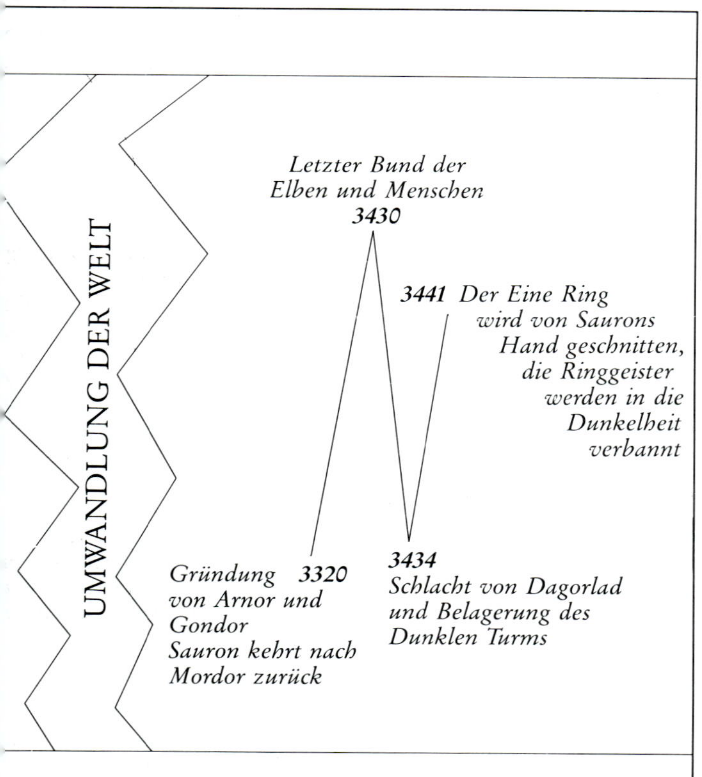

Als die Elbenschmiede erkannten, daß sie durch Täuschung dazu beigetragen hatten, Sauron zum allmächtigen Herrn der Ringe zu machen, erhoben sie sich gegen ihn und verwickelten ihn von 1693 bis 1701 in einen blutigen Krieg. Im Verlauf der Kämpfe wurde Celebrimbor von Sauron erschlagen, der dann die Stadt der Elbenschmiede in Schutt und Asche legte, Eregion zerstörte und fast ganz Eriador überrannte. Die Zwerge von Khazad-dûm hielten sich aus dem Konflikt heraus und schlossen ihre Tore vor der Welt. Ihr verborgenes Reich wurde in der Folgezeit als Moria bekannt, die „Schwarze Kluft". Von den Elben Eregions überlebten die Kämpfe nur wenige, die von dem Halb-Elben Elrond zu den Ausläufern des Nebelgebirges geführt wurden, wo sie die Kolonie Imladris gründeten, das die Menschen später Bruchtal nannten.

Nach seinem Sieg über Celebrimbor sammelte Sauron seine Streitkräfte und marschierte gegen Gil-galad in Lindon. Im letzten Augenblick kam eine Flotte der Númenórer den Elben zur Hilfe, und das solcherart verstärkte Heer war so mächtig, daß Saurons Truppen völlig vernichtet wurden und er sich nach Mordor zurückziehen mußte.

In den nächsten tausend Jahren ließ Sauron die Elben in Ruhe, dehnte aber seine Macht unter den barbarischen Ostlingen und den Stämmen der Haradrim aus. Unter den wilden Königen dieser Völker verteilte er die Neun Ringe der Sterblichen, so daß ihre Träger zu seinen bösen Dienern, den Nazgûl, wurden, die die Menschen die Ringgeister nannten. An den Küsten von Mittelerde errichteten die Númenórer viele Kolonien sowie die Hafenfestungen Umbar und Pelagir. Der Aufbau dieser númenórischen Seemacht führte schließlich zu einer offenen Konfrontation mit der Landmacht von Mordor.

Im Jahr 3261 landeten die Númenórer mit einer großen Flotte in Umbar und marschierten mit ihrem gewaltigen Heer gegen Mordor. Sauron erkannte, daß ihre Streitmacht größer als seine war und daß er nicht hoffen konnte, sie zu besiegen. So verließ der Herr der Ringe seinen Dunklen Turm und ergab sich ihnen. Die Númenórer legten Sauron in Ketten, nahmen ihn mit auf ihre Insel und hielten ihn in ihrem tiefsten Kerker gefangen. Aber durch List erreichte Sauron das, was er durch Waffenstärke nicht hatte erreichen können. Er gab den stolzen

Der Untergang von Númenor

Númenórer-Königen falschen Rat und verdarb sie, so daß sie sich gegen die Valar selbst verschworen. Sie stellten die größte Flotte auf, die es je gegeben hatte, und segelten nach Westen, um die Herrscher Ardas mit Krieg zu überziehen. Für diese Untat ließ Ilúvatar die herrliche Insel Númenor vernichten. Die Berge und die Städte versanken im Meer, das sich im Zorn erhoben hatte, und alle Númenórer wurden in den Abgrund gerissen.

Damit veränderte sich die gesamte Welt. Die Unsterblichen Lande wurden in eine Sphäre jenseits dieser Welt versetzt und lagen fortan in einem unzugänglichen Bezirk, den nur Auserwählte erreichen konnten, die mit Elbenschiffen über den sogenannten Geraden Weg fuhren, der beide Sphären miteinander verband. Das war das Ende von Atlantis, wie wir es aus den Mythen kennen, und die Erde wechselte ihre Gestalt. Sie war jetzt nicht mehr eine flache, durch das Umzingelnde Meer eingeschlossene Scheibe, sondern wurde zu dem runden Planeten, als die wir sie heute kennen.

Aber das Zweite Zeitalter endete nicht mit dem Untergang Númenors im Jahre 3319, noch ging das Erbe der Númenórer völlig verloren. Denn es gab unter den Númenórern einige Menschen, welche die Fürsten von Andúnië – die sich selbst die Getreuen nannten und es ablehnten, die Valar und Eldar zu verraten – um sich geschart hatten. Angeführt von Elendil dem Langen, segelten sie mit neun Schiffen nach Osten, als Númenor im Meer versank. Diese letzten überlebenden Númenórer waren die Dúnedain, und nachdem sie die Küsten von Mittelerde erreicht hatten, gründeten sie die Königreiche Arnor und Gondor.

Doch bald gab es einen neuen Krieg, denn durch die Kraft des Einen Ringes hatte auch Sauron den Untergang Númenors überlebt und war nach Mordor zurückgekehrt, um alle Elben- und Dúnedain-Königreiche auf Mittelerde zu zerstören.

Elben und Menschen schlossen ein Bündnis, und Saurons Heer wurde in der Schlacht von Dagorlad geschlagen. Die Verbündeten drangen in Mordor selbst ein und belagerten den Dunklen Turm sieben Jahre lang, bevor Sauron völlig besiegt werden konnte. In dieser letzten Schlacht wurden der Hochkönig der Dúnedain, Elendil, und sein Sohn Anárion zusammen mit dem letzten Hochkönig der Eldar auf Mittelerde, Gil-galad, getötet, bevor es dem Dúnedain-König Isildur schließlich gelang, den Einen Ring von Saurons Hand zu schneiden. Mit der Eroberung Mordors, der Zerstörung des Dunklen Turms, der Verbannung der Ringgeister und dem Sieg über Sauron im Jahre 3441 endete das Zweite Zeitalter.

DAS DRITTE ZEITALTER DER SONNE

Die Geschichte des Dritten Zeitalters der Sonne, wie Tolkien sie uns berichtet, wird von zwei Grundthemen bestimmt: der Entwicklung der beiden Königreiche Gondor und Andor und dem mit ihnen verbundenen Schicksal des Einen Ringes.

Am Ende des Zweiten Zeitalters, als Sauron, der Herr der Ringe, besiegt wurde, war es Isildur, der König des Vereinigten Königreiches von Gondor und Arnor, der den Ring von Saurons Hand schnitt.

Damals glaubte man, mit dieser Tat die Macht des Dunklen Herrschers zunichte gemacht zu haben, doch als Isildur selbst den Ring an sich nahm, wurde er von der in ihm steckenden bösen Kraft verdorben. Denn so stark und tugendhaft er war, konnte Isildur doch nicht den Verlockungen der Macht widerstehen, die der Ring in ihm geweckt hatte.

Obgleich er an den Hängen des vulkanischen Schicksalsberges stand, in dessen Feuern der Ring geschmiedet worden war – dem einzigen Ort, an dem er wieder vernichtet werden konnte -, brachte er es nicht über sich, ihn den Flammen zu überantworten. Unfähig, der Versuchung zu widerstehen, nahm Isildur den Einen Ring in seinen Besitz und erlag damit seinem Fluch. Im Jahre 2 des Dritten Zeitalters ritten Isildur und seine drei Söhne an der Spitze eines kleinen Heeres nordwärts durch das Tal des Anduin, als sie von Orks überfallen wurden.

Dies war die Schlacht auf den Schwertelfeldern, die mit dem Tod Isildurs und seiner drei Söhne sowie dem Verlust des Einen Ringes in den Fluten des Anduin endete, deren verhängnisvolle Folgen sich jedoch noch dreitausend Jahre hindurch auswirken sollten. Der Verlust des Ringes bedeutete, daß der böse Geist Saurons nicht eher zur Ruhe gelangen konnte, als bis der Ring gefunden und zerstört war, während der Tod des Hochkönigs des Vereinigten Königreichs der Dúnedain dazu führte, daß das Reich in zwei Teile zerfiel: Arnor und Gondor.

Als Isildur der Versuchung des Einen Ringes erlegen war, war nicht nur er selbst, sondern sein ganzes Volk mit dem Fluch geschlagen worden. Dieser Fluch prägte die Geschichte des gesamten Dritten Zeitalters, denn das Vereinigte Königreich konnte nicht wieder zusammenwachsen, ehe nicht der Eine Ring vernichtet war. Erst dann konnte ein Hoher König (der die Kraft hatte, den Verlockungen des Ringes zu widerstehen) wieder ein Vereintes Reich der Dúnedain regieren.

Nichtsdestoweniger wuchs die Macht des Südlichen Königreichs Gondor im Verlauf des ersten Jahrtausends trotz ständiger Grenzzwischenfälle und des Eindringens der Ostlinge im 5. und 6. Jahrhundert. Im 9. Jahrhundert hatte Gondor zur Verstärkung seiner Landstreitkräfte eine gewaltige Flotte aufgebaut. Es erreichte den Höhepunkt seiner Macht im 11. Jahrhundert, als die Ostlinge bis zum Meer von Rhûn zurückgedrängt und die Menschen von Harad unterjocht wurden. Umbar wurde zu einer Festung ausgebaut.

Obgleich das Nördliche Königreich Arnor seine Grenzen nie über Eriador ausdehnte, war seine Kraft bis ins 9. Jahrhundert hinein ungebrochen. Dann zerfiel es durch innere Zwiste in drei unabhängige Staaten, die sich gegenseitig bekriegten.

Als das 12. Jahrhundert anbrach, war der Geist Saurons in Gestalt eines von Flammen umgebenen bösen Auges wieder in Mittelerde eingekehrt. Er fand Zuflucht in der Festung Dol Guldur im Süden des Düsterwaldes. Von da an wurden die Mächte der Finsternis immer stärker in Mittelerde.

Im 13. Jahrhundert begann die Macht Arnors durch eine Verbindung von Naturkatastrophen und inneren Streitigkeiten zu schwinden. Vor allem aber wurde es heimgesucht von Saurons erstem Diener, dem Herrn der Ringgeister, welcher der Hexenkönig von Angmar geworden war und fünf Jahrhunderte hindurch gegen die Könige von Arnor Krieg führte. Schließlich stürmte er die letzte Festung Arnors, Fornost, und das Königreich hörte auf zu bestehen. Nach dem Tode des dreiundzwanzigsten Königs von Arnor ging die Erbfolge auf die Stammeshäuptlinge der Dúnedain über.

Der Untergang des Südlichen Königreiches im zweiten Jahrtausend des Dritten Zeitalters wurde drei Verhängnissen zugeschrieben. Das erste war der Sippenstreit des 15. Jahrhunderts, ein blutiger Bürgerkrieg, der Tausenden das Leben kostete, Städte vernichtete, den größten Teil der Flotte der Gondor zerstörte und zu dem Verlust von Umbar und Harad führte.

Das zweite Verhängnis war die Große Pest von 1636, mit der Sauron Gondor und Arnor überzog. Von diesem Übel haben sich die Dúnedain nie ganz erholt, denn so viele starben damals, daß Teile ihres Reiches sich für immer entvölkerten. Das dritte Verhängnis war die Invasion der Wagenfahrer im 19. und 20. Jahrhundert. Diese Invasion durch einen Zusammenschluß gut bewaffneter Ostlinge setzte sich fast ein Jahrhundert fort. Obgleich die Ostlinge schließlich zurückgeschlagen und vernichtet wurden, schwächten ihre Angriffe doch die schon schwindende Macht Gondors auf verheerende Weise.

Im Jahre 2000 tauchte derselbe Hexenkönig, der das Nördliche Königreich Arnor zerstört hatte, aus Mordor auf. Mit seiner entsetzlichen Heerschar fiel

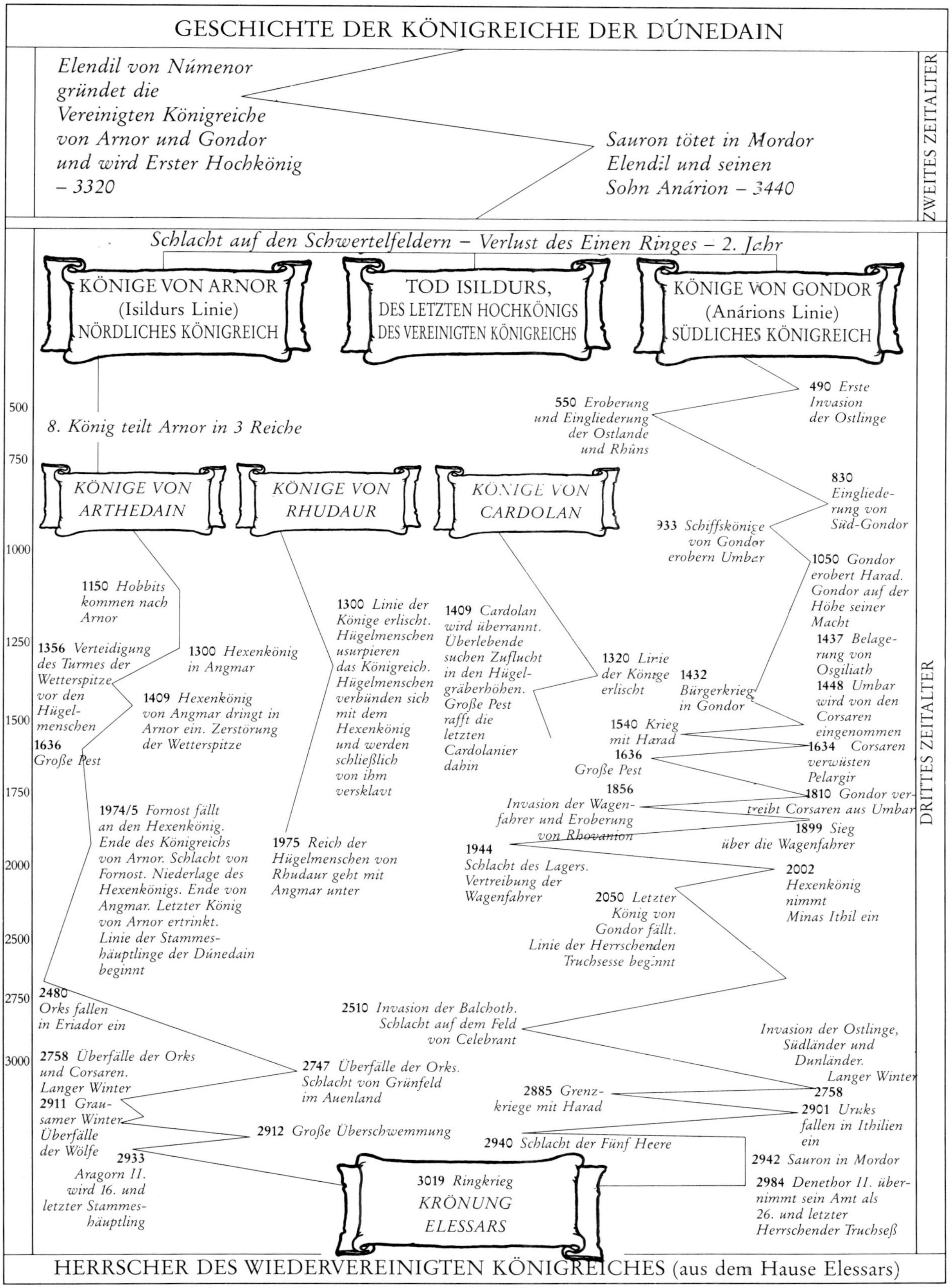

GESCHICHTE DER KÖNIGREICHE DER DÚNEDAIN
Elendil von Númenor gründet die Vereinigten Königreiche von Arnor und Gondor und wird Erster Hochkönig – 3320
Sauron tötet in Mordor Elendil und seinen Sohn Anárion – 3440
ZWEITES ZEITALTER
Schlacht auf den Schwertelfeldern – Verlust des Einen Ringes – 2. Jahr
KÖNIGE VON ARNOR (Isildurs Linie) NÖRDLICHES KÖNIGREICH
TOD ISILDURS, DES LETZTEN HOCHKÖNIGS DES VEREINIGTEN KÖNIGREICHS
KÖNIGE VON GONDOR (Anárions Linie) SÜDLICHES KÖNIGREICH
500
750
1000
1250
1500
1750
2000
2500
2750
3000
8. König teilt Arnor in 3 Reiche
490 Erste Invasion der Ostlinge
550 Eroberung und Eingliederung der Ostlande und Rhûns
KÖNIGE VON ARTHEDAIN
KÖNIGE VON RHUDAUR
KÖNIGE VON CARDOLAN
830 Eingliederung von Süd-Gondor
933 Schiffskönige von Gondor erobern Umbar
1050 Gondor erobert Harad. Gondor auf der Höhe seiner Macht
1150 Hobbits kommen nach Arnor
1300 Linie der Könige erlischt. Hügelmenschen usurpieren das Königreich. Hügelmenschen verbünden sich mit dem Hexenkönig und werden schließlich von ihm versklavt
1409 Cardolan wird überrannt. Überlebende suchen Zuflucht in den Hügelgräberhöhen. Große Pest rafft die letzten Cardolanier dahin
1356 Verteidigung des Turmes der Wetterspitze vor den Hügelmenschen
1300 Hexenkönig in Angmar
1320 Linie der Könige erlischt
1432 Bürgerkrieg in Gondor
1437 Belagerung von Osgiliath
1448 Umbar wird von den Corsaren eingenommen
1409 Hexenkönig von Angmar dringt in Arnor ein. Zerstörung der Wetterspitze
1540 Krieg mit Harad
1634 Corsaren verwüsten Pelargir
1636 Große Pest
1636 Große Pest
1856 Invasion der Wagenfahrer und Eroberung von Rhovanion
1810 Gondor vertreibt Corsaren aus Umbar
1974/5 Fornost fällt an den Hexenkönig. Ende des Königreichs von Arnor. Schlacht von Fornost. Niederlage des Hexenkönigs. Ende von Angmar. Letzter König von Arnor ertrinkt. Linie der Stammeshäuptlinge der Dúnedain beginnt
1975 Reich der Hügelmenschen von Rhudaur geht mit Angmar unter
1899 Sieg über die Wagenfahrer
1944 Schlacht des Lagers. Vertreibung der Wagenfahrer
2002 Hexenkönig nimmt Minas Ithil ein
2050 Letzter König von Gondor fällt. Linie der Herrschenden Truchsesse beginnt
DRITTES ZEITALTER
2480 Orks fallen in Eriador ein
2510 Invasion der Balchoth. Schlacht auf dem Feld von Celebrant
Invasion der Ostlinge, Südländer und Dunländer. Langer Winter
2758 Überfälle der Orks und Corsaren. Langer Winter
2747 Überfälle der Orks. Schlacht von Grünfeld im Auenland
2758
2885 Grenzkriege mit Harad
2901 Uruks fallen in Ithilien ein
2911 Grausamer Winter. Überfälle der Wölfe
2912 Große Überschwemmung
2940 Schlacht der Fünf Heere
2942 Sauron in Mordor
2933 Aragorn II. wird 16. und letzter Stammeshäuptling
3019 Ringkrieg KRÖNUNG ELESSARS
2984 Denethor II. übernimmt sein Amt als 26. und letzter Herrschender Truchseß
HERRSCHER DES WIEDERVEREINIGTEN KÖNIGREICHES (aus dem Hause Elessars)

er über Gondor her und nahm den Turm Minas Ithil ein, den er in Minas Morgul umbenannte. Im Jahre 2050 erschlug der Hexenkönig den einunddreißigsten und letzten König von Gondor. Seitdem war Gondor ohne einen rechtmäßigen Thronerben und wurde von einem Geschlecht einander folgender Truchsesse regiert. Mit einem Wort: Arnor hatte einen König ohne Reich, während Gondor ein Reich ohne König hatte. In der Folgezeit griffen, aufgestachelt durch Saurons bösen Geist, Ostlinge, Balchoths, Südländer, Schwarze Númenórer, Corsaren, Dunländer und Bergstämme die Dúnedain und ihre Verbündeten an. Überdies gewannen die

Der Dunkle Turm von Mordor

GESCHICHTE DER RINGE DER MACHT

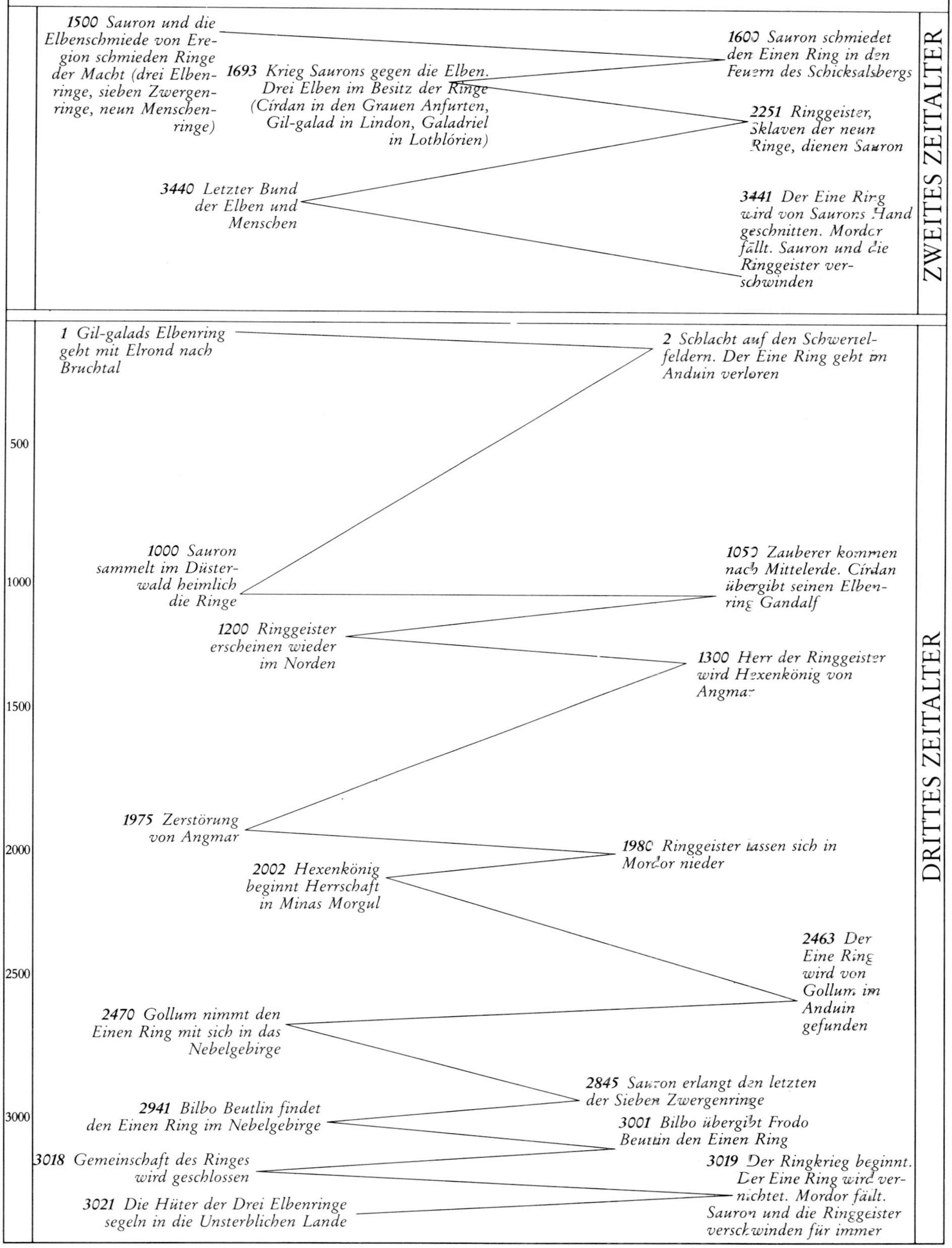

Balrogs und die Drachen wieder an Stärke, drangen Wölfe und Warge sowie die in Mordor neugezüchtete Brut der Uruk-hai, der Olog-hai und der Halb-Orks ins Land ein. Sie alle verstärkten die Scharen der Orks und Trolle, die Sauron als ihren Herrn anerkannten.

Im Laufe des nächsten Jahrtausends wuchs die Macht Saurons, während die der Dúnedain schwand. Den Höhepunkt fanden alle diese Ereignisse mit dem Ausbruch des Ringkrieges im Jahre 3019, als Sauron, der Herr der Ringe, all seine Zauberkraft und militärische Macht in einer gewaltigen Anstrengung aufbot, die letzten Dúnedain zu vernichten und die Herrschaft über die Länder von Mittelerde anzutreten. Es ist dieser Kontext, in den Tolkien sein Meisterwerk, die epische Trilogie *Der Herr der Ringe*, einbettete.

Das gesamte Gewicht einer dreitausendjährigen Geschichte wird auf diese Weise auf zwei Jahre, 3018 und 3019, konzentriert – die beiden Jahre, mit denen die Trilogie sich befaßt. Die Ereignisse des Ringkrieges und die Erlebnisse des Ringträgers sind beladen mit historischer Bedeutsamkeit, da der Leser sich ständig der Tatsache bewußt bleibt, daß jede Aktion der Hauptcharaktere entscheidend für das Ende des ganzen Zeitalters ist.

Dieses Ende wird durch die Vernichtung des Einen Ringes bestimmt: Das böse Reich Saurons bricht in sich zusammen, die anderen Ringe der Macht verlieren ihre Wirkung, und der letzte rechtmäßige Thronfolger der beiden Königreiche wird zum Hochkönig der Vereinigten Reiche der Dúnedain gekrönt. Damit schließt nicht nur der Roman, sondern damit finden auch die 37 063 Jahre der Geschichte Ardas ihren Abschluß.

Mit dem Ende des Ringkrieges kehrten Friede und Wohlstand wieder in Mittelerde ein. Doch zugleich war beschlossen, daß die letzten der großen Elben das Land der Sterblichen verlassen sollten. Zusammen mit einigen Auserwählten des Bundes des Rings bestiegen sie die Elbenschiffe und segelten über den Geraden Weg nach Westen in die Unsterblichen Lande.

So folgt dem Dritten das Vierte Zeitalter, das bekannt werden sollte als das der Herrschaft der Menschen – ein Alter, in dem die letzten Einflüsse der Elben verblaßten und ihre Kräfte sich unserem Verständnis entzogen.

Danach verschwinden die Unsterblichen Lande aus den Sphären menschlicher Existenz, lassen sich Götter und Elben nicht mehr mit den Kräften unseres Verstandes fassen. Die Welt paßt sich unserem gegenwärtigen Gefühl für Zeit und Raum an, und die Erde beginnt um die Sonne zu kreisen.

SCHLACHTEN DES RINGKRIEGES

3019	DRITTES ZEITALTER
25. Februar	– *Erste Schlacht an den Isenfurten*
2. März	– *Zweite Schlacht an den Isenfurten*
	– *Marsch der Ents gegen Isengart*
3.–4. März	– *Schlacht von Hornburg*
11. März	– *Einnahme von Ost-Rohan*
	– *Erster Angriff auf Lórien*
13. März	– *Schiffsschlacht von Pelargir*
15. März	– *Schlacht auf den Pelennór-Feldern*
	– *Schlacht unter den Bäumen im Düsterwald*
	– *Zweiter Angriff auf Lórien*
17. März	– *Schlacht von Thal*
	– *Belagerung von Erebor*
22. März	– *Dritter Angriff auf Lórien*
25. März	– *Schlacht vor dem Schwarzen Tor von Mordor*
	– *Vernichtung des Einen Ringes in den Feuern des Schicksalsberges*
	– *Untergang Saurons und Fall von Mordor*
27. März	– *Ende der Belagerung von Erebor*
28. März	– *Zerstörung von Dol Guldur im Düsterwald*
1. Mai	– *Krönung Elessars*
3. November	– *Schlacht von Wasserau im Auenland*
	– *Tod Sarumans*
	– *ENDE DES RINGKRIEGES*

Minas Ithril, der Weisse Turm von Gondor

GEOGRAPHIE

Dieses Kapitel beschreibt in alphabetischer Reihenfolge die Städte, Länder, Berge, Wälder, Flüsse, Seen und Meere auf Mittelerde und in den Unsterblichen Landen. In den Karten auf den folgenden acht Seiten manifestiert sich eine neue geographische Theorie über die Entwicklung von Arda. Sie zeigen, wie Tolkiens Welt sich im Laufe der Jahrtausende von einer flachen Scheibe zu jener runden Kugel verändert hat, wie wir sie heute kennen.

ZEITALTER DER SCHÖPFUNG

Als Arda zuerst geschaffen wurde, war die Erde eine flache, von den Sphären der Luft, des Lichts und des Äthers umgebene Scheibe. Diese Sphären waren ihrerseits umschlossen von den unsichtbaren Wällen der Welt, die diese gegen die unendliche Leere abgrenzten. Es gab einen riesigen Superkontinent, auf dem die Valar, die Mächte von Arda, die Welt gestalteten. Doch einer der Valar erhob sich gegen die anderen, und das führte zum Ersten Krieg, in dessen Verlauf die ideale Symmetrie von Arda zerstört wurde und der Kontinent auseinanderbrach.

Jahr 1–5 000

Jahr 5 000–10 000

ZEITALTER DER LEUCHTEN

Nach dem Ersten Krieg und dem Auseinanderbrechen des Urkontinents gründeten die Valar ein idyllisches Reich, Almaren genannt, inmitten des Großen Sees auf Mittelerde. Im Norden und Süden von Mittelerde stellten sie zwei riesige Leuchten auf. Doch im hohen Norden hatte der böse Vala Melkor die Eisenberge aufgetürmt und sein dunkles Reich Utumno errichtet. Er überzog die Valar ein zweites Mal mit Krieg, stürzte die Leuchten um und zerstörte Almaren.

ZEITALTER DER BÄUME I / ZEITALTER DER DUNKELHEIT

Die Valar gründeten auf dem Kontinent Aman im Westen ein neues Reich, das sie Valinor nannten. Hinter den Toren ihrer Stadt Valimar pflanzten sie die Bäume des Lichts, welche die Unsterblichen Lande von Aman mit ihrem Glanz erfüllten. Doch Mittelerde blieb mit dem Rest von Arda in Dunkelheit gehüllt. Melkor herrschte von Utumno aus über Mittelerde und errichtete weiter im Norden eine zweite Festung, die er Angband nannte und unter den Befehl seines Dieners Sauron stellte.

ng von Arda

Jahr 10 000–20 000

Jahr 20 000–30 000

ZEITALTER DER BÄUME II / ZEITALTER DER STERNE

Während die Unsterblichen Lande in die zweite Ära der Bäume des Lichts traten, begannen auf Mittelerde die Zeitalter der Sterne, als die Vala Varda die Sterne entzündete. Das führte zum Erwachen der Elben und schließlich zum Krieg der Mächte, in dem die Valar Utumno zerstörten und Melkor gefangennahmen. Die Elben traten ihre Wanderung nach Westen an und errichteten sowohl auf Mittelerde als auch in Eldamar in den Unsterblichen Landen neue Königreiche. Dann erhob sich Melkor abermals, zerstörte die Bäume des Lichts und raubte die Silmaril.

DAS ERSTE ZEITALTER DER SONNE
Die Valar erschufen den Mond und die Sonne. Das führte zum Erwachen der Menschen in Hildorien, im Osten von Mittelerde. Die Noldor-Elben verfolgten Melkor nach Beleriand und belagerten im Juwelenkrieg vier Jahrhunderte hindurch Angband. Im Jahre 455 durchbrachen die Heere Melkors jedoch den Belagerungsring und verwüsteten die Elbenreiche. Schließlich kehrten die Valar zurück, um Angband zu zerstören und Melkor für immer in die Leere zu verstoßen.

Jahr 30 000–30 601

Jahr 30 601–34 042

DAS ZWEITE ZEITALTER DER SONNE
Nach dem Krieg des Zorns wurde Beleriand vom Meer verschlungen. Doch zugleich entstand eine neue Insel, Númenor, auf der das mächtigste Menschenvolk von Arda ein neues Reich gründete. Auf Mittelerde wurde Sauron der Herr der Ringe, errichtete Mordor und überzog die Elben mit Krieg. Die Númenórer griffen in die Kämpfe ein und nahmen Sauron gefangen. Doch dieser überredete sie, gegen die Valar zu Felde zu ziehen. Das führte zum Untergang von Númenor und zur Umgestaltung der Welt: Die flache Erde wurde zu einer Kugel, und die Unsterblichen Lande wurden der Sphären der Welt entrückt.

Jahr 34 042–37 063

DAS DRITTE ZEITALTER DER SONNE
Die runde Welt der Sterblichen war für immer von den Unsterblichen Landen getrennt. Nur die Zauberschiffe der Elben hatten noch – auf dem sogenannten Geraden Weg – Zugang zu ihnen. Gegen Ende des Zweiten Zeitalters gründeten die Dúnedain (die Númenórer, die den Untergang ihrer Insel überlebt hatten) Arnor und Gondor und zerstörten zusammen mit den Elben Mordor. Sauron verschwand in der Dunkelheit. Doch im Dritten Zeitalter kehrte der Dunkle Herrscher heimlich zurück, baute Mordor wieder auf und suchte sich in den Besitz des Einen Ringes zu bringen. Das Ergebnis war der Ringkrieg, der mit dem völligen Sieg der Dúnedain und Elben endete.

Jahr 37 063–40 000+ (Historische Zeit)

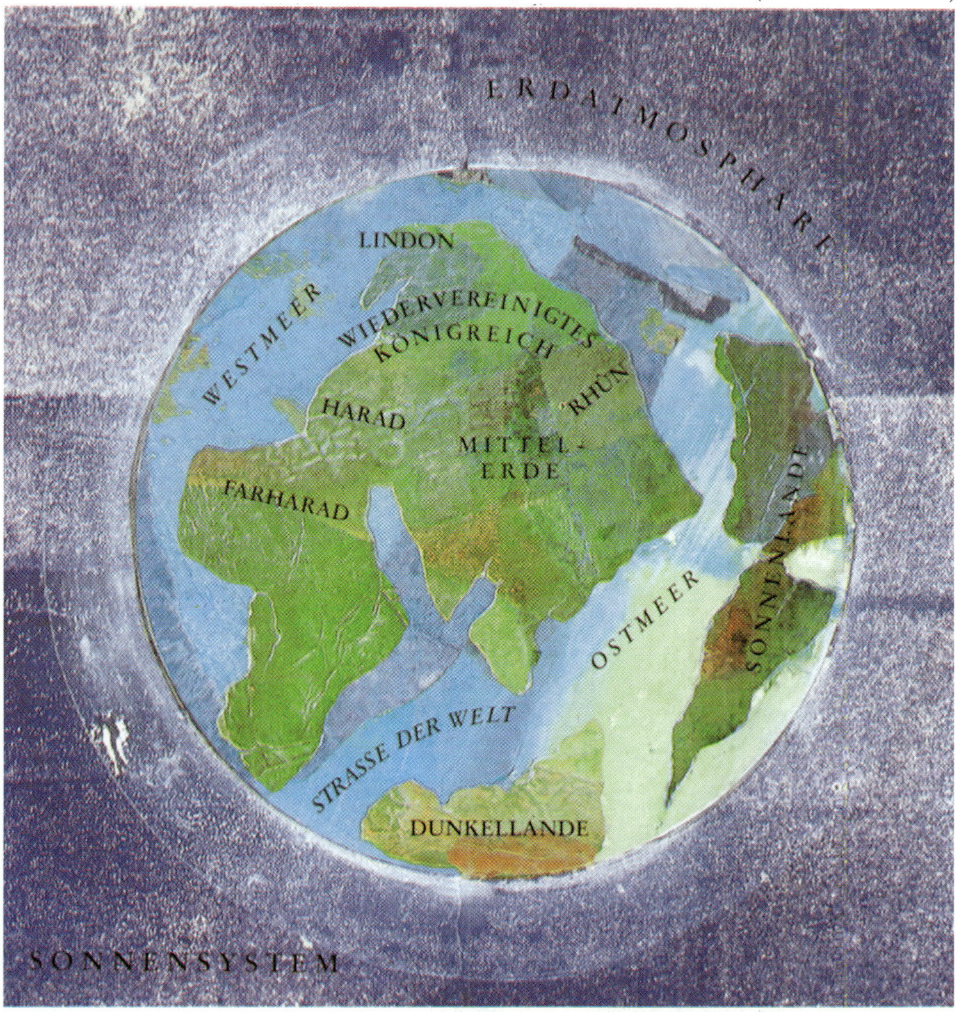

DAS VIERTE ZEITALTER DER SONNE
Als die letzten Elbenschiffe im Vierten Zeitalter die Unsterblichen Lande erreichten, verschwanden diese in eine Dimension, die dem menschlichen Begreifen unzugänglich war. Die runde Welt entwickelte sich mehr und mehr zu der Erde, wie wir sie heute kennen. Die Landmassen nahmen ihre jetzige Gestalt an, und die Erde begann sich um die Sonne zu drehen.

UNSTERB-
LICHE
LANDE
HELCARAXE
(MALM-EIS)
ANGBAND
HITHLUM
EISENBERGE
Tol Sirion
Belegost
Nogrod
BLAUES GEBIRGE
Gondolin
Nargothrond
Menegroth
Ossiriand
Narog
Sirion
Doriath
BUCHT VON
BELAR
MITTEL-
ERDE
Gelion
BELERIAND
BELEGAER-MEER

BELERIAND

◀ ***BELERIAND***

In den Zeitaltern der Sterne wurde Beleriand die Heimat der Grau-Elben oder Sindar. Ihre Hauptstadt war Menegroth in den Wäldern von Doriath. Im Ersten Zeitalter der Sonne kehrten die Noldor-Elben zurück und gründeten Nargothrond, Gondolin und zahlreiche andere Reiche. Doch sie alle wurden zusammen mit Menegroth und Melkors Angband in den Kriegen von Beleriand zerstört. Mit dem Ende des Zeitalters versank Beleriand im Meer.

NUMENOR

Zu Beginn des Zweiten Zeitalters der Sonne schufen die Valar eine sternförmige Insel im Westmeer. Dies war Númenor, das zum mächtigsten Reich der Menschen auf Arda werden sollte. Im Jahre 3319 wurde Númenor jedoch zerstört und versank im Meer. Zugleich verwandelte sich die flache Erde in eine runde Kugel.

DIE UNSTERBLICHEN LANDE

Am Ende des Dritten Zeitalters der Sonne waren die Unsterblichen Lande von Valinor und Eldamar den Sphären der Welt so weit entrückt, daß sie nur noch auf dem Geraden Weg von den Zauberschiffen der Elben erreicht werden konnten. Zu Beginn des Vierten Zeitalters verschwanden sie völlig in eine mythische Dimension jenseits menschlicher Begriffsvorstellungen.

NÚMENOR

DIE UNSTERBLICHEN LANDE

UNSTERBLICHE
LANDE
GOLF VON L

MITTELERDE IM DRITTEN ZEITALTER DER SONNE

A

Aglarond – Die großen Höhlen unter Helms Klamm und die Hornburg genannte Feste waren Schauplätze einer der entscheidenden Schlachten des Ringkrieges. Hier hatten die Reiter der Rohirrim ihre stärksten Befestigungen und schlugen unter König Théoden die Streitkräfte des bösen Zauberers Saruman. Die Höhlen selbst waren älteren Ursprungs und vermutlich im Zweiten Zeitalter der Sonne von den Númenórern in den Fels gehauen worden. Aglarond ist ein elbisches Wort und bedeutet „Glitzernde Höhlen". Der gewaltige Höhlenkomplex galt als eines der Weltwunder in Mittelerde. Nach dem Ringkrieg kehrte der Zwerg Gimli (einer der Gefährten des Ringes) mit vielen Zwergen Erebors nach Aglarond zurück. Er wurde Herr der Glitzernden Höhlen, und im Vierten Zeitalter entwickelte sich sein Reich zum mächtigsten Zwergenreich auf Mittelerde. Unter Gimlis Herrschaft waren die Zwerge Aglaronds die berühmtesten Metallschmiede der Außenlande.

Almaren – Die inmitten eines großen Meeres gelegene Insel Almaren war während des Zeitalters der Leuchten der erste Wohnplatz der Valar auf Mittelerde. Das idyllische Inselreich wurde jedoch von dem aufrührerischen Vala Melkor zerstört, als er gegen die anderen Valar Krieg führte, die beiden Leuchten umstürzte und Mittelerde mit Dunkelheit überzog.

Alqualonde – Stadt und Hafen der Teleri in Eldemar an der Küste der Unsterblichen Lande. Die Teleri waren die letzten der drei Elbengeschlechter, die im Zeitalter der Sterne Mittelerde verließen. Sie waren See-Elben, die wie keine anderen das Meer liebten und von den Meeresgöttern die Kunst des Schiffsbaus erlernt hatten. Ihre Schiffe waren wie die Schwäne Ulmos, des Königs der Meere, gebaut. So bedeutet der elbische Name für ihre Hauptstadt Alqualonde auch „Schwanenhafen". Es war eine prächtige, aus Marmor und Perlen unter den Sternen in einem natürlichen Hafenbecken an der Küste der Unsterblichen Lande errichtete Stadt, die ihren Schiffen Schutz bot und nur durch den Bogen eines steinernen Tors erreicht werden konnte.

Alter Wald – Im Dritten Zeitalter der Sonne war der ursprüngliche Wald, der einstmals ganz Eriador

Der Schwanenhafen von Alqualonde

bedeckte, auf ein kleines Gebiet östlich des Auenlandes zwischen dem Brandywein-Fluß und den Hügelgräberhöhen zusammengeschrumpft. Dies war der Alte Wald, und er beherbergte viele übelwollende Geister, die das Reisen gefahrvoll machten. Der schrecklichste von ihnen war der Alte Weidenmann, der die Kraft hatte, Reisende mit seinen wispernden Gesängen zu verzaubern und sie mit seinen beweglichen Wurzeln zu umschlingen. Glücklicherweise lebte an der Ostseite des Waldes ein anderer, freundlicherer Geist namens Tom Bombadil, der die Macht besaß, den bösen Baumgeistern zu befehlen, ihre Beute wieder freizulassen.

Aman – Der große westliche Kontinent, das Unsterbliche Reich der Valar und Eldar. Aman ist ein Name aus dem elbischen Quenya und bedeutet „gesegnet". Bis zum Niedergang der Númenórer und der Umgestaltung der Welt lag dieser Kontinent weit im Westen von Mittelerde im Großen Meer Belegaer. Nach der großen Umwälzung wurde Aman der Sphäre der Welt entrückt, so daß die Seefahrer, die nach dem Zweiten Zeitalter der Sonne Mittelerde verließen, die Unsterblichen Lande nur noch auf den Zauberschiffen der Elben erreichen konnten.

Amon Amarth – Auch als Orodruin bekannt, ist Amon Amarth – ein elbischer Name, der „Schicksalsberg" bedeutet – ein Vulkan, der sich in einer Einöde im bösen Lande Mordor erhebt. In den Feuern seiner Schicksalsklüfte schmiedete Sauron den Einen Ring. Und hierhin mußte der Ringträger Frodo Beutlin den Ring auch zurückbringen, um ihn zu vernichten und die Macht Saurons für immer zu beenden.

Amon Hen – Der „Berg des Auges", einer der drei Gipfel am Ende des Nen Hithoel genannten Sees im Großen Strom Anduin. Die anderen beiden waren Amon Lhaw, der „Berg des Ohres" am Ostufer, und Tol Brandir oder Zinnenfels, eine unzugängliche Insel in der Mitte des Sees. Amon Hen und Amon Lhaw trugen je einen Zauberthron, den „Sitz des Sehens" und den „Sitz des Hörens", die errichtet worden waren, um die Grenzgebiete Gondors beobachten zu können. Im Ringkrieg bestiegen die Gefährten des Ringes den Amon Hen. Auf dem Sitz des Sehens entdeckte Frodo Beutlin dann seine magischen Eigenschaften, als er plötzlich Hunderte von Meilen in alle Richtungen blicken konnte.

Amon Lhaw – Der „Berg des Ohres", einer der drei Gipfel am Ende des Nen Hithoel, eines Sees im Großen Strom Anduin. Er war einer der beiden Wachttürme zur Beobachtung der Grenzen Gondors. Der andre war Amon Hen, der „Berg des Auges". An der Spitze des Amon Lhaw befand sich der „Sitz des Hörens", ein dem „Sitz des Sehens" auf dem Amon Hen vergleichbarer Thron, von dem aus zu vernehmen war, ob die Feinde Gondors Angriffe gegen das Land planten.

Amon Rhûd – Der „Kahle Berg" im Westen Beleriands südlich des Brethil-Waldes zwischen den beiden Flüssen Narog und Sirion. Die in den Amon Rhûd geschlagenen Höhlen waren die letzte Heimstatt der Noegyth Nibin, der „Kleinzwerge", deren Zahl im 5. Jahrhundert des Ersten Zeitalters der Sonne, wie uns im *Silmarillion* berichtet wird, so weit abgenommen hatte, daß nur noch drei von ihnen übrig waren: ein uralter Zwerg namens Mîm und seine beiden Söhne. Der Amon Rhûd war auch der Ort, an dem sich Túrin Turambar vor seinen Verfolgern verbarg. Die Bezeichnung „Kahler Berg" geht auf die Tatsache zurück, daß er außer dem widerstandsfähigen Seregon, der Blutsteinpflanze, keine Vegetation trug.

Amon Uilos – Wörtlich übersetzt „Der Ewig-Schneeweiße" – einer der vielen Namen für den Taniquetil, den höchsten Berg der Unsterblichen Lande. Der Amon Uilos ist der Olymp von Arda, auf dem die großen Hallen der Götter Manwe und Varda, Ilmarin, errichtet sind.

Andor – Andor bedeutet „Land der Gabe", einer der elbischen Namen für Númenor, dem Atlantis von Arda. Es ist das bedeutende Inselreich, das am Ende des Zweiten Zeitalters der Sonne von Belegaer, dem Großen Meer, verschlungen wurde.

Andram – Ein massiver Steilhang, der Mittel-Beleriand von West nach Ost durchquerte. Sein Name bedeutet „Langer Wall". Der Andram trennte Beleriand in einen nördlichen und einen südlichen Teil und verlief von Nargothrond im Westen bis Ramdall, dem „Ende des Walles", in Ost-Beleriand. An nur zwei Stellen durchbrochen, bildete der mächtige Strom Sirion einen der größten Wasserfälle auf Mittelerde, um in den tiefen Höhlen unter dem Gebirge zu verschwinden, und 25 Wegstunden westlich von ihm schnitt der Fluß Narog eine tiefe Schlucht in den Fels.

Anduin – Im Dritten und Vierten Zeitalter der Sonne war der Anduin der größte und längste Fluß in Mittelerde. Sein Name stammt aus dem Elbischen

Der Anduin-Fluss

Der Untergang von Angband

und bedeutet „großer Strom". Seine bedeutendsten Nebenflüsse waren der Celebrant, der Schwertelfluß, die Entwasser, der Limklar, der Morgulduin, der Erui, der Poros und der Sirith. Die Talländer des Anduin, die sich von seiner Quelle im Grauen Gebirge hoch im Norden bis zu seinem Flußdelta an der Bucht von Belfalas im Süden erstreckten, waren die am heftigsten umkämpften Gebiete während des Ringkrieges.

Andúnië – Die erste *große* Stadt des Inselreiches der *Númenórer*, das im Zweiten Zeitalter der Sonne zwischen Mittelerde und den Unsterblichen Landen inmitten des Großen Meeres Belegaer gegründet wurde. Andúnië war ein an der Westküste von Númenor gelegener Hafen. Sein Name bedeutet „Sonnenuntergang", und seine Bewohner waren diejenigen, die der alten Lebensweise der Númenórer am treuesten blieben.

Angband – Utumno war das erste und bedeutendste unterirdische Reich des satanischen Vala Melkor, aber in den Zeiten der Dunkelheit, die der Vernichtung der Leuchten der Valar folgten, errichtete Melkor eine große unterirdische Waffenkammer und Festung im Norden Beleriands, den „Eisenkerker" Angband. Am Ende des Ersten Zeitalters der Sterne wurde Utumno geschleift und Melkor in Ketten geschlagen, doch die Höhlen und Verliese von Angband blieben während des Kriegs der Mächte unzerstört. Während Melkor vier Alter der Sterne hindurch gefangengehalten wurde, verbargen sich seine Diener und bösen Geister, angeführt von seinem Heermeister Sauron, in den Tiefen Angbands. Als Melkor wieder freikam, die Bäume der Valar zerstörte und die Silmaril stahl, suchte er abermals Zuflucht in Angband, das er mit Hilfe seiner Dämonen stärker als je zuvor ausbaute. Über der Festung türmte er dann als starkes Bollwerk die drei Gipfel des Vulkans Thangorodrim auf. Während des Ersten Zeitalters der Sonne und des Juwelenkrieges züchtete Melkor in Angband Untiere wie die gewaltigen Drachen. Oft belagert, wurde Angband erst im Krieg des Zorns in der Großen Schlacht eingenommen, wobei die Heere der Valar, Maiar und Eldar ihre letzten Reserven einsetzen mußten, um die Festung zu schleifen, Melkors Dämonen zu zermalmen und ihn selbst in die Leere zu verbannen. Bei dieser Schlacht wurde nicht nur Angband vollständig zerstört, sondern auch Beleriand vom Meer verschlungen.

Angmar – Das Zauberreich Angmar im nördlichen Teil des Nebelgebirges entstand im Jahre 1300 des

Dritten Zeitalters der Sonne. Seine Hauptstadt war Carn Dûm, und es wurde von Orks und den barbarischen Bergstämmen der Ettenöden bewohnt. Sein Herrscher wurde der Hexenkönig von Angmar genannt, aber in Wahrheit war er der Herr der Nazgûl und der erste Diener Saurons. Der Hexenkönig regierte fast 700 Jahre lang und überzog das Nördliche Königreich der Dúnedain Arnor ständig mit Krieg. Arnor wurde schließlich im Jahre 1974 zerstört, aber 1975 schlugen die vereinten Heere der Bewohner von Gondor und der Elben die Armee des Hexenkönigs in der Schlacht von Fornost, um Angmar dann in Schutt und Asche zu legen.

Arda – Der Name der Hoch-Elben für die ganze Welt, wie sie von Ilúvatar ersonnen und von den Valar gestaltet wurde. Arda umschloß sowohl die sterblichen Lande von Mittelerde als auch das Reich der Unsterblichen Lande.

Argonath – Wörtlich übersetzt „Die Königssteine", aber auch „Das Tor der Könige" oder „Das Tor Gondors" genannt, waren die Argonath zwei mächtige Standbilder an beiden Seiten einer Schlucht, durch die sich die großen Wasserfälle des Rauros in den Anduin ergossen. Die Statuen stellten die ersten Könige Gondors, Isildur und Anárion, dar und wurden im Jahre 1340 des Dritten Zeitalters in den Fels gehauen, um die nördliche Grenze des Königreichs Gondor zu markieren.

Armenelos – Armenelos, die Hauptstadt von Númenor, wurde an den Hängen des Meneltarma, des höchsten Bergs des Inselreiches, errichtet. Gelegentlich Armenelos die Goldene genannt, war die Stadt Sitz der Könige von Númenor und enthielt viele der schönsten Tempel. Hier wurde Sauron gefangengehalten, ehe er durch List und Täuschung den König verdarb und den Untergang Númenors herbeiführte.

Arnor – Im Jahre 3320 des Zweiten Zeitalters der Sonne von Elendil dem Númenórer gegründet, war Arnor das erste Königreich der Dúnedain auf Mittelerde. Elendil herrschte als Hoher König in Arnor, schickte jedoch seine Söhne aus, um Gondor zu errichten, das Reich der Dúnedain im Süden. Arnors erste Hauptstadt war Annúminas an der Küste des Evendim-Sees, ehe im Jahre 861 Fornost die größte Stadt und Herrschaftssitz wurde. Im gleichen Jahr wurde Arnor von den Söhnen Earendurs, des zehnten Königs, in drei Reiche aufgeteilt – Arthedain, Cardolan und Rhudaur. Im Jahre 1300 entstand im Norden Arnors das böse Reich Angmar. Fast sie-

ARGONATH, DAS TOR VON GONDOR

Azanulbizar

benhundert Jahre lang überzog der Herr der Nazgûl, der nur als Hexenkönig bekannt war, die Dúnedain Arnors mit Krieg. Im Jahre 1409 wurden die Königreiche Cardolan und Rudaur zerstört, aber die Dúnedain von Arthedain kämpften noch sechshundert Jahre weiter. Im Jahre 1974 wurde Arthedain schließlich von den Ork-Heeren und den barbarischen Horden des Hexenkönigs überrannt. Obgleich das Geschlecht der Könige nie ausstarb, hörte das Königreich Arnor auf zu bestehen. Erst mit dem Ende des Ringkrieges, als Aragorn, der letzte Thronfolger, Hoher König aller Dúnedain wurde, erstand Arnor von neuem, um fortan im alten Glanz zu erstrahlen.

Aschengebirge – Das Reich Saurons, des Herrn der Ringe, wurde Mordor genannt. Es war ein dunkles und böses Land, das von einem großen hufeisenförmigen Gebirge umgeben war, dessen nördliches Massiv das Aschengebirge war, das die Elben Ered Lithui nannten. Diese Berge waren in ihrer ganzen Front nur dort passierbar, wo sie auf den Ephel Dúath, das Schattengebirge, trafen, das den westlichen und südlichen Teil des Verteidigungswalls Mordors bildete. Die enge Schlucht, an der sich die beiden Gebirgsketten begegneten, war Morannon, das Schwarze Tor, der Hauptzugangsweg zu Saurons Reich.

Auenland – Die grünen und anmutigen Wiesen und Wälder des Auenlands – westlich des Brandywein-Flusses und östlich der Weiten Höhen gelegen – waren seit dem 17. Jahrhundert des Dritten Zeitalters der Sonne die Heimat der Hobbits oder Halblinge. Einst ein Teil des Königreichs Arnor, das im Laufe der Jahrhunderte aufgegeben worden war, wurde das Auenland den Hobbits durch Dekret des Dúnedain-Königs Argelebs II. von Arthedain im Jahre 1601 übereignet.

Das Auenland wurde in vier Hauptgebiete, die Vier Viertel, aufgeteilt. Im Jahre 2340 überquerte die Hobbitfamilie der Altbocks den Brandywein und siedelte sich in einem später als Bockland bezeichneten Gebiet an. Im Vierten Zeitalter wurde Bockland zusammen mit der Westmark von den Weiten Höhen bis zu den Turmbergen offiziell den Freien Gauen des Auenlandes eingegliedert. Die genügsame Lebensweise der Hobbits war diesen fruchtbaren Ländereien gut angepaßt, und durch harte Arbeit auf ihren bescheidenen Höfen gelangten sie zu Wohlstand. Die Städte und Dörfer des Auenlandes mit ihren häufig in die Erde gegrabenen Hobbithöhlen wurden größer und reicher – Hobbingen, Buckelstadt, Michelbinge, Tiefenhain, Froschmoorstetten, um nur einige zu nennen. Abgesehen von einigen Naturkatastrophen und einem Überfall der Orks im Jahre 274, blieb das Auenland von den Wirren der Welt draußen zumeist verschont. So entging es weitgehend den kriegerischen Auseinandersetzungen des Dritten Zeitalters, bis es zur Zeit des Ringkrieges plötzlich historische Bedeutung erlangte. Denn hier lebte Bilbo Beutlin, der an der Schatzsuche nach dem Zwergenhort der Könige teilnahm und bei dieser Gelegenheit in den Besitz des Einen Ringes gelangte. Dieser Zufallsfund verwickelte Bilbo, seinen Erben Frodo Beutlin und alle Hobbits des Auenlandes in das größte Drama jener Zeit. So geschah es, daß die Hobbits, die bescheidensten und niedrigsten aller Bewohner Mittelerdes, das Schicksal der Welt in ihren Händen hielten.

Avallóne – Der Hafen und die Stadt der Teleri, der See-Elben, auf der Einsamen Insel Tol Eressea in der Bucht von Eldamar. Hier lernten die Teleri im Dritten Zeitalter der Sterne den Schiffsbau, und von hier segelten sie an die Küste von Eldamar in den Unsterblichen Landen. Während des Zweiten Zeitalters der Sonne dienten die von Leuchten erhellten Kais Avallónes den See-Elben als Umschlagplatz, von dem sie mit ihren Schiffen in das Land der Númenórer fuhren, um ihnen Geschenke zu bringen und Fertigkeiten zu lehren, die das Leben der Sterblichen in jenem gesegneten Reich bereicherten. Es hieß, daß Scharfäugige vom höchsten Gipfel Númenors aus die glitzernden Lichter der Stadt und die festen Türme in ihrer Mitte sehen konnten.

Avathar – Jener südliche Teil des Kontinents Aman in den Unsterblichen Landen, der zwischen den Pelóri-Bergen und dem Meer lag. Avathar bedeutet „Schatten", und es war wirklich eine dunkle, kalte Wüstenregion. In diesem Schattenland lebte Ungolianth die Große Spinne, bevor sie sich Melkor anschloß und die Bäume der Valar zerstörte.

Azanulbizar – Der Gebirgspaß vor den Toren von Khazad-dûm. Seit der Zerstörung der Zwergenreiche durch die Balrogs wurde der Paß zusammen mit dem später Moria genannten Königreich von vielen Übeln heimgesucht. Einst wunderschön und den Bewohnern Khazad-dûms heilig, war er die Quelle des Silberlaufs und enthielt den Spiegelsee, den See der Visionen und Prophezeiungen. Gegen Ende des Dritten Zeitalters der Sonne war er zu einem bedrohlichen und von dunklen Mächten beherrschten Ort geworden, und im Jahre 2799 wurde auf seinem Boden die letzte blutige Auseinandersetzung zwischen Zwergen und Orks ausgetragen. Von den Menschen zur Zeit des Bundes des Rings Schattenbachtal genannt, bildete er eine Pufferzone zwischen Moria und dem Goldenen Wald von Lothlórien und bot den Bewohnern eines der letzten Königreiche der Elben auf Mittelerde Zuflucht.

B

Balar – Ursprünglich war Balar ein Teil von Tol Eressea, der schwimmenden Insel, die Ulmo, der Herr des Meeres, benutzte, um die Teleri in die Unsterblichen Lande zu tragen. Doch in der Bucht von Balar vor der Küste Beleriands lief die Insel auf Grund, und der Balar genannte Teil brach ab und blieb dort liegen. Balar war der bevorzugte Aufenthaltsort des Dieners Ulmos, Osse, des Herrn der Wogen, und seine Küsten waren berühmt wegen ihres Reichtums an Perlen. Die Insel wurde Teil des Herrschaftsbereichs von Cirdan und der Falathrim, und während des Krieges von Beleriand wurde sie ein Zufluchtsort der Sindar und danach der Noldor unter Gil-galad. Am Ende des Krieges des Zorns, mit dem das Erste Zeitalter der Sonne endete, soll sie, wie es heißt, mit dem übrigen Beleriand im Meer versunken sein.

Barad-dûr – Der größte Festungsturm auf Mittelerde während des Zweiten und Dritten Zeitalters der Sonne im Lande Mordor. Von den Menschen der Dunkle Turm und von den Orks Lugbúrz genannt, wurde Barad-dûr nach dem ersten Jahrtausend des Zweiten Zeitalters von Sauron mit Hilfe der Zauberkraft des Einen Ringes erbaut. Mehr als zweitausend Jahre lang war Barad-dûr im Zweiten Zeitalter das Zentrum des bösen Reiches des Herrn der Ringe, aber im Jahre 3434 wurde es von den vereinten Streitkräften der Elben und der Dúnedain belagert und im Jahre 3441 eingenommen. In den nächsten 29 Jahrhunderten des Dritten Zeitalters blieb Barad-dûr eine gewaltige Ruine, aber da der Turm durch Zauberkräfte entstanden war, konnten

Beutelsend

DIE HÜGELGRÄBERHÖHEN

seine Fundamente nicht zerstört werden, solange der Eine Ring bestand. So gelang es Sauron, als er im Jahre 2951 des Dritten Zeitalters nach Mordor zurückkehrte, den Dunklen Turm wieder mächtiger als je zuvor aufzubauen, so daß er als uneinnehmbar galt. Doch hatte Sauron nicht mit der Entdeckung des Rings gerechnet. Als dieser im Jahre 3019 in den Feuern des Schicksalbergs vernichtet wurde, brachen die Fundamente von Barad-dûr zusammen und Saurons Macht erlosch.

Belegaer – Das gewaltige westliche Meer, das Mittelerde von den Unsterblichen Landen trennte, wurde von den Elben Belegaer genannt, das bedeutet „Großes Meer“. Reich des Vala Ulmo, des Herrn des Meeres, sowie des Maia Osse und seiner Gemahlin Uinen, erstreckte sich Belegaer von der Helcaraxe im Norden (der „Malmeis“-Brücke, die einst die beiden Kontinente miteinander verband) bis zu den Grenzen Ardas im Süden.

Belegost – Eines der beiden großen Zwergenreiche, die im Zweiten Zeitalter der Sterne in den Blauen Bergen in Beleriand errichtet wurden. Während Belegost ein Wort aus dem Elbischen ist und „Große Festung“ bedeutet, wurde es in Khuzdul, der Sprache der Zwerge, Gabilgathol genannt. Die Zwerge Belegosts waren die ersten, die Beleriand betraten, und gehörten zu den besten Schmieden und Bildhauern auf Mittelerde. Sie waren die ersten, die Kettenhemden herstellten. Sie trieben einen regen Handel mit den Sindar, und auf Bitten des Grau-Elben-Königs Thingol schufen sie die Tausend Grotten Meneroths, das wohl schönste aller Reiche. Im Juwelenkrieg errangen die Zwerge von Belegost großen Ruhm, da sie allein in der Schlacht der Ungezählten Tränen dank der von ihnen geschmiedeten Stahlmasken, die ihre Gesichter schützten, dem Feuer der Drachen widerstehen konnten. Obgleich der König von Belegost, Azaghœl, in dieser Schlacht getötet wurde, verletzte er den Drachen Glaurung und zwang ihn, mitsamt seiner Drachenbrut das Schlachtfeld zu verlassen. Doch so tapfer die Zwerge von Belegost auch sein mochten – als der Krieg des Zorns endete, wurde ihr Reich mit allen Ländern Beleriands vom Meer verschlungen. Die wenigen, die überlebten, flohen nach Osten und fanden Zuflucht in den Hallen von Khazad-dûm.

Beleriand – Bis zu seinem Untergang zu Beginn des Zweiten Zeitalters der Sonne lag Beleriand im Westen der Blauen Berge im äußersten Nordwesten von Mittelerde. Alle Eldar kamen während der

Das Zwergenreich von Belegost

Großen Reise durch dieses Land, aber die Teleri hielten sich dort am längsten auf, als sie Ulmo, den Herrn des Meeres, erwarteten, der sie in die Unsterblichen Lande führen sollte. Tatsächlich schlossen sich nicht alle der Überfahrt an. So blieben die Sindar oder Grau-Elben von Doriath und den Falas zurück und errichteten während aller Zeitalter der Sterne herrliche Königreiche. Ebenfalls aus dem Osten kamen Reste der Teleri, die Laiquendi-Elben, die sich östlich der Blauen Berge in den Flußtälern von Ossiriand niederließen. Noch später, im Ersten Zeitalter der Sonne, kehrten die Noldor-Elben aus den Unsterblichen Landen zurück und gründeten die Königreiche Nargothrond, Himlad, Thargelion, Dorthonion, Gondolin, Mithrim Dor-lómin, Nevrast und Ost-Beleriand. Außer den Elben lebten Zwerge – in den beiden Reichen Nogrod und Belegost – in Beleriand, das zudem von einzelnen Stämmen der Menschen durchwandert wurde. Als schließlich Orks, Balrogs, Drachen und andere Ungeheuer aus Angband in Beleriand einfielen, wurde jedes der Elbenreiche im Juwelenkrieg zerstört. Der anschließende Krieg des Zorns, in dem die Valar selbst gegen Melkor zu Felde zogen, führte zur Vernichtung Beleriands, das vom Meer verschlungen wurde.

Beutelsend – Beutelsend wurde von den Hobbits als eine der schönsten Hobbithöhlen in ganz Hobbingen, ja im ganzen Auenland angesehen. Im 28. Jahrhundert des Dritten Zeitalters am Ende des Beutelhaldenwegs angelegt, diente es drei Generationen von Beutlins als Wohnstatt – Bungo, Bilbo und Frodo. Als Frodo sich im Jahre 3018 dem Bund des Rings anschloß, verkaufte er Beutelsend an Lobelia und Lotho Sackheim-Beutlin. Im September 3019, in den letzten Monaten des Ringkrieges, diente es Saruman, dem bösen Zauberer, während der kurzen Zeit seiner Schreckensherrschaft über Auenland als Hauptquartier. Nach Sarumans Vernichtung wurde es Frodo von Lobelia zurückgegeben. Als Frodo Beutlin Mittelerde auf einem Elbenschiff verließ, um in die Unsterblichen Lande zu ziehen, wurde Beutelsend das Heim von Sam Gamdschie, seiner Familie und seinen Erben.

Blaue Berge – Die große Bergkette, die das Elbenland Beleriand im Osten begrenzte, war als Ered Luin, die Blauen Berge, bekannt. Hier befanden sich die beiden Zwergenreiche Belegost und Nogrod. Nach dem Ende des Ersten Zeitalters der Sonne, als die Elben- und Zwergenreiche Beleriands zerstört wurden, versanken die Blauen Berge bis auf einen kleinen Teil im Meer. Und selbst der Abschnitt, der

Cair Andros

sich über die See erhob, wurde durch den Golf von Luhn in zwei Teile geschnitten. Hier errichtete der Herr der Falathrim-Elben, Círdan, die Grauen Anfurten, den letzten Hafen der Eldar auf Mittelerde. Und auf jenem kleinen Teil westlich der Blauen Berge, der von Beleriand übriggeblieben war, Lindon genannt, lag das Reich Gil-galads, des letzten Hochkönigs der Eldar. Im ganzen Dritten Zeitalter blieb Lindon als Elbenland bestehen, und die Blauen Berge boten weiterhin mehreren Zwergenvölkern Zuflucht und Heimstatt.

Brandywein – Im Dritten Zeitalter der Sonne war der Brandywein einer der drei großen Ströme von Eriador. Er entfloß dem Evendim-See, der einst im Herzland der verlorenen Reiches Arnor lag, und strömte südwärts am Auenland und dem Alten Wald vorbei, ehe er am Südende der Blauen Berge im Meer mündete. Es scheint nur zwei Stellen gegeben zu haben, an denen er überquert werden konnte: die Sarnfurt und die Brandywein-Brücke im Osten des Auenlands nördlich des Alten Waldes an der Großen Oststraße. Im Elbischen wird der Fluß Branduin genannt, was bezugnehmend auf seine Farbe „goldbrauner Strom“ bedeutet. Die Bezeichnung Brandywein ist eine Übersetzung des ursprünglichen Hobbitnamens Branda-nîn, was „Grenzwasser“ bedeutet, da er die östliche Grenze des Auenlands bildete. Im Laufe der Zeit wurde sein Name zu Bralda-hîm korrumpiert, was „schweres Bier“ heißt, und dann zu Brandywein verballhornt.

Bree – Angeblich von den Dunländern im Zweiten Zeitalter der Sonne gegründet, war Bree das größte Dorf in Breeland. Es lag an der Stelle, an der sich die Große Oststraße mit der Nordstraße kreuzte, das heißt im Osten des Auenlands und im Herzen des ehemaligen Königreichs Arnor. Bree bot rund hundert Hobbits und Menschen eine Heimstatt. Zur Zeit des Ringkrieges hatte es an Größe und Bedeutung verloren. Dennoch ist es erstaunlich, daß Bree angesichts der Zerstörung, die Arnor durch den Hexenkönig von Angmar widerfuhr, überhaupt die Zeiten überdauerte. Das ist zweifellos nicht nur den Waldläufern des Nordens zu verdanken, die es beschützten, sondern auch seiner strategischen Lage am Schnittpunkt zweier großer Handelsstraßen. Unter den vielen Reisenden, die über diese Straßen zogen, war Bree berühmt wegen seines Gasthauses *Zum Tänzelnden Pony*, das wie kein anderes als Nachrichtenbörse und Umschlagplatz für Klatsch und Tratsch diente.

Bruchtal – Im Jahre 1697 des Zweiten Zeitalters, nach dem Krieg der Elben gegen Sauron, floh der Halb-Elbe Elrond mit den letzten überlebenden Gwaith-i-Mírdain aus Eregion. Während das Reich der Elbenschmiede zum größten Teil zerstört wurde, fand die kleine Schar Zuflucht in den tiefen Tälern im äußersten Osten Eriadors am Fuß des Nebelgebirges und errichtete dort zwischen den Flüssen Weißquell und Lautwasser Imladris oder Bruchtal. Dieses „Letzte Haus Östlich des Meeres“, ein Sitz der Weisheit und der Gelehrsamkeit, bot fortan allen Elben und Menschen, die guten Willen waren, eine Heimstatt. Hier fand Bilbo Beutlin, wie später der Bund des Rings, eine Zuflucht. Das Haus und das Tal wurden von einem Elbenzauber geschützt, der die Flüsse an beiden Seiten ansteigen ließ und Eindringlinge abwehrte. Bruchtal überdauerte alle Kriege des Zweiten und Dritten Zeitalters. Auch die Dúnedain, besonders die Stammeshäuptlinge des Nördlichen Königreiches, weilten als Gäste in Bruchtal. Nach dem Ringkrieg verließ Elrond sein Haus, um in die Unsterblichen Lande zu ziehen, aber Elrohir, Elladan und Celeborn blieben mit vielen anderen Elben dort, bis im Vierten Zeitalter die letzten Elbenschiffe aus den Grauen Anfurten ausliefen.

C

Cair Andros – Von Túrin II., dem 23. regierenden Truchseß Gondors, im 30. Jahrhundert des Dritten Zeitalters zur Festung ausgebaut, war Cair Andros eine Insel auf dem Anduin nördlich des Weißen Turms, der den Eingang zu den Ländern Gondors und Rohans bewachte. Die auffallende Inselfestung war wie ein gewaltiges Schiff geformt, an dessen hohem Bug sich die Wellen des Stromes brachen. Dieser Umstand erklärt den Namen der Insel, der wörtlich übersetzt „Schiff von Langschaum" bedeutet. Im Ringkrieg wurde Cair Andros erbittert von den Gondor-Menschen verteidigt, erlag aber schließlich dem Ansturm der Streitkräfte Mordors. Nach der entscheidenden Schlacht auf den Pelennor-Feldern und dem Rückzug Saurons wurde Cair Andros jedoch von Gondor wieder erobert.

Calacirya – Calacirya (der aus dem Hochelbischen stammende Name bedeutet wörtlich „Lichtspalt") war der einzige Paß, der durch die gewaltigen Pelóri-Berge in die Unsterblichen Lande führte. Im Zeitalter der Bäume fiel das Licht dieser Bäume durch den Paß, in dessen Mitte sich der Berg Túna erhob, auf dem Tirion errichtet wurde, die Hauptstadt der Hoch-Elben von Eldamar.

CIRITH UNGOL

Caras Galadon – Die Hauptstadt des verborgenen Elbenreiches Lothlórien, die „Stadt der Bäume". Caras Galadon war tatsächlich eine Stadt kunstvoll gebauter Baumhäuser oder *telain*, die in einem großen, von einer Mauer umgebenen Wald riesiger silbergliedriger Mallorn-Bäume im Herzen Lothlóriens errichtet waren. Hier war der Sitz der Herrscher Lothlóriens, Celeborn und Galadriel, und die Heimstatt der edelsten im Dritten Zeitalter auf Mittelerde verbliebenen Elben. Nach dem Ringkrieg, als Galadriel Mittelerde verließ und Celeborn sich nach Ost-Lórien begab, stand Caras Galadon leer, und der Zauber, der es geschützt hatte, verlor seine Wirkung.

Celebrant – In der Sprache der Menschen „Silberfluß" oder „Silberlauf" und von den Zwergen Kibilnœla genannt, floß der Celebrant aus dem Weißen Gebirge durch den Paß von Azanulbizar und den Goldenen Wald Lothlóriens in den Großen Strom Anduin. Im Dritten Zeitalter der Sonne folgten die Gefährten des Bunds des Ringes seinem Lauf vom Tor Morias bis zum Goldenen Wald.

Cerin Amroth – Im Elbenreich Lothlórien gab es einen Berg, auf dem der Elbenkönig Amroth im Zweiten Zeitalter der Sonne sein Haus Cerin Amroth errichtete. Die Lieder der Elben berichten uns, wie Amroth sich aus Gram um seine verlorene Geliebte, die Elbenmaid Nimrodel, aus einem Schiff stürzte und im Meer ertrank. Gegen Ende des Dritten Zeitalters war sein Haus längst verfallen, aber der dicht mit Elanor- und Niphredil-Blumen bewachsene Ort galt immer noch als verzaubert. Hier wurde Aragorn mit Arwen vermählt, und hierher kehrte Arwen nach dem Tod ihres Gatten zurück, um zu sterben.

Cirith Gorgor – Das Schwarze Tor und die Türme der Wehr waren mächtige Bollwerke, die den Cirith Gorgor genannten „verwunschenen Paß" schützten, den Hauptzugang zu Saurons bösem Reich Mordor. Sowohl im Zweiten als auch im Dritten Zeitalter wurden die Verteidigungsanlagen niedergerissen, um den Paß zu öffnen.

Cirith Ungol – Im Schattengebirge, das die Westgrenze von Mordor bildet, gab es den wenig benutzten und engen Paß Cirith Ungol, den „Paß der Spinne". Über ihn verließen die Streitkräfte des Hexenkönigs der Nazgûl im Jahre 2000 des Dritten Zeitalters Mordor, um Minas Ithil zu belagern. Im Jahre 2002 fiel Minas Ithil und wurde umbenannt in Minas Morgul, den „Turm der Geister". In den nächsten tausend Jahren blieb der Paß geschlossen, bewacht von der Riesenspinne Kankra, die hier auf der Lauer lag. Jeder, der in ihre Nähe kam, wurde von ihr verschlungen. Sauron war überzeugt, daß niemand mehr sein Reich über diesen Paß betreten könnte, aber im Jahre 3019 gelang es Frodo Beutlin und Samweis Gamdschie, begleitet von Sméagol Gollum, die Spinne zu besiegen. Sie überwanden die Mächte der dreiköpfigen Statuen, die „Die Wächter" genannt wurden, und bestanden anschließend die Prüfungen des Ork-Turmes auf dem Gebirgskamm. So drangen sie in das böse Reich Mordor ein.

D

Dagorlad – Im Zweiten und Dritten Zeitalter der Sonne erstreckte sich nördlich des Schwarzen Tores hinter den Bergen Mordors und südlich des Moores der Totensümpfe eine weite, baumlose Ebene, die Dagorlad genannt wurde, was im Elbischen „Schlachtfeld" bedeutet. Im Jahre 3434 des Zweiten Zeitalters wurde hier eine gewaltige Schlacht ausgefochten, bei der die Streitkräfte des Letzten Bündnisses der Elben und Menschen das Heer Saurons besiegten und anschließend das Schwarze Tor und den Dunklen Turm von Mordor zerstörten. Während des Dritten Zeitalters war Dagorlad der Schauplatz vieler Kämpfe zwischen Gondor und den barbarischen Horden der Ostlinge. Besonders bemerkenswert sind die Schlachten mit den als Wagenfahrer bezeichneten Ostlingen in den Jahren 1899 und 1944. Im Ringkrieg plante Sauron, die feindlichen Streitkräfte mit seinem Heer nach Dagorlad abzudrängen, um sie dort zu vernichten; doch vereitelte die Umsicht der westlichen Heerführer seine Pläne.

Dol Amroth – Die Hafenstadt Dol Amroth war eine der fünf großen Städte Gondors und die größte Stadt der an der Bucht von Belfalas gelegenen Lehen. Sie wurde regiert von den Fürsten von Dol

Amroth, deren Banner einen silbernen Schwan und ein weißes Schiff auf blauem Grund trugen. Die Stadt war von dem legendären Elbenkönig Amroth, dem unglücklichen Liebhaber der Elbenfürstin Nimrod, errichtet worden. Bis zum Tode Amroths im Jahre 1981 des Dritten Zeitalters war Dol Amroth der Hafen, aus dem die Elben von Lothlórien in ihren weißen Zauberschiffen in die Unsterblichen Lande segelten.

Dol Guldur – Während des Dritten Zeitalters der Sonne, als der Große Grünwald so von Raubtieren und Unholden heimgesucht wurde, daß man ihn Düsterwald nannte, wurde in seinem südwestlichen Teil die Festung Dol Guldur, der „Berg der Magie", errichtet. Hier lebte zusammen mit Legionen von Orks und vielen bösen Geistern tausend Jahre lang ein Hexenmeister, der als Nekromant bekannt wurde. Im Jahre 2063 betrat der Zauberer Gandalf den Düsterwald, aber der geheimnisvolle Herrscher Dol Guldurs war verschwunden. Erst im 25. Jahrhundert kehrte er, mächtiger als je zuvor, zurück. Als Gandalf im Jahre 2850 abermals nach Dol Guldur kam, erfuhr er, daß der Nekromant niemand anders als Sauron, der Herr der Ringe, war. Sauron herrschte bis zum Jahre 2941 in diesem verborgenen Reich und zog sich dann in seinen Dunklen Turm von Mordor zurück. Doch fünfzig Jahre später übernahmen drei seiner schrecklichsten Diener, die Ringgeister oder Nazgûl, die Herrschaft

Die Totensümpfe

Dunharg

in Dol Guldur und benutzten es als Basis für ihre Feldzüge gegen die freien Völker des Nordens. Im Ringkrieg überfielen die schrecklichen Heere Dol Guldurs sowohl Lothlórien als auch das Waldland-Reich, wurden jedoch von den elbischen Bewohnern dieser Länder schließlich vernichtend geschlagen. Die Wälle Gol Duldurs wurden niedergerissen, ihre Verliese und Höhlen geöffnet und von allem Übel befreit.

Doriath – Im Zweiten Zeitalter der Sterne gründeten der Grau-Elben-König Thingol und seine Gemahlin, die Maia Melian, das Sindar-Königreich Doriath in den ausgedehnten Waldländern Belerіands. Vier Zeitalter der Sterne hindurch wuchs das Reich der Grau-Elben, und die königliche Residenz in den Tausend Grotten von Menegroths war die prächtigste auf Mittelerde. Während des Ersten Zeitalters der Sonne jedoch wurden die Länder Beleriands im verhängnisvollen Juwelenkrieg mehr und mehr zum Schlachtfeld zwischen den Noldor-Elben und Morgoth, dem Dunklen Feind. Um die Grau-Elben aus diesem Konflikt herauszuhalten, wob die Maia-Königin Melian einen mächtigen Zauber um Doriath, der verhinderte, daß Böses in das Reich eindrang. So wurde Doriath als das Verborgene Königreich bekannt, und die Grau-Elben waren geschützt vor den Verheerungen, die schließlich alle anderen Reiche in Beleriand zerstörten. Erst als einer der Simaril in den Besitz Thingols gelangte, wurden auch die Sindar in die Kämpfe einbezogen. Um dieses Steines wegen verrieten die Zwerge von Nogrod ihre Verbündeten und erschlugen Thingol. Nach seinem Tod verließ Melian Mittelerde; der Zauber, den sie um das Land gelegt hatte, verlor seine Wirkung, und die Zwerge fielen in Doriath ein. Die Sindar sammelten sich noch einmal unter der Herrschaft König Diors, des Enkels Thingols, doch der Fluch, der auf dem Besitz des Silmaril lag, führte dazu, daß Dior von den Noldor-Elben getötet wurde. Nach seinem Tod und der zweiten Plünderung Menegroths verließen die Grau-Elben ihr zerstörtes Reich. Als mit dem Krieg des Zorns das Erste Zeitalter der Sonne endete, versank Doriath mit allen Ländern Beleriands im Meer.

Druadan-Forst – Während der Zeit des Ringkrieges gab es einen uralten Wald etwa dreißig Meilen nordwestlich des Weißen Turmes von Gondor, der von einem primitiven Volk bewohnt wurde, den Wasas. Dieser Wald wurde Druadan genannt – eine Verballhornung von Drúedain, dem elbischen Namen für die Wasas im Ersten Zeitalter der Sonne, als sie mit den Edain verbündet waren. Nach dem Ringkrieg, in dem die Wasas die Streitkräfte Gondors gegen die Heere Saurons unterstützten, übergab der König des Wiedervereinigten Königreichs Elessar den Wasas die Herrschaft über den Druadan-Forst und befahl, daß niemand ihn ohne ihre Einwilligung betreten dürfe.

Dunharg – Eine der ältesten und seltsamsten Festen auf Mittelerde, Dunharg, war während des Ringkrieges Teil von Rohan. Schon vorher hatte es den Bewohnern des unter ihm liegenden Hargtals oft als Zufluchtsort gedient. Dunharg war fast unmöglich einzunehmen, da es nur über eine Straße zugänglich war, die sich in engen Kehren den steilen Berg hinaufzog. An jeder Kehre standen gewaltige Steine, die in Gestalt von dickbäuchigen, kauernden Menschen behauen waren. Die Serpentinen der immer enger werdenden Straße führten zu einem schmalen Durchstich in den Felswänden an der Spitze des Berges, durch den man zur eigentlichen Feste gelangte – einem weiten und gut bewässerten alpinen Hochland, dem Firienfeld, auf dem Tausende in Kriegszeiten Obdach fanden. Auf dem Firienfeld stand eine Reihe unbehauener Steine, die wiederum zum Dwimorberg, dem „Geisterberg“, und einem

verborgenen Tal führten, das von Totengeistern heimgesucht wurde, die allen Lebenden den Zugang zu einem mittlerweile aufgegebenen Paß verwehrten. Dunharg war im Zweiten Zeitalter von den Menschen des Weißen Gebirges angelegt worden, den Vorfahren der Dunländer, die jedoch das Land schon vor den Menschen von Gondor bewohnten. Obwohl sie sich später mit Gondor verbündeten, waren sie bereits von Sauron verdorben worden, und hintergingen ihre Verbündeten, als der Krieg ausbrach. Wegen dieses Eidbruchs durften die Geister dieser Menschen nie ruhen, und in all den Jahren des Dritten Zeitalters suchte das als die Toten von Dunharg bekannte Geisterheer diesen Teil des Dwimorberges auf den sogenannten Pfaden der Toten heim. Erst mit der Ankunft Aragorns gelangten die Toten von Dunharg zur Ruhe.

Düsterwald – Im Jahre 1050 des Dritten Zeitalters der Sonne gelangte eine böse Macht in den Großen Grünwald in Rhovanion östlich des Nebelgebirges und des Anduin. Diese Macht, weithin als der Nekromant bekannt, war tatsächlich Sauron, der Herr der Ringe, der in den südlichen Bereichen des Waldes die Festung Dol Guldur errichtete. Durch den bösen Zauber Saurons verwandelte sich der einst herrliche Wald in einen Ort des Schreckens und der Dunkelheit, so daß er zweitausend Jahre hindurch Düsterwald genannt wurde. Riesige Spinnen, Orks, Wölfe und böse Geister durchstreiften den Düsterwald, und obgleich Thranduils Reich der Wald-Elben im nördlichen Teil sich ihrer erwehren konnte, war die Macht der Elben nicht stark genug, um der sich ausbreitenden Dunkelheit Einhalt zu gebieten. Zwar taten die Wald-Elben und die Nordmenschen, besonders die Beorninger, alles, um die Waldpfade offen zu halten, aber um die Mitte des Dritten Zeitalters gab es nur wenige, die es wagten, sie zu betreten. Im Jahre 2850 kam Gandalf der Zauberer in den südlichen Teil des Düsterwaldes und fand endlich heraus, daß es Sauron und seine Ringgeister waren, die über Dol Guldur herrschten. Der Düsterwald war eines der größten Hindernisse, die Thorin Eichenschild und seine Zwergengesellschaft auf ihrem langen Weg zum Einsamen Berg überwinden mußten. Doch dank der Tapferkeit und Umsicht des Hobbits Bilbo Beutlin gelang es der Gesellschaft, den vielen Gefahren zu trotzen. Während des Ringkrieges zogen die Streitkräfte Saurons aus Dol Guldur in großer Zahl gegen die Elben des Waldland-Reiches im Norden und des Goldenen Waldes in Lothlórien ins Feld. Die Elben konnten jedoch die bösen Heere schlagen, rissen die Wälle Dol Guldurs nieder und öffneten seine Verliese und Höhlen. Zu Beginn des Vierten Zeitalters wurde der Wald nicht mehr Düsterwald, sondern Eryn Lasgalen genannt, der „Wald der Grünen Blätter". Während der Norden im Besitz Thranduils blieb, wurde der Süden von den Elben Lothlóriens besiedelt, die diesen Teil Ost-Lórien nannten. Das Gebiet zwischen diesen beiden Reichen wurde den Waldmenschen und den Beorningern gegeben.

ELDAMAR

E

Ea – Nachdem Ilúvatar aus der Leere auftauchte und mit einem Wort und der Macht der Unverlöschlichen Flamme die Zeitlosen Hallen für seine Götterschar errichtete, schuf er Ea, die Welt Die Ist, die die Elben und Menschen später Arda nannten, die Erde. Ea ist die geschaffene Welt Ardas – die Kontinente,

Erebor, der Einsame Berg

die großen Meere, das Himmelsgewölbe, der Raum und die Zeit innerhalb der Schöpfung.

Echoberge – Als König Feanor mit den Noldor auf der Suche nach den Silmaril nach Mittelerde zurückkehrte, landete er zuerst in einer Lammoth genannten Ödnis, die vom übrigen Beleriand durch die Ered Lómin, die Echoberge, abgeschnitten war. Glücklicherweise wurde die Bergkette durch den Fjord von Drengist geteilt, und auf diesem Weg gelangten die Noldor nach Hithlum im Norden Beleriands. Der Name Echoberge ist auf die akustische Eigenschaft ihrer Wände zurückzuführen, jedes in den weiten Ebenen Lammoths hervorgerufene Geräusch zu verstärken und widerhallen zu lassen.

Edoras – In den letzten fünf Jahrhunderten des Dritten Zeitalters der Sonne war Edoras die Hauptstadt des Reitervolkes von Rohan. Es wurde im 26. Jahrhundert von den ersten beiden Königen der Rohirrim, Eorl und Brego, am Fuß der Weißen Berge errichtet. Der Name ist eine Übersetzung des Rohirrim-Wortes für „die Höfe", da Edoras der Sitz der Könige war und die große Festhalle Meduseld enthielt, den Königshof. Von hoch auf einem Plateau gelegenen und mit einer Palisade umgebenem Edoras blickten die Könige hinaus auf die weiten Grasebenen ihres Reiches.

Eisenberge – Während der Zeitalter der Leuchten ging Melkor in den Norden von Mittelerde und errichtete eine mächtige, von Schnee und Eis bedeckte Gebirgskette, die Eisenberge, die von den Elben „Ered Engrin" genannt wurden. Sie bildete die erste Verteidigungsanlage seiner Festung Utumno, die er im Osten des Landes anlegte. Später schützten die Eisenberge seine Waffenkammer Angband, die in den Zeitaltern der Dunkelheit im Westen entstand. Hier lebten viele der schrecklichsten Diener Melkors – Balrogs, Vampire, Riesenspinnen, Werwölfe und Drachen. Noch nicht zufrieden mit den gewaltigen Höhen der Eisenberge, türmte Melkor einen Vulkan, den Thangodrim, als Hauptverteidigung Angbands auf. All seine Anstrengungen waren jedoch vergeblich, da am Ende des Ersten Zeitalters der Sonne Thangodrim, Angband und die Eisenberge im Krieg des Zorns umgestürzt wurden. Die Eisenberge und mit ihnen die bösen Geister, die sie beherbergten, versanken im Meer.

Eisenhügel – Nachdem die Drachen in das goldreiche Graue Gebirge eingedrungen waren, zogen die dort lebenden Zwerge unter Führung Grórs ostwärts nach Rhovanion und ließen sich im Jahre 2590 des Dritten Zeitalters in den Eisenhügeln nieder. Die Zwerge der Eisenhügel führten einen erbitterten Krieg gegen die Orks, und es war ihnen zu verdanken, daß im Jahre 2799 die Orkheere in der Schlacht von Azanulbizar vor dem Tor von Moria vernichtend geschlagen wurden. Im Jahre 2941 kamen die Zwerge der Eisenhügel unter Führung Dáins Thorin Eichenschild zu Hilfe und verteidigten nach dem Tode des Drachen Smaug erfolgreich das Königreich unter dem Berg. In dieser Schlacht der Fünf Heere wurde Thorin getötet. Sein Verwandter Dáin wurde König von Erebor, und viele seines Volkes begannen das Reich unter dem Berg wieder zu bevölkern.

Ekkaia – Von Anfang bis Ende des Zweiten Zeitalters der Sonne nach der Umwandlung der Welt, die sich mit dem Untergang Númenors vollzog, wurden die Kontinente Ardas von Ekkaia, dem Umzingelnden Meer, eingeschlossen. Ekkaia war ein stromähnlicher Ozean, der die äußersten Grenzen Ardas umspülte, vom Tor der Nacht im Westen der Unsterblichen Lande über die eisigen Gebiete im Norden der großen Kontinente bis zu den Pforten des Morgens und die unkartierten Regionen im Süden. Nach der Umwandlung der Welt und der Entfernung der Unsterblichen Lande aus den irdischen Sphären vermischten sich die Wasser Ekkaias mit denen der anderen Meere.

Eldamar – Die Länder der Eldar, der Hoch-Elben, in den Unsterblichen Landen wurden Eldamar genannt, das „Elbenheim". Hier lebten die drei Elbengeschlechter der Vanyar, Noldor und Teleri zusammen mit den mächtigen Valar. Eldamar lag östlich von Valinor und westlich des Großen Meeres. Es wurde im Zweiten Zeitalter der Bäume gegründet, als die ersten Eldar in den Unsterblichen Landen eintrafen. In der Mitte geteilt von den hoch aufragenden Pelóri-Bergen, wurden die fruchtbaren Länder unmittelbar westlich des Gebirges von dem durch den Calacirya, den „Lichtspalt", dringenden Licht der Valar-Bäume erhellt, während die große Insel Tol Eressea sowie die Küstengebiete an der Bucht von Eldamar ihr Licht von den Sternen erhielten. Es gab viele Städte und Siedlungen, aber das auf dem Berg Túna inmitten des Lichtpasses errichtete Tirion war die erste und schönste Stadt der Vanyar und Noldor. Im Land des Lichts erhob sich die Noldor-Festung Formenos, an der Küste lagen die Teleri-Städte der See-Elben von Alqualonde und auf Tol Eressea die Hafenstadt Avallóne.

Die Länder und Städte Eldamars waren unvergleichlich reich und prächtig. Die Städte waren aus Edelsteinen und Edelmetallen gebaut, und ihre Bewohner waren glücklich, wohlhabend und weise. Es wurde behauptet, daß selbst die Strände Eldamars mit Diamanten, Opalen und Kristallen übersät waren. Nach dem Untergang Númenors und der Umwandlung der Welt am Ende des Zweiten Zeitalters der Sonne wurde Eldamar mit dem Rest der Unsterblichen Lande den Sphären der Welt entrückt und entzog sich fortan menschlichem Verstehen.

Entwald – Der große und alte Wald an den südlichen Ausläufern des Nebelgebirges im Tal des Anduin war als Entwald bekannt, da er von den Ents bewohnt wurde, den Baumhirten und Waldwächtern. Zur Zeit des Ringkrieges wurde der dichte und schwer zugängliche Forst nach Fangorn (oder „Baumbart"), dem ältesten auf Mittelerde lebenden Ent und Herrn des Waldes, meist als Fangorn-Wald bezeichnet.

Erebor – Im Dritten Zeitalter der Sonne war Erebor, der „Einsame Berg", in Rhovanion südlich des Grauen Gebirges zwischen dem Düsterwald und den Eisenhügeln zu finden. Im Jahre 1999 wurde Erebor vom Volk des Zwergenkönigs Thrain I. besiedelt, das hier sein Reich unter dem Berg errichtete. Mehr als sieben Jahrhunderte wuchs dieses Zwergenreich und wurde mächtig, aber im Jahre 2770 zerstörte der feuerspeiende Drache Smaug der Goldene das Land und vertrieb die Zwerge. Fast zweihundert Jahre hindurch lebte Smaug in Erebor und bewachte in seiner Höhle einen gewaltigen Schatz. Im Jahre 2941 störten der Hobbit Bilbo Beutlin und die Zwerge Thorins den Drachen aus seiner Ruhe auf, und als er nach Rache dürstend seine Höhle verließ, wurde er von Bard dem Bogenschützen getötet. Die Zwerge kehrten nach Erebor zurück, und unter König Dáin II. gelangte das Königreich unter dem Berg wieder zu Wohlstand und Ansehen. Im Ringkrieg griffen die Streitkräfte Saurons Erebor an und belagerten es. Doch als der Eine Ring vernichtet war, gelang es den Zwergen und ihren Verbündeten, den Menschen von Thal, die Orks und die Ostlinge, die sie belagert hatten, zu vertreiben. Im Vierten Zeitalter gewann Erebor seine alte Macht und Unabhängigkeit zurück, schloß sich jedoch eng dem Wiedervereinigten Königreich von Arnor und Gondor unter König Elessar an.

Eregion – Das Elbenreich Eregion lag im Zweiten Zeitalter der Sonne westlich des Nebelgebirges unter dem Zwergenreich Khazad-dûm. Von den Menschen Hulsten genannt, wurde es zuerst im Jahre 750 des Zweiten Zeitalters von den Gwaith-i-Mírdain besiedelt, den Elbenschmieden, die mit Sauron die Ringe der Macht schufen. Zusammen mit seiner Hauptstadt Ost-in-Edhil wurde Eregion im Jahre 1697 des Zweiten Zeitalters während des Krieges zwischen Sauron und den Elben völlig zerstört. Gegen Ende des Dritten Alters zur Zeit des

Ringbundes gab es nur noch wenige, die etwas von der Geschichte dieses verlassenen Waldreiches wußten.

Eriador – Der riesige Landstrich zwischen den Blauen Bergen und dem Nebelgebirge wurde Eriador genannt. Im Ersten Zeitalter der Sonne war Eriador von Menschen bewohnt, die unter dem bösen Einfluß Morgoths, des Dunklen Feindes, standen. Im Zweiten Zeitalter war es Sauron, dessen Macht sie erlagen, und viele der dunkelhaarigen Menschen von Eriador – sie waren die Vorfahren der Dunländer – schlossen ein Bündnis mit dem Dunklen Herrscher. Erst mit der Ankunft der Dúnedain und der Gründung des Nördlichen Königreiches schwand Saurons Einfluß. Während der ersten Hälfte des Dritten Zeitalters gehörten alle Länder Eriadors zum Nördlichen Königreich, dem

DER FANGORN-WALD

Reich Arnor. Aber zur Zeit des Ringkrieges hatten Überschwemmungen, die Pest und Kriege mit dem Hexenkönigreich von Angmar weite Teile dieses einst reichen und dichtbevölkerten Landes verwüstet, so daß nur wenige Siedlungen übrigblieben – das Auenland der Hobbits, Breeland und das Bruchtal der Elben.

Esgaroth – Während des Dritten Zeitalters gab es eine von Menschen bewohnte Stadt nördlich des Düsterwaldes und südlich von Erebor, dem Einsamen Berg. Es war dies Esgaroth, die Stadt der Menschen des Langen Sees. Die Stadt war auf Pfählen im See errichtet und mit dem Land durch eine hölzerne Brücke verbunden. Da Esgaroth unmittelbar im Süden des Zwergenreiches Erebor und flußabwärts der Waldland-Elben lag, waren die Menschen des Sees zu reichen Händlern geworden. Sie wurden durch einen Herrscher regiert, den sie selbst wählten. Ihr Handel mit den Zwergen von Erebor kam zum Erliegen, als im Jahre 2770 Smaug der Goldene Drache Besitz von den Bergen ergriff. Obwohl seine Nachbarstadt Thal völlig zerstört wurde, überstand Esgaroth die schweren Zeiten. Im Jahre 2941 kam Smaug der Goldene aus seinen Bergen und griff Esgaroth selber an. Zwar wurde der Drache getötet, doch Esgaroth wurde niedergebrannt. Doch noch war nicht alles verloren, denn mit dem riesigen Schatz des Drachenhortes wurde die Stadt wieder aufgebaut und erlangte seine frühere Größe zurück.

F

Falas – Unter den Königreichen der Grau-Elben Beleriands befand sich das „die Falas“ genannte Küstenreich West-Beleriands, die Heimat der seeliebenden Elben, die von Círdan regiert wurden, der später Círdan der Schiffbauer genannt wurde, da sein Volk das erste auf Mittelerde war, das die Kunst des Schiffsbaus beherrschte. Die Haupthäfen der Falas (elbisch für „Küste“) waren Brithombar und Eglarest, und obgleich sie im Juwelenkrieg lange Widerstand leisteten, wurden sie schließlich von Morgoth dem Dunklen Feind zerstört. Doch die Falathrim selbst überlebten, denn Círdan brachte sie auf ihren weißen Schiffen zur Insel Balar, wo sie vor Morgoth sicher waren. Als später Beleriand im Meer versank, segelte Círdans Volk abermals nach Süden, zum Golf von Luhn, wo es eine neue Hafenstadt errichtete, die Grauen Anfurten.

Fangorn-Wald – Zur Zeit des Ringkrieges einer der ältesten Wälder auf Mittelerde, lag Fangorn an den südlichen Ausläufern des Nebelgebirges. Trotz seiner Größe war er nur noch ein Rest jenes riesigen Urwalds, der sich einst nach Norden erstreckte und ganz Eriador sowie weite Gebiete der verlorenen Länder Beleriands bedeckte. Von den Rohirrim Entwald genannt, da er der letzte Zufluchtsort der gewaltigen, Ents genannten Waldwächter und Baumhirten war, stellte er einen Ort dar, den man nur ungern betrat, da er von seltsamen und oft übellaunigen Geistern bewohnt war. Der Wald war nach seinem Hauptwächter Fangorn benannt, dem ältesten überlebenden Ent auf Mittelerde. Der Name Fangorn bedeutete „Baumbart“, und so nannten ihn auch die Gefährten des Ringes.

Erzürnt über die mutwillige Zerstörung des Waldes durch die Orks und andere Diener des bösen Zauberers Saruman, führte Baumbart ein Heer von Ents und Huorns genannten Baumgeistern aus dem Fangorn-Wald und riß die Wälle der mächtigen Festung Sarumans, Isengart, nieder.

Fenster des Sonnenuntergangs – Eine hinter einem spektakulären Wasserfall im Norden Ithiliens verborgene Höhle, in der die Waldläufer eine Heimstatt fanden. Der Wasserfall ergoß sich unweit des Feldes von Cormallen und südlich von Cair Andros in den Anduin. Henneth Annûn genannt, das heißt Fenster des Sonnenuntergangs oder Fenster des Westens, wurde die Höhle von Túrin im Jahre 2901 erbaut. Im Ringkrieg wurde sie häufig von Faramir und seinen Waldläufern benutzt. Dem Ringträger Frodo Beutlin bot sie auf seiner Reise zum Schicksalsberg eine Zuflucht.

Formenos – Nachdem der Noldor-Fürst Feanor die Silmaril geschaffen hatte, errichtete er in Valinor in den Unsterblichen Landen auf einem unzugänglichen Berg eine Schatzkammer, die Formenos genannt wurde, was im Elbischen die „Nördliche Feste“ bedeutet. Während der Jahre der Verbannung aus Tirion bot sie Feanors Sippe eine Heim-

Das Verborgene Königreich von Gondolin

statt. Nach der Zerstörung der Bäume der Valar kam Morgoth nach Formenos und erschlug Feanors Vater Finwe, den Hochkönig der Noldor. Dann brach er in die Schatzkammer ein und stahl die Silmaril.

Fornost – Seit dem 4. oder 5. Jahrhundert des Dritten Zeitalters war Fornost, die „Nördliche Festung", die Hauptstadt des Dúnedain-Königreiches Arnor. In den Kriegen mit Angmar häufig Angriffen ausgesetzt, nahm der Hexenkönig im Jahre 1974 schließlich die Stadt ein und zerstörte den größten Teil Fornosts und des königlichen Hofes. Obgleich die Stadt im folgenden Jahr in der Schlacht von Fornost zurückerobert werden konnte, wurde sie von ihren Bewohnern verlassen, die sich in alle Welt verstreuten. In der Sprache der Menschen Norburg genannt, war sie nach ihrer Zerstörung meist unter der Bezeichnung Totendeich bekannt.

Zur Zeit des Ringkrieges kannte man Fornost nur noch als Ruine nördlich von Bree an der Großen Nord-Süd-Straße, die in den Jahren des Wohlstandes als Handelsroute zwischen der Hauptstadt Arnors und Minas Tirith, der Hauptstadt Gondors, gedient hatte.

Forochel – Das kalte, mit Schnee und Eis bedeckte Land im Norden des Dúnedain-Königreiches Arnor wurde Forochel genannt. Seine Bewohner waren die Lossoth oder Schneemenschen von Forochel, ein Stammesvolk, das keine Städte errichtete und keine Könige kannte. Angeblich stammten sie von den Forodwaith der nördlichen Einöde ab. Sie waren Nomaden, die sich ihre Häuser aus Schnee bauten und die wilden Tiere des Nordens jagten. Wenig ist von Land und Leuten aus den unkartierten Gebieten jenseits des Kaps und der Eisbucht von Forochel bekannt.

G

Gelion – Der Gelion, einer der beiden großen Ströme Beleriands, war doppelt so lang wie der Sirion, doch nicht so breit und tief. Er bewässerte die Länder Ost-Beleriands, besonders Thargelion und die Wälder Ossiriands. Zu seinen vielen Nebenflüssen gehörten der Adurant, Duilwen, Brilthor, Legolin, Thalos, Ascar und der Kleine und der Große Gelion. Seine Quelle – wie die fast aller seiner Nebenflüsse – lag in der Gebirgskette der Blauen Berge im Osten.

Gondolin – Als die Noldor-Elben von Eldamar nach Mittelerde zurückkehrten und im Jahre 52 des Ersten Zeitalters der Sonne Beleriand betraten, errichtete ihr Fürst Turgon im Tal von Tumladen in den Umzingelnden Bergen im Norden der Wälder Doriaths, dem Reich der Grau-Elben, Gondolin, das „Verborgene Königreich". Geschützt durch die Umzingelnden Berge, wurde Gondolin überdies bewacht von den Großen Adlern, die alle Späher und Diener Morgoths, die sich dem Ort näherten, vertrieben oder töteten. Auf diese Weise von der Außenwelt abgeschirmt, erbauten die Noldor heimlich aus weißen Steinen die Stadt Gondolin, den „Verborgenen Felsen", auf dem Berg Amon Gwareth. In der Sprache der Hoch-Elben wurde Gondolin Ondolinde genannt, was „Steinlied" bedeutet. Nach dem Vorbild Tirions errichtet, war Gondolin die schönste Stadt der Noldor auf Mittelerde. Während die Elbenreiche Beleriands eines nach dem anderen zerstört wurden, konnte Gondolin sich fünf Jahrhunderte lang ungestört entwickeln. Dann wurden im Jahre 511 die geheimen Pässe an Morgoth verraten, der ein gewaltiges Heer von Orks, Trollen, Drachen und Balrogs in das Verborgene Königreich aussandte. Schrecklich waren die Schlachten unter den Wällen der Stadt, aber schließlich wurde Gondolin eingenommen, und seine Bewohner fanden den Tod. So fiel das letzte Königreich der Hoch-Elben in Beleriand.

Gondor – Im Jahre 3320 des Zweiten Zeitalters von dem Númenórer Elendil gegründet, war Gondor das Südliche Königreich der Dúnedain in Mittelerde. Während Elendil als Hochkönig über das Nördliche Königreich Arnor herrschte, regierten seine Söhne Isildur und Anárion gemeinsam in Gondor. Nach Elendils Tod im Jahre 3441 wurden Isildur und seine Erben die Könige von Arnor und Anárions Erben bis zum Jahre 2050 des Dritten Zeitalters, als die Linie erlosch, die Könige von Gondor. Danach wurde Gondor mehr als neun Jahrhunderte hindurch von Truchsessen regiert. Die Hauptstädte Gondors waren Minas Anor, Minas Ithil, Osgiliath und die Häfen Pelargir und Dol Amroth. Im ersten Jahrtausend des Dritten Zeitalters umfaßte das Reich die Lehen Anórien, Ithilien, Lebennin, Anfalas, Belfalas, Calenardhon, Enedwaith, Süd-Gondor und den größten Teil von Rhodvanion bis zum Meer von Rhûn. Von Anfang an stritten Gondor und Arnor mit Sauron, dem

Die Grauen Anfurten

Herrn der Ringe, und seinen vielen Verbündeten um die Herrschaft in den Außenlanden. Deswegen wurde Gondor häufig von Ostlingen aus Rhûn und Südländern aus Harad angegriffen. In den ersten zwei Jahrtausenden wurde die Macht Gondors vor allem durch den Bürgerkrieg von 1432 und die Große Pest von 1636 in ihren Grundfesten erschüttert. Diesen Schlägen folgten die blutigen Überfälle der Wagenfahrer in den Jahren 1851 und 1954, die Gondor so schwächten, daß Saurons Diener, die Nazgûl, im Jahre 2002 die Stadt Minas Ithil einnehmen konnten. Mehr als zwei Jahrtausende lang blieb es den dunklen Mächten überlassen und wurde in Minas Morgul umbenannt. Obgleich durch Jahrhunderte des Kampfes erschöpft, war Gondor zur Zeit des Ringkrieges die letzte Hoffnung der Freien Völker auf Mittelerde, der Herrschaft Saurons zu widerstehen. Am Ende des Krieges war Mordor vernichtet, und Aragorn, der Erbe Isildurs, erhielt wieder seine angestammten Rechte als Herrscher über die Vereinigten Königreiche Arnor und Gondor. Als König Elessar herrschte er bis weit ins Vierte Zeitalter hinein und gab Gondor seinen alten Glanz zurück.

Gorgoroth – Die Berge und Klippen im Norden Beleriands oberhalb der Täler des Sirion und des Reiches der Grau-Elben, Doriath, wurden Gorgoroth oder das „Gebirge des Schreckens" genannt. Dieser steile Gebirgszug, der sich von Osten nach Westen erstreckte, lag südlich des Hochlands von Dorthonion, dem „Land der Kiefern". Gorgoroth verdankte seinen Namen dem Ungolianth genannten Ungeheuer, das mit seiner furchtbaren Brut, den Riesenspinnen, im Tal am Fuß dieses Gebirges hauste. Die Geschichten Beleriands berichten uns, daß der Edain Beren der einzige Mensch war, dem es jemals gelang, lebend den Gorgoroth zu überqueren. Lange nachdem Beleriand im Meer versunken war, als Sauron, der Herr der Ringe, sein böses Reich Mordor errichtet hatte, nannte er jenen Teil seines Herrschaftsgebietes, das sich um Barad-dûr, den Dunklen Turm, erstreckte und auf das der Aschenregen des Schicksalsbergs niederging, das Hochland von Gorgoroth. Es war ein großes und ödes Plateau, übersät von den Höhlen der Orks, wo nur Dornenbüsche und Unkraut unter dem grauen Himmel gedieh. Dieses Hochland mußte Frodo Beutlin, der Ringträger, überwinden, bevor er den Schicksalsberg erreichte, in dessen Feuern er den Einen Ring vernichtete.

Graue Anfurten – Der letzte Hafen der Elben auf Mittelerde und das Reich der Falathrim unter

Círdan dem Schiffbauer. Im Elbischen Mithlond genannt, wurden die Grauen Anfurten zu Beginn des Zweiten Zeitalters der Sonne im oberen Bereich des Golfs von Luhn an der Mündung des Flusses Luhn erbaut. Zwei Jahrhunderte hindurch waren sie der Haupthafen der Elben, von dem aus diejenigen von ihnen, die die Kämpfe auf Mittelerde überlebt hatten, auf Círdans weißen Schiffen in die Unsterblichen Lande segelten. Im Vierten Zeitalter begaben sich auch viele der Helden des Ringkrieges auf diese Reise nach Westen, bevor Círdan selbst auf dem letzten Elbenschiff Mittelerde verließ, um in die den Sphären der Welt entrückten Lande der Unsterblichen zu ziehen.

Graues Gebirge – Im Norden des Düsterwaldes liegt eine Bergkette, die sich in ostwestlicher Richtung erstreckt und die nördliche Grenze Rhovanions bildet. Dieses Quellgebiet des Anduin, des Großen Stromes, ist das Graue Gebirge, das die Elben Ered Mithrin nannten. Seit dem Jahr 2000 des Dritten Zeitalters war es die Heimat der Zwerge aus Durins Haus. Da sie hier gewaltige Mengen Gold fanden, wurden sie unermeßlich reich und sammelten fünf Jahrhunderte lang ihre Schätze an. Im 26. Jahrhundert kam der Ruf ihres Reichtums den Kaltdrachen zu Ohren, die sie unbarmherzig angriffen. Obgleich die Zwerge sich tapfer verteidigten, wurden sie schließlich besiegt, und das goldreiche Graue Gebirge blieb fortan den Kaltdrachen überlassen.

Grünwald – Das ausgedehnteste Waldgebiet in Rhovanion und den Tälern des Anduin war als der Große Grünwald bekannt. Im Nordosten des Waldes befand sich das Waldland-Reich des Elbenkönigs Thranduil, aber im Jahre 1050 des Dritten Zeitalters drang eine andere Macht in den südlichen Teil des Grünwaldes ein, um dort die Dol Guldur genannte Feste zu errichten. Es war dies Sauron, der Herr der Ringe und der Nazgûl, der den einst herrlichen Wald bald mit bösem Zauber überzog und mit seinen Kreaturen, den Orks, Wargen und Riesenspinnen, bevölkerte. Wegen des Schattens, der den Ort verdunkelte, wurde der Grünwald zwei Jahrtausende lang Düsterwald genannt. Doch am Ende des Ringkrieges gelang es einem Elbenheer aus dem Waldland-Reich im Norden und einem anderen Heer aus Lothlórien im Süden, die bösen Mächte Dol Guldurs zu vertreiben. Danach wurde der Wald umbenannt in Eryn Lasgalen, den „Wald der Grünen Blätter“.

MELKOR UND UNGOLIANTH BEIM ÜBERQUEREN DER HELCARAXE

H

Harad – Südlich der Reiche von Gondor und Mordor lagen die wilden, barbarischen Länder von Harad. In den vielen Kriegen Saurons kämpften die braunhäutigen Menschen aus Nah-Harad und die schwarzhäutigen Menschen aus Weit-Harad für den Herrn der Ringe gegen die Dúnedain. Harad, was im Elbischen „Süden" bedeutet, wurde auch die Sonnenlande und Haradwaith genannt. Seine Bewohner hießen die Haradrim oder die Südländer. Das Land selbst wurde von großen Wüsten und Wäldern eingenommen, die sich bis weit in die unkartierten Länder im Süden von Mittelerde erstreckten. Harad war in zahlreiche Kriegerreiche unterteilt, deren Einwohner vor allem Fußsoldaten, andere Reitertruppen und wieder andere Berittene stellten, die auf dem Rücken der riesigen, mit Stoßzähnen bewehrten Mûmakil, der Vorfahren der Elefanten, in die Schlacht zogen. Einer der großen Häfen von Harad war Umbar, die Heimat jener seefahrenden Haradrim, die als Corsaren von Umbar bekannt wurden.

Helcar – Das Binnemeer im Nordosten des Kontinents Mittelerde wurde Helcar genannt. Es lag dort, wo in den frühen Tagen Ardas die gewaltigen nördlichen Leuchten der Valar standen. Nach der Zerstörung der Leuchten zur Zeit des Sternenlichts erwachte die Rasse der Elben im See von Cuiviénen, einer Bucht am östlichen Ufer des Helcar-Meeres. Die Wasser des Binnenmeeres wurden gespeist von einer Vielzahl kristallklarer Quellen, Flüsse und Ströme.

Helcaraxe – Bis zum Ende des Zweiten Zeitalters der Sonne und der Umwandlung der Welt gab es im Norden eine von Eis bedeckte Meerenge zwischen den Unsterblichen Landen und Mittelerde, die Helcaraxe oder Malm-Eis genannt wurde. Über diese Eisbrücke flohen Melkor und die Riesenspinne Ungolianth, nachdem sie die Bäume der Valar zerstört und die Silmaril gestohlen hatten.

Helms Klamm – Die riesige befestigte Schlucht im Weißen Gebirge im Westen Rohans wurde nach dem König der Rohirrim, Helm Hammerhand, Helms Klamm genannt. Zusammen mit der Feste Dunharg bot die Klamm den Bewohnern Rohans in Kriegszeiten einen sicheren Zufluchtsort. Die

Die Schlacht von Hornburg

Angriff der Ents auf Isengart

Bezeichnung Helms Klamm bezog sich auf das ganze Befestigungssystem, zu dem nicht nur der quer durch die Schlucht gebaute Klammwall gehörte, sondern auch die Festung Hornburg, die „Glitzernden Grotten“ von Aglarond und der die Schlucht durchfließende Klammbach. Die Befestigungsanlagen in Helms Klamm waren zum größten Teil von den Menschen von Gondor errichtet worden, bis auf die Grotten von Aglarond, die im Zweiten Zeitalter von den Númenórern in den Fels gegraben wurden. Im Jahre 2758 verteidigten die Rohirrim unter Helm Hammerhand die Klamm gegen die Dunländer, und während des Ringkrieges focht der Ringkönig Théoden hier die Schlacht von Hornburg gegen die Streitkräfte Saurons aus.

Hobbingen – Das bekannteste Dorf der Hobbits war das bescheidene, am Bühl gelegene Hobbingen im Westviertel des Auenlands. Es besaß eine Kornkammer und eine an einem Bach, der Wässer, gelegene Mühle. Unterhalb des Bühls zog sich der Beutelhaldenweg hin, an dem Beutelsend lag, das Höhlenhaus Bilbos und Frodos, der berühmtesten Hobbits auf Mittelerde, die beide eine entscheidende Rolle im Ringkrieg spielten.

Hornburg – Die mächtige Festung Hornburg wurde von den Menschen von Gondor im ersten Jahrtausend des Dritten Zeitalters auf dem Hornfelsen in Helms Klamm, einer Schlucht im Weißen Gebirge, errichtet. Hornburg war das Mittelstück einer riesigen Verteidigungsanlage in der Klamm, zu der der Klammwall und das Höhlensystem der „Glitzernden Grotten“ von Aglarond gehörten. Im Jahre 2758 verteidigte der König von Rohan, Helm Hammerhand, die Hornburg gegen die Dunländer. Der größte Kampf, der hier ausgefochten wurde, war jedoch die Schlacht von Hornburg, die entscheidend den Ausgang des Ringkrieges bestimmte. Dabei kämpften die Heere des Zauberers Saruman, die sich aus Orks und Halb-Orks, Dunländern und Uruk-hai zusammensetzten, gegen die Rohirrim. Obgleich es den Angreifern gelang, die Verteidigungsanlagen des Klammwalls zu stürmen und die Tore der Festung selbst zu zerschlagen, wurden sie von den Reitern der Rohirrim wieder vertrieben und ins Klammtal gedrängt, wo ein zweites Heer der Rohirrim, verstärkt durch eine Legion der Huorns, riesiger Baumgeister, sie in die Zange nahm. Die Schlacht endete mit der völligen Vernichtung der Streitkräfte Sarumans.

Hügelgräberhöhen – Nach den Hügelgräbern benannt, die im Tiefland östlich des Auenlandes und des Alten Waldes angelegt waren, wurden die Hügelgräberhöhen im Dritten Zeitalter als die älteste Bestattungsstätte der Menschen auf Mittelerde angesehen und von den Dúnedain Arnors verehrt. Es gab weder Flüsse noch Bäume im Tiefland; nur Gras bedeckte die kuppelförmigen, von steinernen Monolithen umgebenen und gekrönten Grabhügel. In den Kriegen mit dem Hexenkönig von Angmar fanden die letzten Dúnedain von Cardolan vorübergehend Zuflucht zwischen den Gräbern. Im Jahre 1636 wurden die Hügel jedoch von ruchlosen Geistern heimgesucht, den Grabunholden, die von Angmar ausgeschickt worden waren, Böses zu tun. In dieses Geisterland gelangte im Jahre 3018 der Ringträger Frodo Beutlin und hätte dort zweifellos sein Leben verloren, wenn ihm nicht der seltsame Waldgeist Tom Bombadil zur Hilfe gekommen wäre.

Die Eisenhügel

I

Ilmarin – Auf dem Taniquetil, dem höchsten Berg in den Unsterblichen Landen, steht Ilmarin, der Palast des Königs und der Königin der Valar – Manwes, des Herrn der Luft, und Vardas, der Herrin der Sterne. Hier kommen und gehen auf Geheiß ihrer Gebieter die Großen Adler, um deren Botschaften in alle Welt zu tragen. In den gewaltigen Hallen Ilmarins thronen in olympischem Glanz Manwe und Varda auf goldenen Sesseln, von denen sie alle Länder Ardas überblicken können.

Isengart – Die Festung Isengart lag an den südlichen Ausläufern des Nebelgebirges unweit der Quelle des Flusses Isen in strategisch günstiger Position oberhalb der Pforte von Rohan und der Isenfurten. Durch Isengart verlief die alte Nord-Süd-Straße zwischen dem Nebelgebirge und dem Weißen Gebirge. Die Festung wurde zu Beginn des Dritten Zeitalters von den Menschen von Gondor errichtet. Ihre Hauptverteidigungsanlage war ein natürlicher steinerner Ringwall, der eine flache Ebene umgab und Isengart – was eigentlich „Eisenzaun" bedeutet – seinen Namen gab. Inmitten der Festung erhob sich ein aus vier Säulen unzerbrechlicher schwarzer Felsen gebildeter Turm, der über fünfhundert Fuß hoch war und Orthanc genannt wurde, die „Gabelhöhe". Isengart und Orthanc beherbergten einen der sieben Palantiri-Steine. Im Laufe des Dritten Zeitalters schwand die Macht Gondors, und Isengart wurde aufgegeben. Um 2700 ergriffen die Dunländer von der Festung Besitz, wurden jedoch von den Rohirrim im Jahre 2759 wieder vertrieben. Damals erhielt der Zauberer Saruman die Schlüssel für den Turm, und die Truchsessen von Gondor gestatteten ihm, Orthanc zu besetzen. Im Jahre 2963 begann er die Befestigungen auszubauen und Isengart mit Dunländern, Orks, Wölfen, Halb-Orks und Uruk-hai zu bevölkern. Im Ringkrieg wurde das mächtige Heer, das Saruman in Isengart aufgebaut hatte, in der Schlacht von Hornburg völlig vernichtet, und die wenigen, die nicht mit ins Feld gezogen waren, wurden ebenfalls getötet, als die Ents des Fanghorn-Waldes die Wälle Isengarts angriffen und sie buchstäblich mit ihren bloßen Händen niederrissen. Da sie jedoch nicht alle Befestigungsanlagen zerstören konnten, dämmten sie den Fluß Isen ein, dessen Fluten ganz Isengart umspülten, so daß Saruman sich ergeben mußte. Nach dem Ringkrieg pflanzten die Ents den Wachwald und nannten den Ort den Baumgarten von Orthanc.

K

Khand – Im Südosten von Mordor lag das Land Khand, dessen barbarische Bewohner sich im Dritten Zeitalter mit Sauron, dem Herrn der Ringe, verbündet hatten. Obgleich wenig von diesem Land berichtet wird, waren seine Einwohner als wilde Krieger unter dem Namen Variags bekannt, die seit langem zusammen mit den Ostlingen und den Haradrim unter dem bösen Einfluß Saurons standen und auf sein Geheiß wiederholt gegen Gondor Krieg führten. Im Jahre 1944 zogen die Variags abermals mit den Haradrim gegen Gondor zu Felde, wurden jedoch in der Schlacht am Poros geschlagen. Mehr als tausend Jahre später gehorchten die Variags im Ringkrieg zunächst dem Befehl des Hexenkönigs von Morgul und kämpften auf den Pelennor-Feldern, dann zogen sie auf Saurions Geheiß mit ihren Truppen zum Schwarzen Tor. In beiden Schlachten erlitten sie eine bittere Niederlage, und im Vierten Zeitalter mußten sie bei König Elessar um Frieden bitten. Seitdem lebten sie in Eintracht mit ihren Nachbarn.

Khazad-dûm – Das älteste und bekannteste aller Zwergenreiche. Khazad-dûm – der Name bedeutet „Zwergenwohnung" – war die Heimat Durins, des ersten der sieben Väter der Zwerge. Durin begann die Hallen von Khazad-dûm zu graben, nachdem er am Osthang des Nebelgebirges oberhalb des herrlichen Tals von Azanulbizar natürliche Höhlen entdeckt hatte. Fünf Zeitalter der Sterne und drei Zeitalter der Sonne hindurch wuchsen die Zwerge von Khazad-dûm an Macht und Ansehen und legten ein Labyrinth von Höhlen an, das sich schließlich bis zur Westseite des Nebelgebirges ausdehnte. Nach der Zerstörung Beleriands flohen viele Zwerge aus Nogrod und Belegost nach Khazad-dûm und gelangten zu legendärem Reichtum, als sie in ihren Minen das seltene Metall Mithril entdeckten. Im Zweiten Zeitalter der Sonne freundeten sie sich mit den Elbenschmieden von Eregion an, welche die Ringe der Macht schufen. In den Jahren der Herrschaft Saurons schlossen sie ihre Tore vor der Welt und vermieden so die Verheerungen, die die Elben und Menschen in dieser Zeit ständiger Kriege erlitten. Damals benannten sie Khazad-dûm um in Moria, was der „dunkle Abgrund" bedeutet. Im Jahre 1980 des Dritten Zeitalters stießen die Zwerge mit ihren Minen zu tief in den Berg Barazinbar vor, so daß es einem eingeschlossenen Balrog gelang, sich zu befreien. Voller Zorn erschlug er die Zwerge oder vertrieb sie aus ihrem Reich. Als die Gefährten des Ringes Moria gegen Ende des Dritten Zeitalters betraten, war der Ort lange von seinen ursprünglichen Bewohnern aufgegeben und seiner Schätze beraubt worden. In den leeren Stollen trieb immer noch der Balrog – zusammen mit Orks und Trollen – sein Unwesen. Doch seine Herrschaft endete, als

Das Westtor von Khazad-Dûm

nach einer Reihe von Zweikämpfen in der Halle von Mazarbul, auf Durins Brücke und der Endlosen Treppe der Zauberer Gandalf das Ungeheuer überwand und es von Durins Turm auf den Gipfel des Zirak-zigil schleuderte.

L

Lindon – Nach dem Krieg des Zorns und der Zerstörung Angbands versank Beleriand bis auf einen kleinen Abschnitt im Meer. Es war dies der Teil von Ossiriand westlich der Blauen Berge, der Lindon genannt wurde. Sein Name bedeutet „Land des Liedes", denn es war die Heimat der Laiquendi-Elben, die berühmt waren für ihre Sangeskunst. Im Zweiten Zeitalter war Lindon ein schmaler Küstenstreifen im Westen Eriadors. Sowohl Lindon als auch die Blauen Berge wurden von dem Golf von Luhn in zwei Teile geteilt. Der nördliche Teil war Forlindon mit seiner Hafenstadt Forlond, der südliche Harlindon mit seinem Hafen Harlond. Der wichtigste Hafen jedoch war Mithlond, die „Grauen Anfurten", am Ende des Golfs von Luhn. Als einziger Teil Belerianads, der bestehen geblieben war, besaß Lindon für die Elben eine besondere Bedeutung. Von Beginn des Zweiten Zeitalters an herrschte Gil-galad, der letzte Hochkönig der Noldor, in Lindon, während Círdan, der Schiffbauer der Falathrim, Herr über die Grauen Anfurten wurde. Nach der Vernichtung der Elbenschmiede im Jahre 1697 des Zweiten Zeitalters und dem Ausbruch des Krieges zwischen Sauron und den Elben schickten die Númenórer eine Flotte nach Lindon und halfen Gil-galad, Sauron aus Eriador zu vertreiben. Gegen Ende des Zweiten Zeitalters mußte Gil-galad jedoch erneut mit dem Heer des Letzten Bündnisses zwischen Elben und Menschen gegen Sauron in Mordor zu Felde ziehen. Zwar wurden die Streitkräfte Mordors besiegt, doch Gil-galad fand bei diesen Kämpfen den Tod. So verlor Lindon seinen König, und das Reich wurde fortan von Círdan regiert. Während des Dritten Zeitalters schwand die Macht der Elben in Lindon, die in wachsender Zahl ihre weißen Schiffe bestiegen, um nach Westen in die Unsterblichen Lande zu segeln. Doch wann immer er konnte, schickte Círdan den Dúnedain Hilfe, und in der Schlacht von Fornost waren es die Elben von Lindon, die das Kriegsglück wendeten und schließlich die Macht des Hexenkönigs von Angmar brachen.

Im Vierten Zeitalter nahm die Zahl der Elben in Lindon wie die aller Königreiche der Eldar weiter ab. Schließlich sammelte Círdan die letzten seines Volkes um sich und segelte mit dem letzten weißen Schiff nach Westen.

Lórellin – In Valinor, dem Land der Götter, liegt der Garten des Vala Lórien, des Herrn der Träume, und der in seiner Mitte gelegene See wird Lórellin genannt. Mit der in Nebel gehüllten, dichtbewaldeten Insel Estes der Heilerin, die sich aus den glitzernden Wassern erhebt, gilt Lórellin als der schönste See auf Arda.

Lórien – Während des Zweiten und Dritten Zeitalters der Sonne wurde das Elbenreich im Goldenen Wald im Osten des Nebelgebirges oft Lórien genannt, aber sein eigentlicher Name war Lothlórien, und seine Geschichte wird unter diesem Namen berichtet. Das wirkliche Lórien war ein weit älterer Ort in den Unsterblichen Landen. Lórien, was „Traumland" bedeutet, war ein riesiger wunderschöner Garten im Süden Valinors, der dem Vala Irmo – meist Lórien, der „Meister der Wünsche" genannt – gehörte. Es war ein friedlicher, ruhiger Ort, angefüllt mit Silberbäumen und einer Unzahl von Blumen. Die Wasser seiner kristallklaren Springbrunnen erfrischten auf zauberhafte Weise alle Valar und Eldar, die den Garten aufsuchten. In seiner Mitte befand sich der See Lórellin, und in der Mitte dieses Sees erhob sich eine Insel schlanker, in Nebel gehüllter Bäume – die Wohnung Estes der Heilerin, die allen Leidenden Linderung verschafft.

Lothlórien – Das schönste Elbenreich, das im Dritten Zeitalter der Sonne auf Mittelerde übriggeblieben war, befand sich im Goldenen Wald östlich des Nebelgebirges unterhalb des Tors von Moria. Es wurde Lothlórien genannt, das „Land der träumenden Blüten", aber auch Lórien, das „Traumland", und Laurelindórinan, das „Land des Tals des singenden Goldes". In diesem Waldland wuchsen die Mallorn-Bäume mit ihren goldenen Blättern und silbernen Rinden, die höchsten und schönsten Bäume in Mittelerde, und auf ihren Zweigen hatten die Elben von Lothlórien, die Galadhrim oder das „Baumvolk" genannt wurden, ihre Wohnungen auf Fletts oder *telain* genannten Plattformen errichtet. Die meiste Zeit waren die Galadhrim so gut wie unsichtbar, denn sie bewegten sich zwischen den hohen Zweigen und trugen die Mäntel der Grau-Elben, die magische, chamäleonartige Eigenschaften

Der Goldene Wald von Lothlórien

besaßen. Hier herrschten die Noldor-Königin Galadriel und der Sindar-König Celeborn. Lothlórien besaß einen großen Palast, der Caras Galadhon, die „Stadt der Bäume" genannt wurde und auf dem Kamm eines mit einem Wall umgebenen und von gewaltigen Bäumen bewachsenen Berges stand. Nach Vorbild des Grau-Elbenreichs Doriath im verlorenen Beleriand gebaut, war auch Lothlórien durch einen mächtigen Zauber geschützt, den Galadriel, die reinblütigste noch auf Mittelerde lebende Eldar, dank ihres Ringes Nenya, des Rings von Adamant und Wasser, rund um Lothlórien gewebt hatte, um es den Blicken Saurons zu entziehen. So blieb Lothlórien in fast allen Jahren des Dritten Zeitalters von den Kämpfen der anderen Reiche auf Mittelerde verschont, aber während der letzten Jahre dieses Zeitalters betraten die Gefährten des Ringes auf der Flucht vor den Dienern Saurons Galadriels Reich. Hier fanden sie Schutz und Ruhe, und die Königin stärkte ihren Willen durch magische Gaben.

Im Ringkrieg wurde Lothlórien dreimal von Saurons Dienern aus Dol Guldur im Düsterwald angegriffen. Die Feinde konnten abgewehrt werden, und nach dem Fall Mordors zerstörten die Elben Lothlóriens Dol Guldur und benannten den Düsterwald in den Wald der Grünen Blätter um. Als zu Beginn des Vierten Zeitalters Galadriel Mittelerde verließ, um in die Unsterblichen Lande zu segeln, und Celebrant mit dem größten Teil der Galadhrim in den Wald der Grünen Blätter zog und dort Ost-Lórien gründete, verblaßte das Licht im Goldenen Wald von Lothlórien und Galadriels Zauber verlor seine Macht.

M

Mandos – An der öden Westküste der Unsterblichen Lande – vor dem Umzingelnden Meer und den Wällen der Nacht – liegen die Hallen Mandos. Dieser als Haus der Toten bekannte Palast ist die Wohnung des Vala Namo, der auch Mandos genannt wird, der Schicksalsrichter. In den Gesängen der Eldar wird berichtet, daß hier die Geister der erschlagenen Elben sich sammeln, um in der Halle der Erwartung der Befehle Ilúvatars am Ende der Zeit zu harren.

Meduseld – Zu den mächtigsten Verbündeten der Dúnedain im Dritten Zeitalter gehörten die Könige der Mark, die in ihrem Meduseld, die „Goldene Halle", genannten Palast über das Land Rohan herrschten. Meduseld war eine von Brego, dem zweiten König der Rohirrim im Jahre 2569 erbaute Festhalle. Sie befand sich auf dem höchsten Punkt in Edoras, der Bergfestung und Hauptstadt des Landes. Unter dem von hohen Säulen getragenen goldenen Dach und zwischen den mit kostbaren Tapisserien bedeckten Wänden stand der goldene Thron des Königs. Im Ringkrieg kamen vier der Gefährten des Ringes als Gesandte der Dúnedain nach Meduseld, um König Théoden aufzufordern, mit einem Heer der Rohirrim in den Krieg zu ziehen.

Menegroth – Während der Zeitalter der Sterne waren die „Tausend Grotten" Menegroths, die Stadtfestung der Grau-Elben von Doriath in Beleriand, die prächtigste Wohnstatt der Elben auf Mittelerde. Menegroth lag am Südufer des Esgalduin, eines Nebenflusses des Sirion, und konnte nur über eine einzige Steinbrücke betreten werden. Hier herrschte der Sindar-König Elu Thingol mit seiner Gemahlin, der Maia Melian. Von den Zwergen von Belegost in den Felsen gehauen, waren seine Hallen ein Wunder ihrer Zeit. Da die Sindar die Wälder liebten, waren die die gewaltigen Höhlen mit steinernen Bäumen, Vögeln und anderen Tieren geschmückt und voll von Brunnen und Leuchten aus reinstem Kristall. In den Zeitaltern der Sterne wuchs Menegroth an Macht und Ansehen, und selbst während des größten Teils des Ersten Zeitalters der Sonne, als ganz Beleriand mit Kriegen überzogen wurde, war Doriath durch einen Zauber Melians der Maia geschützt. Doch dann wirkte der Fluch der Silmaril sich darin aus, daß Thingol in Menegroth selbst ermordet wurde und Melian das Reich verließ. Danach wurde Menegroth zweimal geschleift, zuerst von den Zwergen von Nogrod und dann von den Noldor-Elben, um schließlich mit dem übrigen Beleriand im Meer zu versinken.

Meneltarma – Der höchste Berg auf dem Inselreich Númenor war der Meneltarma, der „Himmelspfeiler". Inmitten der Insel gelegen, konnte man von seinem Gipfel, dem Heiligtum Erus, angeblich den Turm von Avallóne auf der Elbeninsel Tol Eressea sehen. Am Fuße des Meneltarma lag unweit der auf

Die Goldene Halle von Meduseld

einem Hügel errichteten Königsstadt Armenelos das Noirinan genannte Tal der Königsgräber. Auf den Schneehöhen des Meneltarma entsprang der längste Fluß Númenors, der Siril.

Minas Anor – Die Festung und Stadt Minas Anor, der „Turm der Sonne", war eine der drei großen Städte Gondors, die an strategisch wichtiger Stelle zwischen den östlichen Ausläufern des Weißen Gebirges und den westlichen Wällen des Schattengebirges lagen. Hauptstadt des Lehens Anórien, beherrschte sie die Ebene am Westufer des Anduin. Als Minas Anor im Jahre 3320 des Zweiten Zeitalters errichtet wurde, diente sie dem Dúnedain-Fürsten Anárion als Wohnsitz. Ihre Zwillingsstadt Minas Ithil, der „Turm des Mondes" – im gleichen Jahr an den westlichen Ausläufern des Schattengebirges erbaut und die Ebene an der Ostseite des

Minas Morgul

Anduin beherrschend – war der Sitz seines Bruders Isildur. Zusammen herrschten sie von der Hauptstadt Osgiliath aus, der „Festung der Sterne“, am Ufer des Anduin etwa in der Mitte der beiden Türme gelegen, über Gondor. Nach jahrhundertelangen Kriegen und den Verheerungen, die die Pest angerichtet hatte, befanden sich gegen Mitte des Dritten Zeitalters sowohl Minas Ithil als auch Osgiliath im Niedergang. Im Jahre 1640 zog der Königshof nach Minas Arnor, das jetzt die Hauptstadt Gondors wurde. Im Jahre 1900 errichtete König Calimehtar den berühmten Weißen Turm. Als der Hexenkönig im Jahre 2002 Minas Ithil eroberte und in Minas Morgul umbenannte, wurde deutlich, daß das Schicksal Gondors jetzt nur noch von Minas Arnor abhing, das in Minas Tirith, der „Turm der Wache“, umbenannt wurde. Unter diesem Namen wird der Schluß der Geschichte erzählt.

Minas Ithil – Im Reiche Gondor lag die Stadt und Festung Minas Ithil, der „Turm des Mondes“, an den westlichen Ausläufern des Schattengebirges und beherrschte das Lehen Ithilien am Ostufer des Anduin. Im Jahre 3320 des Zweiten Zeitalters errichtet, war Minas Ithil die Stadt des Dúnedain-Fürsten Isildur. Ihre Zwillingsstadt Minas Anor wurde im gleichen Jahr für seinen Bruder Anárion erbaut. Während ihr Vater Elendil als Hochkönig der Dúnedain über das Nördliche Königreich Arnor herrschte, herrschten die Brüder gemeinsam über Gondor. Ein Jahrhundert nach seiner Entstehung nahmen im Jahre 3429 die Streitkräfte Saurons Minas Ithil ein, das jedoch von Isildur zu Beginn des Dritten Zeitalters zurückerobert wurde. Da die Erben Isildurs danach vom Nördlichen Königreich Arnor aus herrschten, verlor Minas Ithil zunehmend an Bedeutung. Im Jahre 2000 wurde es vom Hexenkönig der Nazgûl angegriffen, dessen Horden über den Paß Cirith Ungol aus Mordor ins Land strömten. Nach zweijähriger Belagerung ergab es sich dem Hexenkönig und wurde in Minas Morgul umbenannt. Mehr als zwei Jahrtausende hindurch bildete es dann die Hauptbasis der Streitkräfte Saurons in Gondor, ständig das Reich der Dúnedain bedrohend. Erst am Ende des Ringkrieges wurden die bösen Mächte wieder aus der Festung vertrieben, und obgleich es abermals in Minas Ithil umbenannt wurde, zogen nie wieder die Menschen von Gondor in seine Mauern ein.

Minas Morgul – Im Jahre 2002 des Dritten Zeitalters wurde die Stadtfestung Minas Ithil, der „Turm des Mondes“, nach zweijähriger Belagerung von den Streitkräften das Nazgûl-Hexenkönigs eingenommen und in Minas Morgul, den „Turm der Geister“, umbenannt (gelegentlich auch Turm der Magie und die Tote Stadt genannt). Ähnlich gebaut wie sein Gegenstück Minas Tirith, wurde es ein von bösen Geistern heimgesuchter Ort, der nachts in einem gespenstischen Licht leuchtete. Durch Zauberkraft oder einen teuflischen Mechanismus drehte sich die oberste Kammer des großen Turms ständig um sich selbst. Mehr als tausend Jahre hindurch wurde Minas Morgul von den Ringgeistern beherrscht, was dazu führte, daß das Lehen Ithilien sich fast völlig entvölkerte. Im Jahre 2050 erschlug der Hexenkönig von Morgul Earnur, den letzten König von Gondor, und im Jahre 2475 wurde Osgiliath geschleift und seine steinerne Brücke von den Riesen-Orks, den Uruk-hai, zerbrochen. Im Ringkrieg spielte Minas Morgul eine Schlüsselrolle in den taktischen Überlegungen Saurons. Die Streitkräfte Morguls waren die ersten, die in Gondor einmarschierten und Osgiliath angriffen. Bei der Belagerung von Minas Tirith und der anschließenden Schlacht auf den Pelennor-Feldern erwies sich die Führung des Hexenkönigs jedoch als verhängnisvoll. Seine Niederlage war das erste Anzeichen der Katastrophe, die folgen sollte. Nach der Vernichtung Saurons und dem Untergang Mordors wurde Minas Morgul von allen bösen Einflüssen befreit und wieder in Minas Ithil umbenannt. Doch nie wieder betraten die Menschen von Gondor die Stadt.

Minas Tirith – In der Geschichte Mittelerdes gibt es zwei Festungen namens Minas Tirith. Die erste wurde von den Hoch-Elben Beleriands im Ersten Zeitalter der Sonne auf einer Insel im Sirion-Fluß erbaut, und über ihr Schicksal wird unter dem Namen jener Insel, Tol Sirion, berichtet. Das zweite und bekanntere Minas Tirith stand im Dritten Zeitalter im Lande Gondor. Als im Jahre 2002 die Stadtfestung Minas Ithil, der „Turm des Mondes“, an den Hexenkönig der Nazgûl fiel und in Minas Morgul, der „Turm der Geister“, umbenannt wurde, änderten die Menschen von Gondor den Namen ihrer einzigen noch erhaltenen Festung Minas Anor, der „Turm der Sonne“, in Minas Tirith, „Turm der Wache“, um. Das war eine passende Bezeichnung, denn mehr als tausend Jahre lang wachte Minas Tirith über die bösen Mächte, die Gondor bedrohten. Mit dem Niedergang Osgiliaths im 17. Jahrhundert war Minas Tirith die Hauptstadt Gondors geworden, und während des ganzen Dritten Zeitalters hatte Sauron sich darauf konzentriert, diese letzte Bastion der Erben Isildurs zu zerstören. Im Jahre 1900 wurde der Weiße Turm errichtet, und im Jahre 2698 verstärkte der Herrschende Truchseß Ecthelion I. die Verteidigungsanlagen von Minas Tirith. Während des Ringkrieges war Minas Tirith eine mächtige Bergfestung, die sich auf sieben Ebenen erhob. Jede Ebene bildete ein eigenes, von massiven Ringwällen umgebenes Stockwerk, und jeder dieser Wälle besaß ein eigenes Tor, das jedoch aus strategischen Gründen jeweils in eine andere Richtung wies, wobei das untere Tor sich nach Osten öffnete. Diese anscheinend uneinnehmbare Festung türmte sich Stufe um Stufe wie ein Kliff mehr als siebenhundert Fuß bis zum obersten Wall auf, der die Veste genannt wurde, und in diesem letzten Ringwall stand der Weiße Turm. So gewaltig waren die Verteidigungsanlagen von Minas Tirith, daß es dem Hexenkönig von Morgul trotz aller Anstrengungen nur gelang, das Große Tor des ersten Walles zu sprengen, als die Reiter der Rohirrim ihn zurückdrängten und auf die Pelennor-Felder trieben, wo er mit seinem Heer vernichtend geschlagen wurde. Damit war der Ringkrieg gewonnen, und so konnte das Vereinigte Königreich von Arnor und Gondor wieder entstehen.

Mittelerde – Der große Kontinent Mittelerde – auch Außenlande oder Hinnenlande genannt – entstand in den ältesten Tagen der Welt von Arda. Er lag im Osten jenes anderen großen Kontinents Aman, der gewöhnlich als die Unsterblichen Lande bezeichnet wurde und von Mittelerde durch das Große Meer Belegaer getrennt war. Mit dem Ende des Zweiten Zeitalters der Sonne und der Vernichtung Númenors wurden die Unsterblichen Lande jedoch den Sphären der Welt entrückt. Das Land der Sterblichen, Mittelerde, blieb, wenn auch stark verändert, bestehen und veränderte sich im Laufe der Jahrtausende immer weiter, bis es schließlich zum heutigen Europa, Asien, Afrika und Australien wurde.

Mordor – Gegen Ende des ersten Jahrtausends des Zweiten Zeitalters gründete Sauron im Osten des Anduin ein böses Reich, das er Mordor nannte, das „schwarze Land". Zwei Zeitalter hindurch diente es ihm als Machtbasis bei seinem Bestreben, ganz Mittelerde unter seine Herrschaft zu bringen. Mordor wurde an drei Seiten durch zwei unzugängliche Bergketten geschützt: das Aschengebirge im Norden und das Schattengebirge im Westen und Süden. Nur zwei Pässe führten durch diese Berge, der Cirith Ungol im Westen und der Cirith Gorgor im Nordwesten. Abgesehen von der kleinen kreisförmigen Ebene Udûn hinter dem Cirith Gorgor, gliederte sich das Land in zwei große Gebiete, die Hochebene von Gorgoroth und die Sklavenfelder

Der Düsterwald

Der Dunkle Turm von Mordor

von Nurn. Gorgoroth war ein riesiges, ödes, von Schlackenhaufen und Ork-Höhlen übersätes Plateau, das ständig unter der dicken Rauchwolke des in seiner Mitte gelegenen Vulkans Orodruin (des Schicksalsbergs) lag. Hier, an der nordöstlichen Seite des Plateaus vor einem Ausläufer des Aschengebirges, lag auch Saurons Festung Barad-dûr. Nurn hingegen war ein fruchtbares Ackerland, von Sklaven und Sklaventreibern bevölkert, die das Heer Saurons mit Nahrungsmitteln versorgten. Es wurde von vier Flüssen bewässert, die alle in das Nûrnen-Meer, einen Binnensee, flossen. Nachdem er im Jahre 1600 die Ringe der Macht und den Einen Ring in den Feuern des Schicksalsbergs geschmiedet hatte, baute Sauron Barad-dûr weiter aus und begann seinen Krieg gegen die Elben. Obwohl er 3262 den mächtigen Streitkräften der Númenórer weichen mußte, gelang es Sauron, sie durch List zu überwinden, und nach der Zerstörung Númenors kehrte er nach Mordor zurück. Im Jahre 3429 überzogen die Heere Saurons Gondor mit Krieg, doch 3434 vernichteten die vereinten Heere des Letzten Bündnisses der Elben und Menschen seine Truppen bei Dagorlad und zerbrachen das Schwarze Tor, um in Mordor einzudringen. Zu Beginn des Dritten Zeitalters errichteten die Menschen von Gondor die Türme der Wehr und die Festung Durthang am nördlichen Paß und den Turm von Cirith Ungol am westlichen Paß, um die verstreuten Verbündeten Saurons daran zu hindern, das Reich zu betreten. Nach der Großen Pest von 1636 gab Gondor diese Festungen jedoch auf, die dann von Orks eingenommen wurden. So wurde es möglich, daß Sauron mit seinen Nazgûl im Jahre 2942 zurückkehrte und 2951 begann, Barad-dûr wieder aufzubauen. Die Vernichtung des Einen Ringes vereitelte jedoch seine Pläne. Sauron wurde endgültig geschlagen, und Mordor bedrohte nie wieder den Frieden auf Mittelerde.

Moria – Im Jahre 1697 des Zweiten Zeitalters der Sonne, als Sauron gegen die Elben kämpfte und ganz Eregion von den dunklen Mächten verwüstet wurde, verschlossen die Zwerge von Khazad-dûm im Nebelgebirge ihre Tore vor der Welt. Seitdem galt das Reich als verschollen, seine Geschichte und seine Bewohner gerieten in Vergessenheit, und es wurde Moria genannt, der „dunkle Abgrund". Auf diese Weise überstanden die Zwerge des Nebelgebirges die Verheerungen des Zweiten Zeitalters. Heimlich trieben sie tiefe Stollen in die Berge, um das kostbare und seltene Metall Mithril zu fördern, bis sie im Jahre 1980 versehentlich den bösen Geist Balrog befreiten, der sich seit dem Ende des Ersten Zeitalters unter dem Barazimbar verborgen hielt. Sie kämpften ein Jahr mit dem Dämon, ehe sie nach dem Tod zweier ihrer Könige Moria verlassen mußten. Danach geriet das Reich unter die Herrschaft des Balrogs, der Orks und anderer Diener Saurons. Die einst atemberaubende Schönheit seiner Hallen und Grotten verfiel, und Moria wurde ein dunkler und böser Ort. Von 2989 bis 2994 versuchte eine Gruppe von Zwergen, ein neues Königreich in Moria zu errichten, doch wurden sie allesamt am Osttor von den Orks und einem schrecklichen Kraken, dem „Wächter im Wasser", getötet. Erst im Jahre 3019 des Dritten Zeitalters gelang es Gandalf dem Zauberer, den Balrog zu erschlagen. Doch danach blieben die riesigen Hallen für immer öde und leer.

N

Nargothrond – Das größte Königreich der Noldor-Elben in Beleriand wurde im Ersten Zeitalter von Finrod regiert. Er ließ in einigen ursprünglich von den Kleinzwergen angelegten Höhlen am Fluß Narog die mächtige Festung Nargothrond errichten, von der aus er den größten Teil West-Beleriands beherrschte. Nach Vorbild der Tausend Grotten Menegroths von den Noldor und den Zwergen der Blauen Berge in den Fels gegraben, blieb Nargothrond, obwohl seine Bewohner sich auf zahlreiche Gefechte mit den Truppen Morgoths einließen, bis weit ins 5. Jahrhundert hinein unentdeckt. Erst danach führten die Noldor offen Krieg und wurden im Jahre 496 in der Schlacht von Tumhalad von einem gewaltigen Ork-Heer und dem Drachen Glaurung vernichtend geschlagen. Bevor die in die Festung führende steinerne Brücke zerstört werden konnte, gelang es Glaurung, in Nargothrond einzudringen. Alle Bewohner wurden niedergemetzelt oder versklavt, und fünf Jahre lang herrschte Glaurung in den Höhlen, bevor er selbst getötet wurde. Kurz danach kehrte Mîm, der letzte der Kleinzwerge, in die Heimat seiner Vorfahren zurück; aber als auch er erschlagen wurde, blieben die alten Hallen für immer leer.

Das Inselreich von Númenor

Nebelgebirge – Fast tausend Meilen lang, erstreckte sich die Bergkette des Nebelgebirges vom Norden der Außenlande nach Süden bis zur Pforte von Rohan und trennte Eregion von Rhovanion. Das Nebelgebirge war die Heimat der Orks, der Großen Adler und der Zwerge von Khazad-dûm. Eine Zeitlang diente sein nördlichster Teil dem Hexenkönig von Angmar und der Ork-Festung Gundabad als natürlicher Verteidigungswall, während sein südlicher Teil Isengart, die Festung des bösen Zauberers Saruman, schützte. Von den Elben Hithaeglir, die „Kette der nebligen Gipfel", genannt, zeichnete sich das Nebelgebirge durch eine Reihe hoher Berge wie den Methedras, Bunduschathûr, Zirak-zigal, Barazinbar und Gundabad aus. Durchlaß gewährten der Hohe Paß, der Rothorn-Paß und die Tunnel von Khazad-dûm.

Nogrod – Eine der beiden großen Zwergenreiche in den Blauen Bergen war Nogrod, die „Zwergenwohnung". Die Zwerge von Nogrod waren wie die des nahe gelegenen Belegost geschickte Schmiede und Kunsthandwerker, die im Ersten Zeitalter einen blühenden Handel mit den Elben Beleriands trieben und tapfer gegen Orks und Drachen kämpften. Der bekannteste Waffenschmied von Nogrod war Telchar. Er schuf Narsil, das Schwert Elendils, das den Einen Ring von Saurons Finger schnitt, und Angrist, den Dolch Berens, der einen Silmaril aus Morgoths Krone löste. Der Niedergang Nogrods begann, als einige Zwergen-Handwerker, die sich in Menegroth aufhielten, von dem König der Grau-Elben Thingol gebeten wurden, eine wertvolle Silmaril-Gemme in das goldene Halsband Nauglamír zu setzen. Die Zwerge, blind vor Gier nach der Gemme, erschlugen Thingol und raubten das Halsband. Bevor sie fliehen konnten, wurden sie jedoch getötet, und das Halsband fand seinen Weg zurück nach Menegroth. Voller Zorn schickten die Zwerge von Nogrod ein großes Heer aus, plünderten Menegroth und nahmen abermals das Halsband an sich. Doch noch ehe sie nach Nogrod zurückkehren konnten, wurden sie von Beren und Dior überfallen und ihr ganzes Heer mit Hilfe der Laiquendi und der Ents aufgerieben. Am Ende des ersten Zeitalters versank Nogrod, zusammen mit Belegost und dem größten Teil Beleriands, im Meer.

Númenor – Nach dem Ersten Zeitalter der Sonne verbündete sich ein Volk der Menschen, die Dúnedain, im Juwelenkrieg mit den Elben gegen Morgoth. Als Lohn für ihre Tapferkeit erschufen die Valar im Jahre 32 des Zweiten Zeitalters eine große Insel inmitten des Westlichen Meeres und wiesen sie ihnen als Heimat zu. Das war Númenor – in der Sprache der Menschen von Mittelerde „Westernis" genannt -, das mächtigste Reich der Menschen auf Arda. Die Valar gewährten den Númenórern, wie sie fortan hießen, eine Lebensspanne, die wesentlich länger war als die der anderen Sterblichen, zusammen mit Kräften des Geistes und des Körpers, wie sie bis dahin nur den Elben verliehen worden waren. Die Insel Númenor, die auch Andor, das „Land der Gabe", und Elenna, das „Land des Sterns" genannt wurde, war wie ein fünfzackiger Stern geformt. An ihrer engsten Stelle maß sie etwa 250 Meilen, an ihrer weitesten Stelle 500 Meilen im Durchmesser und war in sechs Regionen unterteilt. In der Mitte lag Mittalmar, die „Binnenlande", zu denen Arandor, das „Königsland", das an den Hängen des Meneltarma gelegene Armenelos und die Hafenstadt Rómenna gehörten. Jede der fünf von Mittalmar ausgehenden Halbinseln war eine eigene Region: Forostar, die „Nordlande"; Orrostar, die „Ostlande"; Hyarrostar, die „Südostlande"; Hyarnustar, die „Südwestlande"; und Andustar, die „Westlande" mit ihrer Hafenstadt Andúnië, was „Sonnenuntergang" bedeutet. Númenor war gesegnet mit herrlichen Wäldern und vielen duftenden Wiesen. Es besaß zwei größere Ströme: den Siril, der von den Hängen des Meneltarma nach Süden floß und bei dem Fischerdorf Nindamos im Meer mündete, und den Nunduine, der nach Westen floß und bei Eldalonde, dem schönsten Hafen Númenors, mündete. Während des Zweiten Zeitalters war Númenor so prächtig, daß seine Könige eitel und hochmütig wurden. Von Sauron, dem Herrn der Ringe, verführt, wagte es König Ar-Pharazn im Jahre 3319 eine mächtige Flotte gegen die Valar in den Unsterblichen Landen auszuschicken – mit dem Ergebnis, daß das Meer das Inselreich verschlang und Númenor völlig zerstört wurde. Es war dies die Zeit, die als Umwandlung der Welt bekannt wurde, denn mit dem Verschwinden Númenors wurden auch die Unsterblichen Lande den Sphären der Welt in eine Dimension entrückt, die sich dem Zugang und dem Verständnis der Sterblichen fortan entzog. Obgleich einige Númenórer den Untergang ihrer Insel überlebten und nach Mittelerde segelten, um dort die späteren Reiche zu errichten, blieb Númenor auf immer im Meer versunken und lebte nur noch in der Erinnerung der Menschen als Akallabêth, Marn-nu-Falmar und Atlantë oder Atlantis fort.

Nurn – Der südliche Teil des bösen Reiches Saurons in Mordor. Während der Herrschaft des Herrn der Ringe war Nurn von Sklaven bevölkert, die freudlos die riesigen Äcker bestellten, um die Heere Mordors mit Nahrungsmitteln zu versorgen. Durch Nurn flossen vier größere Flüsse, die im Binnenmeer von Nûrnen mündeten. Wenig wird uns von diesem Land und seinen Bewohnern berichtet, aber nach dem Ringkrieg befreite König Elessar die Sklaven und überließ ihnen die Äcker, auf denen sie bis dahin gearbeitet hatten.

O

Orocarni – Weit im Osten von Mittelerde lagen die Orocarni, die „Roten Berge" oder „Berge des Ostens". In den Zeitaltern der Sterne standen sie an der Ostküste des Binnenmeeres von Helcar, wo in der Bucht von Cuiviénen die Elben erweckt wurden. Die Orocarni waren von rötlicher Farbe und erfüllt von der Musik der vielen Quellen und Flüsse, die in die kristallklaren Wasser des Helcar-Meeres flossen.

Orodruin – Oft der Schicksalsberg genannt, überragte der knapp fünftausend Fuß hohe Vulkan Orodruin, der „Berg des lodernden Feuers", die riesige, öde Hochebene von Gorgoroth im nördlichen Teil von Mordor. Orodruin war die Schmiede Saurons, in deren als Schicksalsklüfte bezeichneten Feuerkammern er im Jahre 1600 des Zweiten Zeitalters den Einen Ring schuf. Während des Zweiten und Dritten Zeitalters immer noch aktiv, brach der Orodruin stets zu den Zeiten aus, in denen Sauron an Macht gewann. Seine dichten schwarzen Rauchwolken verdunkelten den Himmel weit über das Reich Mordor hinaus. Die Feuer des Orodruin bestimmten den Ausgang des Ringkrieges, denn nur in ihnen konnte der Eine Ring vernichtet und Saurons Macht gebrochen werden – was im Jahre 3019 geschah. Als der Eine Ring in den Schicksalsklüften verschwand, brach der Orodruin zum letzten Male mit einer derartigen Gewalt aus, daß die Berge Mordors in ihren Grundfesten erschüttert wurden und das Schwarze Tor von Morannon sowie der Turm von Barad-dûr in sich zusammenstürzten.

Orthanc – Der während des Ringkrieges vom bösen Zauberer Saruman beherrschte Turm in Isengart wurde Orthanc genannt, die „Gabelhöhe". Er erhob sich inmitten der befestigten Ebene von Isengart an den südlichen Ausläufern des Nebelgebirges unweit der Quelle des Flusses Isen. Orthanc war ein fünfhundert Fuß hoher Turm, der auf vier Säulen schwarzen Felsgesteins von den Menschen von Gondor errichtet worden war. Zwischen seinen beiden Spitzen befand sich ein flaches, mit astronomischen Zeichen versehenes Dach. Gegen Ende des Dritten Zeitalters von den Gondor-Menschen aufgegeben, erhielt der Zauberer Saruman im Jahre 2759 die Schlüssel zu dem Turm und nahm ihn zusammen mit den Palantiri, den „Sehenden Steinen", die in einer seiner Kammern aufbewahrt wurden, in Besitz. Später sammelte er ein gewaltiges Heer in Isengart und überzog die Rohirrim mit Krieg. Saruman gebot über eine Anzahl zerstörerischer Kriegsmaschinen, die jedoch von den Ents unschädlich gemacht wurden, als sie die Ebene vor der Festung mit den Wassern des Isen überfluteten. Obgleich die schwarzen Steine des Turmes sich als unzerstörbar erwiesen, mußte Saruman sich schließlich ergeben, und so gelangte Orthanc wieder in die Hände der Menschen von Gondor.

Osgiliath – Osgiliath, die „Festung der Sterne", war die Hauptstadt von Gondor und gegen Ende des Zweiten Zeitalters zu beiden Seiten des Anduin zwischen Minas Anor und Minas Ithil errichtet worden. Bis zum Bürgerkrieg in Gondor eine blühende Metropole, wurde 1437 ihre legendäre Kuppel der Sterne zusammen mit dem größten Teil ihrer prächtigen Häuser ein Raub der Flammen. Nach der Großen Pest, die die Stadt im Jahre 1636 heimsuchte, zog der Königshof vier Jahre später nach Minas Anor, das dann in Minas Tirith umbenannt wurde. Im Jahre 2475 wurde Osgiliath von den aus Mordor einströmenden Horden der Uruk-hai völlig verwüstet, und obgleich sie wieder vertrieben werden konnten, stand die Stadt jetzt leer. Im Ringkrieg wurde Osgiliath zweimal von den Menschen von Gondor verteidigt, fiel aber dann an die Diener Saurons. Nach der Niederlage Mordors am Ende des Krieges wurde Osgiliath wieder von Gondor in Besitz genommen, scheint jedoch im Laufe des Vierten Zeitalters nicht wieder aufgebaut worden zu sein.

Ossiriand – Das im Osten Beleriands gelegene Waldland Ossiriand war bis zum Ende des Ersten Zeitalters der Sonne die Heimat der Laiquendi oder Grün-Elben. Es verdankte seinen Namen – Ossiriand bedeutet „Land der Sieben Flüsse" – der Tatsache, daß es vom Gelion und sechs seiner Nebenflüsse bewässert wurde. Da die Laiquendi für ihre Sangeskunst berühmt waren, wurde Ossiriand auch Lindon, das „Land der Musik", genannt. Nach dem Untergang Beleriands am Ende des Ersten Zeitalters war der kleine Teil Ossiriands, der die Katastrophe überstanden hatte, nur noch unter diesem Namen bekannt. Als letzter verbliebener Teil Beleriands wurde Lindon das Herrschaftsgebiet der Eldar unter Gil-galad, dem letzten König der Hoch-Elben auf Mittelerde.

Ost-in-Edhil – Im Jahre 750 des Zweiten Zeitalters verließen viele Noldor-Elben Lindon und zogen nach Eriador. Dort gründeten sie unweit des Westtores von Khazad-dûm im Weißen Gebirge das Reich Eregion und errichteten ihre Hauptstadt Ost-in-Edhil, die „Stadt der Elben". Es waren dies die Gwaith-i-Mírdain, die Elbenschmiede, die im Jahre 1500 die Ringe der Macht schufen. Ost-in-Edhil war eine schöne und blühende Stadt, die sich mit ihren weißen Elbentürmen inmitten des Waldes von Eregion erhob. Als jedoch die Elbenschmiede herausfanden, daß Sauron den Einen Ring geschmiedet hatte, der die Ringe der Macht unter seine Gewalt brachte, erhoben sie sich gegen ihn. In dem folgen-

DER ORODRUIN

den Krieg der Elben gegen Sauron wurde Ost-in-Edhil im Jahre 1697 des Zweiten Zeitalters völlig zerstört, und damit endete auch das Reich der Elbenschmiede.

P

Pelargir – Im Jahre 2350 des Zweiten Zeitalters von den Númenórern an der Mündung des Großen Stroms Anduin errichtet, wurde die Stadt Pelargir der bedeutendste Hafen für die Schiffe der Dúnedain auf Mittelerde. Hier landete Elendil nach der Zerstörung von Númenor, um Gondor und Arnor zu gründen. Pelargir wurde im Laufe des 10. Jahrhunderts des Dritten Zeitalters von Earnil I. zu einer Festung ausgebaut, die fortan den Schiffskönigen von Gondor bei ihren kriegerischen Auseinandersetzungen mit den Schwarzen Númenórern der weit im Süden im Lande Harad gelegenen Hafenstadt Umbar als Flottenbasis diente. Im Bürgerkrieg von Gondor im Jahre 1447 wurde Pelargir von den Aufständischen eingenommen, konnte jedoch nach einjähriger Belagerung wieder zurückerobert werden. Obgleich denselben Übeln ausgesetzt, die ganz Gondor heimsuchten, und häufig von Haradrim, Ostlingen und den Corsaren von Umbar angegriffen, blieb Pelargir bis zum Ringkrieg der wichtigste Hafen Gondors. Erst dann gelang es den Corsaren mit ihren schwarzen Schiffen, die Verteidigungsanlagen von Pelargir zu überwinden, doch konnten sie sich ihres Sieges nicht lange erfreuen. Aragorn, der Stammesfürst der Dúnedain, scharte das Geisterheer der Toten von Dunharg um sich und griff die Corsaren an, die voller Entsetzen flohen, so daß Aragorn ihre gesamte Flotte in die Hände fiel. Mit diesen Schiffen führte er die Männer von Pelargir in die Schlacht auf den Pelennor-Feldern, wo er im letzten Augenblick das Kriegsglück wendete. Im Vierten Zeitalter blühte Pelargir abermals auf und wurde zum Haupthafen des Wiedervereinigten Königreichs.

Pelennor-Felder – Während des Ringkrieges lag vor der Gondor-Festung Minas Tirith die grüne Ebene der Pelennor-Felder. Hier wurde die entscheidende Schlacht ausgefochten, mit der der Krieg endete. Pelennor bedeutet das „Umzäunte Land", denn es war von einem Rammas Echor genannten Verteidigungswall umgeben, der im Jahre 2945 des Dritten

Die Schlacht auf den Pelennor-Feldern

Zeitalters vom Herrschenden Truchseß Ecthelion II. errichtet worden war. Als der Hexenkönig von Morgul im Ringkrieg Minas Tirith angriff, gelang es seinem Heer schnell, diesen Wall zu durchbrechen. Doch die Reiterei der Rohirrim zerstreute die Streitkräfte des Hexenkönigs, die schließlich auf den Pelennor-Feldern vernichtend geschlagen wurden.

Pelóri – Die höchsten Berge auf Arda, die Pelóri, wurden von den Valar aufgetürmt, um die Unsterblichen Lande vor den Kräften Melkors in Utumno auf Mittelerde zu schützen, und bildeten einen riesigen Halbkreis, der das Land Valinor im Norden, Osten und Süden begrenzte. Nach der Zerstörung der Bäume der Valar wurden die Pelóri (das bedeutet die „Umfriedenden Höhen") noch höher getürmt, ihre Flanken noch steiler in den Fels geschnitten. Von den vielen Gipfeln war der Taniquetil, der heilige Berg Manwes, der höchste. Er erhob sich im östlichen Teil der Pelóri unweit des einzigen durch das Gebirge führenden Passes, des Calacirya oder „Lichtspalts".

Pfuhl der Toten Gesichter – Zwischen den Rauros-Fällen des Anduin und den Bergen Mordors lag das Moor der Totensümpfe. Nur wenige wagten, dieses weglose Land zu betreten, denn seine stehenden Wasser waren nicht nur giftig, sondern das Moor selbst wurde von Geistern heimgesucht. Während des Dritten Zeitalters hatten sich die Totensümpfe bis nach Dagorlad, der „Walstatt", ausgebreitet, das im Norden von Mordor lag und wo die hier gefallenen Krieger begraben lagen. Die Geister dieser lange verstorbenen Menschen, Elben und Orks wurden durch böse Mächte zu einem gespenstischen Leben erweckt, so daß ihre Gesichter wie von einem geheimnisvollen Kerzenlicht erleuchtet unter der Wasseroberfläche trieben. Als er den Ring trug, wurde Frodo Beutlin von Sméagol Gollum durch diesen Pfuhl der Toten Gesichter geführt.

DIE RAUROS-FÄLLE

R

Rabenberg – An den Hängen des Erebor, des „Einsamen Berges" im Osten des Düsterwalds, befand sich das Zwergenreich unter dem Berg. Die Zwerge von Erebor errichteten einen befestigten Hügel an einem südlichen Vorsprung des Erebor, den sie Rabenberg nannten, da er von vielen Raben bewohnt wurde, die stets die Freunde und Verbündeten der Zwerge waren. Hier überbrachte der Rabe Roac Thorin Eichenschild die Nachricht, daß Smaug, der Goldene Drache, erschlagen worden war. In der Schlacht der Fünf Heere verteidigten die Elben des Düsterwaldes mit dem Zauberer Gandalf und dem Hobbit Bilbo Beutlin den Rabenberg.

Rauros-Fälle – Die gewaltigsten Wasserfälle auf Mittelerde während des Dritten Zeitalters. Der Name Rauros bedeutet „Tosender Schaum" und ist eine treffende Bezeichnung für die goldig schimmernden Katarakte, die sich aus dem See von Nen Hithoel auf den Höhen der Emyn Muil in die unter ihnen liegende Marschlande des Anduin ergossen. Die Fälle waren unpassierbar, konnten jedoch auf einem in die Felsen gehauenen Trägerpfad, der sogenannten Nordtreppe, umgangen werden. Im Ringkrieg wurde der Leichnam Boromirs auf einem Boot über die Rauros-Fälle zur letzten Ruhe gebracht.

Rhovanion – Das weite Gebiet zwischen dem Nebelgebirge und dem Meer von Rhûn wurde Rhovanion, das „Wilderland", genannt und umfaßte alle Länder südlich des Grauen Gebirges im Norden Gondors und Mordors. Zu ihnen gehörte der Düster- und der Fangorn-Wald, Erebor, Lothlórien, die Braunen Lande und die nördlichen Täler des Anduin.

Rhûn – Im Nordosten von Mordor und im Westen Rhovanions lagen die ausgedehnten Länder von Rhûn sowie das von den Flüssen Eilend und Rotwässer gespeiste Binnenmeer von Rhûn. Aus den Ebenen von Rhûn kamen während der Zweiten und Dritten Zeitalter der Sonne viele barbarische Völker, um Krieg gegen die Dúnedain zu führen. So lebten in Rhûn die Ostlinge, die unter dem bösen Einfluß Saurons, des Herrn der Ringe, standen. Viele seiner bedeutendsten Diener waren Könige von Rhûn. Zu Beginn des Vierten Zeitalters hatte König Elessar die Macht der meisten Reiche von Rhûn gebrochen und sie gezwungen, Friede mit den westlichen Landen zu schließen.

Rohan – Das Königreich Rohan, das „Pferdeland", wurde im Jahre 2510 des Dritten Zeitalters der Sonne nach der Schlacht auf dem Feld von Celebrant gegründet. In dieser Schlacht kam ein nomadisierendes Reitervolk, die Eothéod, den Menschen von Gondor zur Hilfe und und entschied damit über den glücklichen Ausgang der Schlacht. Als Dank erhielten die Eothéod die Provinz Calenardhon als unabhängiges, jedoch mit Gondor verbündetes Reich. Danach nannten sie sich Rohirrim, das bedeutet „Pferdeherren", und siedelten sich in Rohan, der Riddermark, an. Rohan bestand hauptsächlich aus weiten, mit Weiden und Äckern bedeckten Ebenen, die im Osten vom Anduin, den Bergen des Weißen Horns im Süden und dem Nebelgebirge und Fangorn-Wald im Norden begrenzt wurden. Es war in fünf Hauptregionen unterteilt: Ostfold, Westfold, Ostemnet, Westemnet und das Ödland. Zwei Nebenflüsse des Anduin, die Entflut und der Schneeborn, bewässerten das Land. Rohans Hauptstadt war Edoras, in der Meduseld, die Goldene Halle des Königs, stand. Obgleich Edoras befestigt war, war es nicht leicht zu verteidigen. In Kriegszeiten suchten die Rohirrim Zuflucht in den großen Festungen Helms Klamm und Dunharg hoch oben in den Bergen des Weißen Horns. Dies geschah während des Einfalls der Dunländer im Jahre 2758 und im Ringkrieg während der Schlacht von Hornburg. Nach ihrer Teilnahme an der Schlacht auf den Pelennor-Feldern und der Niederlage des Herrn der Ringe lebten die Rohirrim als Verbündete des Wiedervereinigten Königreiches von Gondor und Arnor in Frieden und Wohlstand bis weit ins Vierte Zeitalter.

Bruchtal

S

Schattengebirge – In der Geschichte von Mittelerde gab es zwei Bergketten, die Schattengebirge genannt wurden. Die eine lag im Nordwesten von Beleriand und erhielt von den Elben den Namen Ered Wethrin. Sie bildete einen natürlichen Schutzwall um die Noldor-Reiche von Hithlum. Das zweite Schattengebirge begrenzte im Zweiten Zeitalter über eine Strecke von tausend Meilen Mordor im Westen und Süden. Von den Elben Ephel Dúath, der „Schattenzaun" genannt, nahm es zwei Seiten der hufeisenförmigen Bergkette ein, hinter der Mordor lag. Das Schattengebirge Mordors war nur über zwei Pässe zugänglich, den Cirith Gorgor und den Cirith Ungol.

Schicksalsberg – Der mächtige Vulkan, der sich inmitten der Hochebene von Gorgoroth in Mordor erhob, war die natürliche Schmiede, in der Sauron im Jahre 1600 des Zweiten Zeitalters der Sonne den Einen Ring schuf. In der Sprache der Menschen Schicksalsberg genannt, war sein elbischer Name Orodruin, der „Berg des lodernden Feuers". Unter dieser Bezeichnung wird über seine Geschichte berichtet.

Schwertelfelder – Von seiner Quelle im Nebelgebirge nördlich von Moria und Lothlórien floß der Schwertel nach Osten, bis er in den Großen Strom Anduin mündete. Hier befanden sich die als Schwertelfelder bekannten Marschlande, auf denen im zweiten Jahr des Dritten Zeitalters die Schlacht auf den Schwertelfeldern ausgetragen wurde, bei der der Dúnedain-König seinen Tod fand und der Eine Ring im Fluß verlorenging. Letzterer blieb dort verborgen, bis er im Jahre 2463 von den beiden Starren-Hobbits Déagol und Sméagol gefunden wurde. Um in den alleinigen Besitz des Ringes zu gelangen, tötete Sméagol den Déagol und entartete schließlich zu der bösen Kreatur, die als Gollum bekannt wurde.

Sirion – Der Sirion mit seinen zahlreichen Nebenflüssen – das bedeutendste Flußsystem in Beleriand – bewässerte alle Gebiete des Landes südlich des Schattengebirges und der Berge des Schreckens, ehe er in die Bucht von Balar mündete. Seine Nebenflüsse im Reich von Narogothrond waren der Narog und der Ginglith sowie der Aros, Celon, Esgalduin,

Das Auenland der Hobbits

Mindeb, Teiglin und Maduin in Doriath. In seinem nördlichsten Bereich lag die Inselfestung Tol Sirion, die den Sirion-Paß bewachte. Eine steinerne Brücke führte über den Esgalduin in Doriath und gab den Weg frei in die Tausend Grotten von Menegroth, jener wunderbaren verborgenen Stadt der Grau-Elben, während die Noldor-Elben Findors ihre Stadt Nargothrond in den Höhlen und Hallen des Felsufers des Narog errichtet hatten. Der Sirion soll während der Unruhen des Kriegs der Mächte gegen Ende des Ersten Zeitalters der Sterne entstanden sein, als die Valar Utumno zerstörten. Er verschwand mit dem Ende des Ersten Zeitalters der Sonne, als die Valar und Eldar nach dem Krieg des Zorns Angband zerstörten und ganz Beleriand im Meer versank.

T

Taniquetil – Einer der Gipfel der östlichen Pelóri-Berge in den Unsterblichen Landen und der höchste Berg in Arda. Taniquetil bedeutet „Hoher Weißer Gipfel". Auf ihm lag Ilmarin, die Wohnung Manwes und Vardas, des Königs und der Königin der Valar. Von seinem Thron konnte Manwe alle Länder Ardas überblicken. An den Hängen des Taniquetil leben die Vanyar, die Blond-Elben, die den Berg Oiolosse nennen, den „Ewig Schneeweißen", da er immer mit Schnee bedeckt ist. Der Olymp Ardas ist auch unter vielen anderen Namen bekannt: der Weiße Berg, Amon Uilos und der Heilige Berg.

Thal – Eine der vielen Siedlungen der Menschen des Nordens westlich des Düsterwaldes in Rhovanion war das alte Königreich Thal im Süden Erebors, des Einsamen Berges. Wie alle Nordmenschen waren die Bewohner Thals mit den Edain des Ersten Zeitalters verwandt, und obgleich nicht bekannt ist, wann Thal gegründet wurde, wird allgemein angenommen, daß es ein sehr altes Reich ist. Als Stadt hörte Thal jedoch nach dem Jahr 2770 des Dritten Zeitalters auf zu bestehen, als der schreckliche geflügelte Drache Smaug der Goldene es in Schutt und Asche legte und all seine Schätze mit sich nahm. Seine Untat wurde von Bard dem Bogenschützen gerächt, einem Nachfahren der Könige von Thal, der Smaug im Jahre 2941 tötete.

In den folgenden Jahren baute Bard Thal wieder auf und wurde der erste einer neuen Linie von Königen. Mit der Rückgewinnung all seiner Schätze und der des Zwergenreiches unter dem Berg blühte Thal wieder auf. Im Ringkrieg griffen die barbarischen Ostlinge die Stadt an und zwangen seine Bewohner, Zuflucht bei ihren Verbündeten, den Zwergen des Einsamen Berges, zu suchen.

Nach dem Zusammenbruch des Mordor-Reiches konnten die vereinten Streitkräfte der Menschen und Zwerge die Belagerung brechen und die Ostlinge aus allen Ländern Thals vertreiben. Nach dem Ende des Krieges scheinen die Bewohner Thals als Verbündete des Wiedervereinigten Königreiches der Dúnedain bis weit ins Vierte Zeitalter in Frieden und Wohlstand gelebt zu haben.

Thangorodrim – Der gewaltige Vulkan, den Morgoth über seiner Waffenkammer und Festung Angband auftürmte, nachdem er und Ungolianth die Bäume der Valar zerstört hatten, wurde Thangorodrim genannt. Dieser schreckliche, von vulkanischer Schlacke bedeckte Berg stieß giftige Dämpfe aus. Sein Name bedeutet „Berg der Tyrannei", und tief in seinem Inneren schuf Morgoth viele Ungeheuer und böse Wesen. Thangorodrim überdauerte jedoch nicht das Erste Zeitalter der Sonne: Als Ancalagon der Schwarze, der mächtigste der Geflügelten Drachen, in der Großen Schlacht während des Kriegs des Zorns getötet wurde, fiel er vom Himmel und zerbrach Thangorodrim.

Tirion – In den Unsterblichen Landen bauten die Noldor- und Vanyar-Elben die erste und größte Stadt in Eldamar – Tirion mit ihren weißen Türmen und Kristalltreppen. Tirion lag auf dem Hügel Túna in Calacirya, dem Paß des Lichts, so daß die Elben nicht nur im Licht der Bäume lebten und hinaus aufs Meer sahen, sondern unter den Schatten Túnas und der hohen Türme auch die glitzernden Sterne erblikken konnten, die hinunterschienen auf die Welt hinter den Pelóri-Bergen von Valinor. Der Name Tirion bedeutet im Elbischen „Wachtturm" und bezieht sich vielleicht vor allem auf den größten Turm, der Mindon Eldalióva genannt wurde und in dem die große Silberleuchte stand. Im Hofe dieses Turmes befand sich Galathilion, der heilige Weiße Baum der Eldar.

Der Wachtturm von Tirion

Tol Eressea – In den Ersten Zeitaltern von Arda lag eine Insel inmitten des Großen Meeres von Belegaer, die der Vala Ulmo, der Herr des Wassers, aus ihrer Verankerung löste und als Schiff benutzte, um die Vanyar und Noldor auf ihre Große Reise zu schicken, die sie aus den Unsterblichen Landen nach Mittelerde führte. Ein Teil dieser Insel lief jedoch vor Beleriand auf Grund, brach ab und bildete fortan die Insel Balar. Nachdem die Vanyar und Noldor an Land gegangen waren, kehrte Ulmos Restinsel nach Beleriand zurück, um den Teleri als Schiff zu dienen. Doch so viele Jahre waren seit der ersten Überquerung ins Land gegangen, daß die Teleri das Meer liebgewonnen hatten. So überredete der Maia Osse, der Herr der Wellen, Ulmo, die Reise nicht fortzusetzen, sondern die Insel an der Bucht von Eldamar zu verankern. In Sichtweite der Unsterblichen Lande und ihrer Brüder in Eldamar, blieben die See-Elben der Teleri ein Zeitalter der Sterne hindurch von den anderen Elben getrennt, und während dieser Zeit erhielt die Insel ihren Namen Tol Eressea, die „Einsame Insel". Erst als die Teleri gelernt hatten, Schiffe zu bauen, endete ihre Isolation. Danach wurden sie zu Meistern des Schiffbaus und der Navigation und durchquerten die Meere. Einige verließen die Insel und errichteten die Stadt Alqualonde in Eldamar. Andere blieben auf Tol Eressea und in ihrer Hafenstadt Avallóne, die nach Osten über das Meer blickte. Es waren dies die Elben, die später mit den Númenórern Handel trieben und ihnen während des Zweiten Zeitalters der Sonne vor der Umwandlung der Welt Geschenke brachten und sie bis dahin unbekannte Fertigkeiten lehrten. Die weißen Türme von Avallóne waren von den höchsten Berggipfeln auf Númenor aus zu sehen.

Tol Sirion – Während des Ersten Zeitalters der Sonne gab es eine grüne Insel im Oberlauf des Sirion, die den Paß von Sirion beherrschte. Sie wurde Tol Sirion genannt, und hier errichtete der Noldor-Fürst Finrod die Festung Minas Tirith, um den Streitkräften Morgoths den Zugang in sein Land zu verwehren. Im Jahre 457 wurde Tol Sirion von einem mächtigen Heer von Werwölfen eingenommen. Danach hieß die Insel für ein Jahrzehnt Tol-in-Gaurhoth, die „Insel der Werwölfe". Finrod und Beren schmachteten in ihren Kerkern, bis Lúthien und Huan, der Wolfshund der Valar, erschienen. Es kam zu einem Kampf, bei dem Huan einen der ersten Diener Saurons, den Herrn der Werwölfe Draugluin, tötete und Sauron, der sich in einen Werwolf verwandelt hatte, selber überwand. Nach Huans Sieg verließen die bösen Mächte die Insel, die wieder Tol Sirion genannt wurde. Finrod lag hier begraben, bis die Insel am Ende des Zeitalters mit der Zerstörung Beleriands verschwand.

Totensümpfe – Nordwestlich der Berge von Mordor zwischen den Feuchtgebieten des Anduin unterhalb der Rauros-Fälle und der Walstatt von Dagorlad lag ein von Geistern heimgesuchter, übler Ort, der die Totensümpfe genannt wurde. Im Laufe von drei Jahrhunderten breiteten sich die Totensümpfe nach Osten aus und nahmen einen großen Teil jenes Schlachtfeldes ein, auf dem die Gräber der Menschen und Elben lagen, die in der Schlacht von Dagorlad gegen Ende des Zweiten Zeitalters gefallen waren. Im Dritten Zeitalter wurden nach der Schlacht des Lagers im Jahre 1944 viele der Wagenfahrer in die Totensümpfe getrieben und kamen hier um. Zusammen mit Samweis Gamdschie und Sméagol Gollum mußte der Hobbit Frodo Beutlin im Ringkrieg diese Sümpfe durchqueren, und hier fanden sie im Pfuhl der Toten Gesichter jene lange verstorbenen Krieger, die von bösen Mächten zu einem geisterhaften Leben erweckt waren.

Trollwald – Während der letzten tausend Jahre des Dritten Zeitalters stand nördlich der Großen Ost-West-Straße und östlich des Elbenreiches von Bruchtal ein Wald in Eriador, der Trollwald genannt wurde. Einst Teil des Arnor-Reiches, fanden sich hier noch die Ruinen vieler Festungen der Dúnedain, doch seit den Kriegen mit dem Hexenkönig von Angmar war der Wald die Heimat von Trollen, deren liebste Beschäftigung es zu sein schien, unvorsichtige Reisende zu überfallen.

U

Umbar – Während des Zweiten und Dritten Zeitalters der größte Hafen in Harad, den südlichen Ländern von Mittelerde. Der Name Umbar bezog sich auf die Stadt, den Hafen, die Festung, das Kap und die umgebenden Küstenbereiche. Im Jahre 3261 des Zweiten Zeitalters rüsteten die Númenórer eine große Flotte aus, die in Umbar landete, um gegen Sauron zu Felde zu ziehen. Nach der Zerstörung von Númenor unterlagen diese Menschen jedoch der Macht Saurons, und ihre Nachkommen, als Schwarze Númenórer bekannt, führten in der Folgezeit häufig Kriege gegen die Dúnedain von Gondor, besonders gegen jene, die in Pelargir lebten. Im 10. Jahrhundert des Dritten Zeitalters griffen die Könige von Gondor Umbar an und brachen die Seemacht der Schwarzen Númenórer, indem sie den Hafen, die Stadt und die umliegenden Länder einnahmen. Bis zum Bürgerkrieg blieb Umbar Teil des Königreichs Gondor, doch im Jahre 1448 eroberten die Aufständischen den Hafen und trennten Umbar von Gondor. Im Jahre 1810 konnte Gondor den Hafen und die Stadt vorübergehend zurückerobern, aber beide wurden von den Haradrim wieder eingenommen. Abermals durchpflügten die Schiffe der Schwarzen Númenórer die See, und ihre Besatzungen, die Corsaren von Umbar, wurden zum Schrekken der Meere. Im Jahre 2980 führte Aragorn II. (unter dem Namen Thorongil) ein kleines Heer nach Umbar und verbrannte einen großen Teil der feindlichen Schiffe. Im Ringkrieg selbst griffen die Corsaren Pelargir an, wurden jedoch vernichtend von Aragorn und dem Geisterheer von Dunharg geschlagen. Sie mußten um Frieden bitten, und im Vierten Zeitalter stand Umbar unter der Herrschaft der Dúnedain des Wiedervereinigten Königreiches.

Unsterbliche Lande – Der riesige Kontinent Aman im Westen von Arda. Dieses Land der unsterblichen Valar, Maiar und Eldar bestand aus zwei Reichen: Valinor, der Heimat der Valar und Maiar mit seiner Hauptstadt Valimar, und Eldamar, der Heimat der Vanyar, Noldor und Teleri mit seinen Hauptstädten Tirion und Alqualonde. Nach der Umwandlung von Arda wurden die Unsterblichen Lande den Sphären der Welt entrückt und konnten nur noch auf dem „Geraden Weg“ mit Hilfe der Zauberschiffe der Elben erreicht werden.

Utumno – Während der Zeitalter der Leuchten errichtete der Vala Melkor im Nordosten von Mittelerde eine gewaltige, von Bergen umgebene Festung, die er Utumno nannte. Hier schmiedete er Pläne gegen die anderen Valar und scharte rebellische Maiar und Ungeheuer wie die Balrogs, die Werwölfe und die Großen Spinnen um sich. Nachdem er die Großen Leuchten der Valar zerstört

Der Hafen von Umbar

hatte, breitete sich Melkors Reich Utumno in den anschließenden Zeitaltern der Dunkelheit auf Mittelerde aus. Doch nach dem Entzünden der Sterne und der Ankunft der Elben wurde eine kriegerische Auseinandersetzung mit den anderen Valar unvermeidlich. Nach weiteren Untaten Melkors überzogen die Valar gegen Ende des Ersten Zeitalters der Sonne Utumno mit Krieg, zerstörten es und legten Melkor in Ketten.

V

Valimar – In der Mitte von Valinor in den Unsterblichen Landen erhob sich Valimar, die Stadt der Valar und Maiar, mit ihren weißen Palästen, silbernen Kuppeln und goldenen Türmen, widerklingend von der himmlischen Musik der zahlreichen goldenen und silbernen Glocken. Vor der weißen Stadtmauer und dem goldenen Tor lag Máhanaxar, der Schicksalsring, wo die Throne der Valar standen. Und hier befand sich auch der grüne Hügel von Ezellohar, auf dem die Bäume der Valar wuchsen.

Valinor – Das erste Reich der Valar und Maiar innerhalb der Welt war Almarin. Ihr zweites Reich war Valinor, das „Land der Valar“, auf dem riesigen Kontinent Aman. Von drei Seiten durch die gewaltigen Pelóri-Berge geschützt und im Westen an das Meer von Ekkaia grenzend, errichteten die Valar und Maiar in ihm die Stadt Valimar und pflanzten die Bäume des Lichts, die ihr ganzes Reich bis zu den Pelóri-Bergen erleuchteten. Nach der Zerstörung der Bäume des Lichts schufen die Valar die Sonne und den Mond, die sie an den Himmel versetzten und die jetzt der ganzen Welt Helligkeit gaben. Über ganz Valinor verstreut lagen die prächtigen Wohnungen der Valar und ihrer Gefolgsleute, der Maiar. Am eindrucksvollsten war das auf dem höchsten Berg Ardas, dem Taniquetil, gelegene Ilmarin, die Wohnung Manwes, des Herrn der Winde, und seiner Gemahlin Varda, der Königin der Sterne. Nach der Zerstörung Númenors und der Umwandlung Ardas im Zweiten Zeitalter der Sonne konnte Valinor, wie der Rest der Unsterblichen Lande den Sphären der Welt entrückt, nur noch mit den Zauberschiffen der Elben erreicht werden.

Verwunschene Inseln – Nachdem der Vala Melkor und die Riesenspinne Ungolianth die Bäume der Valar zerstört und damit das Licht der Welt gelöscht hatten, errichteten Manwe und die anderen Valar eine Reihe von Befestigungsanlagen in den Unsterblichen Landen, um zu verhindern, daß die bösen Mächte je wieder in ihr Reich eindrangen. Zu den wirkungsvollsten gehörte die Inselkette vor der Ostküste der Unsterblichen Lande, die Verwunschenen Inseln. Diese Inseln waren durch einen mächtigen Zauber geschützt; das Labyrinth ihrer Wasserwege verwirrte die Seeleute, und wenn es ihnen gelang, auf den Inseln zu landen, fielen sie sofort in einen tiefen, ewigen Schlaf.

W

Weidenwinde – Der kleine, Weidenwinde genannte Bach floß durch den östlich des Auenlandes gelegenen Alten Wald. Seine Quelle befand sich auf den Hügelgräberhöhen, von wo er sich in engen Windungen durch den Wald schlängelte, bis er in den Brandywein mündete. Sein Tal war mit Weiden bestanden und die Heimat jenes Waldgeistes, welcher der Alte Weidenmann genannt wurde. Auch lebte hier die Flußfrau der Weidenwinde, die Mutter von Tom Bombadils Gattin Goldbeere, der Tochter des Flusses.

Weißer Turm – Im Jahre 1900 des Dritten Zeitalters baute König Calimehtar von Gondor die Stadtfestung Minas Tirith wieder auf und errichtete auf der höchsten seiner sieben von Ringwällen umgebenen Plattformen den weithin leuchtenden Weißen Turm. Er wurde im Jahre 2698 von dem Herrschenden Truchseß Ecthelion I. verstärkt und beherbergte die große Halle des Königshofes. Einer der Palantiri, der „Sehenden Steine“, wurde in einer Kammer unter der Kuppel des Turmes aufbewahrt.

Das Fenster des Sonnenuntergangs

Weißes Gebirge – Die große Kette schneebedeckter Berge, die Gondor im Norden begrenzte. Auch unter ihrem elbischen Namen Ered Nimrais bekannt und gelegentlich als Berge des Weißen Horns bezeichnet, verlief die Bergkette in einer Länge von mindestens sechshundert Meilen in west-östlicher Richtung bis fast zum Meer. Die frühesten Bewohner des Weißen Gebirges waren vermutlich die Vorfahren der Dunländer und der Wasas, aber zu Beginn des Dritten Zeitalters wurde es vorwiegend von den Rohirrim und den Menschen von Gondor besiedelt. In den nördlichen Bereichen befanden sich die Rohirrim-Festungen Helms Klamm und Dunharg, und an den östlichen Hängen erhob sich der Weiße Turm von Minas Tirith.

Wetterberge – Eine Hügelkette nördlich der Großen Ost-West-Straße zwischen Bree und dem Trollwald. Die Wetterberge, die sich von ihrer höchsten Erhebung, der Wetterspitze, oberhalb der Straße nach Norden erstreckten, bildeten einst die Grenze zwischen den Lehen Arthedain und Rhudaur. Obgleich stark befestigt und von den Dúnedain in ihrem Krieg mit dem Hexenkönig von Angmar erbittert verteidigt, wurden sie im 15. Jahrhundert überrannt. Zur Zeit des Ringkrieges waren sie zum größten Teil unbewohnt.

Z

Zirak-zigil – In der Mitte des Nebelgebirges erhob sich der Gipfel des Zirak-zigil, einer der drei großen Berge, unter denen sich das Zwergenreich Khazad-dûm befand. Von den Menschen Silberzinne und von den Elben Celebdil genannt, beherbergte der Zirak-zigil – am oberen Absatz der Endlosen Treppe – die Kammer, die Durins Turm genannt wurde.

Hier kämpfte gegen Ende des Dritten Zeitalters der Zauberer Gandalf mit dem Balrog. Bei diesem Kampf wurden die Endlose Treppe und Turins Turm zerstört, doch gelang es Gandalf, den Balrog zu überwinden und ihn in den unter der Treppe gähnenden Abgrund zu stürzen.

Der Gipfel des Zirak-Zigil

GESELLSCHAFT

Dieses Kapitel macht den Leser vertraut mit allen Bewohnern, die je auf Mittelerde und in den Unsterblichen Landen lebten – jenen Menschen, Elben, Zwergen, Hobbits, Ents, Maiar und Valar, die Tolkiens Welt bevölkern. Der enzyklopädische Teil wird ergänzt durch genealogische Schautafeln und zahlreiche Illustrationen der verschiedenen Bewohner in ihren charakteristischen Kleidungen und Umgebungen. Wo immer möglich, wird auf den Ursprung und die Geschichte jedes einzelnen hingewiesen.

AINUR

- VALAR
- MAIAR
  - ISTARI

ELBEN

- ELDAR
  - VANYAR
  - NOLDOR
  - TELERI
- AVARI

MENSCHEN

- EDAIN
  - DÚNEDAIN
  - NORDMENSCHEN
- WASAS
- OSTLINGE
- HARADRIM

HOBBITS

- STARRE
- FALBHÄUTE
- HARFÜSSE

ZWERGE

- (REICHE)
  - NOGROD
  - KHAZAD-DÛM
    - GRAUES GEBIRGE
      - EISENHÜGEL
      - BLAUES GEBIRGE
      - AGLAROND
    - EREBOR
  - BELEGOST
- KLEIN-ZWERGE

VÖLKER VON ARDA

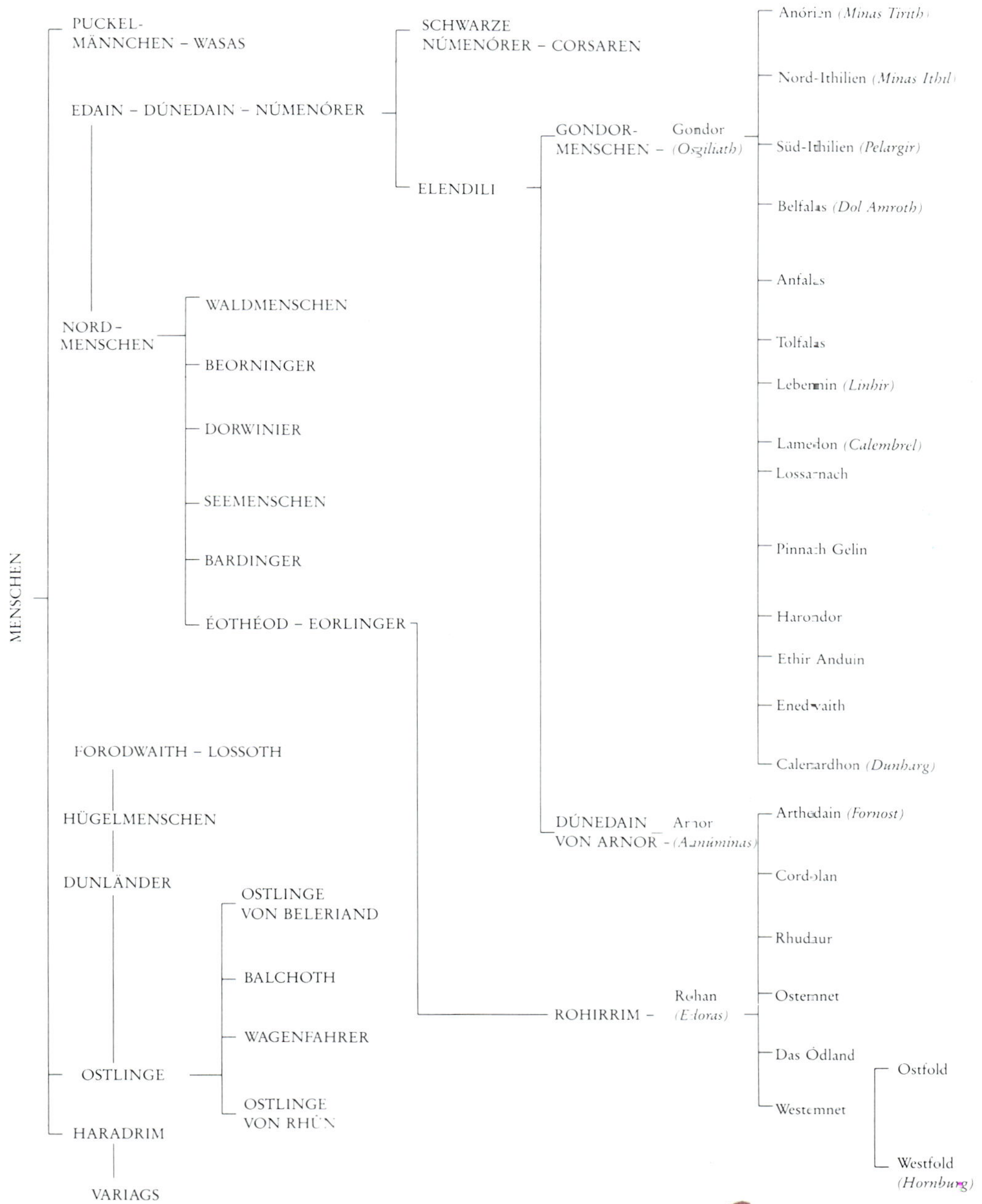

GENEALOGIE DER MENSCHEN-RASSEN

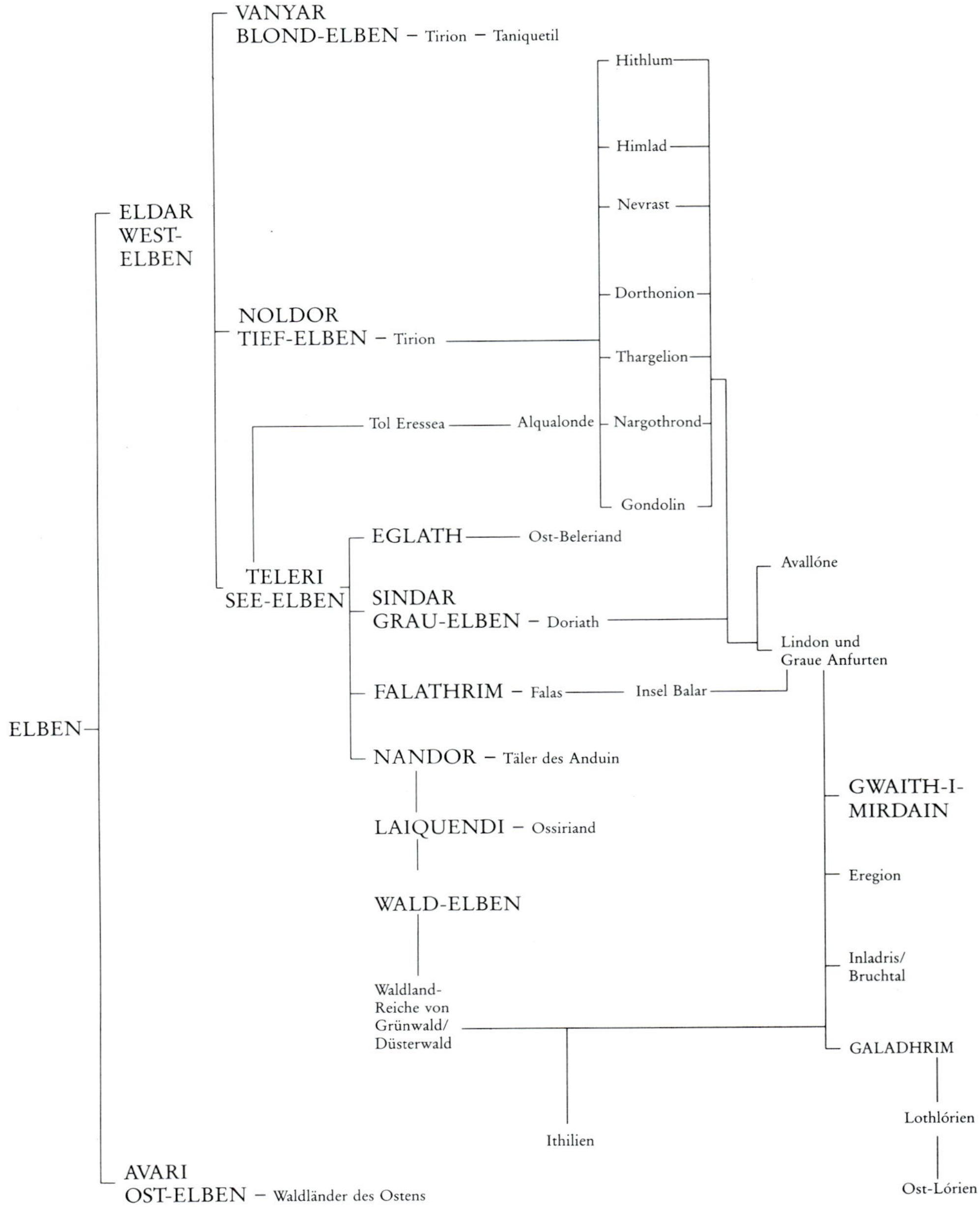

GENEALOGIE DER ELBEN-RASSEN

A

Ainur – Am Anfang gab es Eru, den Einen, der in der Leere wohnte und dessen Name im Elbischen Ilúvatar lautete. Durch die Unverlöschliche Flamme schenkte Er seinen Gedanken ewiges Leben und nannte die aus ihnen entstandenen Geschöpfe Ainur, die „Heiligen". Sie waren die ersten Lebenden und wohnten in den Zeitlosen Hallen, die Ilúvatar für sie errichtet hatte. Jeder erhielt eine mächtige Stimme, damit er vor Ilúvatar singen konnte, um Ihn zu erfreuen. Das war, wie es in den Geschichten heißt, die Musik der Ainur, bei der die großen Themen entstanden, als jeder der göttlichen Geister entsprechend seiner Natur Vorherrschaft oder Harmonie suchte. Mit einem Wort und der Unverlöschlichen Flamme schuf Ilúvatar dann Ea, die „Welt Die Ist", welche die Elben und Menschen später Arda, die Erde, nannten. Einige der Ainur stiegen hinunter in diese neugeschaffene Welt, wo sie als die Mächte von Arda bekannt wurden. In Arda nahm jeder von ihnen eine bestimmte Gestalt an, entsprechend seiner Natur und der Elemente, die er liebte. Und obgleich sie nicht an eine sichtbare Gestalt gebunden waren, trugen die Ainur sie oft wie ein Gewand und wurden den Elben und Menschen späterer Zeitalter in dieser Form vertraut.

Auf Arda unterschieden die Elben zwischen Valar und Maiar. Die zu den Valar zählenden Ainur sind: Manwe, der König der Winde; Varda, die Königin der Sterne; Ulmo, der Herr der Meere; Nienna, die Klagerin; Aule, der Schmied; Yavanna, die Spenderin der Früchte; Orome, der Herr der Wälder; Vána, die Ewigjunge; Mandos, der Wächter der Toten; Vaire, die Weberin; Lórien, der Herr der Träume; Este, die Heilerin; Tulkas, der Ringer; Nessa, die Tänzerin; und Melkor, der später Morgoth genannt wurde, der Dunkle Feind.

Viele der Ainur gehörten zu den Maiar, aber nur wenige werden in den Geschichten der Menschen genannt: Eonwe, der Herold Manwes; Ilmare, Vardas Zofe; Osse von den Wogen; Uinen von der Ruhigen See; Arien, die Sonne; Tilion, der Mond; Sauron, der Herr der Ringe; Gothmog, der Herr der Balrogs; Thuringwethil, die Fledermaus; Ungolianth, die Spinne; Draugluin, der Werwolf; Goldbeere, die Flußtochter; Iarwain Ben-adar (Tom Bombadil) und die Zauberer Olórin (Gandalf), Curunír (Saruman), Aiwendil (Radagast), Alatar und Pallando.

Wenn die Welt endet, werden die Valar und die Maiar die Angehörigen ihrer Sippe in den Zeitlosen Hallen wiedertreffen, und unter denen, die zurückkehren, werden auch die Eruhíni sein, die Kinder Ilúvatars, die nach Arda kamen.

Amanyar – In der Zeit der Bäume der Valar machten sich viele Elben auf die Große Reise in die Unsterblichen Lande, den auch als Aman bekannten Kontinent. Danach wurden sie die Amanyar genannt, die Elben aus Aman.

Apanónar – Als die Sonne sich zum erstenmal über Arda erhob, entstand eine Rasse von Menschen, die Apanónar genannt wurden, was „Nachgeborene" bedeutet, da sie nicht die ersten auf Arda waren.

Aratar – Zu den Mächten von Arda zählen jene acht Valar, die Aratar genannt werden, die „Erhabenen": Manwe, der König der Winde; Varda, die Königin der Sterne; Aule, der Schmied; Mandos, der Richter; Yavanna, die Königin der Erde; Orome, der Herr der Wälder; Ulmo, der Herr der Meere; und Nienna, die Klagerin.

Atanatári – Die Menschen, die im Ersten Zeitalter der Sonne nach Beleriand zogen, wo die Noldor- und Sindar-Elben wohnten. Die Noldor nannten diese Menschen die Atanatári, die „Väter der Menschen". Doch meist sind sie unter dem Sindarim-Namen Edain bekannt.

Atani – Von allen Menschen des Ersten Zeitalters der Sonne waren die Atani, die Drei Häuser der Elbenfreunde, am mächtigsten. Doch der Name Atani, der „Zweitgeborene" bedeutet, wurde ihnen von den Noldor, den – wie alle Elben – Erstgeborenen, nur für kurze Zeit verliehen. Im Laufe der Zeit bürgerte sich der Grau-Elben-Name Edain für die Menschen der Drei Häuser ein.

Avari – Zur Zeit ihres Erwachens lebten alle Elben im Osten von Mittelerde an der Küste des Binnenmeeres Helcar. Doch als die Valar sie aufforderten, sich auf die Große Reise zu begeben, wurden die Elben, die sich für das ewige Licht entschieden, Eldar genannt, während diejenigen, die zurückblieben, Avari, die „Widerstrebenden", hießen. Ihr Land verfiel den Dunklen Mächten und wurde von bösen Geschöpfen besiedelt, während sie dahinschwanden und sich verbergen mußten. Sie lebten stets in der Nähe von Wäldern, errichteten keine Städte und kannten keine Könige.

B

Balchoth – Zur Zeit Cirions, des zwölften Herrschenden Truchsesses von Gondor, lebte an der Ostgrenze seines Reiches in Rhovanion ein barbarisches Volk, das zu den Ostlingen gehörte. Es waren dies die unter dem bösen Einfluß Saurons stehenden Balchoth.

Die Wildheit der Balchoth war legendär, und ihre Zahl war groß. Im Jahre 2510 des Dritten Zeitalters der Sonne drangen sie schließlich in Gondor ein. Sie verwüsteten die Provinz Calenardhon und erschlugen ihre Einwohner, bis Cirion sich ihnen mit einem gewaltigen Heer entgegenstellte. Doch aus den Bergen stießen schwarze Orks zu den kämpfenden Heeren und griffen die Gondor-Streitkräfte von hinten an. In diesem Augenblick kamen die Rohirrim den Menschen von Gondor zur Hilfe und schlugen mit ihrer Reiterei die Balchoth und Orks in die Flucht. Dies war die Schlacht auf dem Feld von Celebrant, durch die die Macht der Balchoth für immer zerbrochen wurde. Keine Geschichte berichtet mehr von ihnen, und bald verschwanden sie völlig aus den Ländern Mittelerdes.

Banakil – Als die ersten tausend Jahre des Dritten Zeitalters der Sonne über die Täler des Anduin hinweggegangen waren, tauchte eine neue Rasse auf – die Banakil oder „Halblinge", die auch unter dem Namen Hobbits bekannt sind.

Bardinger – Zu den Nordmenschen, die im letzten Jahrhundert des Dritten Zeitalters zwischen dem Düsterwald und den Eisenbergen lebten, gehörten die Bardinger. Vormals als die Menschen von Thal bekannt, hatten die Bardinger einst die reiche Stadt Thal unterhalb des Einsamen Berges bewohnt. Doch als der Drache Smaug über den Berg herfiel, wurde Thal verwüstet und von seinen Einwohnern verlassen. Die See-Menschen von Esgaroth boten ihnen fast zwei Jahrhunderte hindurch Zuflucht. In dieser Zeit wuchs der Thronerbe der Verbannten heran, der Bard der Bogenschütze genannt wurde. Als der Drache des Einsamen Berges abermals angriff, war es Bard, der das Untier mit einem schwarzen Pfeil tötete und damit das Land von seinem Schrecken befreite.

Bard wurde der Herrscher seines Volkes, und mit einem Teil des reichen Schatzes, den der Drache gehortet hatte, baute er Thal wieder auf und schuf ein blühendes Reich. Seitdem tragen alle Menschen von Thal stolz seinen Namen.

Belain – Das Grau-Elben- oder Sindarim-Wort bedeutet „Mächte" und bezieht sich auf jene Valar, die die Welt gestalteten.

Beorninger – Im Dritten Zeitalter der Sonne gab es eine Rasse von Nordmenschen, welche die Furt von Carrock und die Pässe von Rhovanion vor den Orks und den Wargen bewachten. Es waren dies die Beorninger, schwarzhaarige und schwarzbärtige, in grobe Wollumhänge gekleidete, mit Äxten bewaffnete Menschen. Bekannt für ihr barsches Wesen, doch aufrecht und anständig, waren sie nach dem wilden Krieger Beorn benannt, der die Macht hatte, seine Gestalt zu ändern und sich in einen großen Bären zu verwandeln. Da sie diesen Bärenmenschen fürchteten, gingen die Orks und Wargen des Nebelgebirges ihm tunlichst aus dem Weg.

Im Ringkrieg drangen die Beorninger unter Führung Grimbeorns, des Sohnes Beorns, zusammen mit den Waldmenschen und den Elben im Düsterwald ein und vertrieben die dort umgehenden bösen Geister für immer.

Bergmenschen – In den Ettenöden von Eriador lebte das barbarische Volk der Bergmenschen, das im Dritten Zeitalter der Sonne dem Hexenkönig von Angmar diente und mit den Orks verbündet war. Im 14. und 15. Jahrhundert überrannten die Bergmenschen die Provinzen des Nördlichen Königreiches Rhudaur und Cardolan. Nach sechs Jahrhunderten ständiger kriegerischer Auseinandersetzungen fiel 1974 auch Arthedain, die letzte der stolzen Dúnedain-Provinzen des Nordens.

Aber damit kam auch das Ende der Bergmenschen. Sobald sie unter ihrem Hexenkönig Fornost eingenommen hatten, die letzte Festung der Dúnedain, wurden sie von einem großen Heer angegriffen, das unter Führung Earnurs aus dem Südlichen Königreich Gondor, Círdans aus Lindon und Glorfindels aus Bruchtal stand. In dieser Schlacht wurde die Macht der Bergmenschen zerbrochen, das Orkheer vernichtet und Angmar zerstört.

Blond-Elben – Unter allen Geschlechtern der Elben sind die Blond-Elben oder Vanyar die beliebtesten und klügsten, denn sie sitzen zu Füßen Manwes, des Herrn der Mächte von Arda, und haben am längsten im Licht der Bäume der Valar gewohnt.

Blondes Volk – Ein anderer Name, unter dem die Blond-Elben bei den Menschen bekannt sind.

Schwarzer Númenórer

C

Calaquendi – Die Elben, die zur Zeit der Bäume der Valar in die Unsterblichen Lande kamen, werden Calaquendi oder Licht-Elben genannt. Sie lebten viele Zeitalter im Ewigen Licht der Zwei Bäume und wurden von ihm an Körper und Geist gestärkt, während die Lehren der Valar und Maiar ihnen einzigartiges Wissen schenkten.

Corsaren – Im Dritten Zeitalter der Sonne tyrannisierten die gefürchteten Corsaren von Umbar jahrhundertelang die Küsten von Mittelerde. Der Anblick ihrer mit zahlreichen Kriegern besetzten schwarzen Schiffe, deren Segelkraft durch Sklaven auf Ruderbänken verstärkt wurde, erfüllte die Bewohner von Mittelerde mit Angst und Schrecken.

Im Zweiten Zeitalter der Sonne gründeten die Númenórer die Hafenstadt Umbar, die jedoch bald unter die Herrschaft böser Mächte geriet. Nachdem ihr Inselreich vom Meer verschlungen wurde, errichteten diejenigen, die in Umbar geblieben waren, unter dem Namen Schwarze Númenórer eine starke Seemacht. Im Jahre 1050 des Dritten Zeitalters eroberten die Menschen von Gondor das Land Harad und damit Umbar und gliederten es ihrem Reiche ein. Doch bald brach Aufruhr aus, und zusammen mit den Haradrim und den übriggebliebenen Schwarzen Númenórern nahmen die Aufständischen Umbar ein und stellten seine frühere Macht wieder her. Vom 15. Jahrhundert bis zum Ringkrieg wurden diese Menschen die Corsaren von Umbar genannt und gehörten zu den Hauptfeinden der Dúnedain Gondors.

Im letzten Jahrhundert des Dritten Zeitalters drang der Stammesfürst Aragorn mit den Dúnedain in den Hafen von Umbar ein, tötete den Anführer

der Corsaren und verbrannte ihre Flotte. Im Ringkrieg selbst überfiel er mit dem Geisterheer von Dunharg die in Pelargir liegenden schwarzen Schiffe und fügte den Corsaren eine vernichtende Niederlage zu.

Damit war ihre Macht für immer zerbrochen, und als Aragorn die schwarzen Schiffe benutzte, um die Dúnedain in die Schlacht auf den Pelennor-Feldern zu führen, fand der Ringkrieg ein glückliches Ende.

D

Dorwinier – An der Westküste des Binnenmeeres von Rhûn lebten die Dorwinier. Von allen Nordmenschen hatte sich diese als Hersteller erlesener und seltsamer Weine bekannte Rasse am weitesten östlich in Mittelerde angesiedelt.

Drúedain – Drúedain oder Drúath war der Name der Grau-Elben für die primitiven Wilden Menschen der Wälder, die Wasas. Von den Haladin wurden sie Drûgs, von den Rohirrim Rógin und von den Orks Oghor-hai genannt.

Dúnedain – Die Dúnedain waren die Nachkommen der Edain des Ersten Zeitalters. Sie wurden von den Valar mit einem Land beschenkt, das im Westlichen

Die Corsaren von Umbar

Meer zwischen Mittelerde und den Unsterblichen Landen lag. Es war dies Númenor oder Westernis, eine Insel, die im Meer versank, nachdem ihre Bewohner sich den Geboten der Valar widersetzt hatten.

Im Jahre 3319 des Zweiten Zeitalters der Sonne kamen neun Schiffe aus dem Westlichen Meer – die Schiffe Elendils des Langen, der die letzten überlebenden Dúnedain, die „Getreuen", nach Mittelerde führte. Elendil gründete Arnor, das Nördliche Königreich, und errichtete Annúminas, die erste Stadt der Dúnedain in der Nähe des Elbenreiches Lindon, während seine Söhne Anárion und Isildur nach Süden zogen und Gondor, das Südliche Königreich, mit seiner Hauptstadt Osgiliath gründeten.

Die Dúnedain lebten ein Jahrhundert in Frieden mit ihren Nachbarn, aber in Mordor bauten Sauron und die Nazgûl ihre Macht aus und scharten Orks und Menschen verschiedener Rassen um sich. So gab es wieder Krieg. Die Elben und Menschen schlossen sich zu einem Bündnis zusammen, das später der Letzte Bund genannt wurde; Gil-galad, der letzte Hochkönig der Elben auf Mittelerde führte die Elben von Lindon, Elendil die Dúnedain an. Obgleich Elendil, Anárion und Gil-galad bei den Kämpfen getötet wurden, erlosch auch die Macht Saurons und der Ringgeister. Isildur schnitt den Ring von Saurons Hand, und Sauron verschwand mit all seinen Dienern in der Dunkelheit.

Mit diesem Krieg endete das Zweite Zeitalter der Sonne. Eine Zeit der Blüte und des Wohlstands brach an, aber auch das Dritte Zeitalter sollte mit einem Krieg enden, denn Isildur hatte Saurons Ring nicht zerstört. Im zweiten Jahr des Dritten Zeitalters wurde Isildur auf den Schwertelfeldern von Orks überfallen und durch einen Pfeil getötet; der Ring ging im Anduin verloren. Nach einer Zeit des Friedens wurden die Dúnedain von allen Seiten angegriffen: von den Balchoth und den Wagenfahrern aus Rhûn, von den Schwarzen Númenórern und den Haradrim aus dem Süden, von den Variags aus Khand, von den Orks und Dunländern aus dem Nebelgebirge, von den Bergmenschen und den Trollen aus den Ettenöden. Die Ringgeister erhoben sich wieder in Mordor, Angmar, Morgul und Dol Guldur. Sie alle standen unter dem Einfluß einer einzigen Macht – Saurons, des Herrn der Ringe, der wieder Gestalt angenommen hatte und im mächtigen Turm von Barad-dûr in Mordor herrschte.

Die Dúnedain hatten in jenen Jahren ihr Herrschaftsgebiet weit nach Rhûn und Harad ausgedehnt; doch ihre Festungen standen wie Klippen in einem Meer, das unablässig an den Fundamenten nagte. Das Königreich Arnor zerbrach, und im Jahre

Die toten Krieger von Dunharg

1975 fiel seine letzte Stadt. Obgleich ein Thronerbe die Linie der Könige fortsetzte, ging sein Reich verloren. Die rechtmäßigen Könige der Dúnedain waren bald nicht mehr als Stammesfürsten. Obgleich häufig angegriffen und belagert, blieb das Reich Gondor im Süden zum größten Teil intakt, wurde jedoch durch Truchsesse regiert, da es keinen rechtmäßigen Thronerben gab.

Im Laufe des Dritten Zeitalters wuchs Saurons Macht, bis er schließlich offen hervortrat – entschlossen, die Dúnedain und die Elben aus Mittelerde zu vertreiben und sich selbst zum Herrn der Welt zu machen. So brach der Ringkrieg aus.

In diesem Krieg zeichnete sich besonders Aragorn, der Sohn Arathorns und der rechtmäßige Erbe Isildurs, aus. Er erwies sich als geborener Führer und herrschte nach dem Ringkrieg unter dem Namen Elessar Telcontar als rechtmäßiger König über die beiden Wiedervereinigten Reiche Gondor und Arnor.

Aragorn wurde mit den edelsten Númenórern der Vergangenheit und selbst mit den Elbenherrschern verglichen. Tatsächlich nahm er die Elbenfürstin Arwen Undómiel zur Frau, und gemeinsam herrschten beide bis weit ins Vierte Zeitalter hinein über die Westlande und brachten allen Bewohnern Mittelerdes Friede und Wohlstand.

Dunkel-Elben – Die Elben, die nie das Licht der Bäume der Valar sahen, da sie die Große Reise in die Unsterblichen Lande nicht vollendeten. Im Elbischen „Moriquendi" genannt, galten sie im Vergleich zu den Hoch-Elben von Eldamar als mindere Rasse.

Dunländer – Im Zweiten Zeitalter der Sonne bewohnte ein dunkelhaariges Volk die fruchtbaren Täler am Fuße des Weißen Gebirges. Es heißt, daß es eine eigene Kultur schuf und viele große Festungen aus Stein errichtete. Keine Geschichte berichtet vom Schicksal dieser Menschen, doch sie verschwanden, und nur diejenigen ihrer Nachkommen, die als Dunländer bekannt sind, überdauerten im Strome der Zeit.

Lange bevor die Dúnedain die Königreiche Gondor und Arnor gründeten, hatten sich die Dunländer bereits in alle Lande verstreut. Einige waren in Dunharg geblieben und hatten sich mit den Menschen von Gondor verbündet; andere waren nach Norden gewandert und hatten sich friedlich im Lande Bree niedergelassen. Doch die meisten hatten sich in die Berge und Hochebenen von Dunland zurückgezogen und eine nomadische Lebensweise angenommen. Obgleich sie ihre Sprache beibehielten und als Krieger gefürchtet waren, wurden sie ein barbarisches Volk.

Im 26. Jahrhundert des Dritten Zeitalters gestatteten die Menschen von Gondor den Rohirrim, sich in Calenardhon anzusiedeln, einer ihrer Provinzen, auf die die Dunländer Anspruch erhoben. So begannen diese beiden Völker sich zu hassen, und im Jahre 2758 fielen die Dunländer unter Führung ihres Häuptlings Wulf in Rohan, wie Calenardhon jetzt hieß, ein und besiegten die Rohirrim. Doch im nächsten Jahr erhoben sich Letztere gegen ihre Unterdrücker und trieben die Dunländer zurück in die Berge. Wulf selber wurde getötet.

So blieben in den nächsten drei Jahrhunderten die Dunländer in den Bergen und überließen den Rohirrim die fruchtbaren Täler. Freilich hatten sie ihre Demütigung nicht vergessen und schlossen einen Pakt mit dem Zauberer Saruman, der zahlreiche Große Orks (Uruk-hai genannt) nach Isengart gebracht hatte. Durch böse Magie gelang es ihm, die Dunländer mit den Uruk-hai zu vermischen, und das Ergebnis dieser Kreuzung waren die Halb-Orks – schwarze, luchsäugige Menschen mit den Merkmalen von Orks.

Als die Macht von Gondor und Rohan zu schwinden schien, scharte sich ein aus Dunländern, Uruk-hai und Halb-Orks zusammengesetztes Heer um das Banner der Weißen Hand Sarumans und zog gegen die Rohirrim zu Felde.

In der anschließenden Schlacht von Hornburg wurde dieses Heer vernichtend geschlagen. Die Uruk-hai und Halb-Orks verschwanden vom Antlitz der Erde, und den Dunländern blieb nichts anderes übrig, als um Friede zu bitten und das Versprechen abzulegen, sich nie wieder gegen die Rohirrim zu erheben.

Dwimorgeister – Auf Mittelerde gab es Wesen, die nach ihrem Tode als Geister in der Welt der Sterblichen bleiben mußten, da sie einen Eid gebrochen hatten oder von einem mächtigen Zauberer zu Untoten verurteilt worden waren. Zur Zeit der Reiter der Mark wurden diese Wesen in Rohan als Dwimorgeister bezeichnet.

E

Edain – Im Ersten Zeitalter galten die Edain – die ersten Menschen, die aus dem Osten nach Beleriand gekommen waren, wo die Hoch-Elben ihre Königreiche hatten – als die Edelsten der Sterblichen.

Da sie von drei Häuptlingen angeführt wurden, Beor, Haldad und Marach, wurden sie als die Drei Häuser der Edain bekannt. Und da die Elben die Erstgeborenen Kinder Ilúvatars genannt wurden, nannten die Noldor in Beleriand diese Menschen Atani, das heißt „Zweitgeborene". Doch in Beleriand wurde vorwiegend Sindarin, die Sprache der Grau-Elben, gesprochen, in der das Wort für „Zweitgeborene" Edain ist.

Das Haus von Beor (das später das Haus von Húrin genannt wurde) war das erste, dem die Noldor-Elben begegneten. Von allen Menschen waren die Edain Beors den Noldor am ähnlichsten. Ihr Haar war dunkel, und ihre hellen Augen waren grau. Sie besaßen eine schnelle Auffassungsgabe und beachtliche körperliche Kräfte. Die Edain des Zweiten Hauses wurden die Haladin oder die Menschen von Haleth genannt; sie waren von allen drei Häusern die kleinsten an Zahl und Statur und bewohnten die Wälder. Das dritte – zahlenmäßig größte – Geschlecht war das Haus von Hador, dessen Angehörige blond und blauäugig waren.

Viele Helden erwuchsen unter den Edain. Hador Lórindol, was „Goldscheitel" bedeutet, wurde Elbenfreund genannt und war der Herr von Dorlómin. Húrin der Standhafte war ein mächtiger Krieger, der in der Schlacht siebzig Trolle erschlug. Húrins Sohn war Túrin Turambar, der den von Zwergen gewirkten und von Generation zur Generation vererbten Drachenhelm von Dor-lómin sowie das Gurthang genannte Schwarze Schwert trug. Mit diese Waffe tötete er Glaurung, den Vater der Drachen.

Von allen Heldentaten, über die innerhalb der Sphären der Welt berichtet wurde, waren die des Beren Echamion die größten. Er war mit der schönen Elbenfürstin Lúthien Tinúviel vermählt. Und er war es, der mit dem Dolch Angrist einen Silmaril aus Morgoths Eiserner Krone schnitt.

In der Geschichte von Arda gab es nur zwei andere Verbindungen zwischen Elben und Menschen. Tuor heiratete Idril, die Tochter Turgons, des Noldor-Herrschers von Gondolin. Deswegen wird behauptet, daß Tuor der einzige Mensch war, der mit in die Unsterblichen Lande genommen wurde und dort wohnen durfte. Der Sohn von Tuor und Idril, Earendil, der „Freund des Meeres", heiratete die Sindar-Fürstin Elwing. Er trug den Silmaril der Flamme des blauen Sterns des Zwielichts und baute das fliegende Schiff „Vingilot". In der Großen Schlacht erschlug Earendil den Feuerdrachen Ancalagon den Schwarzen.

Die Nachkommen der ersten Edain, an Körper und Geist gestärkt, wurden im Zweiten Zeitalter aus Mittelerde in das Land Númenor geführt, das auf halbem Wege zu den Unsterblichen Landen im Westlichen Meer lag und ihnen von den Valar als Lohn für ihre Leiden geschenkt worden war. Seit dieser Zeit hießen sie die Dúnedain, die „Edain des Westens", und galten als die klügsten und edelsten Menschen, die je auf der Erde gelebt hatten.

Edhil – In den Sprachen der Elben gab es viele Namen, mit denen sie sich selbst bezeichneten. Edhil war der Begriff, unter dem die Sindar alle Elben verstanden.

Eglath – Wenn über die Große Reise der Elben in den Zeitaltern der Sterne berichtet wird, fehlt nie die Geschichte, wie das Dritte Geschlecht der Elben, die Teleri, seinen König Elwe Singollo verlor. Im Wald von Nan Elmoth im Lande Beleriand verfiel er einem Zauber. Die Teleri suchten ihn jahrelang, doch als sie ihn nicht finden konnten, machten sie Elwes Bruder zum König und zogen weiter nach Westen in die Unsterblichen Lande. Aber viele wollten Nan Elmoth aus Liebe zu Elwe Singollo nicht verlassen und blieben dort, obgleich zahlreiche weitere Jahre verstrichen. Dies waren die Elben, die Eglath genannt wurden, das „Verlassene Volk". Ihre Treue wurde belohnt; ihr Herrscher kehrte zurück. Er wurde jetzt Elu Thingol oder König Graumantel genannt, denn er hatte sich völlig verändert. Ein leuchtendes Licht umgab ihn, und mit sich brachte er die Ursache seiner Verzauberung, die Maia Melian, seine Königin. Danach wurden die Eglath die Sindar, die Grau-Elben, genannt und galten in den Zeiten der Sterne als das mächtigste Volk auf Mittelerde.

Elben – Zur gleichen Stunde, da Varda, die Herrscherin des Himmels, die Sterne über Mittelerde wieder entzündete, erwachten die Kinder Erus am See von Cuiviénen, dem „Wasser des Erwachens". Dies waren die Quendi, die wir Elben nennen, und als sie entstanden, war das erste, das sie erblickten, das Licht der neuen Sterne. So kam es, daß die Elben von allen Dingen das Sternenlicht am meisten lieben und von allen Valar Varda, die sie Elentári nennen, die Königin der Sterne, am tiefsten verehren. Und als das neue Licht bei ihrem Erwachen in die Augen der Elben trat, blieb es dort, so daß es fortan immer aus diesen Augen leuchtete.

So schuf Eru, der Eine, den die Erdgeborenen als Ilúvatar kennen, die schönste und klügste Rasse, die es je gab. Ilúvatar gebot, daß die Elben mehr Schönheit als jedes andere irdische Geschöpf haben und schaffen sollten. Sie sollten größeres Glück und tieferes Leid erfahren, unsterblich und alterslos sein, so daß sie so lange lebten wie die Erde selber. Sie sollten keine Krankheit und keine Seuchen kennen. Aber ihre Körper sollten von gleicher Substanz wie die Erde sein, so daß sie im Kriege durch Feuer oder Stahl getötet werden und sogar an tiefem Gram sterben konnten.

An der Größe ihres Leibes sollten sie den Menschen gleichen, die erst noch erschaffen werden mußten, aber sie sollten stärker an Geist und Körper sein und nicht mit zunehmendem Alter schwächer werden, nur klüger und schöner.

Obgleich sie bei weitem nicht die Macht besitzen wie die göttergleichen Valar, sind sie ihnen doch ähnlicher als die Zweitgeborenen, die Menschen. Es wird gesagt, daß Elben immer von einem Licht umgeben sind, welches wie der Schimmer des Mondes ist, wenn er sich über den Rand der Erde erhebt. Ihr Haar ist wie gesponnenes Gold oder gewirktes Silber, und immer ist Sternenlicht um sie, in ihren Augen, auf ihrem Haar, ihren seidenen Gewändern und ihren mit Juwelen geschmückten Händen. Der Klang ihrer Stimmen ist melodiös und schön und sanft wie fließendes Wasser. Von allen Künsten beherrschen sie am besten die der Sprache, der Musik und der Dichtung. Elben waren die ersten auf Erden, die mit Stimmen reden konnten, und kein irdisches Geschöpf vor ihnen konnte singen. So nennen sie sich mit Recht die Quendi, was „Die Sprechenden" bedeutet, und alle auf Erden, die sich mit ihren Stimmen verständigen können, haben das von ihnen gelernt.

Im Ersten Zeitalter der Sterne, nach dem Fall Utumnos und dem Sieg über Melkor, den Dunklen Feind, riefen die Valar die Elben in die Unsterblichen Lande des Westens. Das war noch vor dem Aufgang der Sonne und des Mondes, als nur die Sterne Mittelerde erleuchteten; und die Valar wollten mit ihrer Einladung die Elben vor der Dunkelheit und dem Bösen schützen, das Melkor zurückgelassen hatte.

Und so bereiteten sie ihnen in den Unsterblichen Landen hinter dem Westlichen Meer einen Ort, den sie Eldamar nannten, das heißt „Elbenheim", und bestimmten, daß hier die Elben Städte errichten sollten mit Kuppeln aus Silber, Straßen aus Gold und Treppen aus Kristall.

Doch nicht alle Elben wollten Mittelerde verlassen und im Ewigen Licht der Unsterblichen Lande leben. Diejenigen, die die Einladung der Valar annahmen und nach Westen zogen, wurden die Eldar genannt, das „Volk der Sterne". Diejenigen jedoch, die aus Liebe zum Licht der Sterne in Mittelerde blieben, wurden die Avari, „Die Widerstrebenden", genannt. Obgleich sie wie alle Elben die Wege der Natur kannten und unsterblich waren,

Die Zwerge Durins

waren sie von geringerem Rang. Sie blieben hauptsächlich in den östlichen Ländern, wo die Macht Melkors am stärksten war, und so schwanden sie im Laufe der Zeit dahin.

Die Eldar waren auch bekannt als das Volk der Großen Reise, denn sie wanderten viele Jahre hindurch über die weglosen Länder Mittelerdes zum Großen Meer. Diese Elben bestanden aus drei Geschlechtern, die von drei Königen beherrscht wurden. Das erste war das Geschlecht der Vanyar unter ihrem König Ingwe, das zweite das der Noldor mit ihrem Herrscher Finwe und das dritte das der Teleri unter ihrem König Elwe Singollo. Die Noldor und Vanyar erreichten Belegaer, das Große Meer des Westens, lange vor den Teleri; und Ulmo, der Herr des Wassers, kam zu ihnen und setzte sie auf eine Insel, die wie ein riesiges Schiff war. Dann fuhr er mit den beiden Elbenscharen über das Meer in die Unsterblichen Lande nach Eldamar, das Land, das die Valar für sie bereitet hatten.

Das Schicksal der Teleri war anders als das ihrer Artverwandten, und sie spalteten sich in mehrere Rassen auf. Da die Teleri die zahlreichsten ihrer Art waren, dauerte ihre Wanderung am längsten. Viele gaben die Reise unterwegs auf, so die Nandor, die Laiquendi, die Sindar und die Falathrim. Elwe, der Hochkönig, verliebte sich in die Maia Melian und blieb auf Mittelerde. Doch die meisten seines Volkes zogen weiter nach Westen, nachdem sie seinen Bruder Olwe zum König gemacht hatten, und erreichten das Große Meer. Dort erwartete sie Ulmo, der sie nach Eldamar brachte.

In Eldamar errichteten die Vanyar und Noldor eine große Stadt namens Tirion auf dem Hügel von Túna, während die Teleri an der Küste den Schwanenhafen bauten, der in ihrer Sprache Alqualonde heißt. Diese Elbenstädte waren die schönsten der Welt.

Auf Mittelerde wurden die Sindar (welche die Menschen Grau-Elben nannten) durch die Lehren und das Licht der Maia Melian mächtiger als alle anderen Elben in den Ländern der Sterblichen und gründeten ein verzaubertes Königreich im Wald von Doriath. Mit Hilfe der Zwerge der Blauen Berge erbauten die Sindar die Tausend Grotten von Menegroth, eine Stadt unter einem Berg, deren Hallen wie ein Wald gestaltet waren. Nachtigallen sangen hier, und das Wasser floß aus silbernen Brunnen.

Dies waren die großen Zeitalter der Elben, sowohl auf Mittelerde als auch in den Unsterblichen Landen. Während dieser Jahre schuf der Noldor-Fürst Feanor die Silmaril, drei Edelsteine, die mit dem Licht der Bäume der Valar leuchteten. Doch zugleich trugen die Lügen, die Melkor ausgesät hatte, Früchte, so daß Streit und Hader entbrannten. Mit der Großen Spinne Ungolianth zerstörte Melkor die Bäume, und ihr Licht verschwand für immer aus den Unsterblichen Landen. Während der Langen Nacht, die darauf folgte, stahl Melkor die Silmaril, floh mit Ungolianth über die Helcaraxe, das „Malm-Eis", und kehrte nach Mittelerde zurück, um sich in die Dunklen Höhlen seiner Festung Angband zu vergraben.

Feanor schwor Rache, und die Noldor verfolgten Melkor in die Außenlande. Doch luden sie dabei einen Fluch auf sich, denn sie raubten die Schwanenschiffe der Teleri in Alqualonde und erschlugen ihre Artverwandten. Dies war der erste Sippenmord unter den Elben. Mit den Schiffen der Teleri segelte Finwe und sein Volk über das Große Meer Belegaer, während ein anderer Stamm der Noldor unter Fingolfin es wagte, die Helcaraxe zu Fuß zu überqueren.

Wie die „Quenta Silmarillion" berichtet, begann damit der Juwelenkrieg. Die Noldor bekämpften Melkor und nannten ihn Morgoth, den „Dunklen Feind der Welt". Es war ein schrecklicher Krieg, den nur wenige der Eldar auf Mittelerde überlebten. Schließlich kamen ihnen die Valar und viele der Eldar der Unsterblichen Lande zu Hilfe, und in diesem Krieg des Zorns wurde Melkor für immer vernichtet. Aber auch Beleriand wurde zerstört und versank in den Fluten des Meeres. Damit verschwanden die großen Elbenreiche in den Außenlanden sowie die prächtigen Städte Menegroth, Nargothrond und Gondolin. Nur ein kleiner Teil von Ossiriand, Lindon, das letzte Reich der Elben auf Mittelerde im Zweiten Zeitalter der Sonne, überstand die Verheerung. Die meisten Elben, die den Krieg des Zorns überlebt hatten, kehrten nach Westen zurück und wurden mit den weißen Schiffen der Teleri nach Tel Eressea in der Bucht von Eldamar gebracht. Dort errichteten sie den Hafen von Avallóne. Und die Menschen, die die Eldar gegen Morgoth unterstützt hatten, zogen auf die ihnen von den Valar gestiftete Insel Númenor.

Doch immer noch blieben einige Eldar auf Mittelerde zurück. Einer von ihnen war Gil-galad, der letzte Hochkönig der Elben in den Außenlanden. Seine Herrschaft erstreckte sich über das ganze Zweite Zeitalter der Sonne, während sein Reich Lindon bis ins Vierte Zeitalter überdauerte. Friede herrschte in den Jahren des Zweiten Zeitalters. Einige Noldor- und Sindar-Herrscher schlossen sich den Wald-Elben an und errichteten neue Reiche: Thranduil machte den Großen Grünwald zu seinem Waldland-Reich, und Celeborn und Galadriel herrschten über Lothlórien, den Goldenen

Wald. Die bedeutendste Eldar-Kolonie jener Zeit war Eregion, das die Menschen Hulsten nannten, und dorthin zogen sich viele der edelsten Noldor zurück. Sie wurden Gwaith-i-Mírdain genannt, das Volk der Juwelenschmiede. Zu ihnen kam eines Tages der Maia Sauron, ein Diener Morgoths, in Verkleidung. Celebrimbor, der größte Elbenschmied auf Mittelerde und Enkel Feanors, des Schöpfers der Silmaril, lebte in Hulsten. Mit seiner Hilfe wurden die Ringe der Macht geschmiedet, während Sauron den Einen Ring schuf und damit die Elben betrog.

Die aus diesem Verrat folgenden Kriege waren fürchterlich. Celebrimbor wurde getötet und sein Land zerstört. Gil-galad schickte von Lindon Elrond und viele Krieger aus, um die Bewohner von Eregion zu unterstützen. Die Elben, die den Untergang Eregions überlebten, flohen nach Imladris (das im Dritten Zeitalter Bruchtal genannt wurde) und machten den Halb-Elben Elrond zu ihrem König. Doch während die Elben nicht stark genug waren, die Herrschaft Saurons zu brechen, solange er im Besitz des Einen Ringes war, waren ihre Verbündeten, die Númenórer, immer mächtiger geworden. Sie landeten mit ihren Schiffen in Lindon und vertrieben den Dunklen Herrscher aus den Ländern des Westens. In späterer Zeit kamen sie noch einmal zurück, nahmen Sauron gefangen und brachten ihn in Ketten auf ihre Insel.

Dort blieb er, bis Númenor von den Fluten des Großen Meeres verschlungen wurde. Die Welt wandelte sich, und die Unsterblichen Lande wurden ihren Sphären entrückt, so daß sie nur noch von den weißen Schiffen der Elben erreicht werden konnten.

Doch Sauron hatte den Untergang Númenors überlebt und war in sein Reich Mordor zurückgekehrt. Um ihm zu begegnen, wurde das Letzte Bündnis zwischen Elben und Menschen geschlossen. Gemeinsam eroberten sie Mordor, brachen seine Festung Barad-dûr und nahmen Sauron den Ring ab. Mitsamt seinen Dienern verschwand er in der Dunkelheit; doch auch Gil-galad, der letzte Hochkönig der Elben auf Mittelerde, wurde – wie fast alle Fürsten der Númenórer – getötet.

Nur wenige Eldar blieben auf Mittelerde, dessen Länder mehr und mehr in den Besitz der Menschen übergingen. Lindon entzog sich weitgehend den kriegerischen Auseinandersetzungen des Dritten Zeitalters, doch Círdan, der Herr der Grauen Anfurten, genoß weiterhin hohes Ansehen. Dann schickte Sauron noch einmal seine Ringgeister, die Nazgûl, ins Land. So mußten die Elben und die Nachkommen der Númenórer abermals gegen ihn Krieg führen. Bei diesen Kämpfen, dem Ringkrieg,

OST-ELBE

wurde der Eine Ring vernichtet, Mordor fiel erneut, und Sauron und seine Diener verloren für immer ihre Macht über Arda. Im Vierten Zeitalter, der Zeit der Vorherrschaft der Menschen, verließen die letzten Eldar mit den weißen Schiffen Círdans Mittelerde, um auf dem Geraden Weg in die Unsterblichen Lande zu segeln.

Elbenschmiede – Im Dritten und Vierten Zeitalter der Sonne berichteten die Sagen der Menschen und Zwerge häufig von den Elbenschmieden, einem untergegangenen Volk, das einst in Eregion, westlich des Nebelgebirges, gelebt hatte. Besser unter ihrem Namen Gwaith-i-Mírdain bekannt, waren es diese Elben, welche die Ringe der Macht geschmiedet hatten.

Eldalië – Die Elben, die im Ersten Zeitalter der Sterne die Große Reise in die Unsterblichen Lande unternommen hatten, wurden die Eldalië genannt, das Volk der Eldar. Es waren dies die Drei Geschlechter der der Vanyar, der Noldor und der Teleri, und viel wird von ihnen in Liedern und Erzählungen berichtet.

Eldar – Im Ersten Zeitalter der Sterne, als Orome, der Jäger der Valar, die Elben in den östlichen Ländern von Mittelerde entdeckte, nannte er sie voller Bewunderung Eldar, das Volk der Sterne. Zunächst wurden alle Elben als Eldar bezeichnet, aber später blieb dieser Name jenen Elben vorbehalten, welche die Einladung der Valar angenommen und die Große Reise in die Unsterblichen Lande angetreten hatten. Diejenigen, die zurückblieben, wurden Avari genannt, „Die Widerstrebenden".

Das auserwählte Volk der Eldar bestand aus den Drei Geschlechtern der Vanyar, der Noldor und der Teleri. Die Reise war jedoch lang und gefährlich, und viele Eldar erreichten nie die Unsterblichen Lande. Sie wurden die Umanyar genannt, „die nicht aus Aman kommen". Zu ihnen gehören die Nandor, die Sindar, die Falathrim und die Laiquendi. Die meisten Eldar gelangten jedoch in den Tagen der Bäume der Valar in die Unsterblichen Lande, siedelten sich in Eldamar an und bauten prächtige Städte.

Elendil – Das „Akallabêth" berichtet uns von den Númenórern, die törichterweise gegen die Mächte von Arda in den Unsterblichen Landen Krieg führen wollten. So wurde ihr Inselreich vernichtet. Vor dem Untergang Númenors hatten jedoch neun Schiffe die Insel verlassen. Es waren dies die Schiffe Elendils des Langen, der mit seinen Anhängern, den „Getreuen", nach Mittelerde segelte und zusammen mit seinen beiden Söhnen die Königreiche der Dúnedain errichtete: Arnor im Norden und Gondor im Süden.

Engwar – Als die Menschen zum erstenmal in die Welt traten, waren die Elben sehr erstaunt, daß sie, im Vergleich zu ihnen, eine schwächliche Rasse waren, unfähig, den Kräften der Elemente, Krankheiten und hohem Alter zu widerstehen. So nannten die Elben sie aus Mitleid die Engwar, „Die Kränklichen".

Eorlingas – Im sanft wogenden Hügelland, das nördlich des Weißen Gebirges lag, lebte im Dritten Zeitalter der Sonne ein Menschenvolk, das als Rohirrim, die „Pferdeherren", bekannt war. Sie

selbst nannten sich jedoch zu Ehren ihres ersten Königs, Eorls des Jungen, Eorlingas.

Éothéod – Unter den Nordmenschen, die östlich des Nebelgebirges lebten, erhob sich ein schönes und starkes Volk, das im 20. Jahrhundert des Dritten Zeitalters der Sonne in die Geschichte der Westlande eintrat. Es wurde von einem Häuptling namens Frumgar in die fruchtbaren Täler des Anduin zwischen dem Carrock und dem Schwertel geführt. Dies waren die Éothéod, geübte Reiter und großartige Krieger. Frumgars Sohn hieß Fram, und er erschlug Scatha den Lindwurm, einen Drachen aus dem Grauen Gebirge. Frumgars Linie wurde fortgesetzt von Léod und seinem Sohn Eorl dem Jungen, welcher zuerst das Pferd Felaróf zähmte, Herr der Mearas, der Pferdefürsten. Eorl führte die Reiterei der Éothéod in die Schlacht auf dem Feld von Celebrant und vernichtete die Balchoth und die Orks, die den Schildwall des Gondor-Heeres durchbrochen hatten. Als Lohn übereignete Cirion, der Herrschende Truchseß von Gondor, den Éothéod die südliche Provinz Calenardhon (auch die Mark genannt). Später wurden die Éothéod unter dem Namen Rohirrim bekannt.

Nomadisierende Ostlinge

Erstgeborene – Die Elben, die im See von Cuiviénen erwachten, als nur das Licht der Sterne Mittelerde erleuchtete, wurden später die Erstgeborenen genannt.

Eruhíni – Die „Ainulindale" berichtet uns, daß Eru, der auch Ilúvatar genannt wird, die Elben und Menschen schuf. Beide werden im Elbischen die Eruhíni genannt, was in Westron, der Gemeinsamen Sprache, die „Kinder Ilúvatars" bedeutet.

Erusën – Elben und Menschen wurden von Eru geschaffen und mit der Unverlöschlichen Flamme zum Leben erweckt. Die Elben nannten daher beide Rassen Erusën, die Kinder Erus.

F

Falathrim – Die Falathrim, die Elben der Falas, lebten in den Jahren der Sterne und dem Ersten Zeitalter der Sonne unter ihrem Herrscher Círdan an der Küste von Beleriand. Sie stammten von den Teleri ab, aber als Ulmo, der Herr des Wassers, diese zu ihrer letzten Reise in die Unsterblichen Lande einschiffte, weigerten sich Círdan und sein Volk, Mittelerde zu verlassen, und wurden so von ihrer Sippe getrennt. Doch Círdan baute selber Zauberschiffe, mit denen er nach der Umwandlung der Welt in das der Sphären Ardas entrückte Land der Unsterblichen segelte.

Nach der Trennung von den Teleri lebten die Falathrim eine Zeitlang allein in Beleriand und errichteten dort zwei große Häfen, Eglarest und Brithombar. Dann entdeckten sie, daß ein anderes Elbenvolk im Wald von Doriath östlich der Falas ein

Reich gegründet hatte – die Grau-Elben unter ihrem König Elwe Singollo. Círdan verbündete sich mit ihnen, und bei den kriegerischen Auseinandersetzungen, die das Erste Zeitalter der Sonne mit sich brachte, kämpfte er an ihrer Seite gegen Morgoth, den Dunklen Feind, der sich im Norden erhoben hatte.

Während dieser Zeit wurden die Falathrim mehrmals von den Orks belagert, und ihre Häfen fielen später an Morgoth; so segelten sie mit ihren Schiffen zur Insel Balar. Dort blieben sie bis zum Krieg des Zorns, als Beleriand mit der Zerstörung Angbands selber im Meer versank. Abermals bestiegen die Falathrim ihre Schiffe und fuhren nach Süden in den Golf von Luhn. Hier baute Círdan in Lindon den letzten Hafen der Elben auf Mittelerde, die Grauen Anfurten, ehe er schließlich die Lande der Sterblichen verließ.

Falbhäute – Die unter dem Namen Hobbits bekannten Halblinge wiesen drei Rassen auf – die Falbhäute, die Starren und die Harfüße.

Die Falbhäute waren ein Waldvolk, das sich besonders in den Künsten der Dichtung und des Gesanges auszeichnete. Nach den Maßstäben der Hobbits waren sie groß, hellhäutig und hellhaarig. Sie waren weniger zahlreich als die anderen beiden Hobbit-Rassen, aber abenteuerlustiger und wagemutiger. Deswegen waren die Führer der Hobbits oft Falbhäute. Überdies suchten sie gern die Gesellschaft und den Rat von Elben. Die Falbhäute Marcho und Blanco, zwei Brüder, gründeten im Jahre 1601 des Dritten Zeitalters das Auenland. Und die Angehörigen der Familien Tuk, Brandybock und Beutlin, die im Ringkrieg herausragende Rollen spielten, hatten alle starke Blutsverbindungen zu den Falbhäuten.

Falmari – Von allen Stämmen der Teleri lebten die Falmari am längsten an den Küsten des Großen Westlichen Meeres Belegaer. Ihr Name bedeutet See-Elben.

Fírimar – Im Ersten Zeitalter der Sonne entdeckten die Elben von Mittelerde, daß im Lande Hildórien eine neue Rasse entstanden war – die Menschen, welche die Elben Fírimar nannten, „Die Sterblichen".

Flußfrauen – In den Geschichten und Schriften von Mittelerde ist oft von Flußfrauen die Rede. Ob sie, wie Osse und Uinen, Maiar Ulmos, des Herrn des Wassers, oder Geister waren, die wie Ents in die Welt traten, wird nicht berichtet. Unbestritten ist jedoch, daß sie vorwiegend mit den Kelvar – den „lebenden Dingen, die sich bewegen" – und den Olvar – den „wachsenden Dingen, die in der Erde wurzeln" – befaßt waren.

Das „Rote Buch der Westmark" erzählt, daß die Flußfrau der Weidenwinde eine Tochter namens Goldbeere hatte, welche die Frau Tom Bombadils wurde. Diese Flußtochter hatte goldenes Haar und eine weiße Haut wie eine Elbin. Ihre Gewänder waren oft silbern und grün, und ihr Licht und ihr Lachen brachten Blumen zum Erblühen.

Forgoil – Die Rohirrim – Nordmenschen, die im Dritten Zeitalter der Sonne östlich des Nebelgebirges lebten – waren ein blondhaariges Volk, das von seinen barbarischen Nachbarn, den Dunländern, gehaßt und gefürchtet wurde. Diese nannten sie die Forgoil, was in ihrer Sprache „Strohköpfe" bedeutet.

Forodwaith – Nachdem Angband, die Festung Melkors, gefallen war, breitete sich bittere Kälte im nördlichen Ödland von Forochel aus. Noch lange danach lebte ein Volk namens Forodwaith in jenem

ELBENKRIEGER

Land. Wenig wird von diesen Menschen berichtet; wir wissen nur, daß sie sich der eisigen Kälte des Nordens anpaßten und daß von ihnen die Lossoth, auch die Schneemenschen von Forochel genannt, abstammten.

G

Galadhrim – Im Zweiten Zeitalter der Sonne lag östlich des Nebelgebirges am Silberlauf, einem Nebenfluß des Anduin, ein Wald, der zunächst Laurelindórenan, „Land des Tales des singenden Goldes", und später Lothlórien, „Land der träumenden Blüten", oder auch nur Lórien, „Traumland", genannt wurde. In diesem Goldenen Wald wuchsen die Mallornbäume, die höchsten und schönsten Bäume auf Mittelerde. Ihre Blüten waren golden, ihre Blätter grün und golden und ihre Rinde silbergrau.

In diesem Wald lag das verborgene Elbenreich der Galadhrim, des „Baumvolkes". Anstatt mächtige Türme zu bauen, errichteten sie ihre Wohnungen auf *talans* oder Fletts genannten Plattformen hoch in den Zweigen der schützenden Mallornbäume.

Für die meisten Bewohner Mittelerdes waren die Galadhrim unsichtbar. Sie trugen Grau-Elben-Mäntel, die sich wie die Haut eines Chamäleons jeder Farbe anpaßten. Sie kannten keine Brücken oder Straßen, sondern schwangen sich an Seilen von einem Flett zum anderen. Tief verborgen im Goldenen Wald lag ihre Hauptstadt Caras Galadhon, die „Stadt der Bäume". Dort wuchsen die höchsten Bäume des Waldes, und der König und die Königin residierten in einer großen Halle auf dem ebenfalls von gewaltigen Bäumen umgebenen Gipfel eines grünen Berges. Im Herzen des Waldes befand sich ein Cerin Amroth genannter Zauberberg, der einst das Haus eines Elbenkönigs getragen hatte. Und von diesem Ort strahlte ein Licht aus, das dem der Bäume der Valar in den Unsterblichen Landen glich.

Die Galadhrim waren zumeist Wald-Elben, ihre Herrscher jedoch Sindar- und Noldorfürsten. Ihr König Celeborn, ein Verwandter Thingols („Graumantel"), war der mächtigste Herrscher der Sindar auf Mittelerde. Ihre Königin war die Schwester Finrods und die Tochter Finarfins, des Hochkönigs der Noldor. Im Dritten Zeitalter der Sonne nahm sie unter allen Elben den höchsten Rang in den Ländern der Sterblichen ein. Ihr Quenya-Name lautete Altáriel, doch auf Mittelerde wurde sie Galadriel, die „Dame des Lichts", genannt.

ELBENFRAU

Das Reich der Galadhrim wurde im zweiten Jahrtausend des Zweiten Zeitalters der Sonne gegründet. Bevor Celeborn und Galadriel an die Macht gelangten, wurde es von dem Sindar-König Amdír und danach von seinem Sohn Amroth regiert. Seit dem ersten Fall Mordors hatten sich die Galadhrim von allen kriegerischen Auseinandersetzungen ferngehalten, und während des gesamten Dritten Zeitalters wurde der Goldene Wald durch die Kraft des Elbenrings Nenya geschützt. Nach der Vernichtung des Einen Ringes schwand jedoch der Zauber Nenyas, und auch das Licht Lothlóriens verblaßte. Die Königin verließ Mittelerde, um in die Unsterblichen Lande zu ziehen, und die Galadhrim wurden ein Nomadenvolk, das wie die der anderen Elben des Ostens allmählich unterging.

Golodhrim – Im Ersten Zeitalter der Sonne kamen die Noldor aus den Unsterblichen Landen und siedelten sich in Beleriand an. Dort wurden sie von den Grau-Elben begrüßt, die sie die Golodhrim nannten.

Gondor-Menschen – Unter allen Dúnedain, die Reiche auf Mittelerde errichteten, waren die Menschen von Gondor am bekanntesten. Nachdem sie mit ihrem Vater Elendil – dem Gründer des Nördlichen Königreiches Arnor – der Vernichtung Númenors entgangen waren, schufen Isildur und Anárion im Jahre 3320 des Zweiten Zeitalters der Sonne das Südliche Königreich Gondor.

Auf dem Höhepunkt ihrer Macht herrschten die Gondor-Könige über alle Länder auf Mittelerde westlich des Meeres von Rhûn zwischen den Flüssen Celebrant und Harnen. Selbst als Gondor im Niedergang begriffen war, gehörten ihnen noch die Lehen und Provinzen Anórien, Ithilien, Lossarnach, Lamedon, Anfalas, Tolfalas, Belfalas und Calenardhon.

In Gondor standen fünf große Städte, von denen zwei bedeutende Häfen waren: das alte Pelargir an der Mündung des Anduin und Dol Amroth, die Festung, welche die an der Küste gelegenen Lehen in der Bucht von Belfalas beherrschte. Drei große Städte lagen im Inneren von Gondor: Minas Ithil, der „Turm des Mondes", Minas Anor, der „Turm der Sonne", und die Hauptstadt Osgiliath, die „Festung der Sterne".

Im Dritten Zeitalter wurde Gondor häufig angegriffen und von Seuchen heimgesucht. Im Jahre 1432 begann ein langer Bürgerkrieg; im Jahre 1636 breitete sich die Pest aus; und zwischen 1851 und 1954 fielen die Wagenfahrer in das Land ein. Im Jahre 2002 wurde Minas Ithil von den Orks und den Nazgûl eingenommen. Danach verfiel es den bösen Mächten und wurde in Minas Morgul umbenannt. Im Jahre 2475 verließen die großen Orks, die Urukhai, Mordor und belagerten Osgiliath, setzten den größten Teil der Stadt in Brand und zerstörten die steinerne Brücke, die über den Anduin führte.

So hatte das Königreich Gondor viel von seiner einstigen Bedeutung verloren, als der Ringkrieg begann. Von den drei großen Städten im Herzen des Landes war nur noch Minas Arnor von Zerstörungen verschont geblieben. Der Turm der Sonne stand mehrere Jahrhunderte hindurch vor der dichter werdenden Dunkelheit in Mordor, Morgul, Rhûn und Harad. Es schien, als ob nur noch diese Stadt dem Bösen widerstand, denn das Reich des Nordens war gefallen, und die Elben kümmerten sich wenig um das, was auf Mittelerde geschah. Doch gerade in dieser Zeit, als die Macht Saurons sich überall ausbreitete, errangen die Menschen von Gondor ihren größten Ruhm.

Denn in Gondor sammelten sich Ritter, die den großen Kriegern von einst glichen, und in Minas Anor trugen sie noch die hohen, aus Silber und Mithril gefertigten Helme mit den weißen Flügeln von Seevögeln. Doch obgleich es zur Zeit des Ringkrieges nur noch wenige dieser Ritter gab, zeichneten sie sich durch erstaunliche Tapferkeit aus, und als die Not am größten war, kam Hilfe von allen Seiten.

Zu dieser Zeit wurde Gondor von dem Truchsessen Denethor II. regiert, da die Linie der Könige vor langer Zeit erloschen war. Obwohl er ein starker und fähiger Herrscher war, suchte Denethor törichterweise, Sauron mit Zaubermitteln zu bekämpfen. So schickte er seinen erstgeborenen Sohn Boromir mit dem Auftrag aus, den Einen Ring zu finden. Als Boromir bei diesem Unternehmen getötet wurde und sein Bruder Faramir überdies von den Nazgûl eine anscheinend tödliche Wunde erhielt, verfiel Denethor in Hoffnungslosigkeit und beendete selbst sein Leben. Doch Faramir genas, und als der Dúnedain-Stammesfürst Aragorn nach Gondor kam, erkannte er ihn als rechtmäßigen Thronerben an. In der Schlacht auf den Pelennor-Feldern wurden die Heere von Morgul, Harad und Rhûn vernichtend geschlagen, und Saurons Macht endete für immer.

Gonnhirrim – Die Zwerge waren unübertreffliche Steinmetze und Bildhauer. Ihre Reiche Belegost, Nogrod und Khazad-dûm waren überall auf Mittelerde berühmt, doch am bekanntesten war das von Zwergen geschaffene verborgene Elbenreich Menegroth, die Tausend Grotten. Um ihrer Bewunderung Ausdruck zu geben, nannten die Grau-Elben sie deshalb Gonnhirrim, die „Meister des Steins".

Grau-Elben – Von allen Umanyar, den Elben der Großen Reise, die nie das Licht der Bäume erblickten, waren die Sindar oder Grau-Elben die mächtigsten. Ihr König war Elu Thingol und ihre Königin die Maia Melian. Beide schufen ein Elbenreich im Wald von Doriath, wo sie die Hauptstadt Menegroth errichteten.

Großes Volk – Für das kleine, scheue Volk der Hobbits waren alle anderen Rassen (bis auf die Elben) roh, laut und ohne Feingefühl. Wenig an dem Umgang mit Menschen interessiert, nannten sie diese, welchen Ursprungs auch immer, das Große Volk.

Grün-Elben – In Ossiriand, dem verlorenen Reich Beleriands, lebten im letzten Zeitalter der Sterne

ELWE SINGOLLO UND DIE MAIA MELIAN

und im Ersten Zeitalter der Sonne die Grün-Elben. Sie kleideten sich in waldgrüne Gewänder, um sich den Blicken ihrer Feinde zu entziehen. In der Sprache der Hoch-Elben wurden sie Laiquendi genannt.

Gwaith-i-Mírdain – Im Jahre 750 des Zweiten Zeitalters der Sonne verließen viele Noldor Lindon und zogen nach Eriador. Ihr Herrscher war Celebrimbor, der größte Elbenschmied in den Ländern der Sterblichen. Er war der Sohn Feanors, der die Großen Edelsteine, die Silmaril, schuf. In der Sprache der Sindar wurde das Volk Celebrimbors die Gwaith-i-Mírdain genannt, das „Volk der Juwelenschmiede".

Als sie das Zaubermetall Mithril, Wahr-Silber genannt, im Nebelgebirge entdeckten, wurden Celebrimbor und sein Volk von der heftigen Begierde ergriffen, es zu besitzen. So wanderten sie nach Eregion, das von den Menschen Hulsten genannt wurde, und lebten am Fuß des Nebelgebirges in der Stadt Ost-in-Edhil unweit des Westtores von Khazad-dûm, der mächtigsten Zwergenfestung auf Mittelerde. Die Gwaith-i-Mírdain schlossen mit den Zwergen von Khazad-dûm ein Bündnis und kamen überein, allen Streit, der zwischen ihnen geherrscht hatte, für immer zu begraben. Tatsächlich lebten sie tausend Jahre miteinander in Frieden. Der Handel zwischen Zwergen und Elben brachte beiden Rassen wachsenden Wohlstand.

Im Jahre 1200 kam jedoch jemand zu ihnen, der sich Annatar nannte. Niemand kannte ihn, aber sein Wissen war groß, und er half bereitwillig den Gwaith-i-Mírdain, wo immer er konnte. Dreihundert Jahre später hatten sie ihm ihr volles Vertrauen geschenkt und schmiedeten die Ringe der Macht, an denen sie ein volles Jahrhundert arbeiteten. Doch Annatar war niemand anders als Sauron, der Dunkle Feind, und er schuf heimlich den Einen Ring, den Beherrschenden Ring, der alle anderen Ringe unter seine Gewalt brachte und mit dem er die Welt zu erobern trachtete.

Doch als Sauron sich den Einen Ring an den Finger steckte, erkannten die Elben, wer er wirklich war, und versteckten ihre eigenen Ringe vor ihm. Bei dem darauf folgenden Krieg zwischen Sauron und den Elben wurde Eregion zerstört und Celebrimbor mit dem größten Teil seines Volkes erschlagen. Im Jahre 1697 des Zweiten Zeitalters verließ der Halb-Elbe Elrond mit seinen Kriegern Lindon und führte die überlebenden Gwaith-i-Mírdain an einen Zufluchtsort, den die Elben Imladris, die Menschen jedoch Bruchtal nannten. Dieses Refugium der Gwaith-i-Mírdain war das letzte Elbenreich zwischen dem Nebelgebirge und den Blauen Bergen.

H

Haladin – Im Ersten Zeitalter der Sonne kamen drei Stämme von Menschen in die Elbenreiche von Beleriand und verbündeten sich mit den Noldor-Elben. Es waren dies die Drei Häuser der Elbenfreunde, der Edain. Das Zweite dieser Häuser waren die Haladin, ein waldliebendes Volk, das weniger zahlreich und kleiner von Wuchs als die Menschen der anderen Häuser war. Ihr erster Stammesfürst war Haldad, der mit vielen seiner Leute von Orks getötet wurde. Seine Tochter Haleth führte daraufhin die Haladin in den Wald von Brethil, wo sie gegen die Diener Melkors kämpften. Doch wie überall in Beleriand die Edain den dunklen Mächten weichen mußten, erlitten auch die Haladin – obwohl ein Held wie Túrin Turambar an ihrer Seite focht – große Verluste und erlagen schließlich der Gewalt des Bösen.

Halblinge – Keine Geschichte berichtet uns, wie und wann die Hobbits, die kleinsten Bewohner Mittelerdes, in die Welt traten. Da sie nur halb so groß wie Menschen waren, wurden die Hobbits von ihnen gewöhnlich als Halblinge bezeichnet.

Haradrim – In den Geschichten des Ringkrieges wird oft von den braunhäutigen Menschen des Südens erzählt, die Haradrim genannt wurden. Einige erschienen auf den Rücken von Pferden, andere zu Fuß, und diejenigen, die als Corsaren bezeichnet wurden, kamen in ihren schwarzen, Dromunds genannten Schiffen. Doch am bekanntesten waren die Haradrim, die in Kriegsstürmen auf den breiten Rücken der gewaltigen Mûmakil in den Kampf zogen und aus sicherer Höhe Pfeile und Speere in die feindlichen Reihen schickten. Derartige Heere richteten große Zerstörungen an, denn kein Pferd wagte sich in die Nähe dieser Tiere.

In der Schlacht auf den Pelennor-Feldern gehörten die Haradrim zu den zahlreichsten unter den Dienern des Hexenkönigs von Morgul. Sie kämpften unter einem Banner mit einer schwarzen Schlange auf rotem Grund. Sie waren in scharlachrote Mäntel gehüllt, trugen goldene Ringe in den Ohren und runde, in Stahlspitzen auslaufende gelbe und schwarze Schilde. Sie alle hatten schwarze Augen und langes schwarzes Haar, das in Zöpfen geflochten und von goldenen Bändern durchwirkt war. Einige hatten auch ihre Gesichter mit roter Farbe bemalt. Ihre Helme und Rüstungen bestanden aus sich überlappenden Bronzeplatten. Sie waren mit Pfeil und Bogen, scharlachroten Speeren und Piken, Krummschwertern und gebogenen Dolchen bewaffnet. Es hieß, daß sie grausam wie Orks seien und in der Schlacht weder um Gnade baten noch Gnade gewährten.

Obwohl die meisten Haradrim in den aus Mordor eindringenden Heeren eine braune Haut hatten, gab es einige, die aus dem weiter südlich gelegenen Weit-Harad stammten und eine schwarze Haut hatten. Sie waren besonders gefürchtete Krieger, an Stärke und Größe den Trollen vergleichbar.

Das „Buch der Könige" berichtet, wie die Macht der Haradrim im Norden im Zweiten Zeitalter vernichtet wurde. Der Letzte Bund der Elben und Menschen wurde geschlossen und eine gewaltige Schlacht vor dem Schwarzen Tor ausgefochten. Das Tor wurde zerstört, die Heere der Haradrim, Ostlinge und Orks erlitten eine Niederlage, von der sie sich nie wieder erholten, und Mordor fiel. Nach einer siebenjährigen Belagerung wurden auch Sauron und die Ringgeister geschlagen und verschwanden in der Dunkelheit.

Doch bedeutete das noch nicht das Ende der Haradrim, denn der Eine Ring war nicht zerstört. Im Dritten Zeitalter kehrten die Ringgeister zurück und riefen abermals die Haradrim zu den Waffen, indem sie ihnen großen Reichtum versprachen.

Als die Menschen von Gondor nach Umbar segelten und die Macht der Schwarzen Númenórer brachen, erhoben sich die Haradrim im Jahre 1015 des Dritten Zeitalters und führten Krieg gegen Gondor. Zwar töteten sie Ciryandil, den dritten Schiffskönig von Gondor, aber es gelang ihnen nicht, die Hafenfestung einzunehmen. Ciryandils Erbe vernichtete im Jahre 1050 ihr Heer, und in den nächsten vierhundert Jahren blieben die Menschen von Gondor vor den Angriffen der Haradrim verschont. Dann erhob sich ein Aufstand in Gondor selbst. Eine Flotte von Aufständischen segelte nach Umbar und verbündete sich mit den Haradrim. Im Laufe des ganzen Dritten Zeitalters führten die Haradrim zusammen mit einigen der Schwarzen Númenórer und den Aufständischen, die jetzt die Corsaren von Umbar genannt wurden, immer wieder Raubzüge durch und überfielen die Grenzbastionen und Küstenstädte von Gondor.

Im Jahre 1944 schlossen die Haradrim und die Variags einen Pakt mit jenen barbarischen Ostlingen, die als Wagenfahrer bekannt geworden sind. Der Zweck dieses Bündnisses war, Gondor gleichzeitig von zwei Seiten, von Süden und von Osten, aus anzugreifen und in die Zange zu nehmen. So

Galadhrim-Fürst von Lothlórien

mußten die Menschen von Gondor ihre Streitkräfte teilen, und es gelang den Wagenfahrern, das Heer von Ost-Gondor zu schlagen und den König zu töten. Doch sie hatten nicht mit dem tapferen Feldherrn Earnil gerechnet, der mit seinem Südheer die Haradrim und Variags in der Schlacht von Poros besiegte, sich dann nach Osten wandte und die unvorbereiteten Wagenfahrer in der Schlacht des Lagers niederwarf.

Im Ringkrieg zogen viele Legionen von Haradrim nach Mordor – die braunhäutigen Bewohner von Nah-Harad zu Pferd, zu Fuß und auf den Rücken der gewaltigen Mûmakil ebenso wie die schwarzhäutigen Stammeskrieger aus Weit-Harad. Mit ihnen kamen die Corsaren von Umbar, die wilden Variags aus Khand, Ostlinge aus nah und fern, Orks, Uruk-hai, Olog-hai und Trolle: das größte Heer, das es zu jener Zeit auf Mittelerde gab. Doch in der Schlacht auf den Pelennor-Feldern und vor dem Schwarzen Tor von Mordor wurde es von den vereinten Streitkräften des Westens vernichtend geschlagen.

Haradwaith – Alle Länder auf Mittelerde, die südlich von Gondor lagen, wurden in den Annalen des Westens als Harad bezeichnet, was „Süden" bedeutet. Ihre Bewohner wurden manchmal Haradwaith, manchmal Südländer und am häufigsten Haradrim genannt.

Harfüße – Die zahlreichsten und typischsten Hobbits waren die Harfüße. Sie waren die kleinsten der Halblinge; ihr Haar und ihre Haut waren nußbraun. Die Harfüße waren die ersten Hobbits, die – im Jahre 1050 des Dritten Zeitalters – die Täler des Anduin verließen und über das Nebelgebirge nach Eriador zogen. Sie pflegten Freundschaft mit den Zwergen, denn sie liebten Hügel und Hochländer und wohnten wie die Zwerge in Höhlen.

Helmingas – Im 28. Jahrhundert des Dritten Zeitalters der Sonne kam ein König zu den Rohirrim, den Pferdeherren der Mark. Er war der neunte in der Linie der Könige, und sein Name war Helm Hammerhand. Ihn zu Ehren nannte sein Volk die von ihm errichtete Bergfestung Helms Klamm und sich selbst die Helmingas.

Hildor – Als die Sonne sich zum erstenmal über Arda erhob, entstand weit im Osten von Mittelerde eine Menschenrasse, die von den Elben als Hildor, das bedeutet „Nachkömmlinge", bezeichnet wurde, denn viele andere Rassen waren vor ihr auf der Welt erschienen.

Hobbits – Als das helle Licht des von Arien gelenkten Sonnenschiffes die Welt erleuchtete, entstand im Osten ein Volk von Höhlenbewohnern, das Halblinge oder Hobbits genannt wurde. Angeblich mit den Menschen verwandt, waren die Hobbits kleiner als Zwerge, und ihre Lebensspanne betrug etwa hundert Jahre.

Nichts ist von den Hobbits vor dem Jahr 1050 des Dritten Zeitalters bekannt, als sie mit den Nordmenschen die nördlichen Täler des Anduin zwischen dem Nebelgebirge und dem Grünwald bewohnt haben sollen. Zu dieser Zeit drang eine böse Macht in den Grünwald ein, der bald in Düsterwald umbenannt wurde. Vielleicht war es dieses Ereignis, das die Hobbits aus den Tälern vertrieb. Denn in den folgenden Jahrhunderten wanderten sie westwärts über das Nebelgebirge nach Eriador, um mit Elben und Menschen zusammen in einer offenen, fruchtbaren Ebene zu leben.

Allen Hobbits waren gewisse charakteristische Merkmale gemein. Sie maßen zwischen zwei und vier Fuß, zeichneten sich durch ein fröhliches Wesen aus, hatten lange Finger, lockiges braunes Haar und seltsame übergroße Füße, an denen sie keine Schuhe trugen. Ansonsten eher bescheiden und konservativ, besaßen sie eine Vorliebe für auffällige bunte Kleidung und verzehrten sechs gehaltvolle Mahlzeiten am Tag. Ihre einzige Leidenschaft bestand darin, Pfeifenkraut zu rauchen, was sie als ihren Beitrag zur Kultur bezeichneten.

Es gab drei Hobbitrassen: die Harfüße, die Falbhäute und die Starren. Die Harfüße, die zahlreichsten, waren zugleich die kleinsten. Sie hatten nußbraunes Haar und eine nußbraune Haut. Sie liebten Hügel und kleine Berge und waren die ersten Hobbits, die das Nebelgebirge überquerten und nach Eriador zogen.

Fast ein Jahrhundert später, im Jahre 1150 des Dritten Zeitalters, folgten ihnen die Falbhäute. Sie betraten Eriador über die Gebirgspässe im Norden von Bruchtal. Die Falbhäute waren zahlenmäßig die kleinste Rasse der Hobbits. Sie waren größer, dünner und abenteuerlustiger als ihre Artverwandten.

Die Starren waren die letzten Halblinge, die nach Eriador kamen. Von allen drei Rassen den Menschen am ähnlichsten, waren sie untersetzter als die anderen Hobbits und konnten sich zu deren Erstaunen einen Bart wachsen lassen. Sie bevorzugten flache Flußlandschaften als Wohnsitze und beherrschten die Kunst des Bootfahrens, des Fischens und des Schwimmens. Es heißt, daß die Starren erst im Jahre 1300 nach Westen wanderten, als viele von ihnen über den Rothornpaß zogen. Doch noch zwölf Jahrhunderte später gab es kleine

Die Menschen von Gondor

Siedlungen der Starren in so abgelegenen Gebieten wie den Schwertelfeldern.

Die meisten Hobbits von Eriador ließen sich in den auch von Menschen bewohnten Ländern in der Nähe von Bree nieder. Im Jahre 1601 wanderte ein großer Teil von ihnen weiter nach Westen in die fruchtbaren Ebenen hinter dem Brandywein-Fluß. Dort gründeten sie das Auenland, das später als eigentliche Heimat der Hobbits angesehen wurde. Von da an datieren sie ihre Zeitrechnung.

Von Natur waren die Hobbits friedliebend, und erst im Jahre 2747 gab es die erste kriegerische Auseinandersetzung im Auenland, als eine kleine Ork-Horde ins Land einfiel und in dem später von den Hobbits etwas großspurig als Schlacht von Grünfeld bezeichnetem Gefecht zurückgeschlagen wurde. Verhängnisvoller war der Lange Winter von 2758 mit den beiden ihm folgenden Hungerjahren. Doch verglichen mit den anderen Bewohnern von Mittelerde lebten die Hobbits lange Zeit ungestört in Frieden und bescheidenem Wohlstand. In den Augen anderer Rassen galten sie als minderwertig, und die Hobbits ihrerseits strebten nicht danach, ihnen an Reichtum und Macht zu gleichen. Ihre kleinen Siedlungen – wie Hobbingen, Buckelstadt, Michelbinge, Oberbühl, Froschmoorstetten und Dutzende weiterer – breiteten sich im Auenland aus, und nach ihren Maßstäben ging es den Hobbits gut.

Vor dem 30. Jahrhundert des Dritten Zeitalters der Sonne waren die Hobbits nur ihren unmittelbaren Nachbarn bekannt. Doch die Hobbits schrieben natürlich ihre eigene Geschichte, und die ersten Halblinge, die in den Annalen von Auenland erwähnt wurden, waren die Brüder Marcho und Blanco, zwei Falbhäute, welche die Hobbits aus Bree ins Auenland führten. Dieses Land war ihnen von den Dúnedain des Königreiches Arnor überlassen worden, denen sie tributpflichtig waren. Im Jahre 1979 verschwand der letzte König von Arnor aus dem Norden, und so wurde das Amt des Thains eingeführt. Der erste Thain des Auenlandes war Bucca aus dem Bruch, von dem alle späteren Thains abstammten.

Ein Riese unter den Hobbits war Bandobras Tuk, der nicht weniger als vier Fuß und fünf Zoll maß und der sein Volk auf dem Rücken eines Pferdes tapfer in der Schlacht von Grünfeld gegen die Orks geführt hatte. Es heißt, daß er deren Anführer Golfimbul mit einer Keule erschlagen habe. Wegen seiner Körpergröße und seiner Heldentaten wurde er der Bullenraßler genannt. Ein anderer Hobbit, der sich im Auenland durch besondere Taten auszeichnete, war Isegrim Tuk, später Isegrim II. genannt, der zweiundzwanzigste Thain, Bauherr der Groß-Smials von Michelbinge und Großvater von Bandobras Tuk.

Doch der berühmteste Held der Halblinge vor dem Ringkrieg war – bezeichnend für die Hobbits – ein bescheidener Bauer namens Tobold Hornbläser, der im 27. Jahrhundert zum erstenmal die auch als Pfeifenkraut bekannte Pflanze Galenas angebaut hatte.

Der erste Hobbit, der der Welt bekannt wurde, war Bilbo Beutlin aus Hobbingen, der – auf Bitten des Zauberers Gandalf und des Zwergenkönigs Thorin Eichenschild – an der Schatzsuche nach dem Zwergenhort unter dem Erebor teilnahm. Bilbo selbst berichtete von dieser Reise, bei der Trolle, Orks, Wölfe, Spinnen und Drachen erschlagen wurden, in seinen Memoiren.

Bei diesem Abenteuer gelangte Bilbo Beutlin in den Besitz eines Zauberringes, und obgleich das damals bedeutungslos erschien, sollte es sich später als Umstand erweisen, der das Schicksal von Mittelerde bestimmte.

Bilbo übergab den Ring seinem Erbe Frodo Beutlin, und im Jahre 3018 kam der Zauberer Gandalf mit dem Auftrag zu Frodo, den Ring zu vernichten und die Welt dadurch von der Herrschaft Saurons zu befreien. Die Gemeinschaft des Ringes schloß sich zusammen, und acht Gefährten wurden auserwählt, Frodo bei seiner schweren Aufgabe zu begleiten. Einer von ihnen war Samweis Gamdschie, Frodos Diener, ein einfacher und treuer Bursche, der in der Folgezeit mehr als einmal seinem Herrn das Leben rettete und selbst vorübergehend der Ringträger war. Die beiden anderen Hobbits der Gemeinschaft des Ringes waren Peregrin Tuk, der Erbe des Thains des Auenlandes, und Meriadoc Brandybock, der Erbe des Herrn von Bockland. Als ihre Aufgabe beendet war, wurden sowohl Pippin als auch Merry (wie sie gemeinhin genannt wurden) zu Rittern von Gondor geschlagen.

Doch es war ein anderer Halbling, der den Einen Ring vernichtete. Sméagol Gollum war der einzige Hobbit, der sich je den bösen Mächten ergeben hatte. Aus der Rasse der Starren stammend, lebte er unweit der Schwertelfelder, wo er den verlorenen Ring fand. Kraft des Ringes wurde sein Leben verlängert, doch durch seinen Einfluß nahm seine Gestalt die eines das Licht der Sonne scheuenden Unholdes an. Fast fünf Jahrhunderte verbarg sich Gollum in den Minen unter dem Nebelgebirge, bis der Hobbit Bilbo Beutlin in seine Höhle kam und ihm den Ring wegnahm. Von Bilbo gelangte der Ring an Frodo, und Gollum suchte nicht weniger als achtzig Jahre nach seinem verlorenen Besitz. Schließlich gelang es ihm, Frodo den begehrten Schatz auf dem Schicksalsberg zu entreißen, doch dabei stürzte er in den feurigen Schlund des Vulkans und ging mit dem Einen Ring zugrunde.

Hoch-Elben – Die mächtigsten aller Elben waren die Hoch-Elben – diejenigen Eldar, die in den Tagen der Bäume der Valar als erste die Küste von Aman, den Kontinent der Unsterblichen Lande, erreichten.

Holbytlan – Wie im „Roten Buch der Westmark" zu lesen steht, stammt der Name Hobbit von dem Wort Holbytlan, was in der Sprache der Rohirrim „Höhlenbewohner" bedeutet.

I

Istari – Nachdem die ersten tausend Jahre des Dritten Zeitalters der Sonne vergangen waren, traf ein Elbenschiff, aus dem Westlichen Meer kommend, in den Grauen Anfurten ein. An Bord befanden sich fünf bejahrte Männer mit weißen Bärten. Sie trugen weite Mäntel von unterschiedlicher Farbe, hohe schwarze Schaftstiefel, spitze Hüte, und jeder der Männer stützte sich auf einen langen Stab. Es waren dies die Istari, welche die Menschen

Gwaith-i-Mírdain, die Elbenschmiede

Zauberer nannten, und Stab und Hut waren Zeichen ihres hohen Amtes. Sie gehörten einem Orden an, der sie aus den Unsterblichen Lande nach Mittelerde geschickt hatte, das von bösen Mächten verdunkelt zu werden drohte.

Obgleich die Istari heimlich und in bescheidener Gestalt kamen, waren sie Maiar, älter als die Welt und von Ilúvatar selbst zu Beginn aller Zeiten geschaffen. Doch war es ihnen untersagt, ihre wahre Gestalt und Macht zu offenbaren, und so erschienen sie den Bewohnern von Mittelerde wie Menschen und beschränkten sich darauf, die Mächte zu benutzen, die sie in der Welt der Sterblichen vorfanden.

Zwar heißt es, daß fünf Istari in den Grauen Anfurten an Land gingen, doch zwei von ihnen spielten keine Rolle in der Geschichte der Westlande, denn sie zogen weit in den Osten von Mittelerde. Diese beiden waren die Ithryn Luin, „die Blauen Zauberer", und nichts weiter ist über sie bekannt, als daß sie in den Unsterblichen Landen Alatar und Pallando hießen und von dem Vala Orome, dem Jäger, erwählt worden waren.

HARADRIM-KRIEGER

Am berühmtesten von allen Istari wurde Gandalf der Graue, den die Elben Mithrandir, die Zwerge Tharkûn und die Haradrim Incánus nannten. Als Maia in den Unsterblichen Landen hieß er Olórin. Durch seine Klugheit siegten die Bewohner von Mittelerde über Sauron, den Dunklen Herrscher, der sie zu unterjochen trachtete. Auf Gandalfs Betreiben wurde der Drache Smaug getötet, und er trug dazu bei, daß die Schlacht der Fünf Heere, die Schlacht von Hornburg und die Schlacht auf den Pelennor-Feldern glücklich endeten. Gandalf war es, der den Balrog von Moria erschlug. Doch seine größte Tat war die Entdeckung des Einen Ringes und die Hilfe, die er dem Ringträger bei der Vernichtung dieses Ringes angedeihen ließ, durch die Sauron und all seine Diener den Untergang fanden. Das Dritte Zeitalter endete mit Gandalfs Aufbruch in die Unsterblichen Lande.

Ein anderer Istari ist Radagast der Braune, der in Rhosgobel in den Tälern des Anduin lebte. Er nahm teil an dem Weißen Rat, der zusammentrat, um Sauron zu bekämpfen, doch widmete er sich vor allem den Kelvar und Olvar auf Mittelerde. Wenig wird in den Chroniken jener Zeit von ihm berichtet. Man weiß nur, daß er sich besser in allen Dingen auskannte, die Kräuter und Tiere betrafen, als jeder Mensch, denn er war ein treuer Anhänger Yavannas, der Königin der Erde.

Der letzte Istari ist Saruman der Weiße, den die Elben Curunír nannten, den „Mann der schlauen Pläne". Viele Jahrhunderte hindurch suchte Saruman den Dunklen Herrscher Sauron zu vernichten, aber dann wurde er stolz und begehrte selber dessen Macht. Er zog nach Isengart und sammelte unter seinem Banner – einer weißen Hand auf schwarzem Grund – Uruk-hai, Halb-Orks und Dunländer um sich. Sein Stolz ließ ihn unvernünftig werden, so daß er Sauron, der über viel mächtigere Zauberkräfte als er gebot, in die Falle ging und schließlich ein Werkzeug des Geistes wurde, den er eigentlich zerstören wollte. Doch als Isengart von den Ents eingenommen und sein Heer von den Rohirrim und den Huorns zerschlagen wurde, verlor Saruman seine Macht an Gandalf. Danach suchte er Zuflucht in den Auenlanden, wo er schließlich von seinem eigenen Diener, Grima Schlangenzunge, erschlagen wurde.

K

Khazâd – Tief in den Bergen schuf Aule der Schmied das Volk, das die Elben und Menschen als Zwerge bezeichnete und das sich selbst die Khazâd nannte. Ihr bekanntestes Reich war Khazad-dûm, das im Dritten Zeitalter der Sonne Moria hieß.

Kleines Volk – Die Hobbits waren im Dritten Zeitalter der Sonne die kleinsten Bewohner von Mittelerde. Sie maßen nur zwischen zwei und vier Fuß und waren weit weniger kräftig als die Zwerge. So nannten sowohl die Menschen und als auch die Elben sie meist das Kleine Volk.

Kleinzwerge – In den Geschichten des Ersten Zeitalters der Sonne wird von den Nachkommen eines verbannten Zwergenvolkes berichtet, die lange vor Ankunft der Elben in Beleriand lebten. Es waren dies die Kleinzwerge, und sie bewohnten die Wälder am Narog-Fluß. Dort errichteten sie die Hallen von Amon Rúdh und Nulukkizdín (das später das Elbenreich von Nargothrond wurde). Als die Sindar-Elben in das nahe gelegene Doriath kamen, machten sie Jagd auf die Kleinzwerge, da sie nicht wußten, um was für Lebewesen es sich bei ihnen handelte. Mit der Zeit erfuhren sie, daß sie verkümmerte Zwerge waren, die sich nach einem vor langer Zeit im Blauen Gebirge begangenen Verbrechen von ihren Artverwandten getrennt hatten. So stellten die Sindar die Jagd auf dieses unglückliche Volk ein, das sie die Noegyth Nibin nannten.

Da sie keine Verbündeten in einem Land hatten, das von ständigen kriegerischen Auseinandersetzungen heimgesucht wurde, schwanden die Kleinzwerge in Beleriand dahin. In den Geschichten der Elben finden sie nur noch in der Erzählung von Túrin Erwähnung. Zu seiner Zeit waren alle Noegyth Nibin bis auf drei ausgestorben: den Kleinzwergenkönig Mîm und seine beiden Söhne Ibun und Khîm. Die „Geschichte des Grams" berichtet, wie Mîm einst Túrin Turambar und seine Gefolgsleute in die alte Zwergenhöhle von Amon Rûdh führte, wo sie Zuflucht vor ihren Verfolgern fanden. Aber später wurde Mîm von den Orks gefangengenommen und rettete sein Leben, indem er Túrin und seine Schar an sie verriet. So griffen die Orks Túrin unversehens an und töteten ihn. Mîm gewann seine Freiheit, an der er sich jedoch nicht erfreuen konnte, denn seine beiden Söhne wurden kurz darauf erschlagen. In der Folgezeit hütete er den großen Drachenschatz, den Glaurung im zerstörten Nargothrond zurückgelassen hatte. Doch eines Tages kam Túrins Vater, der Krieger Húrin, an seine Tür und erschlug Mîm mit einem einzigen Schwerthieb. So endete das Leben des letzten Kleinzwerges.

Kûd-Dûkan – In jedem Lande von Mittelerde trugen die Halblinge, die von den Menschen Hobbits genannt wurden, je nach der Sprache seiner jeweiligen Bewohner andere Namen. In Rohan wurden die Hobbits Kûd-Dûkan genannt, was „Höhlenbewohner" bedeutet.

L

Laiquendi – Von den drei Geschlechtern der Elben, die sich aufmachten, das Land des Ewigen Lichts zu suchen, gelangten viele nie in die Unsterblichen Lande. Zu ihnen gehörten die Nandor, ein Stamm der Teleri.

Im Zeitalter vor dem Aufgehen der Sonne scharte Denethor, der Sohn des Nandor-Königs Lenwe, viele seines Volkes um sich und führte sie in die Wildnis von Eriador in Beleriand, wo sie von den Grau-Elben begrüßt wurden, die ihnen Schutz und zahlreiche Geschenke gaben. Sie siedelten sich in Ossiriand, dem „Land der sieben Flüsse", im Süden an und wurden fortan Laiquendi, die Grün-Elben, genannt, da sie alles liebten, was wuchs, und sich in grüne Gewänder hüllten. Als Bewahrer der Kelvar und Olvar der Wälder standen sie nur den Hirten der Bäume, den Ents, nach.

Die Laiquendi sangen wie Nachtigallen und pflegten den Wald wie einen großen Garten. Ihr Gesang war so schön, daß die Noldor, als sie in das Land kamen, es in Lindon umbenannten, was im Elbischen „Land des Liedes" heißt.

Nach der Freilassung Melkors kam das Böse über Mittelerde. Melkors Heere erschienen in Beleriand. Obgleich es den Grau-Elben und den Laiquendi gelang, ihn in der Schlacht am Amon Ereb in Ossiriand zu besiegen, fand der Laiquendi-König Denethor dabei den Tod. Sein Volk war so betrübt, daß es keinen neuen Herrscher haben wollte. Die

Ein Hobbit aus dem Volk der Starren

wurden ihre Stimmen fließend und schön wie das Wasser, und sie erhielten den Namen Lindar, was „Sänger" bedeutet.

Lossoth – Am Kap von Forochel lebte im Dritten Zeitalter der Sonne ein Volk, das die Lossoth genannt wurde. Es waren friedliebende Menschen, die den kriegerischen Auseinandersetzungen auf Mittelerde aus dem Wege gingen. Gelegentlich auch als die Schneemenschen von Forochel bezeichnet, stammten sie angeblich von den Forodwaith der Nördlichen Einöden ab. Es war nach weltlichen Maßstäben ein armes Volk, das sich jedoch seiner kalten Umgebung in idealer Weise anzupassen wußte. Die Lossoth bauten ihre Häuser aus Schnee und durchquerten ihr eisiges Land auf Schlitten und aus Knochen gefertigten Gleitschuhen, um die dicht behaarten Tiere zu jagen, aus deren Fellen sie ihre Kleidung machten.

M

Laiquendi schworen, nie wieder den Feind in einer offenen Schlacht zu bekämpfen, sondern sich im Wald verborgen zu halten und ihn mit Pfeil und Bogen aus dem Hinterhalt anzugreifen. Sie hielten ihren Schwur und wurden ein Waldvolk. Nie vermochten ihre Feinde sie zu besiegen, denn sie bauten keine Städte, die von ihnen hätten entdeckt und zerstört werden können. Sie waren wie der Wind in den Bäumen, den man gelegentlich hört, aber nie sieht.

Licht-Elben – In der Erzählung von der Großen Reise wird berichtet, daß die meisten Vanyar, Noldor und Teleri zur Zeit der Bäume der Valar die Küsten der Unsterblichen Lande erreichten. Sie wurden die Licht-Elben genannt, denn sie leuchteten an Körper und Geist, und von allen Völkern in den Sphären der Welt waren sie das schönste.

Lindar – Die lieblichsten Sänger von allen Elben waren die Teleri, die unermüdlich dem Geräusch des an die Küste des Meeres oder an den Strand der Flüsse schlagenden Wassers lauschen konnten. So

Maiar – Als die Welt erschaffen wurde, kamen die Ainur, „Die Heiligen", aus den Zeitlosen Hallen und betraten das neue Land. In den Zeitlosen Hallen waren sie form- und gestaltlos gewesen, aber in den Sphären der Welt nahmen sie vielerlei Gestalt an. Es waren dies die Mächte von Arda, und die mächtigsten unter ihnen waren die Valar, von denen es fünfzehn gab. Daneben gab es zahlreiche rangniedrigere Ainur, die Maiar genannt wurden. Nur wenige von ihnen werden in der Geschichte der Menschen erwähnt, denn die meisten kümmerten sich nur um die Belange der Unsterblichen Lande.

Der mächtigste Maia ist Eonwe, der Herold Manwes, des Herrn der Winde. Eonwes Stärke in der Schlacht war mit denen der Valar vergleichbar, und der Schall seiner Trompete klang all seinen Feinden schrecklich in den Ohren, da ihm gewöhnlich die Schar der Valar folgte. Ilmare, die ihre Lichtspeere vom nächtlichen Himmel schleudert, führte die Mädchenschar der Maiar an und ist die Zofe Vardas, der Sternenkönigin.

Arien, die Lenkerin des Sonnenschiffs, wird von den Menschen am tiefsten verehrt. Wie Arien den

Tag beherrscht, so ist Tilion der Steuermann des Mondschiffes, das den letzten Glanz Telperions, des Silberbaums von Valinor, trägt.

Die Maiar Osse und Uinen, Diener Ulmos, des Herrn der Meere, sind allen bekannt, die zur See fahren. Osse ist der Herrscher der Wogen Belegaers, des Westlichen Meeres, und obgleich er der erste war, der die Bewohner der Welt lehrte, Schiffe zu bauen, wird er von allen Seefahrern gefürchtet. Sie lieben jedoch Uinen, die Herrin der Ruhigen See. Sie ist die Gemahlin Osses, und nur sie kann seinen wilden Geist und die Ausbrüche seines Zorns besänftigen.

Von all den Geschichten, die über die Maiar berichtet werden, ist vielleicht die seltsamste die von Melian, die sowohl Vána als auch Este in Valinor diente, doch in den Zeitaltern der Sterne nach Mittelerde kam. Dort begegnete ihr in den Wäldern von Beleriand der Eldar-König Elwe Singollo und heiratete sie. Dies ist die einzige Verbindung zwischen einem Elben und einer Maia, die es jemals gab. Drei lange Zeitalter der Sterne und ein Zeitalter der Sonne hindurch war sie die Königin der Grau-Elben und die Gattin Elwes, der jetzt Thingol und König Graumantel genannt wurde. Doch Thingol wurde erschlagen, und Melian kehrte voller Gram nach Valinor zurück.

Viele andere mächtige und gute Geister kamen nach Mittelerde, um dort zu wohnen. Vielleicht waren es Maiar wie Melian, doch die Geschichten berichten nichts Genaues darüber. Einer von ihnen wurde von den Grau-Elben Iarwin Ben-adar, von den Zwergen Forn, von den Menschen Orald und von den Hobbits Tom Bombadil genannt. Er war ein kurzer, untersetzter Mann mit blauen Augen, einem roten Gesicht und einem braunen Bart. Er sang oder sprach stets in Reimen und schien ein Wesen zu sein, das zu Exzentrizitäten neigte und den Unsinn liebte, doch war er der unbestrittene Herr des Alten Waldes.

Auch andere Geister, die vielleicht Diener des Vala Ulmo waren, lebten im Alten Wald. Einer von ihnen war die Flußfrau der Weidenwinde, und ein anderer ihre Tochter Goldbeere, die Frau Bombadils. Goldbeere hatte goldenes Haar und war schön wie eine Elbenkönigin. Ihre Gewänder waren silbern und grün und ihre Schuhe wie Fischschuppen. Sie sang jedoch, wie Vögel singen.

Gegen Ende des ersten Jahrtausends der Dritten Zeitalters der Sonne kamen fünf Maiar in der Gestalt von Menschen nach Mittelerde. Jeder war weißbärtig, trug einen weiten Reisemantel, einen spitzen Hut und einen langen Stab. Es waren dies die Istari, welche die Menschen die Zauberer nannten. Radagast der Braune war der Herr der Vögel und der Tiere des Waldes. Saruman der Weiße galt als der Bedeutendste unter ihnen und zeigte sich in der Tat zunächst weise und in manchen Künsten erfahren, verfiel dann jedoch dem Bösen und brachte vielen Bewohnern Mittelerdes Verderben und Untergang. Am berühmtesten von den fünf Istari war Gandalf der Graue, der anfangs Olórin genannt wurde. Die beiden letzten Istari waren die Blauen Zauberer Alatar und Pallando, Diener des Jägers Orome. Von ihren Taten und ihrem Schicksal auf Mittelerde wird wenig berichtet.

Doch nicht alle Maiar waren gute und freundliche Geister. Viele waren von dem aufrührerischen Geist des Vala Melkor verdorben worden. Zu ihnen zählten vor allem die Balrogs, die einst leuchtende Feuergeister waren, aber durch Haß und Zorn in dämonische Gestalten verwandelt wurden. Gothmog war ihr Herr, und die Geschichte seiner Untaten ist lang.

Ein Geist nahm die Gestalt einer riesigen und schrecklichen Spinne an und wurde Ungolianth genannt. Sie verschlang das Licht, erbrach die Finsternis und spann ein schwarzes Netz, das kein Auge durchdringen konnte.

Die Fledermäuse und Werwölfe von Angband mochten anfangs ebenfalls Maiar gewesen sein. So wird behauptet, daß sie böse Geister gewesen seien,

Hobbit-Kinder

die sich in furchteinflößende Gestalten verwandelt hätten. Von den Fledermäusen wird nur Thuringwethil namentlich erwähnt, die „Frau des Geheimen Schattens“, und von der Schar der Werwölfe ist Draugluin als ihr Herr und Meister bekannt.

Ein Maia ist wegen seiner bösen Taten den Menschen vor allem im Gedächtnis geblieben, Sauron, „Der Abscheuliche“, der einst Aule dem Schmied und dann Melkor diente, dessen Nachfolge er antrat.

Nach den Schrecken, die er im Ersten Zeitalter der Sonne verbreitet hatte, erschien Sauron im Zweiten Zeitalter in schöner Gestalt wieder und nahm den Namen Annatar, „Herr der Geschenke“, an. Erst als er sich zum Herrn der Ringe machte, offenbarte er seinen bösen Geist.

Mit dem Untergang von Númenor wurde Saurons Körper vernichtet. Danach nahm er die Gestalt des Dunklen Herrschers, eines gewaltigen Kriegers in schwarzer Rüstung, an. Doch auch diese Form wurde Ende des Zweiten Zeitalters zerstört, und seine Zaubermacht manifestierte sich nur noch in einem großen lidlosen Auge. Nach dem Ringkrieg wurde Saurons Geist in die Dunkelheit verstoßen, um sich nie wieder auf Mittelerde zu erheben.

Menschen – Wie die Elben mit dem Entzünden der Sterne erwachten, so traten die Menschen mit dem Aufgehen der Sonne in die Welt, als sie zum erstenmal im weit im Osten von Mittelerde gelegenen Elbenland Hildórien, dem „Land der Nachkömmlinge“, ihre Augen dem neuen Licht öffneten. Anders als die Elben waren die Menschen sterblich und selbst nach den Maßstäben der Zwerge kurzlebig. Auch an Körperstärke und geistiger Anmut konnten sie sich nicht mit den Elben messen. Da sie schwach waren und weder Seuchen noch den rauhen Elementen der Welt widerstanden, nannten die Elben sie die Engwar, die „Kränklichen“. Aber als Rasse vermochten sich die Menschen durchzusetzen. Sie vermehrten sich schneller als jedes andere Volk mit Ausnahme der Orks, und obgleich viele von ihnen zugrunde gingen, vervielfachte sich ihre Zahl, so daß sie schließlich die Länder des Ostens beherrschten und von einigen die Eindringlinge genannt wurden

Als Morgoth in diese Länder kam, fand er, daß er die meisten Menschen leicht seinem Willen beugen konnte.

Einige flohen jedoch vor ihm und verstreuten sich im Norden und Westen. Schließlich erreichten sie Beleriand und die Reiche der Noldor-Elben, die sich mit ihnen verbündeten und sie die Atani, die „Zweitgeborenen“ nannten. Aber später, als die meisten Bewohner Beleriands die elbische Sprache verstanden, wurden sie als die Edain, das „Zweite Volk“, bezeichnet.

Die Edain waren in drei Stämme unterteilt: das Erste Haus Beors, das Zweite Haus der Haladin und das Dritte Haus Hadors. Die Taten der Drei Häuser der Elbenfreunde im Ersten Zeitalter waren weithin berühmt. So berichten die Erzählungen der „Narn i Hîn Húrin“ von Húrin dem Standhaften, von Túrin, der den Vater der Drachen Glaurung erschlug, von Beren, der einen Silmaril aus der Eisernen Krone Morgoths schnitt, und von Earendil dem Seefahrer, der mit seinem Schiff „Vingilot“ in die Himmel segelte und den Abendstern trug.

Im Ersten Zeitalter kamen weitere Menschen aus dem Osten. Sie unterschieden sich von den Edain und wurden von den Elben die Schwarzen Menschen und die Ostlinge genannt. In Kriegszeiten erwiesen sie sich zumeist als unzuverlässig, und obgleich sie vorgaben, die Elben zu lieben, verrieten sie sie oft an den Dunklen Feind.

Als das Erste Zeitalter der Sonne endete und Morgoth in die Leere verstoßen wurde, versank Beleriand im Westlichen Meer. Die meisten Elben und Edain fanden den Tod. Diejenigen Edain, die den Untergang überlebten, teilten sich. Einige zogen in den Osten, wo sie in den Tälern des Anduin mit anderen Menschen zusammenlebten, die nie Beleriand betreten hatten. Sie wurden als die Nordmenschen von Rhovanion bekannt. Andere wanderten mit den Elben nach Süden und erhielten von den Valar ein Land im Westlichen Meer. Sie wurden die Dúnedain genannt, die Menschen von Westernis. Denn dies war der Name ihrer Insel, die im Elbischen Númenor hieß. Im Zweiten Zeitalter bürgerte sich die elbische Bezeichnung ein, so daß die Menschen von Westernis jetzt meist Númenórer genannt wurden. Númenor entwickelte sich zu einer bedeutenden Seemacht; die Valar gewährten seinen Bewohnern eine längere Lebensspanne als den übrigen Menschen und stärkten sie an Körper und Geist. Doch verdorben von Sauron, wendeten sie sich gegen ihre Wohltäter und wurden vernichtet. Númenor versank im Meer, um so für immer zu enden.

Obgleich die meisten Númenórer mit ihrer Insel untergingen, gab es einige, die sich retten konnten. Zu ihnen gehörten die Menschen, die sich im Lande Umbar im Süden von Mittelerde niederließen und später als Schwarze Númenórer bekannt wurden.

Die edelsten Númenórer kehrten jedoch unter Führung Elendils des Langen in neun Schiffen nach Mittelerde zurück. Diese „Getreuen“ errichteten zwei Reiche: das Nördliche Königreich Arnor, das

Ein Zauberer der Istari

Der Meister der See-Menschen

unter der Herrschaft Elendils stand, und das Südliche Königreich Gondor, das von seinen beiden Söhnen Isildur und Anárion regiert wurde.

Doch wieder erhob sich die dunkle Macht Saurons, und so schlossen Elben und Menschen den Letzten Bund, um gegen ihn zu Felde zu ziehen. Das Heer der Menschen wurde angeführt von Elendil, das der Elben von Gil-galad, dem letzten Hochkönig. Gemeinsam kämpften sie gegen die Haradrim aus dem Süden, die Ostlinge aus Rhûn und die Schwarzen Númenórer aus Umbar.

Obgleich die Heere des Letzten Bundes Saurons Legionen schlagen konnten, fanden bei den Kämpfen Gil-galad, Elendil und Anárion den Tod. Nur Isildur blieb von den Herrschern der Dúnedain, und er war es, der den Ring von Saurons Hand schnitt. So begann das Dritte Zeitalter. Nachdem er in den Besitz des Einen Ringes gelangt war, versäumte Isildur jedoch, ihn zu vernichten. So holte das Verhängnis ihn im ersten Jahr des neuen Zeitalters ein: Die Orks töteten ihn mit schwarzen Pfeilen auf den Schwertelfeldern, und der Ring galt lange Zeit als verloren.

Das Nördliche Königreich Arnor wurde jetzt von den Söhnen Isildurs, das Südliche Königreich Gondor von den Söhnen Anárions regiert. Doch andere Völker waren mittlerweile im Osten und Süden entstanden, und viele von ihnen zogen gegen die Dúnedain ins Feld. Aus Rhûn kamen die Balchoth, die Wagenfahrer und andere Ostlinge, während aus dem Süden die Haradrim und die Variags zusammen mit den Schwarzen Númenórern heranrückten. Doch gelang es den Menschen von Gondor, alle Angriffe abzuwehren.

Im Norden freilich war eine andere Macht in Angmar erwachsen. Ein Hexenkönig herrschte über das Land und sammelte ein Heer von Orks, Bergmenschen aus den Ettenöden und Ostlingen um sich, welches das Nördliche Königreich Arnor mit Krieg überzog und völlig verwüstete. Obgleich Angmar schließlich von den Dúnedain Gondors eingenommen wurde, war Arnor zerstört, und die wenigen seiner Bewohner, die die Greuel des Krieges überlebt hatten, zogen durch die leeren Lande und wurden als Waldläufer des Nordens bekannt.

Im Süden und im Osten bedrohten inzwischen barbarische Stämme zusammen mit Dunländern, Haradrim und Ostlingen die Grenzen Gondors. Doch in dieser Zeit gewannen die Menschen von Gondor einen Verbündeten – die Rohirrim, die Nordmenschen von Rhovanion, die ihnen zu Hilfe eilten und wie die Waldmenschen und die Beorninger des Düsterwalds, die See-Menschen und die Bardinger von Thal gegen das Übel kämpften, das Sauron, der Dunkle Herrscher, überall anrichtete.

Gegen Ende des Dritten Zeitalters begann der Ringkrieg, und alle Völker auf Mittelerde verbanden sich entweder mit Sauron oder mit den Dúnedain. Saurons Heer wurde schließlich besiegt, der Eine Ring vernichtet. Der Eine König kam zu den Dúnedain: Aragorn, der Sohn Arathorns und wahre Erbe Isildurs, der jetzt Elessar genannt wurde.

Elessar erwies sich als weiser und gerechter König. Obgleich er zahlreiche Feinde im Krieg niedergeworfen hatte, schloß er Friede mit den Ostlingen und den Haradrim, so daß im Vierten Zeitalter und noch lange danach Eintracht und Wohlstand auf Mittelerde herrschten.

Moriquendi – In der Sprache der Hoch-Elben wurden alle Elben, die nicht zur Zeit der Bäume der Valar in die Unsterblichen Lande gekommen waren, Moriquendi, die Dunkel-Elben, genannt.

N

Nandor – Die Elben, welche die Große Reise unternahmen, waren die Teleri. Sie teilten sich zum erstenmal, als Lenwe, ein Teleri-Fürst, mit seinem Volk den Großen Strom Anduin hinunter nach Süden zog. Sie wurden die Nandor genannt, „die sich abwenden", und es gab niemanden, die wie sie die Wälder kannte.

Mehr als zwei Zeitalter der Sterne hindurch lebten sie friedlich in den Tälern des Anduin. Einige überquerten das Weiße Gebirge und gelangten nach Eriador. Viele wurden dabei von Orks, Steintrollen und Wölfen getötet.

Nachdem Denethor seinen Vater Lenwe als König abgelöst hatte, sammelte er viele Nandor um sich und setzte die lange zuvor aufgegebene Wanderung nach Westen fort. In Beleriand wurden sie von den Sindar begrüßt, die sie beschützten und mit der Kunst der Kriegführung vertraut machten. Sie siedelten sich in Ossiriand an, dem „Land der sieben Flüsse", und wurden fortan Laiquendi oder Grün-Elben genannt, da sie die grünen Wälder liebten und sich in grüne Gewänder zu kleiden pflegten, um sich für ihre Feinde unsichtbar zu machen.

Naugrim – Während der Zeitalter der Sterne, bevor das Reich der Grau-Elben sich zu seiner vollen Macht entwickelt hatte, kam ein Zwergenvolk über die Blauen Berge nach Beleriand. Die Grau-Elben hielten diese Geschöpfe für verwachsen und nannten sie die Naugrim, „Die Kurzgewachsenen". Obwohl die Naugrim in Frieden mit den Elben lebten, entwickelte sich nie eine große Freundschaft zwischen ihnen.

Nazgûl – Die Nazgûl oder Ringgeister waren einst Fürsten der Haradrim, Ostlinge und Schwarzen Númenórer, denen von Sauron, dem Dunklen Herrscher, die Ringe der Macht übergeben worden waren. Während des Zweiten und Dritten Zeitalters der Sonne zählten sie zu seinen mächtigsten Dienern. Doch da ihre Körper und Seelen völlig vom Bösen verdorben waren, hörten sie auf, Menschen zu sein und wurden zu Geistern. Über ihr Schicksal wird in der Naturgeschichte dieses Buches berichtet.

Noegyth Nibin – Die alten Geschichten des verlorenen Reiches von Beleriand berichtet von einem Volk, das die Grau-Elben Noegyth Nibin nannten. Es waren kleine Geschöpfe – noch kleiner als Zwerge, von denen sie abstammten. Die Menschen nannten sie Kleinzwerge, und im Ersten Zeitalter der Sonne wurde Mîm – der letzte seines Volkes – erschlagen.

Noldor – Die mächtigsten Eldar auf Mittelerde waren die Noldor, denn sie waren es, welche die Silmaril genannten Edelsteine sowie die Ringe der Macht geschmiedet hatten.

Die Noldor gehörten zum Zweiten Geschlecht jener Eldar, die in die Unsterblichen Lande gekommen waren. Der Name Noldor bedeutet „Die Weisen", da sie Weisheit mehr als alle anderen Elben begehrten. In den Jahren der Bäume der Valar war Finwe ihr König, und damals lernten sie viel von ihren Lehrern, den Valar und Maiar. Ihre auf dem grünen Hügel von Túna gelegene Hauptstadt

Maiar-Geister

Tirion, die sich über dem Meer von Belegaer erhob, war mächtig und schön. Die Stadt war inmitten des Calacirya genannten Lichtpasses errichtet, dem einzigen Zugang zu den von den gewaltigen Pelorí-Bergen umschlossenen Ländern Eldamar und Valinor. Durch diesen Spalt floß das Licht der Bäume der Valar und fiel auf den Westteil der Stadt. Im Osten, im Schatten des Túna, lag das von Sternen erhellte Große Meer.

Die Noldor waren die ersten, die die Gemmen zutage förderten, die im Inneren der Berge lagen. Mit ihnen waren die Wohnungen der Valar und der Elben geschmückt, und sogar die Meeresstrände und Flußufer von Eldamar, so hieß es, leuchteten im Licht der Gemmen.

Dem König der Noldor und seiner Gemahlin Míriel wurde ein Sohn namens Curufinwe geboren, der Feanor genannt wurde, was „Feuergeist" bedeutet, denn er war der erste, der die Zaubergemmen der Elben bearbeitete. Sie waren ursprünglich blaß und unscheinbar, aber unter dem Licht der Sterne nahmen sie eine leuchtende blaue Farbe an. Feanor schuf auch andere Edelsteine, die Palantiri oder „Sehenden Steine", die viele Zeitalter später die Elben von Avallóne den Dúnedain gaben. Seine größte Tat bestand jedoch darin, die drei legendären Gemmen zu schaffen, die das Licht der Bäume der Valar einfingen. Es waren dies die Silmaril, die kostbarsten Juwelen, die die Welt je gesehen hatte, denn sie leuchteten in einem unverlöschlichen Glanz. Doch Unglück befiel die Noldor, als Melkor mit der Spinne Ungolianth die Bäume der Valar zerstörte, Finwe erschlug und die Silmaril raubte. Feanor schwor ihm blutige Rache und machte sich daran, ihn – den er fortan Morgoth, den „Dunklen Feind der Welt", nannte – zu verfolgen. So begann der Juwelenkrieg.

Während dieser Zeit, dem Ersten Zeitalter der Sonne, brachten die Noldor auch Geschenke nach Mittelerde, und in Hithlum, Dor-lómin, Nevrast,

Mithrim, Dorthonion, Himlad, Thargelion und Ost-Beleriand entstanden mehrere Noldor-Reiche. Die schönsten von ihnen waren die beiden verborgenen Königreiche Gondolin, über das Turgon herrschte, und Nargothrond, das von Finrod Felagund regiert wurde.

Im Juwelenkrieg wurde Finwe mit seinen sieben Söhnen Amras, Amrod, Caranthir, Celegorm, Curufin, Maedhros und Maglor erschlagen. Ebenso wurde sein Bruder Fingolfin mit seinen Kindern Fingon, Turgon und Aredhel von Morgoth getötet. So herrschte sein zweiter Bruder Finarfin, der dritte Sohn Finwes, über die in Tirion gebliebenen Noldor, doch all seine Kinder zogen nach Mittelerde, wo seine vier Söhne Aegnor, Angrod, Finrod Felagund und Orodreth getötet wurden. Von allen Noldor-Herrschern und ihren Kindern blieb nur Finarfins Tochter Galadriel am Leben.

In den Jahren des Ersten Zeitalters zerstörten Morgoth und seine Diener alle Reiche der Noldor auf Mittelerde. Auch die Reiche der Grau-Elben oder Sindar sowie die Zwergenreiche von Nogrod und Belegost und die meisten Reiche der Drei Häuser der Edain fielen den Kriegen von Beleriand zum Opfer.

Doch schließlich zogen die Valar und Maiar aus den Unsterblichen Landen gegen Morgoth zu Felde. Im Krieg des Zorns mußte sich Angband der Übermacht ergeben, und Morgoth wurde für immer in die Ewige Leere gestürzt. Damit zerbrach auch Beleriand, und der größte Teil des Landes verschwand im Meer.

Nur wenige der Noldor-Fürsten, die diese Kämpfe überlebt hatten, konnten sich rechtmäßig auf ihre königliche Herkunft berufen. So errichtete Gil-galad, der Sohn Fingons und Enkel Fingolfins, in Lindon das letzte Königreich der Noldor in den Landen der Sterblichen. Die einzigen, die mit ihm die Schwelle des Zweiten Zeitalters überschritten, waren Celebrimbor, der Sohn Curufins, Galadriel, die Tochter Finarfins, Elrond und Elros, die Halb-Elben, Círdan von den Falthrim, die Laiquendi und die Edain – die Menschen, die während der Kriege den Elben treu geblieben waren.

Zu jener Zeit bestiegen viele Elben ihre Schiffe in den Grauen Anfurten und segelten nach Tol Eressea in der Bucht von Eldamar in den Unsterblichen Landen, um dort die Stadt Avallóne zu bauen. Den Edain wurde eine Insel im westlichen Meer namens Númenor übereignet, und auch sie verließen die Länder von Mittelerde.

Gil-galad herrschte über Lindon und Círdan über die Grauen Anfurten. Aber im Jahre 750 des Zweiten Zeitalters kam Celebrimbor mit seinem Volk aus

HILDÓRIEN-MENSCH

Lindon und errichtete am Fuß des Nebelgebirges im Lande Eregion unweit von Khazad-dûm ein Reich. Diese Elben wurden Gwaith-i-Mírdain genannt, das „Volk der Juwelenschmiede". Hier wurden auf Veranlassung Saurons von Celebrimbor – dem Enkel Feanors, der die Silmaril geschaffen hatte – die Ringe der Macht geschmiedet, und damit begann eine Reihe weiterer blutiger Kriege. Denn Sauron schmiedete zugleich den Einen Ring, der Gewalt über alle anderen Ringe besaß. Die Elben erhoben sich gegen ihn, und im anschließenden Krieg der Elben gegen Sauron wurden Celebrimbor und die meisten Gwaith-i-Mírdain getötet. Eregion lag in Schutte und Asche, und obgleich der Halb-Elbe Elrond mit einem Heer zur Hilfe eilte, konnte er nur noch mit den wenigen Überlebenden in Imladris, das die Sterblichen Bruchtal nannten, Zuflucht suchen. Hier entstand die letzte Noldor-Festung zwischen den Blauen Bergen und dem Nebelgebirge.

Zu dieser Zeit war Lindon selbst in Gefahr, aber die Nachkommen der Edain, die Númenórer, stellten eine gewaltige Flotte auf und vertrieben Sauron. Später kehrten sie noch einmal zurück und nahmen den Dunklen Herrscher gefangen. Es gelang ihm jedoch, sie gegen die Valar aufzuwiegeln, und das war ihr Verhängnis, denn ihre Insel wurde zur Strafe vom Meer verschlungen.

So kehrte Sauron nach Mittelerde zurück, wo nur noch – abgesehen von dem mit Hilfe der Noldor und Sindar errichteten Lothlórien und dem Elbenreich im Großen Grünwald – die Noldor-Reiche von Lindon und Bruchtal standen. Elben und Menschen schlossen sich zum Letzten Bund zusammen, und in dem darauf folgenden Krieg, mit dem das Zweite Zeitalter endete, wurden Gil-galad und der König der Dúnedain von Sauron erschlagen. Aber auch Mordor wurde vernichtet, und mit ihm verschwand Sauron in der Dunkelheit.

Danach gab es keine Hochkönige der Noldor mehr auf Mittelerde. Die Herrschaft über Lindon und die Grauen Anfurten wurde Círdan übertragen, während Elrond weiter im Besitz von Bruchtal blieb. Das schönste Reich im Dritten Zeitalter war Lothlórien, wo Galadriel herrschte, die edelste noch auf Mittelerde verbliebene Noldor-Fürstin.

Als am Ende des Dritten Zeitalters der Eine Ring zerstört und Sauron für immer vernichtet wurde, kehrten Elrond aus Bruchtal und Galadriel aus Lothlórien mit den weißen Elbenschiffen in die Unsterblichen Lande zurück. Mit ihnen vergingen ihre Reiche. Es heißt, daß Círdan mit den letzten Noldor Mittelerde verließ.

Nómin – Als die Menschen im Ersten Zeitalter der Sonne Beleriand betraten, begegneten sie zum erstenmal den Noldor-Elben unter ihrem Herrscher Finrod Felagund. Erstaunt über die Kenntnisse und die Klugheit dieser Elben, nannten sie sie die Nómin, was „Die Weisen" bedeutet.

Nordmenschen – Im Dritten Zeitalter der Sonne bewohnten viele Menschen, die von den Edain des Ersten Zeitalters abstammten, die nördlichen Täler des Anduin. Sie wurden die Nordmenschen genannt. Obgleich sie von mehreren Herrschern und Stammesfürsten regiert wurden, waren sie alle erbitterte Feinde Saurons und seiner Diener. In den Geschichten des Dritten Zeitalters der Sonne werden immer wieder die Namen dieser Völker und Stämme erwähnt, so die der Beorninger und der Waldmenschen des Düsterwalds, der See-Menschen von Esgaroth, der Bardinger von Thal und der Eothéod, der Vorfahren der Rohirrim. Im Ringkrieg erwiesen sich die Nordmenschen als treue Verbündete der Dúnedain.

Númenórer – Als das Erste Zeitalter der Sonne endete und die Macht Saurons zerbrach, hatten nur wenige der Edain, die mit den Elben verbündet waren, die schrecklichen Kriege von Beleriand überlebt.

Nach der Großen Schlacht erbarmten sich die Valar dieser Menschen und schufen für sie eine Insel im Westlichen Meer zwischen Mittelerde und den Unsterblichen Landen. Zugleich verliehen sie ihnen ein langes Leben und größere Kräfte des Körpers und Geistes, als die übrigen Menschen sie besaßen. Fortan hießen sie nach dem Land, das sie seitdem bewohnten, die Númenórer. Freilich trug ihre Insel nicht nur den Namen Númenor, sondern wurde auch als Westernis bezeichnet, als Andor, das „Land der Gabe", als Elenna, das „Land des Sterns", und als Mar-nu-Falmar von Atalante.

Der erste König der Númenórer war der Halb-Elbe Elros, der Bruder Elronds, welcher später über Bruchtal herrschte. Elros entschied sich dafür, wie sein Volk sterblich zu sein; doch seine Herrschaft dauerte immerhin 400 Jahre. Auf Númenor wurde er Tar-Minyatur genannt. Die Númenórer segelten mit ihren Schiffen durch alle Meere der Welt und gelangten sogar bis zu den Pforten des Morgens weit im Osten von Arda. Doch war ihnen verboten, nach Westen zu fahren, denn die Valar hatten einen Bann ausgesprochen, daß kein Sterblicher jemals die Unsterblichen Lande von Valinor und Eldamar betreten dürfe.

Macht und Wohlstand der Menschen auf Númenor wuchsen, während die Dunkelheit auf Mittelerde sich verdichtete. Denn als Morgoth die Welt verlassen hatte, war sein Diener, der Dunkle Herrscher Sauron, zurückgekehrt und hatte die Menschen der südlichen und östlichen Länder von Mittelerde zu seinen Vasallen gemacht.

Zu dieser Zeit schuf Sauron einen Zauberring, mit dem er alle Länder der Sterblichen zu unterwerfen hoffte, und führte einen erbitterten Krieg gegen die Elben. Doch die Númenórer kamen den Elben zu Hilfe und vertrieben Sauron aus den westlichen Landen. Eine Zeitlang herrschte Friede auf Mittelerde, die Númenórer wurden mächtiger als je zuvor und errichteten die Häfen Umbar im Süden und Pelargir im Norden der Außenlande. Aber sie waren stolz geworden und wollten ganz Mittelerde unter ihre Herrschaft bringen. So fielen sie im Jahr 3262 mit einem gewaltigen Heer in Mordor ein. Sauron konnte ihnen keinen Widerstand entgegensetzen, und zur Verwunderung der ganzen Welt verließ er seinen Dunklen Turm, um sich den Númenórern zu ergeben. Er wurde in Ketten gelegt und im Turm des Königs auf Númenor gefangengehalten.

Aber Sauron hatte sich nur ergeben, um durch List zu erreichen, was er durch Waffengewalt nicht erreichen konnte. Wohl wissend, wie ehrgeizig und machtgierig die Númenórer geworden waren, gelang es ihm, ihren König Ar-Pharazn zu korrumpieren. Tempel wurden dem Herrn der Dunkelheit auf Númenor errichtet und Menschenopfer auf seinen Altären dargebracht.

Dann überredete Sauron die Númenórer, Krieg gegen die Valar und Eldar in den Unsterblichen Landen zu führen. Sie stellten eine Flotte auf, die größer war, als die Welt je gesehen hatte, und segelten an den Verwunschenen Inseln vorbei nach Westen, bis sie die Unsterblichen Lande erreichten. Das „Akallabeth" berichtet uns, was dann geschah. Kaum hatte ihr König die Küste betreten, als die Pelóri-Berge zusammenbrachen und ihn samt seiner gewaltigen Flotte unter sich begruben. Die Wasser erhoben sich im Zorn, und Meneltarma – der Vulkan in der Mitte von Númenor – brach aus. Riesige Flammen züngelten hoch, und ganz Númenor versank im Meer von Belagaer.

Damit trat das ein, was als die Umwandlung der Welt in die Chronik der Menschen einging. In jenem Jahr, 3319 des Zweiten Zeitalters der Sonne, wurden die Unsterblichen Lande den Sphären der Welt entrückt und waren fortan nur den wenigen Auserwählten zugänglich, die den Geraden Weg kannten, der beide Welten jetzt miteinander verband.

Aber einige Númenórer hatten sich auf Schiffe geflüchtet und so den Untergang ihrer Insel überlebt. Dies waren die Elendili, die „Getreuen", die nicht von Sauron verdorben worden waren und sich geweigert hatten, den alten Bund mit den Valar und Eldar zu brechen. Mit neun Schiffen erreichten sie die Küste von Mittelerde und errichteten die beiden Königreiche Arnor und Gondor. Einige andere hatten die Insel ebenfalls vor der Katastrophe verlassen und ließen sich in Umbar nieder. Sie gingen später als die Schwarzen Númenórer in die Geschichte ein.

O

Oghor-hai – Oghor-hai war der Name, mit dem die Orks die primitiven Wilden Menschen bezeichneten, die oft die in ihr Land eingedrungenen Orkheere überfielen. Den Menschen waren sie als Wasas bekannt.

Orks – Melkor züchtete in den Höhlen seiner Festung Utumno neben einer Unzahl von Ungeheuern eine Rasse von verkrüppelten Geschöpfen, die er Orks nannte. Lange Zeit stellten sie die Hauptmacht seiner und Saurons Heere. Orks gehörten zu den zahlreichsten Bewohnern von Mittelerde, doch ähnelten sie eher Tieren als Elben oder Menschen. Daher wird über ihr Schicksal wie das der anderen Kelvar in der Naturgeschichte berichtet.

Ost-Elben – Zu Beginn der Zeitalter der Sterne lebten alle Elben im Osten von Mittelerde. Dann forderte der Herr der Wälder, der Jäger Orome, sie auf, ihr Reich zu verlassen und in die Unsterblichen Lande zu ziehen.

Viele folgten Oromes Ruf und zogen nach Westen. Sie werden als West-Elben oder Eldar bezeichnet. Diejenigen, die zurückblieben, da sie die lange Reise scheuten, wurden hingegen Ost-Elben oder Avari genannt, „Die Widerstrebenden".

Ostlinge – Im Ersten Zeitalter der Sonne wohnten alle Menschen in den östlichen Ländern von Mittelerde. Einige zogen nach Westen, aber diejenigen, die im Osten blieben, gerieten unter den dunklen Schatten Melkors und verfielen seinem bösen Einfluß. Sie

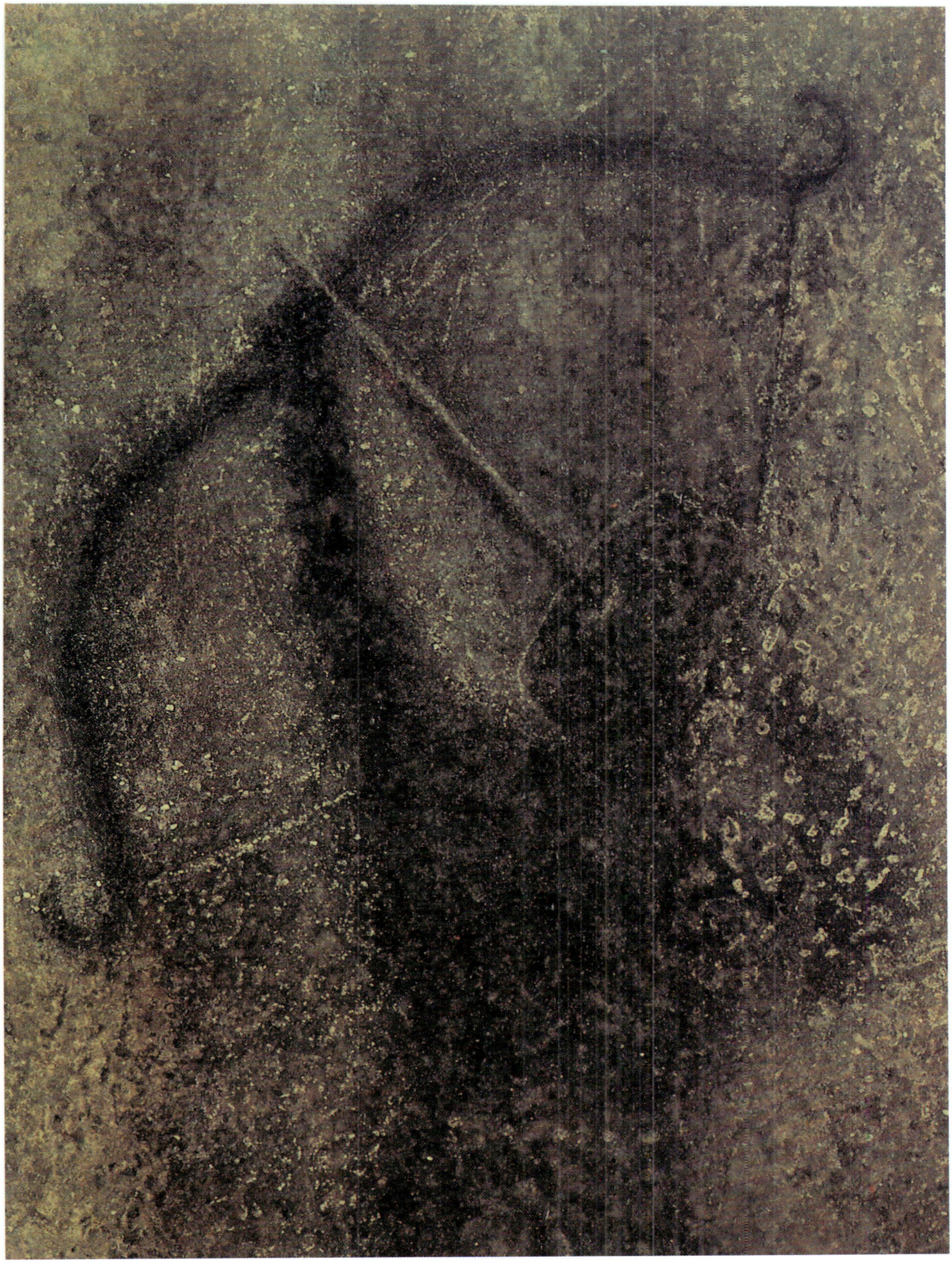

Grün-Elbe

Nazgûl

wurden die Ostlinge genannt, und ihr Land hieß Rhûn.

Später verließen einige dieser Menschen den Osten und wanderten in die Elbenlande von Beleriand. Sie waren nicht großgewachsen wie die Edain, sondern untersetzt, kurzgliedrig schwarzhaarig und dunkelhäutig. In der Regel erwiesen sie sich als unzuverlässig und verrieten in Kriegszeiten ihre Verbündeten, die Elben, an Morgoth. Nur wenige Namen dieser Menschen sind uns überliefert. So errangen Ulfang der Schwarze und seine Söhne Ulfast, Ulworth und Uldor dadurch traurigen Ruhm, daß sie den denkbar größten Verrat begingen. In der Schlacht der Ungezählten Tränen wendeten sie sich mitten im Kampfgetümmel gegen die Elben, mit denen sie verbündet waren, und erschlugen sie heimtückisch von hinten. Damit war der Ausgang der Schlacht entschieden, und die Elben wurden vernichtend geschlagen. Doch nicht alle Ostlinge waren treulos. So focht Bór mit seinen Söhnen Borlad, Borlach und Borhand tapfer bis zum Tod, um den Elben beizustehen.

Danach blieben die Ostlinge abhängig von Morgoth und seinem Diener Sauron und unterstützten ihn in seinen vielen Kriegen gegen die edlen Nachkommen der Edain. In den Zeitaltern der Sonne schlossen sie sich zu einem Bund mehrerer Reiche und Stämme zusammen. Im Dritten Zeitalter verließen viele Ostlinge Rhûn. Zu ihnen gehörten die wilden Balchoth und die als Wagenfahrer bekanntgewordenen Barbaren. Weiter im Süden lebten in Harad einige kriegerische Stämme, die den Osten lange zuvor verlassen hatten.

Auf Befehl Saurons entsandten die Ostlinge Truppen, die ihm im Ringkrieg beistanden. Auf den Pelennor-Feldern kämpften zahllose Ostlinge, bärtig wie Zwerge und mit mächtigen Doppeläxten bewaffnet, und fielen. Andere fanden ihr Ende, als das Schwarze Tor barst und Saurons Reich Mordor zerstört wurde.

Mit dem glücklichen Ausgang des Ringkrieges endete Saurons Macht für immer. Als Elessar in Gondor gekrönt wurde und das Vierte Zeitalter über Rhûn anbrach, baten die Ostlinge um Friede. Danach herrschte für lange Zeit Eintracht in den Ländern von Harad und Rhûn.

P

Periannath – In den Geschichten des Ringkrieges wird berichtet, wie die kleinsten und unauffälligsten Bewohner von Mittelerde, die Hobbits, entscheidend zum Ausgang des Krieges beitrugen. So errangen die Periannath, wie die Hobbits in der Sprache der Grau-Elben genannt wurden, in den Liedern der Elben und Menschen unsterblichen Ruhm.

Puckelmännchen – In Dunharg gab es ein Labyrinth von Wällen und Mauern, das jedem Angreifer den Zugang zu der Festung verwehrte. Jedes Tor wurde von einem steinernen Wächter bewacht. Die Rohirrim, die Jahrhunderte nach Errichtung dieser Wächter nach Dunharg kamen, nannten sie die Puckelmännchen. Die Statuen stellten kauernde, dickbäuchige menschenähnliche Gestalten mit beinahe komischen, grimassierenden Gesichtern dar. Sie sind mit den Wasas von Druadan verglichen worden. Und tatsächlich waren die Puckelmännchen Vorfahren der Wasas, doch über ihre Verbindung mit den Erbauern von Dunharg ist nichts bekannt.

Q

Quendi – Wie in der „Ainulindale" berichtet wird, wurden alle Dinge der Welt von den großen Themen der Musik der Ainur geschaffen. Es war Ilúvatar allein, der diese Themen ersann. Als die Elben in die Welt traten und im Licht der Sterne und beim Klang des Wassers erwachten, war es, als ob die Musik der Sphären in ihnen geboren würde. Von allen Geschöpfen der Welt waren sie die ersten, die sprachen. Die Stimmen der Elben waren schön und fließend wie Wasser, und sie waren begierig, alles über die Welt zu erfahren, und benannten alles, was sie sahen. Und jeden, der die Kunst der Sprache und der Musik lernen wollte, lehrten sie zu sprechen und zu singen.

So nannten die Elben sich selbst die Quendi, was „Die Sprechenden" bedeutet, und ihre Sprache nannten sie Quenya. Sämtliche Sprachen der Welt gehen auf diese Ursprache zurück, die wie Musik für die Ohren all jener ist, die die Schönheit in jeglicher Form lieben.

R

Rógin – In der Sprache der Rohirrim war Rógin der Name, den sie dem primitiven Stammesvolk des Druadan-Waldes gaben, das meist die Wasas oder die Wilden Menschen genannt wird.

Rohirrim – Im Jahre 2510 des Dritten Zeitalters der Sonne kam eine Schar blondhaariger Reiter dem von Balchoth- und Orkhorden bedrängten Gondor-Heer in der Schlacht auf dem Feld von Celebrant zu Hilfe. Es waren die Eothéod, welche die Menschen von Gondor später die Rohirrim nannten, die „Pferdeherren" – Nordmenschen, die die Täler des Anduin bewohnten und als Krieger und Reiter weithin berühmt waren.

Der bekannteste seines Volkes war König Eorl der Junge, der zum erstenmal die Mearas zähmte, jene edlen Rösser, die angeblich von Nahar abstammten, dem Pferd des Vala Orome. Eorl war es auch, der seine Krieger in der Schlacht auf dem Celebrant-Feld anführte. Auf Wunsch der Menschen von Gondor errichtete er ein Königreich in der Provinz Calenardhon, das später Rohan oder die Mark genannt wurde. Und er war der erste einer Reihe von Königen, die im Dritten Zeitalter nicht weniger als fünf Jahrhunderte über die Mark herrschten.

Die Rohirrim waren ständig zum Kampf bereit. Sie trugen silberne Harnische und leuchtende Kettenhemden und waren mit Speeren und langen,

NOLDOR-ELBE

edelsteinbesetzten Schwertern bewaffnet. Ihr Haar war zu langen blonden Zöpfen geflochten, und sie trugen silberne Helme mit einer aus Pferdeschwänzen gefertigten Zier. Ihre grünen Schilde waren mit einer goldenen Sonne geschmückt, und ihre Banner trugen ein weißes Pferd auf dunklem Grund. So zogen sie auf ihren prächtigen Pferden gegen Ostlinge, Dunländer, Haradrim, Uruk-hai und Orks zu Felde.

Auf den wogenden Hügeln unweit des Weißen Gebirges lag der Königshof von Edoras mit seiner Halle Meduseld, dem von einem goldenen Dach überwölbten Thronsaal. Kaum weniger berühmt als Eorl der Junge war Helm Hammerhand, der letzte der Ersten Linie der Könige. Zu seiner Zeit litten die Rohirrim nicht nur unter den ständigen Angriffen der Dunländer, sondern auch unter Hungersnöten und der bitteren Kälte, die der Lange Winter von 2759 mit sich brachte. Doch die Tapferkeit und körperliche Kraft des Königs waren so legendär, daß schon sein bloßer Name genügte, um die Feinde der Rohirrim in Angst und Schrecken zu versetzen. Es hieß, daß Helm wie ein riesiger Troll durch die nächtlichen Schneestürme schritt. Er griff seine Feinde ohne Waffen an und tötete sie mit seinen nackten Händen. Zwar starb er, bevor der Lange Winter endete, doch die Dunländer behaupteten, daß sein Geist sie und die anderen Feinde der Rohirrim noch lange danach verfolgte.

In der Geschichte des Ringkrieges wird uns berichtet, wie Théoden, der letzte der Zweiten Linie der Könige, unter die Macht des Zauberers Saruman geriet. Doch mit Hilfe Gandalfs befreite sich Théoden von dem Einfluß, den Saruman über ihn gewonnen hatte, und führte seine Krieger siegreich in die Schlacht von Hornburg und in die Schlacht auf den Pelennor-Feldern. Obgleich er damals bereits ein alter Mann war, erschlug er den König von Harad, bevor er selbst vom Hexenkönig von Morgul getötet wurde.

So ging die Herrschaft auf seinen Schwestersohn Omer über. Er zählte zu den bedeutendsten Königen der Mark, denn er erneuerte das Bündnis mit den Menschen von Gondor. Nach dem Ringkrieg verließ er noch oft sein Land, um die aufständischen Völker des Südens und Ostens niederzuwerfen, und so kehrte im Vierten Zeitalter endlich Friede in Rohan ein.

Im Ringkrieg gab es noch ein anderes Mitglied des Königshauses, das großen Ruhm erlangte. Es war dies Owyn, die schöne Schwester Omers. In der Schlacht auf den Pelennor-Feldern stand sie in den Reihen der Krieger und verteidigte den Leichnam des gefallenen Königs Théoden gegen den Hexenkönig von Morgul. Dann vollbrachte sie eine Tat, die die mächtigsten Krieger auf Mittelerde in viertausend Jahren nicht vollbringen konnten; denn es war prophezeit worden, daß der Hexenkönig von keines Mannes Hand getötet werden könnte. So offenbarte Owyn, daß sie kein Mann, sondern eine Schildmaid war, und durchbohrte mit ihrem Schwert zuerst das geflügelte Untier, das dem Hexenkönig als Schlachtroß diente, und dann, mit Hilfe des Hobbits Meriadoc Brandybock, ihn selber.

S

Schneemenschen – In den nördlichen Ländern von Forochel lebte im Dritten Zeitalter der Sonne ein barbarisches Volk, das von den alten Forodwaith abstammte. Die Sindar-Elben nannten diese Menschen die Lossoth, doch in der Gemeinsamen Sprache wurden sie die Schneemenschen von Forochel genannt.

Schwarze Menschen – Im Ersten Zeitalter der Sonne wurden die Menschen, die nach den Edain nach Beleriand kamen, als Ostlinge bezeichnet. Einige nannten sie jedoch die Schwarzen Menschen, denn sie waren nicht nur kleiner und untersetzter als die Edain, sondern hatten auch schwarze Haare und eine dunklere Haut als sie.

Im Dritten Zeitalter wurden auch die großgewachsenen, braunhäutigen Haradrim, die Feinde der Menschen von Gondor, Schwarze Menschen genannt.

Schwarze Númenórer – Im „Akallabêth" wird berichtet, wie das Land der Númenórer, das mächtigste Reich der Menschen auf Arda, im Jahre 3319 des Zweiten Zeitalters im Westlichen Meer versank. Die meisten Númenórer fanden dabei den Tod, doch einige hatten die Insel vor dem Untergang Númenors verlassen und konnten sich auf diese Weise retten.

Einige der Menschen, die die Katastrophe überlebt hatten, ließen sich im Süden von Mittelerde in der Hafenstadt Umbar nieder und wurden die Schwarzen Númenórer genannt. Sie verbündeten sich mit Sauron, der dreien von ihnen die Ringe der

Ein König der Númenórer

Macht gab. Diese drei gehörten fortan zu jenen Geistern, die als Nazgûl bezeichnet wurden. Zwei weitere ihrer Fürsten, Herumor und Fuinur, stattete er mit anderen Machtmitteln aus, und sie wurden Herrscher der Haradrim.

Die Schwarzen Númenórer fielen in der Folgezeit häufig in Gondor und Arnor ein, um sich mit den Nachkommen jener Númenórer zu messen, die wie sie den Untergang ihres Reiches überlebt hatten. Es waren dies die Elendili oder Elbenfreunde. Mehr als tausend Jahre hindurch ertrugen die Bewohner von Gondor und Arnor die ständigen Überfälle, aber im 10. Jahrhundert des Dritten Zeitalters zerschlug König Earnil I. von Gondor die Seemacht der Schwarzen Númenórer und nahm ihren Hafen ein. Umbar wurde zu einer Festung von Gondor. Zwar erhoben sich die Schwarzen Númenórer in den folgenden Jahren noch mehrmals, doch im Jahre 1050 wurden sie von Hyarmendacil endgültig niedergeworfen.

Danach vermischten sie sich mit den Haradrim und den Nachkommen der Corsaren. Andere ließen sich in Morgul und Mordor nieder. Doch die Macht, die Sauron ihnen gegeben hatte, schwand mit seinem Untergang, so daß in den Annalen des Vierten Zeitalters von ihnen nicht mehr die Rede ist.

Schwärzlinge – In den letzten Jahrhunderten des Dritten Zeitalters der Sonne drangen Gerüchte über die Kriege zwischen den Menschen von Gondor und den wilden Haradrim des Südens in das friedliche Auenland. Diese Haradrim wurden im Dialekt des Auenlandes Schwärzlinge genannt.

See-Elben – Von allen Elben liebten die Teleri die Meere Ulmos, des Herrn des Wassers, am meisten und lebten am längsten an den Küsten des Großen Meeres Belagaer. Sie wurden daher See-Elben genannt. Sie waren die ersten, die Schiffe bauten. Alles, was sie über das Meer wußten, hatten sie von dem Maia Osse, dem Herrscher der Wogen, und seiner Gemahlin Uinen, der Herrin der Ruhigen See, erfahren.

See-Menschen – Zwischen dem Düsterwald und den Eisenhügeln lag der Lange See, und hier lebten im Dritten Zeitalter der Sonne die See-Menschen. Sie befuhren den See und den Fluß Eilend und waren durch den Handel mit den Elben des Waldland-Reiches im Düsterwald und den Zwergen von Erebor, dem Einsamen Berg, zu beträchtlichem Wohlstand gelangt.

Esgaroth war auf in den See getriebenen Pfählen errichtet, und eine hölzerne Brücke verband die Stadt mit dem Ufer. Sie hielt jedoch nicht dem geflügelten Feuerdrachen Smaug stand, der im Jahre 2770 nach Erebor kam. Im Jahre 2941 griff Smaug Esgaroth an, und obgleich es dem Thal-Krieger Bard gelang, das Untier zu töten, wurde die Stadt zerstört, später jedoch mit des Mitteln eines Teils des Drachenhordes wieder aufgebaut.

Der Herrscher der See-Menschen, den man den

Meister von Esgaroth nannte, wurde von seinen Untertanen gewählt. Als Smaug Esgaroth zerstörte, war dieser Herrscher korrupt und feige. Sein Nachfolger erwies sich jedoch als ehrlich und klug, so daß die See-Menschen zu neuem Wohlstand gelangten.

Sindar – In der Geschichte von der Großen Reise der Elben wird berichtet, wie die Grau-Elben oder Sindar sich von ihren Artverwandten trennten. Ursprünglich gehörten sie dem Dritten Elbengeschlecht, dem der Teleri, an, und ihr Herrscher war der Hochkönig aller Teleri. Damals war sein Name Elwe Singollo; er hatte silberne Haare und überragte alle anderen Elben um Kopfesgröße. Viele der Teleri gingen auf der Reise verloren, aber Elwe trieb sie immer wieder an, bis sie schließlich nach Beleriand hinter den Blauen Bergen kamen. Dort schlugen sie am Gelion-Fluß ein Lager auf. Elwe Singollo betrat den nahe gelegenen Wald Nan Elmoth und verfiel einem zeitlosen Zauber. Sein Volk suchte nach ihm,

Orks

aber als die Jahre verstrichen, gaben die meisten die Hoffnung auf und übertrugen die Königswürde auf Elwes Bruder Olwe, der die Reise nach Westen wieder aufnahm. Viele blieben jedoch in Beleriand und nannten sich fortan die Eglath, „Das Verlassene Volk".

Dann wurden die Eglath für ihre Ausdauer belohnt, denn Elwe Singollo kehrte aus dem Wald von Nan Elmoth zurück, und eine große Veränderung war mit ihm vorgegangen. In seiner Begleitung befand sich die Maia Melian, die Ursache seiner Verzauberung. Das Licht auf ihrem Gesicht leuchtete, und sie wurde von den Eglath verehrt wie keine andere Königin zuvor.

Der König wollte nicht weiter nach Westen ziehen, sondern wünschte in den Wäldern von Beleriand zu bleiben und gründete dort ein neues Reich. Sein Volk wurde fortan die Grau-Elben oder die Elben des Zwielichts genannt.

In den Zeitaltern der Sterne wurden die Sindar das mächtigste Elbenvolk auf Mittelerde, und alle Länder Beleriands gehörten ihnen. Sie begegneten Nachkommen der Teleri, den Falathrim, die unter ihrem Herrscher Círdan an der Küste des Meeres lebten. Sie hießen den zurückgekehrten König willkommen und schworen ihm Treue. Das gleiche geschah mit Nachkommen der Nandor, die nach Beleriand gekommen waren (und später die Grün-Elben oder Laiquendi genannt wurden). Auch sie nahmen Elwe als ihren König an. Im Laufe der Zeit entstand eine eigene Elbensprache unter den Sindar, und in dieser Sprache wurde ihr König nicht länger Elwe Singollo, sondern Elu Thingol, „König Graumantel", genannt. Elu Thingol und Melian wurde eine Tochter geboren, die den Namen Lúthien erhielt, und die Geschichten jener Zeit sagen, daß sie das schönste Geschöpf war, das je die Welt betreten hatte.

In den Zeitaltern der Sterne verließen die Zwerge die Blauen Berge und trieben Handel mit den Elben von Beleriand. Mit ihrer Hilfe wurde die größte Elbenstadt auf Mittelerde errichtet – Menegroth, die „Tausend Grotten".

Aber die Zeiten des Friedens näherten sich ihrem Ende. So wob Melian einen mächtigen Zauber um Menegroth und den Großen Wald von Doriath. Dieser Zauber, der Gürtel Melians genannt, entrückte das Reich der Sindar den Einflüssen der Welt, so daß nichts Böses in Doriath eindringen konnte.

Doch dann geschah etwas Unerwartetes. Ein Krieger aus dem Geschlecht der Menschen, ein Mann namens Beren, kam zu Thingol und bat ihn um die Hand Lúthiens. Thingol sah die Sterblichen gemeinhin mit Verachtung an, aber anstatt ihn töten zu lassen, stellte er Beren vor eine scheinbar unlösbare Aufgabe: Er sollte einen Silmaril aus der Eisernen Krone Morgoths schneiden und ihn nach Menegroth bringen.

Es gelang Beren tatsächlich, mit der Hilfe Lúthiens und des Wolfhundes Huan seinen Auftrag auszuführen. Aber damit erzürnte er nicht nur Morgoth, sondern auch die Zwerge und die Noldor. Denn die Zwerge, die im Verborgenen Königreich lebten und lange für Thingol gearbeitet hatten, begehrten selbst den Silmaril. So ermordeten sie den

König und raubten den Edelstein. Sie konnten jedoch nicht entkommen und wurden ihrerseits getötet. Nach dem Tode Thingols löste Melian den Zauber, den sie um das Verborgene Reich gesponnen hatte, und verließ Mittelerde für immer.

Jetzt, wo es ungeschützt dalag, war Menegroth den Angriffen der Zwerge von Belegost und der Noldor unter Führung der Söhne Feanors wehrlos ausgesetzt. Sie eroberten die Festung und legten sie in Schutt und Asche.

Im Zweiten Zeitalter der Sonne bestiegen viele der Sindar die weißen Elbenschiffe und segelten nach Tol Eressea, wo sie die Hafenstadt Avallóne errichteten. Doch andere blieben zurück und zogen im Laufe der Jahrhunderte in die Länder hinter dem Nebelgebirge, wo sie neue Königreiche unter den Wald-Elben gründeten. Einige Sindar ließen sich unter Elrond in Bruchtal und einige unter Círdan dem Schiffbauer in den Grauen Anfurten nieder.

Zur Zeit der Ringkriege war der bekannteste Elbe Legolas, der Sohn Thranduils, einer der neun Gefährten der Gemeinschaft des Ringes. Nach Ende des Krieges errichtete er eines der letzten Elbenreiche in den Wäldern Ithiliens in Gondor.

Sprechende – Die Elben waren die ersten auf Arda, die sprechen konnten. So nannten sie sich selbst die Quendi, was in jener ersten Elbensprache „die mit Stimmen Redenden“ bedeutete. Von ihnen erlernten alle anderen die Kunst der Sprache.

KLEINZWERGE VON NOEGYTH NIBIN

Starre – Von den drei Stämmen der Hobbits kannten nur die als Starre bezeichneten Halblinge die Fertigkeiten des Bootsbaus, des Fischens und des Schwimmens. Sie liebten die flachen Flußlandschaften und befreundeten sich mit den Menschen. Die Starren, die sich als letzte Hobbits im Auenland niedergelassen hatten, besaßen in den Augen der Harfüße das menschlichste Aussehen, denn sie waren schwerer und untersetzter als die anderen Stämme und konnten sich als einzige Halblinge einen Bart stehen lassen.

Südländer – In den Geschichten der Westlichen Lande wird immer wieder von einem wilden Volk berichtet, das im Zweiten und Dritten Zeitalter der Sonne aus den im Süden von Mittelerde gelegenen Wüsten und Wäldern der Sonnenlande kam. Die Dúnedain nannten sie die Südländer, doch besser sind sie unter ihrem Namen Haradrim bekannt.

T

Tareldar – Die Elben, die in den Tagen des Lichts der Bäume dem Ruf der Valar folgten, nach Westen zogen und das Segensreich erblickten, wurden in der Quenya-Sprache die Tareldar oder Hoch-Elben genannt.

Tarks – Im Westron, der Gemeinsamen Sprache, gab es viele aus dem Elbischen stammende Wörter, die von den Orks verballhornt wurden. Eines von ihnen ist „Tarkil“ und bezeichnet die Dúnedain. Später wurde daraus „Tarks“, ein verächtliches Wort für die Menschen von Gondor.

Telcontari – Am Ende des Ringkrieges entstand ein neues Geschlecht von Königen, das fortan das Doppelreich von Gondor und Arnor regierte. Der erste dieses Geschlechts war Aragorn, der Sohn Arathorns, der als König Elessar in die Geschichte einging. Er nannte sein Haus Telcontar, denn das war das Quenya-Wort für Waldläufer – der Name, unter dem er während seiner Verbannung gelebt hatte. Seine Nachkommen und Nachfolger behielten den Namen des Hauses bei, das Aragorn gegründet hatte, und nannten sich Telcontari.

Teleri – Es gab drei Elbengeschlechter, die in den Jahren der Sterne im Osten von Mittelerde zur Großen Reise in die Unsterblichen Lande aufbrachen. Die ersten beiden waren die Vanyar und die Noldor. Das zahlreichste Geschlecht war jedoch das der Teleri, deren Reise am längsten dauerte.

In den Sumpfländern im Westen von Mittelerde blieben die Teleri zurück, da sie sich scheuten, den Anduin und das Nebelgebirge zu überqueren. Einige Elben trennten sich von den anderen und zogen nach Süden in die Täler des Anduin. Doch die Hauptschar der Teleri setzte die Wanderung nach Westen fort, um am Fluß Gelion ein Lager aufzuschlagen. Dort geschah es, daß ihr König Elwe Singollo den Wald Nan Elmoth betrat und von der Maia Melian verzaubert wurde. Ein Teil seines Volkes, das sich die Eglath, „Die Verlassenen“, nannte, weigerte sich, ohne ihn weiterzuziehen. Sie blieben ihm treu, bis er schließlich mit seiner Braut Melian zu ihnen zurückkehrte.

Doch lange vorher schon hatte der größere Teil der Teleri seinem Bruder Olwe die Königswürde übertragen und sich wieder auf den Marsch zum Westlichen Meer gemacht. Von allen Elben waren sie die besten Sänger und liebten mehr als alle anderen die See. Von einigen wurden sie die Lindar, die „Sänger", genannt, und von anderen die Falmari, die See-Elben. Als er die Gesänge der Elben hörte, kam Osse, der Herr der Wogen, zu ihnen und lehrte sie die Kunde des Meeres.

Doch als Ulmo, der König der Meere, sie aufforderte, die Reise fortzusetzen, blieben abermals einige der Teleri aus Liebe zu den Küsten von Mittelerde zurück. Sie wurden die Falathrim, die „Elben der Falas", genannt.

Die anderen zogen jedoch mit Ulmo nach Westen. Da er sah, wie sehr sie die Wellen liebten, entschloß er sich, die Insel, mit denen er sie zu den Unsterblichen Landen schiffte, in der Bucht von Eldamar zu verankern – gerade so weit von der Küste entfernt, daß sie das Licht und das Land ihrer Verwandten sehen, aber nicht erreichen konnten. Je

Rohirrim-Reiter

länger sie auf Tol Eressea, der „Einsamen Insel", blieben, desto mehr veränderte sich ihre Sprache, bis sie nicht mehr der der Vanyar und Noldor glich. Die Valar wünschten jedoch, daß sie sich in den Unsterblichen Landen niederließen. So schickte Ulmo auf ihre Bitte noch einmal Osse zu ihnen, der sie lehrte, Schiffe zu bauen. Und als sie gebaut waren, sandte Ulmo riesige Schwäne aus, welche die Schiffe der Teleri schließlich nach Eldamar zogen.

Dankbar, daß sie das Ende ihrer Reise erreicht hatten, errichteten die Teleri unter ihrem König Olwe prächtige Wohnungen aus Perlen und zimmerten Schiffe, die den Schwänen Ulmos ähnelten, mit Augen und Schnäbeln aus schwarzen Edelsteinen und Gold. Sie nannten ihre Stadt Alqualonde, den „Schwanenhafen". Stets in der Nähe der Küsten bleibend, die sie so liebten, durchsegelten sie die Bucht von Eldamar.

Zweimal wurden sie mit Krieg überzogen. Das erste Mal kam Feanor, der König der Noldor, zu ihnen und verlangte ihre Schiffe, um nach Mittelerde zu segeln. Als Olwe ihre Bitte abschlug, töteten die Noldor viele der Teleri und nahmen die Schiffe mit Gewalt.

Der zweite Krieg war der Krieg des Zorns. Doch die Teleri beteiligten sich nicht aktiv daran, sondern stellten den Vanyar und Noldor nur ihre Schiffe zur Verfügung, um sie aus den Unsterblichen Landen nach Mittelerde zu bringen.

Wie das „Akallabêth" uns berichtet, wurden die Unsterblichen Lande nach dem Untergang von Númenor den Sphären Ardas entrückt. Danach konnten nur noch die Schiffe der Teleri die Kluft zwischen den beiden Welten überbrücken.

Tief-Elben – Von allen Elben sind die Noldor bei den Menschen am bekanntesten. Sie nannten sie wegen ihrer profunden Kenntnisse und handwerklichen Fertigkeiten, die sie in den Unsterblichen Landen von Aule dem Schmied erlernt hatten, die Tief-Elben.

Tote Menschen von Dunharg – Im Weißen Gebirge lebten im Zweiten Zeitalter Menschen, die ihren Treue-Eid gebrochen und den König der Dúnedain an Sauron verraten hatten. So wurde ihnen die ewige Ruhe verwehrt, und Tausende von Jahren hindurch suchten ihre Geister die Pfade der Toten heim. Gegen Ende des Dritten Zeitalters rief Aragorn II. – der rechtmäßige Erbe des Dúnedain-Königs – die Toten jedoch auf, ihrer Eidespflicht nachzukommen. Das Geisterheer erhob sich und vernichtete die Corsaren von Umbar. Damit gelangten ihre verdammten Seelen endlich zur Ruhe.

U

Umanyar – Von allen Elben, die in den Jahren der Sterne dem Ruf der Valar folgten und Mittelerde verließen, um in die Unsterblichen Lande zu ziehen, beendete nur ein Teil die Reise. Diejenigen, die den Kontinent Aman erreichten, wurden die Amanyar genannt, während diejenigen, die sich unterwegs von der Hauptschar trennten, als die Umanyar bezeichnet wurden, „die nicht aus Aman Kommenden".

V

Valar – Als Ea, „Die Welt Die Ist", entstand, wurde sie zuerst von den Ainur, den „Heiligen", bewohnt. In den Zeitlosen Hallen waren sie reine Geister gewesen, doch als sie die Welt betraten, nahmen sie irdische Formen an, und nunmehr unterschieden sich die weniger mächtigen Maiar von den fünfzehn göttergleichen Valar, den Mächten von Arda.

Zunächst formten die Maiar und Valar die groben Umrisse der Welt, doch ein Streit zwischen den Valar beeinträchtigte ihr Werk. Aber im Laufe der Zeit entstand auf einer Insel inmitten eines riesigen Sees auf Mittelerde das erste Reich der Valar, das Almaren genannt wurde, und die ganze Welt wurde von zwei Leuchten erhellt, die im Norden und im Süden von Alaren standen. Dann erhob sich einer der Valar gegen die anderen, zerstörte die Großen Leuchten und vernichtete Almaren mit seinen herrlichen Gärten.

So verließen die Valar Mittelerde und zogen nach Westen auf den Kontinent Aman, wo sie ihr zweites Reich errichteten, das noch prächtiger war als das erste. Dieses Reich wurde Valinor genannt, und seine Hauptstadt mit ihren vielen Kuppeln, Glocken und gewaltigen Hallen hieß Valimar. Zu dieser Zeit erhellten die Bäume der Valar mit ihrem goldenen und silbernen Ewigen Licht ganz Aman.

Der Herrscher der Valar ist Manwe, der Herr der Winde, der auf dem höchsten Berg von Arda, dem Taniquetil, wohnt. Ihm ist ganz Arda untertan, doch sein liebstes Element ist die Luft, und deshalb wird er Súlimo genannt, der „Herr des Atems von Arda“. Er sitzt, in azurne Gewänder gekleidet, auf einem reich verzierten Thron, sein aus Saphiren geschnittenes Zepter in der Hand. Auch seine Augen sind wie Saphire, aber heller als diese und furchteinflößend wie ein Blitz. Manwe sieht alles, was auf der Welt geschieht.

Mit ihm herrscht in den Hallen von Ilmarin, der „Wohnung der Hohen Lüfte“, die Königin der Valar, seine Gemahlin Varda, die Herrin der Gestirne, auf deren Antlitz noch das Licht Ilúvatars leuchtet. Varda schuf die Sterne, und deshalb nennen die Elben sie Elentári oder Elbereth, die „Sternenkönigin“. Von allen Valar haben die Elben Varda am tiefsten ins Herz geschlossen, denn es waren ihre Sterne, die sie ins Leben riefen, und ein Teil dieses Lichts liegt immer noch in ihren Augen. Um dieser Tat willen preisen die Elben sie in ihren Liedern und Gedichten, in denen sie oft Tintalle, „Die Entzünderin“, genannt wird.

Der nach Manwe Höchste der Valar ist Ulmo, dessen Element das Wasser ist. Er ist der Herr der Meere, den alle Seeleute kennen und den die Zwerge und Orks fürchten. Gewöhnlich lebt er gestaltlos in seiner tiefen Wasserwelt, oft aber erhebt er sich in einer hohen Flutwelle. Sein Helm wird von Wogen gekrönt, und seine Rüstung ist smaragdgrün und silbern. Er verkündet seine Ankunft mit den von dem Maia Salmar geschliffenen weißen Muschelhörnern Ulumúri. Doch seine Gestalt ist nicht immer furchteinflößend, denn er zeigt sich auch im Regen des Frühlings und in den Brunnen, im Plätschern der Bäche und Flüsse, im Rauschen der Ströme und in den Gezeiten des Meeres.

Yavanna schenkt der Welt Nahrung, und ihr Name bedeutet „Spenderin der Früchte“. Doch ist sie auch als Kementári bekannt, die „Königin der Erde“. Sie nimmt viele Gestalten an, aber oft erscheint sie hoch aufragend wie eine Zypresse, von goldenem Tau leuchtend und in grüne Gewänder gehüllt. Alle, welche die Früchte der Erde lieben, lieben auch Yavanna. Sie ist die Kraft, welche die Blume zum Blühen bringt, und die ersten Samen aller Olvar der Welt wurden von ihr ersonnen und gepflanzt.

Ihr Gemahl, mit dem sie das Element der Erde teilt, ist Aule der Schmied, der Erschaffer der Berge, der Erfinder der Metalle und Edelsteine und der Meister aller handwerklichen Fertigkeiten. Von den Zwergen wird er Mahal, der „Macher“, genannt, denn er ist es, der dieses Volk aus Erde und Stein schuf. Er war es auch, der die Leuchten der Valar schmiedete und die Schiffe baute, die das Licht der Sonne und des Mondes trugen.

Tiefer noch als die Wohnung Aules liegen die Hallen Mandos – das Haus der Toten im Westen der Unsterblichen Lande, wo Ekkaia, das Umzingelnde Meer, an das Ufer schlägt. Hier lebt der Vala Námo, der jedoch von allen Mandos, der Schicksalsrichter, genannt wird.

Unweit des Hauses der Toten an der Westküste wohnt Mandos Schwester Nienna, die Klagerin. Sie ist in Trauerkleider gehüllt, Tränen fließen über ihr Gesicht, und ihr Haus steht vor den Wällen der Nacht. Doch obgleich sie den Gram kennt, ist es nicht Verzweiflung, sondern Mitleid und Trauer, was sie verkörpert, und aus den Tränen, die sie weint, wird vieles geboren, was das Leben erhält.

In den südlichen Regionen von Valimor liegen die schönen Wälder, in denen Orome lebt, der Jäger und Zähmer wilder Tiere. Alle Reitervölker lieben ihn, ebenso die Jäger, Hirten und Waldbewohner.

Diese acht Valar werden die Aratar genannt, die mächtigsten ihres Geschlechts in den Sphären der Welt. Doch es gibt noch sechs weitere und einen, der sich dem Bösen zuwandte und deshalb als letzter genannt wird.

Diejenigen, die nach ewiger Jugend trachten, verehren Vána, die Gemahlin Oromes und jüngere Schwester Yavannas. Vána bedeutet „Die Ewigjunge“; sie besitzt Gärten mit goldenen Blumen, und nichts liebt sie so sehr wie die Blüten der Blumen und den Gesang der Vögel.

Nessa die Tänzerin ist Oromes Schwester. Sie hat die flinken Geschöpfe der Wälder in ihr Herz geschlossen, die gerne zu ihr kommen, denn sie ist selbst ein unruhiger Geist, der unablässig auf dem grünen, nie verwelkenden Gras von Valinor tanzt.

Nessas Gemahl ist Tulkas der Starke, der als letzter Vala Arda betrat. Er wird der Ringer und Astaldo, „Der Tapfere“, genannt. Er ist der kräftigste aller Valar, schnell und unermüdlich, mit goldenem Haar und goldenem Bart. Selbst im Krieg trägt er keine Waffen, denn durch seine bloße Stärke und seinen Mut überwindet er alle Feinde.

Der Bruder Mandos ist Lórien, der Herr der Träume. Wie Mandos wird er nach seinem Wohnsitz – dem schönsten Garten auf Arda – benannt. Sein wirklicher Name ist Irmo, aber jeder kennt ihn nur als Lórien, den König der Träume und Visionen.

In den herrlichen Gärten von Lórien liegt der See Lórellin mit einer in Nebel gehüllten und von hohen Bäumen bewachsenen Insel. Hier lebt Este die Heilerin. Sie trägt einen grauen Mantel und gewährt jeden, der danach verlangt, Ruhe. Sie wird von allen gepriesen, doch ihre Gaben werden am stärksten von denen begehrt, die tief leiden.

Die Vala Vaire ist die Gemahlin Mandos und wird

Die Schneemenschen von Forochel

die Weberin genannt. In den Hallen ihres Gatten webt sie unaufhörlich einen Teppich, dessen Muster Geschehnisse bilden, die erst viel später eintreten.

Der letzte Vala war einst der mächtigste Ainur überhaupt. Sein Name ist Melkor, „Der, der in Macht ersteht". Er besaß dieselben Fähigkeiten wie alle Valar, aber sein Reich war die Dunkelheit und Kälte. Tief unter den Bergen von Mittelerde errichtete er seine Festung Utumno und seine Waffenkammer Angband. In Arda führte er fünf große Kriege gegen die Valar und löschte das schönste Licht der Welt, indem er die Großen Leuchten und die Bäume der Valar zerstörte. Die Elben nannten ihn Morgoth, den „Dunklen Feind". Dieser Kriegskönig ragte auf wie ein Turm, eine eiserne Krone auf dem Haupt, angetan mit einer schwarzen Rüstung und geschützt durch einen gewaltigen schwarzen Schild. Das Feuer des Bösen brannte in seinen Augen, und sein Gesicht war gezeichnet von Haß und Wut. Doch im Krieg des Zorns wurde seine Macht vernichtet. Er allein von allen Valar wurde aus den Sphären der Welt vertrieben und lebt jetzt für immer in der Leere.

Vanyar – Von den drei Elbengeschlechtern, welche die Große Reise unternommen haben, wird das der Vanyar am wenigsten in den uns überlieferten Geschichten erwähnt, obwohl ihr Herrscher Ingwe Hochkönig aller Elben war. Sie wurden auch Blond-Elben genannt, denn ihr Haar war heller als das der anderen Stämme. Sie standen den Valar am nächsten und wurden am meisten von ihnen geliebt.

Die Vanyar haben wenig mit den Menschen zu schaffen. Nur einmal kehrten sie nach Mittelerde zurück, als sie am Ende des Ersten Zeitalters der Sonne im Krieg des Zorns gegen Morgoth kämpften.

An Zahl das kleinste der Drei Geschlechter, waren die Vanyar die klügsten und tapfersten ihrer Art. Zusammen mit den Noldor errichteten sie Tirion auf dem grünen Hügel von Túna in den Unsterblichen Landen, eine von weißen Mauern umgebene Stadt mit vielen Türmen, deren höchster Mindon Eldaliéva war, der Turm Ingwes. Er trug eine silberne Leuchte, deren Schein weit hinein aufs Schattenmeer fiel. Doch lieber noch war ihnen das Licht der Bäume der Valar, denn es regte sie an, Lieder und Gedichte zu verfassen – eine Tätigkeit, die ihnen wie keine andere am Herzen lag. So führte Ingwe sein Volk aus Tirion zum Fuß des Taniquetil, des Berges Manwes. Er bat die Valar, sich hier niederlassen zu dürfen. Und hier sind die Vanyar seither geblieben, obwohl das Licht der Bäume lange erloschen ist.

Variags – Im Lande Khand südlich von Morgor lebte während des Dritten Zeitalters der Sonne ein barbarisches Volk, das die Variags genannt wurde. Sie waren mit den Ostlingen und Haradrim verbündet und gehörten zu den Dienern des Dunklen Herrschers Sauron. Die Geschichten des Westens berichten, daß die Variags zweimal der Aufforderung Saurons folgten und gegen Gondor zu Felde zogen. Im Jahre 1944 kämpften sie mit den Menschen aus Nah-Harad gegen das Heer Earnils und wurden am Poros geschlagen. Mehr als tausend Jahre später kamen sie im Ringkrieg mit den Ostlingen und Haradrim Saurons Heeren aus Morgul und Mordor zu Hilfe. Aber mit dieser Schlacht endete Saurons Macht und damit das Bündnis zwischen ihm und den Variags, die fortan bis weit ins Vierte Zeitalter hinein in ihrem eigenen Land blieben.

SEE-ELBEN

W

Wagenfahrer – Im 19. Jahrhundert des Dritten Zeitalters der Sonne kamen Ostlinge aus dem Lande Rhûn, um gegen die Menschen von Gondor zu Felde zu ziehen. Es war ein zahlreiches, gut bewaffnetes Heer mit großen, von Pferden gezogenen Plan- und Streitwagen. Von den Menschen wurden sie die Wagenfahrer genannt.

In der ersten Schlacht im Jahre 1856 besiegten die Wagenfahrer die Menschen von Gondor und ihre Verbündeten, die Nordmenschen. Sie töteten ihren König Narmacil II., unterwarfen das Land Rhovanion und machten die dort lebenden Nordmenschen zu ihren Vasallen.

Im letzten Jahr jenes Jahrhunderts erhoben sich die Nordmenschen gegen ihre Unterdrücker, und der neue König von Gondor, Calimehtar, schickte ein Heer nach Norden. In der anschließenden Schlacht von Dagorlad wurden die Wagenfahrer wieder nach Rhûn vertrieben, lieferten den Bewohnern von Gondor jedoch weiterhin Grenzscharmützel und überzogen schließlich im Jahre 1944 zusammen mit den Ringgeistern und den Haradrim das Südliche Königreich abermals mit Krieg. Sowohl von Norden als auch von Süden bedrängt, mußten die Menschen von Gondor ihre Streitmacht teilen. Der König von Gondor, Ondoher, zog nach Osten, wo sein Heer von den Wagenfahrern geschlagen und er mitsamt seinen beiden Söhnen getötet wurde. Aber das Südheer von Gondor besiegte die Truppen der Haradrim und marschierte nach Osten. Die überraschten Wagenfahrer konnten sich nicht schnell genug sammeln, ihr Lager wurde in Brand gesteckt, und diejenigen, die in der später als Schlacht des Lagers bezeichneten blutigen Auseinandersetzung nicht erschlagen wurden, wurden in die Totensümpfe getrieben, wo sie elend umkamen. Danach verschwand der Name der Wagenfahrer aus den Annalen des Westens.

Wald-Elben – Diejenigen Teleri-Elben, welche die Große Reise nach Westen nicht vollendeten, sondern sich am Anduin niederließen, wurden die Nandor genannt, „die sich Abwendenden". Von ihnen siedelten sich einige im Großen Grünwald und in Lothlórien an. Sie wurden als Wald-Elben bezeichnet, denn sie lebten vorwiegend in Wäldern.

In den Jahren, die dem Ersten Zeitalter der Sonne folgten, schwand die Zahl der Noldor- und Sindar-Elben, und sie verbanden sich mit den Wald-Elben. Die mächtigsten und schönsten von ihnen waren im Goldenen Wald von Lothlórien zu finden, wo Celeborn und Galadriel herrschten. Geschützt vor bösen Einflüssen, überstanden die Wald-Elben dort die kriegerischen Auseinandersetzungen des Dritten Zeitalters, obgleich sie dreimal angegriffen wurden. Diese Elben wurden die Galadhrim genannt, das „Waldvolk".

Im Zweiten, Dritten und Vierten Zeitalter herrschte der Sindar-König Thranduil über sein Waldland-Reich im Großen Grünwald (der später Düsterwald genannt wurde). Seine verborgene Stadt war der alten Sindar-Festung Menegroth nachgebildet und blieb von den Konflikten des Dritten Zeitalters verschont. Im Vierten Zeitalter zog der Sohn des Königs – Legolas, einer der Gefährten des Ringes – mit einem Teil der Elben in die Wälder von Ithilien und gründete dort ein eigenes Reich.

Waldläufer des Nordens – Im Dritten Zeitalter der Sonne zogen wettergegerbte, in waldgrüne oder graue Mäntel gekleidete Männer durch die Länder von Eriador. Sie hatten graue Augen, waren mit Schwertern und Speeren bewaffnet und trugen hohe Lederstiefel. Von dem gemeinen Volk wurden sie Waldläufer genannt und galten als seltsame, unfreundliche Gesellen. Doch diese Waldläufer waren tatsächlich die letzten Ritter und Fürsten des einst mächtigen Dúnedain-Reiches von Arnor. In den Jahren vor dem Ringkrieg war ihr Stammesführer niemand anders als der rechtmäßige Erbe des verlorenen Königreiches – Aragorn, Arathorns Sohn, der als Waldläufer den Namen Streicher trug.

Nach dem Ende des Krieges wurde Aragorn als König Elessar gekrönt und herrschte fortan über das Wiedervereinigte Königreich von Arnor und Gondor.

Waldläufer von Ithilien – Gegen Ende des 29. Jahrhunderts des Dritten Zeitalters der Sonne gründete Túrin II., der Herrschende Truchseß von Gondor, einen Ritterorden in Nord-Ithilien, das von marodierenden Truppen aus Mordor und Morgul bedroht wurde. Diese Ritter wurden die Waldläufer von Ithilien genannt. Sie waren in waldgründe Gewänder gekleidet und kämpften mit Schwertern, Speeren, Pfeilen und Bogen. In den Jahren vor dem Ringkrieg war Faramir, der zweite Sohn des Herrschenden Truchsesses Denethor, ihr Anführer.

Wenn sie bedrängt wurden, suchten die Waldläufer von Ithilien Zuflucht in einem hinter einem Wasserfall verborgenen System von Höhlen und Tunneln in den Tälern des Anduin. Dieser Ort hieß Henneth Annûn, das „Fenster des Sonnenuntergangs".

Waldmenschen – Im Dritten Zeitalter der Sonne lebte im Düsterwald ein Volk, das als die Waldmenschen in die Geschichte einging. Nachkommen der Nordmenschen, bekämpften sie zusammen mit den Beorningern und den Elben des Waldland-Reiches das Böse, das in jener Zeit nach Dol Guldur, im Süden des Düsterwaldes, gekommen war. Von dort drangen Orks, Spinnen und Wölfe in Scharen in die umgebenden Länder ein. Im Ringkrieg wurden diese Horden in der Schlacht unter den Bäumen vernichtend geschlagen. Die Elben von Lothlórien nahmen Dol Guldur ein, brachten seine Wälle zum Einsturz und zerstörten seine Verliese. So war am Ende des Zeitalters der Wald wieder frei von den Dienern Saurons und wurde in Wald der Grünen Blätter umbenannt. Als Belohnung erhielten die Waldmenschen und die Beorninger die Länder zwischen dem nördlichen Reich der Wald-Elben und der als Ost-Lórien bezeichneten Region.

Wasas – Im Ringkrieg kam ein seltsames primitives Volk, Wasas genannt, den Rohirrim und Dúnedain zu Hilfe, als es galt, die Belagerung von Gondor zu brechen. Diese Menschen lebten in dem alten Druadan-Wald in Anórien unterhalb des Weißen Gebirges. Sie kannten sich besser in den Wäldern aus als jeder andere Bewohner von Mittelerde, denn sie hatten seit Jahrhunderten nackt wie die Tiere zwischen den Bäumen gehaust und sich nie bemüht, mit anderen Menschen in Verbindung zu treten. Es waren wettergegerbte, kurzbeinige, dickarmige und untersetzte Geschöpfe. Die Menschen von Gondor nannten sie die Wilden Menschen von Druadan und hielten sie für Abkömmlinge der noch älteren Pukkelmännchen. Im Ersten Zeitalter der Sonne hatten die Wasas einträchtig mit den Haladin in Beleriand gelebt, die sie Drûgs nannten. Den Elben waren sie als die Drúedain, den Orks als die Oghor-hai und den Rohirrim als die Rógin bekannt.

Gegen Ende des Dritten Zeitalters drangen häufig Orks, Wölfe und andere bösartige Kreaturen in Druadan ein. Obwohl die Wasas sie – oft mit vergifteten Pfeilen – vertreiben konnten, kehrten sie immer wieder. Zwar nahmen die Wasas in der Regel keinen Anteil an den Geschäften der Menschen, doch in dieser Situation bot ihr Anführer Ghœnburi-Ghœn den Rohirrim bei der Schlacht auf den Pelennor-Feldern seine Hilfe an, da er hoffte, durch einen glücklichen Ausgang der Schlacht für immer von den Eindringlingen befreit zu werden.

Als die Legionen der Orks tatsächlich besiegt wurden, übereignete der neue König von Arnor und Gondor den Wasas für immer den Druadan-Wald als eigenes Reich.

West-Elben – Nach dem Erwachen der Elben kam der Vala Orome zu ihnen und lud sie ein, nach Westen in das Land des Ewigen Lichts zu ziehen. Diejenigen, die seinem Ruf folgten, wurden fortan die West-Elben oder Eldar, diejenigen, die es vorzogen zu bleiben, hingegen die Ost-Elben oder Avari, „Die Widerstrebenden", genannt. Während die Ost-Elben in der Folgezeit dahinschwanden, wurden die West-Elben mächtig und berühmt.

Widerstrebende – In den Waldländern von Mittelerde östlich des Nebelgebirges lebten in jenen Regionen, die noch nicht völlig von den bösen Mächten Morgoths und Saurons eingenommen worden waren, die Nachkommen der Avari – jener Elben, die es abgelehnt hatten, sich auf die Große Reise zu begeben, und fortan als „Die Widerstrebenden" bezeichnet wurden. Um sich gegen die bösen Einflüsse zu behaupten, verbargen sich die

VARIAGS VON KHAND

Avari im Wald und lernten, sich seinen Gegebenheiten anzupassen. Sie waren nicht so mächtig wie die Hoch-Elben, aber stärker als die Menschen.

Wilde Menschen – Lange bevor die Könige von Gondor auf den Plan traten, lebte ein primitives Jägervolk im Druadan-Wald, das von einigen als die Wasas, von anderen als die Wilden Menschen bezeichnet wurde. Sie waren mit Pfeil und Bogen sowie mit Blasrohren bewaffnet und wußten sich besser dem Leben im Wald einzufügen als jede andere Menschenrasse auf Mittelerde.

Z

Zauberer – Was die gewöhnlichen Menschen Zauberer nannten, waren, wie die alten Geschichten zeigen, Maiar aus Valinar. Die Elben nannten sie Istari, und unter diesem Namen wird in der Regel von ihren Taten auf Mittelerde berichtet.

Zweitgeborene – Die Erstgeborenen Ilúvatars waren die unsterblichen Elben, die mit dem Entzünden der Sterne erwachten. Die Zweitgeborenen, die sterblichen Menschen, erschienen auf der Welt, als Arien, die Sonne, über Mittelerde aufging.

Zwerge – In den Zeitaltern der Dunkelheit, als Melkor und seine bösen Diener in Utumno und Angband herrschten, schuf Aule der Schmied in einer großen Halle tief unter den Bergen von Mittelerde die Sieben Väter der Zwerge. Er gab ihnen kräftige, untersetzte Körper, denen weder Kälte noch Feuer etwas anhaben konnten und die gegenüber den Unbilden der Natur widerstandsfähiger waren als alle späteren Rassen. Da Aule wußte, wie mächtig Melkor war, gab er ihnen überdies einen stolzen und unabhängigen Geist und einen Willen, der durch nichts gebrochen werden konnte.

Die Zwerge waren Bergleute, Maurer, Metallschmiede und hervorragende Steinmetze. Sie waren stark, langbärtig und zäh, aber mit einer Körpergröße zwischen vier und fünf Fuß ziemlich klein. Da sie schwer arbeiten mußten, schenkte Aule ihnen eine Lebensspanne von etwa zweihundertundfünfzig Jahren. Sie waren also sterblich und konnten in der Schlacht getötet werden. Aule lehrte sie die Fertigkeiten des Handwerks und eine eigene Sprache, die Khuzdul genannt wurde. In dieser Sprache hieß Aule Mahal, und die Zwerge hießen Khazœd, aber es war eine Geheimsprache, die bis auf wenige Wörter nur die Zwerge kannten. Sie waren Aule stets dankbar, da sie wußten, daß er ihnen Gestalt gegeben hatte. Doch ihr wahres Leben verdankten sie Ilúvatar.

Es heißt, daß Aule die Zwerge, nachdem er sie geschaffen hatte, vor den anderen Valar versteckte und glaubte, sie auch vor Ilúvatar verborgen zu haben. Ilúvatar freilich wußte von Aules Tat; aber da er erkannte, daß sie ohne Bosheit geschehen war, rechtfertigte er sie im nachhinein. Er wollte jedoch nicht gestatten, daß das Zwergenvolk vor seinen auserwählten Kindern, den Elben, die er zu Erstgeborenen bestimmt hatte, auf der Welt erschien. So legte Aule die Zwerge tief unter einen Stein, wo die Sieben Väter viele Zeitalter hindurch schliefen, bis die Sterne entzündet wurden und die Zeit des Erwachens nahte.

Die Elben erwachten im Ersten Zeitalter der Sterne in Cuiviénen im Osten von Mittelerde. In den darauffolgenden Jahren regten sich die Zwerge, ihre Steinkammer brach auf, und sie erhoben sich, von Ehrfurcht erfüllt.

Es heißt, daß jeder der Sieben Väter sich eine große Wohnung unter den Bergen baute, aber in den Elbengeschichten über diese Zeit ist nur von drei Wohnungen oder Festungen die Rede. Es waren dies Belegost und Nogrod in den Blauen Bergen und Khazad-dûm im Nebelgebirge. Die Geschichte Khazad-dûms ist die längste, denn es war das Haus des ersten Zwergenvaters, der Durin I und Durin der Unsterbliche genannt wurde.

Für die Elben von Beleriand war die Ankunft der Zwerge ein Segen. Denn sie kamen mit stählernen Waffen und Werkzeugen in das Reich der Grau-Elben und offenbarten eine erstaunliche Geschicklichkeit in der Bearbeitung von Stein. Am Anfang hielten die Elben die Zwerge für häßlich und nannten sie die Naugrim, „Die Kurzgewachsenen", aber bald erkannten sie, wie gewandt sie in den handwerklichen Fertigkeiten waren, die Aule sie gelehrt hatte, und nannten sie auch die Gonnhirrim, die „Meister des Steins". Zwischen Elben und Zwergen entwickelte sich ein reger Handel, von dem beide Völker profitierten.

In den Zeitaltern der Sterne schufen die Zwerge der Blauen Berge Metallgegenstände, wie die Welt sie nie zuvor gesehen hatte. In Belegost (das auch Gabilgathol und Mickelburg genannt wurde) wurden die berühmten Kettenhemden gefertigt, während in Nogrod (das auch Tumunzahar und Hohlburg genannt wurde) Telchar, der größte Zwergenschmied aller Zeiten, wohnte. Damals schmiedeten die Zwerge die Waffen der Sindar und bauten für König Thingol die Festung Menegroth, die Tausend Grotten, die als schönste Stadt auf Mittelerde galt.

Im Ersten Zeitalter der Sonne kämpften die meisten Zwerge auf der Seite der Elben im Juwelenkrieg gegen die Diener Morgoths. Dabei zeichnete sich besonders der König Azaghœl, der Herr von Belegost, aus. In der Schlacht der Ungezählten Tränen konnten nur die Zwerge dem Feuer der Drachen widerstehen, denn als Schmiede waren sie an große Hitze gewöhnt und an ihren Helmen trugen sie Stahlmasken, die ihre Gesichter vor den Flammen schützten.

Doch nicht alle Taten der Zwerge in jener Zeit waren lobenswert. So wird berichtet, daß die Zwerge von Nogrod die Silmaril begehrten. Deswegen töteten sie König Thingol und legten Menegroth in Schutt und Asche.

Die Geschichten, die seit Ende des ersten Zeitalters der Sonne überliefert sind, erzählen vorwiegend von den Zwergen aus Durins Geschlecht, die in Khazad-dûm lebten. Als nach dem Krieg des Zorns Beleriand unterging, wurden auch Nogrod und Belegost zerstört. Die Zwerge dieser beiden Reiche zogen im Zweiten Zeitalter in das Nebelgebirge und machten Khazad-dûm noch mächtiger, als es schon war. Im gleichen Zeitalter verließen viele der Noldor-Elben Lindon und kamen nach Eregion, um sich unweit des Westtores von Khazad-dûm niederzulassen und Handel mit den Zwergen zu treiben, denn in den dortigen Bergen war das Edelmetall Mithril gefunden worden. Diese Elben waren die Gwaith-i-Mírdain, die später als die Elbenschmiede in die Geschichte eingingen. Hier wurden die Ringe der Macht geschmiedet. Und obgleich die Zwerge sieben dieser Ringe erhielten, wurden sie nicht in die schrecklichen Kriege einbezogen, die bis zum Ende des Zweiten Zeitalters auf Mittelerde wüteten. Sie schlossen die Pforten von Khazad-dûm vor den Kämpfen der Welt, und niemand konnte mehr ihr Reich betreten, das jetzt in Moria umbenannt wurde.

So überschritten die Zwerge aus Durins Geschlecht die Schwelle zum Dritten Zeitalter der Sonne. Noch im 20. Jahrhundert dieses Zeitalters war Moria reich und mächtig, doch im Jahre 1980, als Durin VI. König war, drangen die Zwerge mit ihren Minen zu tief in den Berg ein und befreiten ein Ungeheuer, das dort eingesperrt gewesen war. Es war dies einer der Balrogs Morgoths, und er erhob sich im Zorn und erschlug den König und seinen Sohn Náin. Danach verließen die Zwerge Moria für immer.

Durins Volk war heimatlos geworden, aber im Jahre 1999 gründete Náins Sohn Thráin das Königreich unter dem Berg in Erebor. Noch einmal gelangten die Zwerge zu Macht und Wohlstand, denn Erebor, der Einsame Berg, war reich an Erzen und Edelsteinen. Dann verließ Thráins Sohn Thorin den Ort und zog im Jahre 2210 in das Graue Gebirge, wo bereits ein Teil der ehemals in Moria ansässigen Zwerge lebte. Thorin wurde von ihnen als König angenommen. Nach ihm herrschte sein Sohn Gróin, dann Oin und schließlich Náin II., und

Wagenfahrer

das Graue Gebirge wurde berühmt wegen des hier gefundenen und bearbeiteten Zwergengolds. Angezogen von diesen Schätzen, verließen zur Zeit der Herrschaft Dáins, des Sohnes Náins II., viele Kaltdrachen die Nördliche Öde, töteten zahlreiche Zwerge und vertrieben sie aus dem Grauen Gebirge.

Im Jahre 2590 führte Thrór, der Erbe Dáins I., die Überlebenden wieder in das Königreich unter dem Berg in Erebor, während im gleichen Jahr sein Bruder Grór die Zwerge um sich sammelte, die in den Eisenhügeln geblieben waren. Und abermals gelangte das Zwergenvolk zu Macht und Wohlstand, denn es blühte ein lebhafter Handel zwischen den Zwergen, den Menschen von Thal und Esgaroth und den Elben des Düsterwalds.

Doch diese friedliche Zeit hielt nicht lange an. Im Jahre 2770, während der Regierungszeit Thrórs, kam der mächtigste Drache des Dritten Zeitalters, der geflügelte Feuerdrache Smaug der Goldene nach Erebor. Niemand vermochte ihm zu widerstehen. Er tötete wahllos, legte Thal in Schutt und Asche und vertrieb die Zwerge aus ihrem Reich. Zwei Jahrhunderte hindurch blieb Smaug Herr des Einsamen Bergs.

Wieder waren die Zwerge heimatlos geworden. Einige zogen sich in die Eisernen Hügel zurück, andere folgten König Thrór, seinem Sohn Thráin II. und dann seinem Enkel Thorin II. auf eine unstete Wanderschaft.

Zu dieser Zeit wurde Thrór von den Orks von Moria erschlagen. Sie verstümmelten seinen Körper und schickten seinem Volk den abgetrennten Kopf. Alle Häuser der Zwerge vereinten sich, um einen blutigen Krieg gegen die Orks zu führen, der sieben lange Jahre dauerte. Überall in den Westlichen Landen jagten die Heere der Zwerge die Orks aus ihren Höhlen und erschlugen sie, bis sie schließlich im Jahre 2799 das Osttor von Moria erreichten. Hier wurde die Schlacht von Azanulbizar geschlagen, bei der alle Orks des Nordens vernichtet wurden. Doch die Zwerge konnten sich ihres Sieges nicht erfreuen, denn die Hälfte ihrer Krieger fand ebenfalls den Tod.

So kehrten die Zwerge mit Trauer im Herzen in ihre Reiche zurück. Grórs Enkel Dáin Eisenfuß nahm die Herrschaft in den Eisernen Hügeln wieder auf, während Thráin II. mit seinem Sohn Thorin II. (der jetzt Eichenschild genannt wurde) nach Westen in die Blauen Berge zog und dort ein bescheidenes Reich errichtete.

Doch Thráin II. herrschte nicht lange, denn auf einer Reise wurde er in der Nähe des Düsterwalds von Sauron gefangengenommen, in Dol Guldur eingekerkert und zu Tode gefoltert. So gelangte der

Wasas des Waldes

letzte Ring der Macht, der Thráin von seinen Vorfahren überkommen war, in den Besitz Saurons.

Im Jahre 2941 heckten Thorin Eichenschild und der Zauberer Gandalf einen abenteuerlichen Plan aus, von dem der Hobbit Bilbo Beutlin in seinem „Roten Buch der Westmark" berichtet. Zusammen mit zwölf Zwergen begleitete Bilbo Thorin auf eine Fahrt, durch die dieser sein verlorenes Königreich wiederzugewinnen suchte. Die zwölf Zwerge waren Fíli, Kíli, Dori, Ori, Nori, Oin, Glóin, Balin, Dwalin, Bifur, Bofur und Bombur.

Wie in der Geschichte des Hobbits erzählt wird, beendete Thorin sein Unternehmen erfolgreich. Der Drache Smaug wurde erschlagen, und Thorin II. ergriff, wenn auch nur für kurze Zeit, Besitz von dem Reich, das ihm rechtmäßig zustand. Bald darauf fand die Schlacht der Fünf Heere statt, bei der Orks, Wölfe und Fledermäuse gegen Zwerge, Elben, Menschen und Adler kämpften. Zwar wurden die Orks mit ihren Verbündeten geschlagen, doch auch Thorin fand den Tod.

Damit endete freilich nicht Durins Geschlecht, denn Dáin Eisenfuß, der mit fünfhundert Kriegern von den Eisernen Hügeln gekommen war und an der Schlacht der Fünf Heere teilgenommen hatte, war als Urenkel Dáins I. Thorins Erbe. Als Dáin II. herrschte er weise über sein Volk, bis er im Ringkrieg mit König Brand von Thal vor den Toren des Königreiches unter dem Berg fiel.

Doch das Zwergenreich widerstand den Angriffen der Diener Saurons, und Dáins Nachfolger, Thorin III., regierte bis weit ins Vierte Zeitalter hinein.

Das Königreich unter dem Berg war nicht das einzige, das Durins Volk eine Heimat bot. Ein anderer Zwergenfürst, ein Nachkomme Borins, des Bruders Dáins I., hatte zu Beginn des Vierten Zeitalters nach dem Ringkrieg ein Reich gegründet. Es war dies Gimli, der Sohn Glóins, einer der Gefährten im Bund des Ringes. Nach Ende des Krieges war er mit zahlreichen Zwergen in die „Glitzernden Höhlen" von Helms Klamm gezogen und ging als Herr von Aglarond in die Geschichte ein.

Mehr als ein Jahrhundert herrschte Gimli der Elbenfreund über Aglarond, aber nach dem Tode Elessars überließ er anderen die Herrschaft und zog in das Reich seines Freundes Legolas, des Elbenkönigs von Ithilien. Hier bestieg er, wie berichtet wird, mit seinem Ringgefährten ein Elbenschiff und segelte über das Große Meer in die Unsterblichen Lande.

Damit enden die Geschichten der Zwerge auf Mittelerde.

NATURGESCHICHTE

Das folgende Kapitel beschreibt die Flora und Fauna auf Mittelerde und in den Unsterblichen Landen. Jede Art und Unterart, die je in Tolkiens Welt Erwähnung fand, wird hier berücksichtigt. Die Flora oder „Olvar“ schliesst eine Vielzahl von Bäumen und anderen Pflanzen sowie seltsame Waldwesen ein. Zur Fauna oder „Kelvar“ gehören nicht nur Vögel, Insekten und Säugetiere, sondern auch übernatürliche Geister, Dämonen und Ungeheuer. Der enzyklopädische Teil wird ergänzt durch zwei Übersichtstafeln mit den wichtigsten Pflanzen und Tieren von Arda.

ENTS *Baumhirten*

HUORNS *Baumgeister*

BLUMEN

- SIMBELMYNE
- MALLOS
- ALFARIN
- NIPHREDIL
- ELANOR
- LISSUIN

PFLANZEN

- ATHELAS
- GALGENKRAUT
- GALENAS
- DORNEN VON MORDOR
- SEREGON

BÄUME

- BRETHIL (BIRKE)
- NELDORETH (BUCHE)
- REGION (HULSTBÄUME)
- TASARION (WEIDE)
- MALLORN
- BÄUME DER VALAR
- CULUMALDA
- LAIRELOSSE
- VARDARIANNA
- NESSAMELDA
- OIOLAIRE
- TAINIQUELASSE
- LAURINQUE
- YAVANNAMIRE

OLVAR

FLORA VON ARDA

DRACHEN

- KALTDRACHEN
- URULOKI FEUERDRACHEN
- GEFLÜGELTE FEUERDRACHEN

MAIAR-DÄMONEN

- BARLOGS
- WERWÖLFE
- VAMPIRE
- KRAKEN
- GEFLÜGELTE UNTIERE DER NAZGUL
- WERWÜRMER
- RIESENSPINNEN

ORKS

- SNAGA
- URUK-HAI
- HALB-ORKS
- WOLFSREITER
- UNHOLDE

TROLLE

- BERGTROLLE
- SCHNEETROLLE
- OLOG-HAI
- HÜGELTROLLE
- HÖHLENTROLLE

GEISTER

- TOTE KRIEGER VON DUNHARG
- GRABUNHOLDE
- NAZGÛL RINGGEISTER
- MUHLIPPS
- GEISTER DER TOTENSÜMPFE
- DWIMORGEISTER
- WÄCHTER VON CIRITH UNGOL

VÖGEL

- ADLER VON MANWE
  - ADLER VON BELERIAND
    - ADLER DES NEBELGEBIRGES
- KIRINKI VON NÚMENOR
- SCHWÄNE VON ULMO
- RABEN VON EREBOR
- CREBAIN
  - SCHAUERWEIHEN
    - KRÄHEN
- DROSSELN VON EREBOR
- TINÚVIEL
  - NACHTIGALLEN

LAND- UND WASSERTIERE

- MEARAS
  - PFERDE
    - PONYS
- MÛMAKIL
  - OLIFANTEN
- FLEDERMÄUSE
- RINDER VON ARAW
- WOLFSHUND DER VALAR
  - WOLFSHUNDE DER ELBEN
- EBER DES FIRIENWALDS
- FASTITOKALON
- WÖLFE VON MORGOTH
  - WARGE
    - WÖLFE

INSEKTEN

- WILWARIN
- ZIRPERKIRPER
- BIENENBRAND
- FLIEGEN VON MORDOR
- HUMMERHORNS

KELVAR

FAUNA VON ARDA

A

Adler – Die edelsten der geflügelten Tiere auf Arda waren die Adler, die von zwei mächtigen Valar erschaffen worden waren – von Manwe, dem Herrn der Lüfte, und von Yavanna, der Königin der Erde. Die Adler zählten zu den ältesten und klügsten aller Tiere. Sie waren die Boten und Diener Manwes, sie flogen als seine Augen über die Welt und schlugen seine Feinde nieder wie ein Blitz.

Im Ersten Zeitalter der Sonne lebte eine Schar von ihnen in Beleriand. Sie wurden die Adler der Umzingelnden Berge genannt und bewohnten die Gipfel eines hohen Berges namens Crissaegrim. Durch ihre Taten errangen sie im Juwelenkrieg unvergeßlichen Ruhm. Ihr Herr war Thorondor, der größte und majestätischste aller Adler. Seine ausgespannten Schwingen maßen dreißig Faden, und er war schneller als der Wind.

Die „Quenta Silmarillion" berichtet uns, wie die Adler in der Großen Schlacht im Krieg des Zorns die furchtbaren geflügelten Feuerdrachen besiegten.

Im Dritten Zeitalter der Sonne herrschte Gwaihir, der Herr der Winde, über die Adler von Mittelerde. Wenn er auch nicht die Größe selbst der kleinsten Adler des Ersten Zeitalters erreichte, war er doch nach den Maßstäben des Dritten Zeitalters der gewaltigste seiner Art. Gwaihirs Volk, die Adler des Nebelgebirges, war bei den dunklen Mächten gefürchtet. Im Ringkrieg griff Gwaihir zusammen mit seinem Bruder Landroval und einem Adler namens Meneldor der Schnelle häufig in das Kampfgeschehen ein. So trugen sie in der Schlacht der Fünf Heere entscheidend dazu bei, die Orks zu besiegen. Sie retteten den Zauberer Gandalf und den Ringträger Bilbo Beutlin und kämpften in der letzten Schlacht des Ringkrieges vor dem Schwarzen Tor von Mordor.

Alfirin – In einem der vielen traurigen Lieder der Grau-Elben auf Mittelerde wird eine Pflanze namens Alfirin besungen. Ihre Blüten waren wie goldene Glocken, und sie wuchs auf den grünen Ebenen von Lebennin am Delta des Anduin, des Großen Stromes. Der Anblick dieser sich im Wind des Meeres wiegenden Blumen rührte das Herz der Eldar und zog die Kinder des Sternenlichts westwärts über Belagaer, das Große Meer, in die Unsterblichen Lande, wo ihre Brüder lebten. Die Elben wurden durch die Blüten der Alfirin an die goldenen Glocken von Valinor erinnert, die ständig in jenem Elbenreich läuten.

Asea Aranion – Aus dem Land der Númenórer kam eine Heilpflanze nach Mittelerde. Wegen ihrer Zauberkraft wurde sie in der Sprache der Hoch-Elben Asea Aranion genannt, das „Blatt des Königs". Gewöhnlich jedoch benutzten die Elben den üblicheren Sindarin-Namen Athelas, was in der Gemeinsamen Sprache der Menschen mit „Königskraut" übersetzt wurde.

Athelas – In den vielen Geschichten des „Roten Buches der Westmark" wird auszugsweise ein

ALFIRIN

Der Balrog von Moria

Elbengedicht zitiert, das die Heilkräfte einer Pflanze namens Athelas beschwört. In den folgenden Zeitaltern wußten nur noch einige Weise unter den Menschen von der Bedeutung dieses Gedichts, obgleich die Athelas-Pflanze zur Zeit des Ringkrieges nach wie vor benutzt wurde, um körperliche Beschwerden zu lindern.

In jenen Tagen kam Aragorn, der Sohn Arathorns, ein Nachkomme der Herrscher von Númenor, von wo die Pflanze ursprünglich stammte, in das Königreich Gondor. Aragorn, der die heilenden Hände dieser Könige besaß, zerkrümelte die langen Blätter der Pflanze über einem Kessel mit dampfendem Wasser und setzte so ihre zauberischen Kräfte frei. Der Duft nach Obstgärten, die Kühle des Bergschnees und das Licht der Sterne verbreiteten sich in dem abgedunkelten Raum, in dem die Opfer vergifteter Pfeile und schwarzer Magie lagen, bis sie sich wieder regten und zu neuem Leben erwachten.

So wurde Athelas von den Menschen das Königskraut genannt, und die Tatsache, daß ein Nachkomme der Könige von Númenor die Heilpflanze verwendet hatte, wies darauf hin, daß das Ende der bösen Mächte auf Mittelerde nahe bevorstand.

B

Balrogs – Die schrecklichsten Maiar-Geister, die in den Dienst Melkors, des Dunklen Feindes, traten, waren die Balrogs, die „Dämonen der Macht", in der Sprache der Hoch-Elben Valaraukar genannt. Nur die Drachen hatten von allen Kreaturen Melkors größere Macht. Die Balrogs, riesige menschenähnliche Ungeheuer mit feurigen Mähnen und feuerschnaubenden Nüstern, schienen sich in dunklen Schattenwolken zu bewegen, und ihre Glieder hatten die Kraft, sich wie Schlangen um einen Feind zu schlingen. Die Hauptwaffe der Balrogs waren jedoch ihre Feuerpeitschen, und obwohl sie auch Keulen, Äxte und Flammenschwerter trugen, waren sie vor allem wegen dieser Peitschen gefürchtet, deren zerstörerische Kraft so groß war, daß selbst Ungolianth, die Riesenspinne, durch ihre Schläge aus dem Reich Melkors vertrieben wurde.

Der Herr der Balrogs war Gothmog, der Heermeister von Angband. In den Kriegen von Beleriand fielen drei Elbenfürsten seiner Peitsche und seiner schwarzen Streitaxt zum Opfer. In jeder der Schlachten, die Melkor führte, spielten die Balrogs eine entscheidende Rolle, doch als der Krieg des Zorns Melkors Herrschaft für immer beendete, gingen auch viele der Balrogs zugrunde.

Einige flohen, wie es heißt, in die tiefsten Höhlen der Berge, doch Tausende von Jahren vergingen, ohne daß man von ihnen hörte, und viele glaubten, daß sie für immer von der Erde verschwunden seien. Aber im Dritten Zeitalter der Sonne befreiten die Zwerge von Moria durch Zufall einen dieser eingeschlossenen Dämonen. Sobald er seine Höhle verlassen hatte, erschlug der Balrog den Zwergenkönig mit seinem Sohn und vertrieb dessen Volk aus Moria. Zwei Jahrhunderte hindurch herrschte er unangefochten in dem verlassenen Zwergenreich, bis er nach der Schlacht auf der Brücke von Khazad-dûm vom Zauberer Gandalf in den Abgrund gestürzt wurde.

Bäume der Valar – Nachdem Melkor die Leuchten der Valar, welche die ganze Welt mit Licht erfüllt hatten, zerstört hatte, verließen die Valar Mittelerde und zogen in die Unsterblichen Lande. Dort errichteten sie ein zweites Reich, das sie Valinor nannten, und Yavanna, die Spenderin der Früchte, wohnte auf dem grünen Hügel Ezellohar am Goldenen Tor von Valimar und sang, während die Valar im Schick-

GRABUNHOLD

FLEDERMÄUSE

salsring auf ihren Thronen saßen und Nienna die Klagerin die Erde mit ihren Tränen benetzte. Zuerst, so wird erzählt, erwuchs aus dieser Erde ein silberner und dann ein goldener Baum. Telperion, der ältere dieser Bäume, hatte Blätter aus dunklem Grün und leuchtendem Silber. Seine Zweige trugen zahllose Blüten, aus denen silberner Tau tropfte. Telperion wurde auch Ninquelóte und Silpion genannt. Laurelin, der jüngere der Bäume der Valar, wurde in der Sprache der Menschen das „Goldene Lied“ genannt. Seine goldgeränderten Blätter waren hellgrün; seine Blüten glichen Trompeten und goldenen Flammen, und von seinen Zweigen fiel ein goldener Lichtregen. Er wurde auch Culúrien und Malinalda, der „Goldene Baum“, genannt.

So schenkten die beiden Bäume den Unsterblichen Landen abwechselnd silbernes und goldenes Licht. Aus diesem Rhythmus entstand die Zeitrechnung, denn vorher war die Zeit nie gemessen worden. Und so begannen die Tage und Jahre der Bäume der Valar, die weit länger dauerten als die Zeitalter der Sterne und der Sonne. Das Licht der Bäume war ewig, und alle, die in ihm wohnten, wurden von diesem Licht mit Weisheit erfüllt. Doch Varda grub Brunnen unter den Bäumen, in die der Tau des Lichts fiel. Dann nahm sie das silberne Licht des Telperion und entzündete mit ihm die schwach leuchtenden Sterne am Himmel, so daß die bösen Diener Melkors auf Mittelerde vor Furcht erschauerten. In diesem Licht der Sterne wurden die Elben geboren.

Eines Tages schloß Melkor einen Pakt mit der Großen Spinne Ungolianth, und die Spinne saugte den Lebenssaft aus den Bäumen. Ihr Licht erlosch, und sie blieben als abgestorbene Stümpfe mit schwarzen, vergifteten Wurzeln stehen.

Traurig sammelten sich die Valar um die Bäume, und sie fanden nur noch eine einzige goldene Frucht und eine einzige silberne Blüte. Sie wurden Anar und Isil genannt. Aule der Schmied umgab sie mit zwei riesigen Leuchten, um ihr Licht zu schützen. Manwe heiligte sie, und Varda hob sie in die Himmel und setzte sie auf eine Bahn über alle Länder von Mittelerde. So erhellte das, was vom lebenden Licht der Bäume der Valar übriggeblieben war, die ganze Welt, und Anar hieß fortan die Sonne und Isil der Mond.

Doch nicht nur durch ihr Licht blieben die Bäume der Welt erhalten, denn Yavanna schuf nach dem Vorbild Telperions den Baum Galathilion, den sie

BRETHIL

Scatha der Lindwurm

den Elben von Tirion schenkte. Ein Schößling dieses Baumes war Celeborn, der auf Tol Eressea blühte und aus dem wiederum ein Schößling entstand, den die Elben den Menschen von Númenor gaben. Daraus wurde Nimloth, der Weiße Baum von Númenor, der im Palastgarten des Königs wuchs, bis Ar-Pharazn ihn zerstörte. Doch Elendil der Lange hatte eine Frucht von diesem Baum geraubt und nach Mittelerde gebracht. Sein Sohn pflanzte diese Frucht in Minas Ithil in Gondor, und dort erwuchs daraus der Weiße Baum von Gondor. Obgleich er dreimal zerstört wurde, fand sich immer wieder ein Schößling, so daß die Linie nie ausstarb. Diese Weißen Bäume waren ein lebendes Verbindungsglied mit den ältesten Tagen der Unsterblichen Lande, eine ferne Erinnerung an die Weisheit und Güte der Valar.

Bienenbrand – In dem neckischen Hobbit-Gedicht „Irrfahrt“ wird von einem Volk wilder, geflügelter, Bienenbrand genannter Insekten erzählt, aber wir erfahren nichts von ihrem Ursprung oder von ihrer Geschichte.

Brethil – In den verlorenen Landen Beleriands standen einst riesige Birkenwälder. In der Sprache der Grau-Elben wurden diese Gebiete „Brethil“ genannt.

C

Crebain – In einigen alten Geschichten wird von großen schwarzen Krähen berichtet, die im Dritten Zeitalter der Sonne in Dunland und im Wald von Fangorn lebten. Diese Vögel waren die Späher und Diener der bösen Mächte und wurden in der Sprache der Grau-Elben „Crebain“ genannt. Im Ringkrieg flogen sie weit über die Länder von Mittelerde und hielten Ausschau nach dem Träger des Einen Ringes.

Culumalda – Im Reiche Gondor lag wie ein Schiff vor Anker mitten im Großen Strom Anduin die Insel Cair Andros. Auf dieser Insel wuchsen die schönsten Bäume Ithiliens. Sie wurden nach der Farbe ihrer Blätter Culumalda genannt, was „goldenes Rot“ bedeutet.

D

Dornengestrüpp von Mordor – Im Schwarzen Land von Mordor lag Gorgoroth mit der Schmiede Saurons, des Herrn der Ringe. Es hieß, daß nichts auf diesem verseuchten Boden wuchs als ein Gestrüpp mit fußlangen Dornen, die scharf waren wie die Dolche der Orks. Dieses Gestrüpp breitete sich über das ganze Land aus, das solcherart wie von einem gewaltigen Stacheldrahtzaun geschützt wurde.

Drachen – Die „Quenta Silmarillion“ berichtet uns, wie sich Morgoth, der Dunkle Feind, im Ersten Zeitalter der Sonne in die Höhlen von Angband zurückzog, um dort kraft seines Flammenzaubers Ungeheuer wie die auch Lindwürmer genannten Drachen zu schaffen. Es gab drei Arten von Drachen – diejenigen, die wie Schlangen krochen, diejenigen, die auf Beinen gingen, und diejenigen, die wie Fledermäuse flogen. Von jeder Art gab es zwei Unterarten – die Kaltdrachen, die mit Fängen und Klauen kämpften, und die geheimnisvollen Urulóki oder Feuerdrachen, deren flammender Atem alles versengte. Wie kaum ein anderes Untier waren sie bei Menschen, Elben und Zwergen gefürchtet.

Diese Reptilien wurden durch eisenharte Schuppen geschützt. Ihre Zähne und Klauen waren scharf wie ein Rapier. Die geflügelten Drachen verwüsteten die Länder, die sie überflogen, wie ein Sturmwind, und die Feuerdrachen stießen scharlachrote und grüne Flammen aus, die die Erde unter sich verbrannten. Ihre Augen waren schärfer als die der Falken, so daß nichts ihnen entging. Ihre Ohren vernahmen den leisesten Atemzug eines Feindes, und ihr Geruchssinn war so fein entwickelt, daß sie jedes Geschöpf nach den Ausdünstungen seines Fleisches unterscheiden konnten. Ihre Intelligenz war weithin berühmt, aber sie waren auch eitel, freßgierig und blind vor Zorn. Da sie durch dunkle Zauberkraft aus dem Element des Feuers entstanden waren, scheuten sie das Wasser und das Licht des Tages. Das Blut der Drachen war schwarz und giftig; ihr Atem stank nach Schwefel und Feuer.

Der erste Feuerdrache, den Morgoth in Angband schuf, war Glaurung, der Vater der Urulóki. Obgleich er nicht geflügelt war wie die Drachen, die später entstanden, war er das schrecklichste Ungeheuer seiner Zeit.

Doch der furchtbarste Drache, der je die Welt

betrat, war Ancalagon der Schwarze, der erste geflügelte Feuerdrache, der später mit seiner Brut Angband verließ und wie ein Unwetter über die Feinde Morgoths herfiel.

Ancalagon wurde schließlich wie viele andere seiner Art erschlagen, und erst im Dritten Zeitalter der Sonne berichten die Geschichten von Mittelerde wieder von Drachen. Damals bewohnten sie die Einöden im Norden hinter dem Grauen Gebirge. Es heißt, daß ihre Habgier sie zu den angehäuften Schätzen der Sieben Könige der Zwerge trieb. Der mächtigste Drache des Grauen Gebirges war Scatha der Lindwurm.

Im 28. Jahrhundert des Dritten Zeitalters fiel der mächtigste Drache seiner Zeit aus dem Norden in das Zwergenreich Erebor ein. Er wurde Smaug der Goldene genannt. Smaug vernichtete das Königreich unter dem Berg und ließ sich zwei Jahrhunderte hindurch dort nieder. Aber im Jahre 2941 kam eine Gesellschaft von zwölf Zwergen mit dem Hobbit Bilbo Beutlin nach Erebor und scheuchte ihn aus seiner Ruhe aus. Er verbrannte das Land mit seinem feurigen Atem, wurde dann jedoch von Bard dem Bogenschützen in Esgaroth am Langen See getötet.

Es hieß, daß noch viele Jahrhunderte hindurch die Drachen die Nördliche Einöde hinter dem Grauen Gebirge bewohnten, aber keine Geschichte berichtet mehr von ihnen.

Drosseln – Im Dritten Zeitalter der Sonne gab es viele Vögel, wie Krähen und Raben, welche die Sprache der Menschen, Elben und Zwerge beherrschten. Doch die Drosseln, die in Erebor lebten, hatten einen Bund mit den dort ansässigen Menschen und Zwergen geschlossen. Die Menschen von Thal und See-Menschen von Esgaroth kannten die Drosselsprache und benutzten die Vögel als Boten. Auch zu den Zwergen kamen die Drosseln in Freundschaft. Zwar beherrschten die Zwerge die schnelle Sprache der Drosseln nicht, doch die Drosseln verstanden Westron, die Gemeinsame Sprache der Zwerge und Menschen.

Diese Vögel waren besonders langlebig. Eine Legende berichtet, wie eine sehr alte Drossel aus Erebor zu den Zwergen Thorin Eichenschilds kam und dem Erben von Thal, Bard dem Bogenschützen, eine Botschaft brachte. Durch sie lernte Bard die Schwäche des Drachens von Erebor kennen und konnte so das Untier töten.

Dúlin – Kein Gesang eines Vogels war so beliebt auf Mittelerde wie der der Nachtigall, welche die Grau-Elben Dúlin, die „Sängerin der Nacht“, und Tinúviel, die „Zwielichtmaid“, nannten.

Geflügelter Drache der Urulóki

E

Eber – Die Eberjagd war ein beliebtes Freizeitvergnügen unter den Elben und Menschen von Arda. Selbst der Vala Orome, der Herr der Wälder, pflegte diese mit Hauern bewehrten Tiere zu jagen.

Die bekannteste Geschichte einer Eberjagd erzählt, wie ein König von Rohan durch einen Eber getötet wurde. Folca von den Rohirrim war ein mächtiger Krieger, aber der Eber, den er verfolgte, war wild und stark. Bei der Jagd im Firienwald fanden sowohl der Jäger als auch seine Beute den Tod.

Elanor – Im Dritten Zeitalter der Sonne wuchs eine Winterblume im Lande Lothlórien. Diese Blume wurde Elanor genannt, was „Sternensonne" bedeutet, denn ihre Blüte war sternenförmig und golden. Die Geschichten von Mittelerde stellen die Pflanze in einen Zusammenhang mit der „Erzählung von Aragorn und Arwen". Sowohl der Goldene Stern der Elanorblume als auch der Weiße Stern der Niphredilblume wuchsen am dichtesten auf dem Cerin Amroth, dem Hügel, auf dem der sterbliche Herr der Dúnedain sich Arwen Undómiel, der Tochter des Halb-Elben Elrond, anverlobte. Arwen verband ihr Schicksal mit dem der sterblichen Menschen, und nach dem Ringkrieg wurden Aragorn und Arwen miteinander vermählt. Obgleich sie ein glückliches Leben führte, starb Arwen bald nach Aragorns Tod und bestimmte den Hügel von Cerin Amroth zu ihrer letzten Ruhestätte.

Ents – Im Ringkrieg griffen die seltsamen, Ents genannten Waldriesen in den Kampf der Menschen von Isengart gegen die Orks ein. Halb Mensch, halb Baum, waren sie vierzehn Fuß groß, und die ältesten von ihnen hatten seit neun Zeitaltern der Sterne und der Sonne auf Mittelerde gelebt.

Der Herr der Ents war Fangorn, in der Gemeinsamen Sprache Baumbart genannt. Er gehörte zu den stärksten und ältesten Lebewesen der Welt. Sein gewaltiger Rumpf war mit einer rauhen Rinde bedeckt, wie Eichen oder Buchen sie haben, während seine zweigartigen Arme glatt und seine siebenfingrigen Hände knorrig waren. Baumbarts mächtiger Kopf ging fast halslos in den stammartigen Körper über. Seine braunen Augen waren groß und weise und schienen in einem grünen Licht zu leuchten. Sein zottiger grauer Bart erinnerte an dicht verfilztes Moos. Obwohl er aus Baumfasern geschaffen war, bewegte er sich flink auf geraden Beinen mit Füßen, die wie lebende Wurzeln aussahen.

Die Geschichten der Elben erzählen, wie die Ents, als Varda, die Königin des Himmels, die Sterne entzündete, zusammen mit den Elben in den Großen Wäldern von Arda erwachten. Sie entstanden aus den Gedanken Yavannas, der Königin der Erde, und waren ihre Baumhirten. Der Zorn der Ents war fürchterlich, und wenn er einmal geweckt war, konnten sie mit ihren bloßen Händen Stein und Stahl zermalmen. Mit Recht waren sie überall gefürchtet, aber sie waren auch sanft und klug. Sie liebten die Bäume und alle lebenden Pflanzen und schützten sie vor dem Bösen.

Als sie erwachten, konnten die Ents nicht reden, aber die Elben lehrten sie zu sprechen, und fortan waren sie begierig, so viele Sprachen wie möglich zu lernen, sogar die schnelle Sprache der Menschen. Doch am liebsten war ihnen die Sprache, die sie selbst entwickelt hatten und die niemand als die Ents beherrschte: Sie klang wie Donner, wenn sie tief und bedächtig von ihren Lippen rollte.

Gelegentlich versammelten sich die Ents zu gemeinsamen Beratungen, den sogenannten Ent-Things, aber in der Regel lebten sie allein in ihren Ent-Häusern in den großen Wäldern. Oft waren diese Häuser Berghöhlen, durchströmt von frischen Quellen und umgeben von schönen Bäumen. Hier nahmen sie ihre Mahlzeiten ein, die nicht aus fester Nahrung bestand, sondern aus klaren, in großen Krügen aufbewahrten, grün und golden schimmernden Flüssigkeiten, dem Ent-Trunk. Und hier ruhten sie sich auch aus, wobei sie oft dadurch Erholung fanden, daß sie sich während der Nacht unter die kristallene Kühle eines Wasserfalls stellten.

So lebten die Ents ihr ruhiges, fast unsterbliches Leben. Nur wenn die Orks mit ihren Waffen aus Stahl kamen, erhoben sie sich im Zorn. Auch die Zwerge wurden von den Ents keineswegs geliebt, denn sie besaßen Äxte und schlugen Holz. So wird erzählt, daß die Zwergenkrieger von Nogrod, welche die Elbenstadt Menegroth verwüstet hatten, von den Ents eingeschlossen und völlig vernichtet wurden.

In den Zeitaltern der Sterne hatten männliche und weibliche Ents zusammengelebt, aber in den Zeitaltern der Sonne zogen die Entfrauen in das offene Land, wo sie die kleinwüchsigen Pflanzen – die Obstbäume, die Sträucher, Blumen und Gräser – hegten, während die Entmänner in den Wäldern mit ihren hohen Bäumen blieben.

Doch gegen Ende des Zweiten Zeitalters der Sonne wurden die Gärten der Entfrauen zerstört, und die Entfrauen verließen das Land. Unter ihnen befand sich auch Baumbarts Frau Fimbrethil, Weidenast die Leichtfüßige genannt. Über ihr Schicksal ist nichts bekannt. Vielleicht zogen die Entfrauen nach Süden oder Osten, aber wohin auch immer – die Ents der Wälder kannten ihren Aufenthaltsort nicht und wanderten viele Jahre umher, um sie zu suchen.

Obgleich die Ents nicht starben wie die Menschen, verschwanden sie dennoch allmählich von der Oberfläche der Erde. Sie waren nie sehr zahlreich gewesen; einige wurden durch Äxte oder Feuer getötet, und nach dem Auszug der Entfrauen wurden keine neuen Entings mehr geboren. Im Dritten Zeitalter waren auch die riesigen Wälder von Eriador, die sie einst durchstreift hatten, niedergehauen oder abgebrannt worden, so daß nur noch der Alte Wald an der Grenze zum Auenland und der große Entwald, in dem Baumbart lebte, übriggeblieben waren.

Zur Zeit des Ringkrieges zählte Baumbart zu den ältesten Ents, die die Zeitalter der Sterne überlebt hatten. Neben ihm gab es noch Finglas, was „Lokkenblatt“ bedeutet, und Fladrif, was „Borkenhaut“ heißt; aber die beiden letztgenannten kümmerten sich schon nicht mehr um die Angelegenheiten der anderen Ents.

Die Ents wurden von den Dienern Sarumans verfolgt, der das benachbarte Isengart bewohnte, und so beteiligten sie sich am Ringkrieg. In dem berühmt gewordenen Großen Marsch der Ents zogen sie gemeinsam mit den Huorns, den Baumgeistern, gegen Isengart. Sie rissen die Wälle der Festung nieder und erschütterten damit die Macht Sarumans. In der Schlacht von Hornburg setzten sich die Huorns wie ein wandernder Wald in Bewegung und vernichteten das Heer Sarumans.

Nach dem Ende des Ringkrieges bewohnten die Ents weiterhin den Entwald, aber ihre Rasse schwand dahin, so daß sie im Vierten Zeitalter ausstarben.

F

Fastitokalon – In den phantastischen Sagen der Hobbits gibt es eine Erzählung, in der von einem riesigen Schildkrötenwalfisch berichtet wird, den die Menschen für eine Insel im Meer hielten. So

Der Marsch der Ents

errichteten sie ein Lager auf dem Rücken des Tieres, zündeten ihre Feuer an, und als der Wal erschreckt in die Tiefe tauchte, versank mit ihm ihr Lager im Meer.

Die Hobbits nannten diesen Fisch Fastitokalon, aber wahrscheinlich handelt es sich bei der Geschichte um eine Allegorie des Untergangs der Númenórer, von dem uns das „Akallabêth" erzählt. Denn wie das Fastitokalon versank das Land der Númenórer im Meer und mit ihm die meisten seiner Bewohner.

Feuerdrachen – Von allen Geschöpfen, die Morgoth der Dunkle Feind in den Zeiten seiner Macht entstehen ließ, waren die auch als Drachen bezeichneten Lindwürmer die schrecklichsten. Am gefürchtetsten waren jedoch die giftige Flammen ausspeienden Feuerdrachen oder Urulóki. Der erste dieser Brut war Glaurung, und er hatte zahlreiche Nachkommen.

Im Krieg des Zorns wurden die meisten Urulóki erschlagen, aber ein neues Geschlecht bildete Flügel aus, erhob sich in die Lüfte und verließ Angband. Zu diesem Geschlecht gehörte Ancalagon der Schwarze – vermutlich war er der mächtigste Drache aller Zeiten.

In späteren Zeitaltern berichten die Geschichten von Mittelerde von einem rotgoldenen Drachen, der die Zwerge von Erebor aus ihrem Reich vertrieb. Es war dies Smaug der Goldene, der im Jahre 2941 des Dritten Zeitalters von Bard dem Bogenschützen getötet wurde.

Fledermäuse – Die blutsaugenden Fledermäuse gehörten zu den bösen Geschöpfen, die Melkor in den Zeiten der Dunkelheit züchtete. Mächtige Diener Melkors, wie beispielsweise Thuringwethil, nahmen gelegentlich die Gestalt von Fledermäusen an.

Melkor selbst verwandelte sich nach dem Fall von Tol-in-Gaurhoth in eine riesige Fledermaus und entkam so seinen Feinden. In den Geschichten der Hobbits wird erzählt, wie Scharen von Fledermäusen zusammen mit Orks und Wölfen in der Schlacht der Fünf Heere im Dritten Zeitalter der Sonne gegen Menschen, Elben und Zwerge kämpften.

Fliegen von Mordor – Im Schwarzen Reich von Mordor lebten, wie es heißt, nur Orks, Trolle und von Sauron, dem Dunklen Herrscher, versklavte Menschen. Die einzigen Tiere hier waren Schwärme blutsaugender Fliegen – graue, braune und schwarze Insekten, wie die Orks jenes Landes gezeichnet durch ein rotes Augenmal auf dem Rücken.

G

Galenas – Im Lande Númenor wuchs die breitblättrige Galenas, deren Blüten einen herrlichen Duft verströmten. Bevor das Land vom Westlichen Meer verschlungen wurde, hatten Seeleute die Pflanze nach Mittelerde gebracht, wo sie rings um die Siedlungen der Nachkommen der Númenórer im Überfluß wuchs. Die Hobbits nahmen die Blätter der Galenas, um sie zu trocken und zu zerkrümeln. Dann füllten sie damit ihre langstieligen Pfeifen und setzten das Kraut in Brand. Später wurde die Pflanze als Pfeifenkraut bekannt und nicht nur von den Hobbits, sondern auch von den Zwergen und den Menschen mit großem Behagen geraucht.

Galgenkraut – Das Galgenkraut wuchs in den Sümpfen von Mittelerde. Die Pflanze wird in den Märchen und Sagen der Hobbits erwähnt, doch ihre Eigenschaften werden nicht näher beschrieben, da nur wenige je aus diesen verseuchten Gebieten zurückkehrten.

Gaurhoth – Im Ersten Zeitalter der Sonne kamen viele böse Geister in Gestalt von Wölfen zu Sauron. Die Elben nannten sie Gaurhoth, die Werwölfe.

Geflügelte Untiere – Zur Zeit des Ringkrieges, so wird erzählt, wurden die Nazgûl genannten Geister von geflügelten Untieren durch die Luft getragen. Diese Bestien, die schneller als der Wind waren, hatten Schnäbel und Klauen wie Vögel, Flügel wie Fledermäuse und den Hals einer Schlange. Sie nährten sich von dem Fleisch der Orks und wurden größer als jedes andere geflügelte Geschöpf jener Zeit. Noch älter als die Drachen, waren sie von Melkor in den Zeitaltern der Lampen zugleich mit dem Kraken in den Höhlen von Utumno geschaffen worden. Doch so stark sie auch waren – ihre Zeit auf Mittelerde näherte sich dem Ende. Eine dieser Bestien wurde von dem Elben Legolas, eine andere von der Schildmaid Eowyn erschlagen. Diejenigen, die übrigblieben, gingen in den letzten Jahren des Dritten Zeitalters mit Mordor unter.

Geister der Totensümpfe – Zwischen den Wasserfällen des Großen Stromes Anduin und den dunklen Bergen von Mordor lag das riesige Fennland der Totensümpfe. Diese Sümpfe waren im Dritten Zeitalter der Sonne weithin gefürchtet, denn sie wurden von bösen Geistern heimgesucht.

GALGENKRAUT

Gegen Ende des Zweiten Zeitalters wurde eine gewaltige Schlacht vor dem Schwarzen Tor auf der Ebene von Dagorlad ausgetragen. Viele Krieger der Heere des Letzten Bundes zwischen Elben und Menschen fielen auf jener Ebene zusammen mit zahllosen Orks. Sie alle wurden auf der Walstatt von Dagorlad begraben.

Aber im Dritten Zeitalter breitete sich das Sumpfland nach Osten aus, und die Gräber der Krieger versanken in den Fennen. Große schwarze Tümpel bildeten sich, Schlangen und andere Kriechtiere breiteten sich an ihren Ufern aus, doch kein Vogel suchte die faulenden Gewässer auf. Im übelriechenden Schlamm der Tümpel, in dem so viele Leichen verwesten, waren gespenstische Flammen zu sehen. Und im Licht dieser Flammen, die wie die von Kerzen flackerten, tauchten die Gesichter der Toten auf – die bösen Gesichter der Orks ebenso wie die hellen, leuchtenden Gesichter der Menschen und Elben. Ob es sich dabei wirklich um Geister oder bloße Abbilder der Toten handelte, ist nicht bekannt. Diese Phantome erschienen in den Tümpeln, entzogen sich jedoch jeglichem Zugriff. Sie bedeuteten den Reisenden, näher zu kommen, und wer ihrem Zauber verfiel, versank in den schrecklichen Sümpfen. So geschah es fast allen, die diesen Weg nach Osten nahmen. So geschah es auch den Wagenfahrern, die im 20. Jahrhundert jenes Zeitalters nach der Schlacht des Feldes in die Totensümpfe getrieben wurden.

Glamhoth – Als die Orks in den Zeitaltern der Sterne zum erstenmal in das Land der Grau-Elben von Beleriand kamen, wußten die Sindar nicht, was für Wesen es waren, denen sie da begegneten. So nannten sie sie nach dem Kriegsgeschrei, das sie ausstießen, und dem Lärm ihrer eisernen Waffen und Stiefel Glamhoth, die „lärmende Horde".

Gorgûn – Die Geschichten der Elben berichten, wie die bösen Scharen der Orks in die Wälder von Mittelerde eindrangen. Die Wasas nannten diese Geschöpfe die Gorgûn.

Grabunholde – Westlich des Brandywein-Flusses lagen die Hügelgräberhöhen, die älteste Grabstätte der Menschen auf Mittelerde. Die kuppelförmigen Hügel waren von weißen Steinen umgeben und wurden von einem Monolithen gekrönt. Im Ersten Zeitalter der Sonne für die Könige der Menschen geschaffen, wurden sie Jahrtausende hindurch verehrt und heilig gehalten, bis aus dem Hexenkönigreich von Angmar zahlreiche gequälte Geister flohen, um sich vor den hellen Strahlen der Sonne zu verbergen. Dämonen, deren Körper vernichtet worden waren, suchten eine neue Wohnstatt in einem anderen Körper. Und so geschah es, daß die Hügelgräberhöhen zu einem von Geistern heimgesuchten Ort wurde. Die Dämonen verwandelten sich in Grabunholde, in Untote, welche die Körper der Könige der Menschen, die im Ersten Zeitalter der Sonne hier gelebt hatten, wieder beseelten.

Die Grabunholde waren von einer dunklen, schattenhaften Substanz. Sie konnten jede Gestalt annehmen, doch meist bedrängten sie den unvorsichtigen Reisenden in der Form eines dunklen Phantoms mit schwarzen, leuchtenden Augen. Ihre Stimme war schrecklich, aber hypnotisch. Ihre Knochenhand fühlte sich wie Eis an und packte mit eisenhartem Griff zu. Wenn es einmal dem Zauber eines Untoten verfallen war, verlor das Opfer seinen eigenen Willen und wurde von ihm in die Grabhöhlen der Hügel gezogen. Ein Chor gequälter Seelen begann zu singen, sobald der Unhold sein Opfer im grünen Zwielicht auf einen Steinaltar gelegt hatte und es mit goldenen Fesseln festband. Er hüllte es in ein Leichentuch und schmückte es mit den Edelsteinen der Toten, um es dann mit einem Opferschwert zu durchbohren.

In der Dunkelheit waren die Grabunholde mächtige Geister; sie konnten nur im hellen Tageslicht vernichtet werden, und so fürchteten sie das Licht wie nichts anderes auf der Welt. Wenn einmal eine Grabkammer sich öffnete und Licht in das Gewölbe drang, löste sich der Grabunhold wie Nebel in der Sonne auf und zerfiel zu Staub.

Große Unholde – Die bösen Wesen, welche die Menschen heute Unholde nennen, wurden in den Tagen von Mittelerde als Orks bezeichnet. Es gab mehrere Arten von ihnen. Am mächtigsten waren die Uruk-hai – mannshohe Geschöpfe von großer Kraft und Ausdauer, stärker und weniger lichtscheu als die anderen Orks. Sie wurden manchmal die Großen Unholde genannt.

UNHOLDE

H

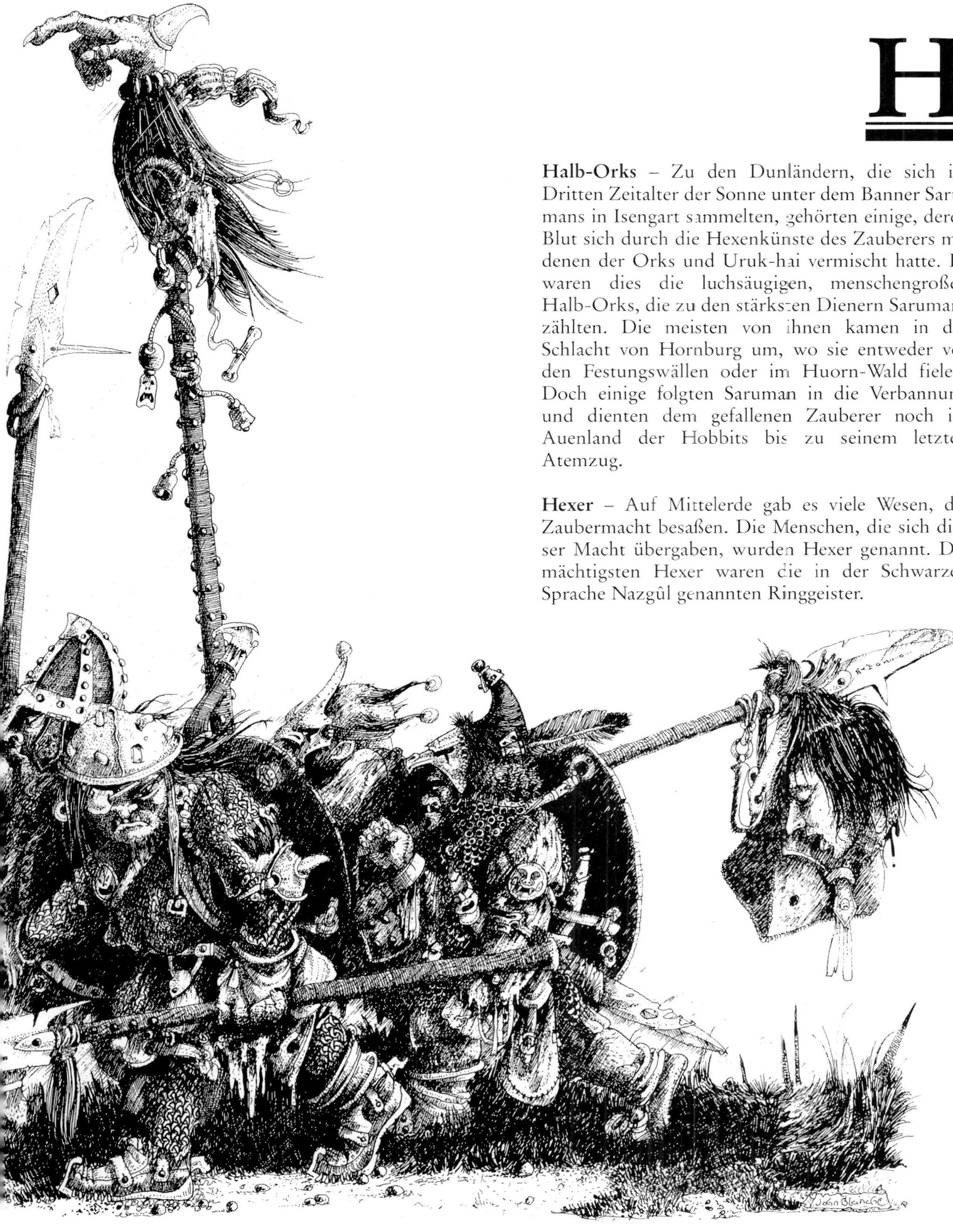

Halb-Orks – Zu den Dunländern, die sich im Dritten Zeitalter der Sonne unter dem Banner Sarumans in Isengart sammelten, gehörten einige, deren Blut sich durch die Hexenkünste des Zauberers mit denen der Orks und Uruk-hai vermischt hatte. Es waren dies die luchsäugigen, menschengroßen Halb-Orks, die zu den stärksten Dienern Sarumans zählten. Die meisten von ihnen kamen in der Schlacht von Hornburg um, wo sie entweder vor den Festungswällen oder im Huorn-Wald fielen. Doch einige folgten Saruman in die Verbannung und dienten dem gefallenen Zauberer noch im Auenland der Hobbits bis zu seinem letzten Atemzug.

Hexer – Auf Mittelerde gab es viele Wesen, die Zaubermacht besaßen. Die Menschen, die sich dieser Macht übergaben, wurden Hexer genannt. Die mächtigsten Hexer waren die in der Schwarzen Sprache Nazgûl genannten Ringgeister.

HUORNS

Einer dieser Ringgeister ging als Hexenkönig von Angmar in die Geschichte ein. Später tauchte er im Süden wieder auf, um sich in Minas Morgul niederzulassen. Dort herrschte er bis zum Ringkrieg, in dem er getötet wurde. Mit ihm verschwanden die anderen Hexer aus Arda.

Hummerhorns – Wenn man einem Hobbit-Gedicht Glauben schenken darf, hat ein Volk geflügelter Insekten, die Hummerhorns genannt wurden, einst gegen einen fahrenden Ritter gekämpft. Ob diese Insekten übergroß oder der Ritter überklein oder die ganze Geschichte überhaupt nur eine Ausgeburt der oft skurrilen Phantasie der Hobbits ist, läßt sich heute nicht mehr entscheiden.

Huorns – Zu den ältesten Olvar auf Arda gehörten die Bäume des Großen Waldes. Viele Zeitalter hindurch wuchsen sie dort friedlich und ungestört, aber zu Beginn des Zeitalters der Sterne kamen auf Geheiß Yavannas die Ents genannten Baumhirten in den Wald, um die Bäume zu schützen. Mit der Zeit ähnelten einige Ents selber Bäumen, und einige der alten Bäume begannen Ents zu gleichen. Wie die Ents lernten sie zu sprechen. Doch abgesehen von den Ents und den Bäumen gab es zu Beginn des Dritten Zeitalters noch eine dritte Rasse – die Huorns. Sie standen zumeist wie dunkle Bäume in den tiefsten Wäldern, knorrig und unbewegt, aber wachsam. Wenn ihr Zorn erregt wurde, bewegten sie sich äußerst flink und fielen unbarmherzig über ihre Feinde her.

In der Geschichte des Ringkrieges wird berichtet, wie die Ents zusammen mit den Huorns gegen Isengart marschierten und, angeführt von den Ents des Fangorn-Waldes, das gesamte Heer der Orks in der Schlacht von Hornburg vernichteten.

Einige Huorns waren böse und rachsüchtig. Einer von ihnen, der Weidenmann, bewohnte den Alten Wald an den Ufern der Weidenwinde. Der Alte Wald war der letzte Rest eines Urwaldes, der sich einst über riesige Gebiete von Mittelerde erstreckte, und der Weidenmann wollte verhindern, daß sein Reich weiter eingeengt wurde. So wob er durch die Kraft seines Gesanges einen Zauber um den Wald und lockte die Reisenden an, um sie mit seinen geschmeidigen Wurzeln und Ästen zu umschlingen.

I

Immertreu – Die schöne weiße Blume, die in der Sprache der Menschen Immertreu genannt wird, wuchs in dichten Matten auf den Hügelgräbern der Könige der Mark unweit von Edoras in Rohan. Den Rohirrim war sie unter dem Namen Simbelmyne bekannt, und sie blühte zu allen Jahreszeiten, leuchtend wie das Licht der Sterne – eine lebende Erinnerung an jene glanzvollen Tage, in denen die Könige der Mark zu den mächtigsten auf Mittelerde gehörten.

K

Kaltdrachen – Die Drachen, die Morgoth im Ersten Zeitalter der Sonne in Angband züchtete, wiesen viele Arten auf. Einige waren Feuerdrachen, andere hatten mächtige Flügel, die häufigsten waren jedoch die Kaltdrachen, die weder fliegen noch Flammen speien konnten. Sie besaßen freilich äußerst kräftige Zähne und Klauen und waren durch eisenharte

Schuppen geschützt. Die Kaltdrachen waren im Ersten Zeitalter weithin gefürchtet und verwüsteten ganze Landstriche auf Mittelerde. Gegen Ende des Zeitalters gingen die meisten von ihnen mit den anderen Dienern Morgoths in der Großen Schlacht des Kriegs des Zorns zugrunde.

Doch im Dritten Zeitalter der Sonne erhoben sie sich wieder in den öden Ländern des Nordens, von wo sie in das Graue Gebirge zogen. Dort hatten die Zwerge reiche Erzvorkommen gefunden, und im 20. Jahrhundert folgten die Kaltdrachen ihnen und überzogen sie, begierig nach ihren Schätzen, mit Krieg. Obwohl die Zwerge sich tapfer wehrten, wurden sie von den Kaltdrachen scharenweise getötet. Dann kam ein Fürst der Menschen von Eothéod – Fram, der Sohn Frumgars – den Zwergen zu Hilfe, und es gelang ihm, den größten Drachen jener Zeit, Scatha den Lindwurm, zu erschlagen. Fünf Jahrhunderte hindurch blieb das Graue Gebirge von den Kaltdrachen verschont. Doch im Jahre 2570 fielen sie abermals in die Berge ein und töteten einen Zwergenkönig nach dem anderen. Der letzte war Dáin I., ein Nachkomme Durins, der mit seinem Sohn Frór in den königlichen Hallen zerfleischt wurde. So flohen die Zwerge endgültig aus dem Grauen Gebirge und überließen den Drachen widerwillig ihr Gold.

Kelvar – Bevor die Elben und Menschen in die Welt traten, wurden alle Dinge entweder Kelvar oder Olvar genannt. Kelvar waren die lebenden Geschöpfe, die sich bewegen konnten; Olvar waren die lebenden Dinge, die in der Erde wurzelten und wuchsen. Den Kelvar wurde Behendigkeit und rasche Auffassungsgabe geschenkt, während den Olvar mächtige Schutzgeister zur Seite standen.

Kirinki – In den Ländern von Númenor lebte ein Vogel, der etwa so groß wie ein Zaunkönig war. Er trug ein prächtiges scharlachrotes Federkleid und

Rind von Araw

zeichnete sich durch seinen schönen Gesang aus. Dieser Vogel wurde Kirinki genannt.

Königskraut – Aus dem untergegangenen Land der Númenórer stammte ein Kraut, das lange auf Mittelerde zur Linderung von Schmerzen verwendet wurde. In der Sprache der Grau-Elben wurde es Athelas genannt, aber die Menschen nannten es Königskraut, da es seine Eigenschaften angeblich den heilenden Händen der númenórischen Könige verdankte.

Krähen – Die aasfressenden Krähen standen in dem Ruf, mit den Dunklen Mächten verbündet zu sein. Die Menschen nannten sie Unglücksbringer, denn sie nahmen an, daß die Vögel als Späher Saurons über das Land flogen und ihrem Herrn böse Nachrichten zutrugen.

Krake – Im „Roten Buch der Westmark" wird berichtet, daß nach der Vernichtung eines Balrogs im Zwergenreich von Moria ein anderes Wesen aus den dunklen Wassern im Inneren der Berge kam. Es war dies ein großer, grün schimmernder Krake mit vielen Tentakeln, der einen infernalischen Gestank ausströmte. Er gelangte schließlich in das klare Wasser des Flusses Sirannon, den er durch einen Damm staute, um sich in dem so entstandenen Tümpel zu verbergen. Der Krake bewachte das Westtor, das niemand ungesehen betreten konnte. Aus diesem Grund wurde er der Wächter im Wasser genannt.

L

Lairelosse – In Andustar, dem bewaldeten Westteil des untergegangenen Landes der Númenórer, lag ein Forst, der so dicht mit wohlriechenden immergrünen Bäumen bewachsen war, daß er Nísimaldar, das „Land der Duftenden Bäume", genannt wurde. Zu den vielen Pflanzen, die hier wuchsen, gehörte ein blühender immergrüner Baum, der Lairelosse genannt wurde, was „Sommerschneeweiß" bedeutet, und der von den Elben von Tol Eressea nach Númenor gebracht worden war.

Laurinque – In Hyarrostar, den Ländern im Südwesten von Númenor, wuchs einst ein Laurinque genannter Baum. Seine goldenen Blüten hingen in dichten Trauben an den Zweigen und wurden ihrer Schönheit wegen sehr geliebt. Die Númenórer schätzten überdies das Holz des Baumes, das ihnen zum Bau ihrer Berühmten Schiffe diente.

Lindwürmer – Die mächtigsten Kreaturen, die Morgoth je in Arda züchtete, waren die großen Lindwürmer, die im Ersten Zeitalter der Sonne die Höhlen von Angband verließen. Er stattete sie mit eisenharten Schuppen, gewaltigen Zähnen und Klauen und zauberischen Kräften aus. Die Menschen und Elben nannten diese feuerspeienden Ungeheuer die Drachen Morgoths, und sie gehörten zu den am meisten gefürchteten Wesen auf Mittelerde.

NAHAR, STAMMVATER DER MEARAS

Lissuin – Viele der schönsten Blumen auf Mittelerde wurden den Sterblichen von den Elben geschenkt, die die Küsten der Unsterblichen Lande bewohnten.

Das galt auch für die süßduftende Lissuin, welche, wie die Geschichten der Númenórer berichten, die Elben von Tol Eressea zusammen mit der goldenen, sternenförmigen Blume Elenor in die Länder der Sterblichen gebracht hatten. Die beiden Blumen wurden – die eine wegen ihres Duftes, die andere wegen ihrer Farbe – zu Kränzen gebunden und bei Hochzeitsfeiern wie Kronen getragen.

Lómelindi – Von allen Singvögeln auf Arda liebten die Elben die Lómelindi, die „Abendsänger", am meisten. Sie wurden von ihnen auch Tinúviel genannt, während die Menschen sie als Nachtigallen bezeichneten.

M

Mallorn – An den Ufern des Silberlaufs, der den östlichen Teil des Nebelgebirges durchfloß, lag ein Waldland, in dem die schönsten und höchsten Bäume von Mittelerde wuchsen – die Mallornbäume. Sie hatten eine silberne Rinde und trugen goldene Blüten, und vom Frühling bis zum Herbst waren auch ihre Blätter golden getönt. Im Dritten Zeitalter der Sonne wurde dieses Land der Goldene Wald oder Lothlórien genannt, das „Land der träumenden Blüten". Elbische Zauberkräfte hatten es zu einem sicheren Zufluchtsort vor den bösen Mächten der Welt gemacht, und die Mallornbäume gediehen dort dichter und höher als an jedem anderen Fleck auf Mittelerde. Dort lebten die Galadhrim, die Elben des Königreichs von Celeborn und seiner Gemahlin Galadriel. In den hohen Kronen der Mallornbäume errichteten die Galdhrim ihre Wohnstätten, die *telain* oder Flette genannt wurden. Es war im wahren Wortsinn ein Reich der Bäume, und nirgends breitete sich der goldene Glanz elbischen Zaubers stärker aus als im verwunschenen Wald von Lothlórien.

Mallos – In den Ebenen von Lebennin am Flußdelta des Anduin wuchsen die Blumen, welche die Elben Mallos nannten, den „Goldschnee". Ihre Blüten waren wunderschön und verwelkten nie. In den Gesängen der Elben wurden sie mit den goldenen Glocken verglichen, welche die Eldar einst in die Unsterblichen Lande gerufen hatten.

Mearas – Alle Pferde von Arda waren nach dem Ebenbild Nahars geschaffen, des weißen Hengstes des Vala Orome. Die wahren Nachkommen Nahars, so glaubte man, waren jedoch die Mearas, die „Pferdefürsten" von Rohan. Diese herrlichen, mit Zauberkräften begabten klugen Tiere, weiß und silbergrau, waren flink wie der Wind, langlebig und unermüdlich.

In den Geschichten der Rohirrim wird berichtet, wie die ersten Mearas zu den Menschen von Rhovanion kamen. Im 26. Jahrhundert des Dritten Zeitalters der Sonne versuchte der König der Eothéod, dessen Name Léod war, das herrlichste Pferd zu zähmen, das sein Volk je gesehen hatte. Aber es war wild und stolz und warf Léod ab, der dabei den Tod fand. So wurde das Pferd Mannsfluch genannt. Als Léods Sohn Eorl sich jedoch dem

Pferde näherte, fügte es sich seinem Willen. Eorl nannte es fortan Felaróf, den Vater der Pferde, denn von ihm stammten die Mearas ab, die nur den Königen und Fürsten aus Eorls Linie gestatteten, sie zu reiten. Obgleich sie nicht sprechen konnten, verstanden sie die Sprache der Menschen, und sie brauchten weder Sattel noch Zaumzeug, da sie den Worten ihrer Herren, der Rohirrim des Königshauses, gehorchten.

Die Mearas wurden geliebt und verehrt von den Rohirrim, deren Banner die weiße Gestalt Felarófs auf grünem Untergrund trug.

Im Ringkrieg leisteten die Mearas den Menschen von Rohan große Dienste. Eines dieser Tiere namens Schneemähne trug Théoden, den König der Rohirrim, in die Schlacht von Hornburg und die Schlacht auf den Pelennor-Feldern, wo Roß und Reiter ruhmreich kämpften, obgleich beide schließlich vom Hexenkönig von Morgul getötet wurden. Ein anderes Pferd aus der gleichen Familie, Schattenfell, brach die Regel, nach der nur Könige und Fürsten Mearas besteigen durften, und trug den Weißen Reiter, den Zauberer Mithrandir, der auch Gandalf genannt wurde. Schattenfell, ein äußerst kühnes und starkes Pferd, widerstand dem Schrekken der Nazgûl und besiegte sogar die furchteinflößenden Geflügelten Untiere. Gandalf ritt auf ihm während der Belagerung des Weißen Turms in die Länder von Gondor. Nach der Schlacht auf den Pelennor-Feldern trug Schattenfell den Zauberer nach Westen zum Schwarzen Tor von Mordor, wo die letzte Konfrontation mit den bösen Heeren von Sauron stattfand.

Muhlipps – Die Muhlipps, eine böse Rasse fleischfressender Geister, bewohnten die Sümpfe von Mittelerde. Sie glichen den gefürchteten Grabunholden und hatten sich an den schwarzen und stinkenden Tümpeln der Moore niedergelassen. Reisende durchquerten diese Gegenden nur mit äußerster Vorsicht, denn viele von ihnen waren von den Muhlipps in die Irre gelockt und erschlagen worden.

Mûmakil – Im Dritten Zeitalter der Sonne lebten im Süden von Harad Tiere von gewaltigem Körperumfang, die für die Vorfahren jener Geschöpfe gelten, welche die Menschen heute Elefanten nennen. Doch es heißt, daß die Elefanten, die jetzt die Erde bewohnen, viel kleiner und weniger stark sind.

In den Jahren des Ringkrieges folgten die Krieger aus Harad dem Ruf Saurons und zogen nach Norden in die Länder von Gondor. Mit sich unter ihrem roten Banner führten sie die riesigen Mûmakil, die mit golddurchwirkten Decken behängt waren; auf ihren Rücken trugen sie große Kriegstürme, von denen Bogenschützen und Speerwerfer ihre gefährlichen Waffen in die feindlichen Reihen schickten. Die Tiere waren von Natur aus kampflüstern. Sie zermalmten zahlreiche Menschen und Elben unter ihren Füßen, erschlugen sie mit ihren Rüsseln, und im Kampf waren ihre mächtigen Stoßzähne rot vom Blut durchbohrter Krieger. Pferde scheuten sich, den Mûmakil näherzukommen, und in der Schlacht standen sie wie uneinnehmbare Türme, an denen die Schildwälle zerbrachen.

N

Nazgûl – Im 23. Jahrhundert des Zweiten Zeitalters der Sonne erhoben sich neun mächtige Geister auf Mittelerde, die in der Schwarzen Sprache der Orks Nazgûl genannt wurden, die „Ringgeister". Von allen Dienern Saurons, des Herrn der Ringe, waren sie die mächtigsten.

Es heißt, daß die Nazgûl einst große Könige und Zauberer unter den Menschen waren. Jeder von ihnen erhielt von Sauron einen der ursprünglich neunzehn Ringe, die Celebrimbor und die Elbenschmiede von Eregion für ihn geschaffen hatten. Viele Jahrhunderte hindurch benutzten diese Menschen die Ringe, um ihre eigenen Bedürfnisse zu befriedigen, aber alle wurden von dem Einen Ring beherrscht, den Sauron selbst geschmiedet hatte. Obgleich die neun Menschen durch die Kraft der Ringe weit länger lebten als die gewöhnlichen Sterblichen, verfiel ihre körperliche Gestalt, so daß sie im 23. Jahrhundert zu reinen Geistern geworden waren, die nur noch bestrebt waren, dem Willen Saurons zu dienen. So durchstreiften sie die Erde und begingen schreckliche Untaten. Sie trugen schwarze Mäntel und Kapuzen über ihren silbernen Helmen, aber unter den Mänteln befanden sich die grauen Gewänder der Toten, und ihre Körper waren unsichtbar. Jeder, der sie anblickte, wich voller Entsetzen zurück, denn dort, wo eigentlich hätten Gesichter sein sollen, glommen nur zwei hypnotische Augen, die wie höllische Flammen brannten, wenn die Nazgûl erzürnt waren.

Die Nazgûl waren mit Stahl- und Flammenschwertern, schwarzen Keulen und Dolchen bewaffnet, deren Klingen vergiftet waren. Sie kann-

Die Nazgûl

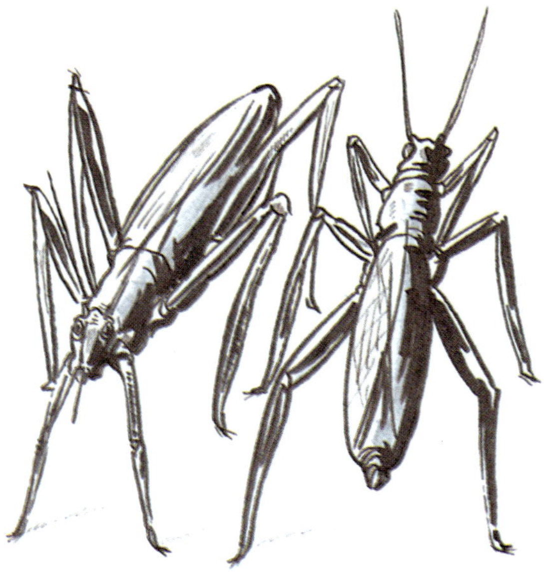

ZIRPERKIRPER

ten Zaubersprüche, mit denen sie Feuer entfachen konnten, und der Fluch ihres schwarzen Atems ließ die Herzen ihrer Feinde vor Grauen erstarren. Die Nazgûl konnten von den Waffen der sterblichen Menschen nur verletzt werden, wenn diese durch elbischen Zauber gehärtet waren, und jede andere Klinge, die sie traf, zerbrach und zerfiel zu Staub.

So ritten die Nazgûl tausend Jahre lang auf neun schwarzen Pferden über die Länder von Mittelerde und verbreiteten Angst und Schrecken. Sie gingen erst unter, als Saurons Reich Mordor fiel und die siebenjährige Belagerung von Barad-dûr gegen Ende des Zeitalters durch die Heere des Letzten Bundes zwischen Elben und Menschen gebrochen wurde. Isildur, der Dúnedain-Herrscher von Gondor, schnitt den Einen Ring von Saurons Hand, und mit dem Herrn der Ringe wurden die Nazgûl in die Dunkelheit verstoßen.

Im Dritten Zeitalter der Sonne verharrten die Nazgûl dreizehn Jahrhunderte hindurch gestalt- und machtlos im Reich der Schatten. Doch der Eine Ring war nicht zerstört worden, und so gelang es Sauron, wieder seine frühere Gestalt anzunehmen. Im 14. Jahrhundert rief er abermals seine Diener zu sich. Die neun Schwarzen Reiter erhoben sich im Osten von Mittelerde, und die stärksten von ihnen zogen in den Norden von Eriador, wo Sauron das Reich von Angmar errichtete und die große Festung Carn Dûm baute. Dort scharte er die Orks und die Hügelmenschen der Ettenöden um sich. Mehr als sechs Jahrhunderte wütete ein ständiger Krieg in Eriador. Der Herr der Nazgûl, der zu jener Zeit der Hexenkönig von Angmar genannt wurde, rannte mit seinen Heeren gegen die Dúnedain von Arnor an, bis im Jahre 1974 ihre letzte Stadt, Fornost, fiel. Aber der Hexenkönig konnte sich nur kurze Zeit seines Triumphes freuen, denn im Jahre 1975 wurde sein Heer von den Elbenkönigen Círdan und Glorfindel sowie von Earmur, dem König von Gondor, in der Schlacht von Fornost vernichtend geschlagen. Arnor, das Nördliche Königreich der Dúnedain, hatte jedoch seine Macht verloren, und so blieben die Dunklen Mächte Saurons und des Hexenkönigs letztlich die eigentlichen Sieger der langen Kämpfe.

Der Hexenkönig verließ die verwüsteten Länder von Eriador und zog sich nach Mordor zurück. Auch Sauron verbarg sich in Dol Guldur im dunklen Düsterwald (wo der Nazgûl Khamûl, ein Ostling, ihm als Statthalter diente). Doch drei Jahrhunderte zuvor waren bereits andere Nazgûl heimlich nach Mordor gekommen, die inzwischen die bösen Mächte jenes Landes wieder gestärkt und Orkheere um sich geschart hatten.

Im Jahre 2000 verließen die Nazgûl Mordor, um gegen die Dúnedain von Gondor im Süden zu kämpfen, und zwei Jahre später fiel Minas Ithil, der „Turm des Mondes“. Die Nazgûl ließen sich in der Festung nieder und gaben ihr den neuen Namen Minas Morgul, den „Turm der Schwarzen Geister“. Dort herrschte fortan der Hexenkönig von Angmar, der jetzt als Herrscher von Morgul bezeichnet wurde und eine eiserne Krone trug. Er war es, der Earnur, den letzten König von Gondor, tötete. Tausend Jahre hindurch überzog der Hexenkönig die Menschen von Gondor mit Krieg, und dank seiner Zauberkräfte und der Macht seiner Heere schwächte er ihr Reich, zerstörte ihre Städte und verwüstete ihr Land.

Aber erst im Jahre 2951 betrat Sauron, der Dunkle Herrscher, wieder den Schauplatz und kam nach Mordor. Im Jahre 3018 des Dritten Zeitalters brach der Ringkrieg aus, denn es war Sauron zu Ohren gekommen, daß der Eine Ring gefunden worden war, und so schickte er die Nazgûl aus, ihn in seinen Besitz zu bringen.

Die Suche nach dem Einen Ring brachte die Nazgûl in das Auenland. Sie verdächtigten den Hobbit Frodo Beutlin, Träger des Ringes zu sein, und verfolgten ihn und seine Gefährten. Bei mehreren Gelegenheiten gelang es ihnen um ein Haar, seiner habhaft zu werden. So verwundete der Hexenkönig auf der Wetterspitze Frodo Beutlin mit einem vergifteten Dolch. Doch der Ringträger suchte mit seinen Gefährten Zuflucht im Reich des Halb-Elben Elrond. Als die neun Schwarzen Reiter bei ihrer Verfolgung die Grenzen von Bruchtal erreichten, wurden sie von den Elben an der Bruinenfurt vertrieben.

Aber sie kehrten auf Reittieren, die so mächtig waren wie sie selbst, zurück. Es waren dies die gefürchteten Geflügelten Untiere, für die weder die Elben noch die Menschen einen Namen hatten – uralte Wesen, die auf die Welt gekommen waren, bevor die Zeitrechnung begann. Obgleich sie Schnäbel und Klauen hatten, waren sie keine Vögel oder Fledermäuse, sondern schlangenähnliche Bestien wie die Drachen und ernährten sich wie diese vom Fleisch der Orks. Die Geflügelten Untiere trugen die Nazgûl mit Windgeschwindigkeit über die Länder von Mittelerde. In der Schlacht auf den Pelennor-Feldern wurde der Morgul-Herrscher, der von keinem sterblichen Mann getötet werden konnte, von der Schildmaid Eowyn und dem Hobbit Meriadoc Branbdybock erschlagen. Auch die restlichen acht Nazgûl fanden den Tod, als sie auf ihren Geflügelten Untieren Sauron am Schwarzen Tor von Mordor zu Hilfe kommen wollten. Denn der Hobbit Frodo Beutlin hatte den Einen Ring im Feuer des Schicksalsbergs zerstört. Damit war auch Sauron samt seiner schrecklichen Welt vernichtet. Das Schwarze Tor brach ebenso wie der Schwarze Turm in sich zusammen, und die mächtigen Nazgûl wurden mitten im Flug von Flammen verzehrt, die ihr Leben für immer beendeten.

Neldoreth – Zu den von fast allen Bewohnern Mittelerdes verehrten Bäumen gehörten die Buchen, welche die Elben Neldoreth nannten. Wie die Geschichten über das untergegangene Beleriand berichten, wurden die großen Hallen von Menegroth, die Tausend Grotten, von steinernen Säulen getragen, die den im Wald von Neldoreth wachsenden Buchen glichen. Die Elben liebten die Neldo-

KRIEGER DER OLAG-HAI

reth um so mehr, als sie dem Goldenen Baum der Valar, Laurelin, ähnelten.

Die dreistämmige Buche von Doriath, die Hírilorn genannt wurde, war der mächtigste Baum auf Mittelerde. In ihm befand sich das Haus Lúthiens.

Nessamelda – Einer der vielen duftenden immergrünen Bäume, welche die See-Elben im Zweiten Zeitalter der Sonne von Tol Eressea in das Land der Númenórer gebracht hatten, war der Nessamelda, der „Baum Nessas", der tanzenden Valar-Göttin der Wälder, der Schwester des Jägers Orome. Am häufigsten war er in jenem Teil Númenors zu finden, der Nísimaldar genannt wurde, das „Land der Duftenden Bäume".

Niphredil – Gegen Ende des Zweiten Zeitalters der Sterne wurde der Maia Melian und Thingol, dem König der in den Wäldern von Neldoreth in Beleriand lebenden Sindar, ein Kind geboren, das schöner war als jedes andere, das je die Welt betreten hatte. Es erhielt den Namen Lúthien. Zur gleichen Zeit erschien die weiße Blume Niphredil in den Wäldern, um die schöne Lúthien willkommen zu heißen. Diese Blume wurde wie das einzige Kind, das je aus einer Vereinigung zwischen Eldar und Maiar hervorging, als Stern der Erde bezeichnet.

Im Dritten Zeitalter der Sonne wuchs die weiße Blume zusammen mit der goldenen Blume Elanor immer noch im Goldenen Wald von Lothlórien. Im Vierten Zeitalter kam das schönste Elbenmädchen jener Zeit, Arwen Undómiel, in den Wald. Mit Lúthien teilte sie das tragische Schicksal, einen Sterblichen zu lieben. Und in jenem Wald verlobte sich Arwen dem Dúnedain Aragorn an. Jahre später kam sie zurück, um auf einem Bett der weißen und goldenen Blumen zu sterben.

O

Oiolaire – Unter den Seekönigen der Númenórer bildete sich der Brauch heraus, ein Schiff zu segnen, damit es sicher wieder in den Heimathafen zurückkehre. Das geschah dadurch, daß man einen Zweig des duftenden Baumes Oiolaire abschnitt und am Bug des Schiffes befestigte. Dieser „Grüne Zweig der Rückkehr" war eine Opfergabe an Osse, den Herrn der Wogen, und Uinen, die Herrin des

Die Orks von Utumno

Ruhigen Wassers. Oiolaire – ursprünglich ein Geschenk der Elben von Eressea an die Númenórer – bedeutet „Immerwährender Sommer".

Olifanten – Im Auenland der Hobbits gingen viele Legenden über die geheimnisvollen Länder im Süden von Mittelerde um, in denen angeblich gewaltige, mit Stoßzähnen bewehrte Tiere lebten – die Olifanten. Vernünftige Hobbits hielten diese Erzählungen für die Ausgeburten einer blühenden Phantasie. Doch es gab auch Hobbits, die behaupteten, diese Tiere selbst gesehen zu haben. Von den Menschen von Gondor wurden die Olifanten meist als Mûmakil bezeichnet.

Olog-hai – Im Dritten Zeitalter der Sonne züchtete der in Mordor residierende Herr der Ringe Sauron aus Trollen eine neue Rasse, die in der Schwarzen Sprache der Orks als die der Olog-hai bezeichnet wurde. Diese Geschöpfe glichen den Trollen an Größe und Körperkraft, aber sie waren verschlagen und fürchteten nicht das Licht, das für die meisten Trolle tödlich war. Die Olog-hai waren gefürchtete Krieger, denn Sauron hatte sie so geschaffen, daß sie nach dem Blut ihrer Feinde dürsteten. Doppelt so groß wie Menschen, wurden ihre Körper von steinharten Schuppen geschützt. Sie trugen runde, schwarzweiße Schilde und waren mit riesigen Hämmern, reißenden Fängen und scharfen Klauen bewehrt. Nur die von Elben durch Zaubersprüche gehärteten Klingen vermochten ihre dicke Haut zu durchdringen.

Am Ende des Dritten Zeitalters wurden die Olog-hai vollständig vernichtet, denn sie waren nur vom Willen des Dunklen Herrschers beseelt. Als der Eine Ring zerstört wurde und Sauron sein Ende fand, wanderten sie ziellos über die Erde, unfähig, sich zu wehren. So wurde einer nach dem anderen erschlagen, und nie wieder hat jemand von ihnen gehört.

Olvar – In der Musik der Ainur war prophezeit worden, daß alle Olvar (lebende Dinge, die wachsen und in der Erde verwurzelt sind) von Wächtern beschützt werden würden. Denn da die Olvar, vom größten Baum bis zur bescheidensten Flechte, nicht vor ihren Feinden fliehen konnten, mußten andere Wesen sie bewahren, und so schuf Yavanna die Ents, die Hirten der Bäume.

Onodrim – Zur Zeit, da Varda die Sterne entzündete, betraten die als Ents bekannten Baumhirten die Wälder, die von den Elben Onodrim genannt wurden.

Orks – Im Ersten Zeitalter der Sterne zog sich Melkor in die tiefsten Höhlen von Utumno zurück und schuf aus der gerade entstandenen Rasse der Elben durch unvorstellbare Akte der Grausamkeit und Zauberei schreckliche neue Lebensformen, die im gleichen Maße abstoßend wie die Elben anziehend waren.

Dies waren die Orks, deren einzige Freude darin bestand, andere zu quälen, denn das Blut, das in ihnen floß, war schwarz und kalt. Es waren gedrungene, kurzbeinige, gebeugt gehende Geschöpfe. Ihre Arme waren lang und stark wie die der Affen des Südens, und ihre Haut war schwarz wie vom Feuer versengtes Holz. Die spitzen Fänge in ihren breiten Mäulern waren gelb, ihre Zungen rot und dick und ihre Nüstern platt. Ihre Lider glichen engen Schlitzen, hinter denen die Augen wie glühende Kohlen brannten.

Die Orks waren wilde Krieger, denn mehr noch als ihre Feinde fürchteten sie ihren Herrn und zogen nicht selten den Tod den Qualen des Orklebens vor. Sie waren Kannibalen, und oft trieften ihre Klauen und Fänge von dem Blut ihrer eigenen Artgenossen. Sie scheuten das Licht, denn es schwächte ihre Lebenskraft und konnte sie versengen. Sie konnten in der Nacht sehen und bewohnten die dunkelsten Höhlen und Bergminen. Kein anderes Wesen auf Arda vermehrte sich so rasch wie sie. Am Ende des Ersten Zeitalters der Sterne, als der Krieg des Zorns entbrannt war, kamen die Valar nach Utumno und öffneten seine Verliese. Sie banden Melkor mit einer eisernen Kette und vernichteten seine Diener, darunter die meisten Orks.

In den folgenden Zeitaltern unternahmen die Elben ihre Große Wanderung, und obgleich Orks an dunklen Orten in Mittelerde lebten, wagten sie sich nicht offen hervor. So berichten die Erzählungen der Elben erst im Vierten Zeitalter der Sterne wieder von ihnen.

Damals kamen Scharen von Orks aus Angband, durch Stahlpanzer und eiserne Helme geschützt und mit Krummschwertern, vergifteten Dolchen, Pfeilen und breiten Schwertern bewaffnet. Zusammen mit Wölfen und Werwölfen drangen sie in Beleriand ein, wo Melian und Thingol über das Königreich der Sindar herrschten. Da die Elben damals noch keine stählernen Waffen kannten, wandten sie sich mit der Bitte an die Zwergenschmiede, ihnen solche zu schaffen. Danach gelang es ihnen, die Orks zu vertreiben.

Doch als Melkor in die Höhlen von Angband zurückkehrte, rüstete er die Ork-Heere wieder auf und zog mit ihnen in den Krieg. Im Tal des Flusses Gelion trafen sie auf die Grau-Elben Thingols und die Grün-Elben Denethors und wurden von ihnen vernichtend geschlagen. Aber ein zweites Ork-Heer überfiel die westlichen Lande von Beleriand und belagerte die Falas, ohne freilich die Städte der Falthrim einnehmen zu können. So vereinigte sich dieses zweite Heer mit einem dritten Ork-Heer und setzte sich nach Norden in Bewegung, um gegen die Noldor-Elben zu Felde zu ziehen. Diese waren den Orks jedoch in jeder Hinsicht gewachsen, und obgleich ihr König Feanor dabei den Tod fand, wurden die beiden Heere Melkors völlig aufgerieben.

Als die Sonne über Arda aufging, verscheuchte ihr Licht zunächst die Orks. Bald jedoch sammelten sie sich wieder im Schutze der Dunkelheit, um abermals – in der Ruhmreichen Schlacht – geschlagen zu werden. Aber durch dunkle Zauberkräfte züchtete Melkor weitere Orks – zusammen mit Drachen, Balrogs, Trollen und Werwölfen. Mit dieser mächtigen Streitkraft zog er in die Schlacht des Jähen Feuers und vernichtete das Heer der Elbenfürsten.

Tol Sirion fiel, und die Königreiche von Hithlum, Mithrim, Dor-lómin und Dorthonion wurden überrannt. In der Schlacht der Ungezählten Tränen wurden zahllose Edain und Elben getötet. Nach der Schlacht von Tumhalad wurde Nargothrond geplündert. Menegroth wurde zweimal überrannt und das Land der Grau-Elben völlig verwüstet.

Schließlich fiel auch Gondolin, das Verborgene Königreich.

Doch die Schrecken jenes Zeitalters fanden ein Ende, als die Valar, die Maiar, die Vanyar und die Noldor von Tirion aus den Unsterblichen Landen herbeieilten und sich in der Großen Schlacht vereinten. Angband wurde zerstört, ganz Beleriand versank im Meer, und Melkor wurde für immer der Leere überantwortet.

Doch die Orks überlebten, denn viele von ihnen verbargen sich in dunklen Höhlen unter den Bergen und Hügeln. Schließlich scharten sie sich um Melkors Statthalter Sauron, den sie nun als ihren Herrn anerkannten. Sie dienten ihm in den vielen Kriegen, die er gegen die Elben führte, bis das Zweite Zeitalter mit dem Krieg des Letzten Bundes und dem Fall Mordors endete. Herrenlos durchstreiften die Orks, die dem Zusammenbruch entkommen waren, jahrhundertelang das Land, bis Sauron in der Gestalt eines großen Auges wieder erschien.

Abermals wuchs ihre Macht, zunächst im Düsterwald, dann im Nebelgebirge. Im Jahre 1300 tauchten die Nazgûl wieder in Mordor und im Reiche von Angmar im nördlichen Beleriand auf und scharten neue Ork-Heere um sich. Nach sechs Jahrhunderten des Schreckens fiel Angmar, aber das böse Reich von Minas Morgul erhob sich in Gondor, und dort sammelten sich in den nächsten tausend Jahren die

Geister der Totensümpfe

Pfeifenkraut

Orks aus dem Düsterwald, dem Nebelgebirge und dem dunklen Reich Mordor. Zu jener Zeit schuf Sauron eine neue, größere Rasse von Orks, die Uruk-hai. Mit ihnen verließ er im Jahre 2475 Mordor und brandschatzte Osgiliath, die größte Stadt von Gondor. Die Uruk-hai waren mannsgroß, stark und von ebenmäßigem Körperbau. Obgleich sie echte Orks waren – schwarzhäutig, luchsäugig, mit Fängen und Klauen bewehrt –, fürchteten sie nicht das Sonnenlicht.

In den folgenden Jahrhunderten verbündeten sich die Uruk-hai und die gewöhnlichen Orks mit den Dunländern, den Balchoth, den Wagenfahrern, den Haradrim, den Ostlingen von Rhûn und den Corsaren von Umbar. Im Jahre 1980 wurde Moria von einem mächtigen Balrog in Besitz genommen. Mit ihm kamen die Orks des Nebelgebirges und vertrieben die Zwerge aus ihrem alten Reich.

Die erzürnten Zwerge sannen auf Rache, und von 2793 bis 2799 führten sie einen siebenjährigen erbitterten Krieg gegen die Usurpatoren, bei dem fast alle Orks aus dem Nebelgebirge erschlagen wurden. In der Schlacht von Azanulbizar vor dem Osttor von Moria wurde der Heermeister der Orks, Azog, getötet und sein Kopf auf einen Pfahl zur Schau gestellt.

Im Jahre 2941, nach dem Tod des Drachen Smaug, zogen die Ork-Krieger von Gundabad unter Führung Bolgs, des Sohnes von Azog, nach Erebor und stellten sich den Zwergen in der Schlacht der Fünf Heere, wurden jedoch vernichtend geschlagen. Auch Bolg fand bei den Kämpfen den Tod.

Im Ringkrieg, der letzten großen kriegerischen Auseinandersetzung des Dritten Zeitalters der Sonne, kämpften die Orks an allen Fronten. In der entscheidenden Schlacht sammelten sich alle Kräfte von Mordor vor dem Schwarzen Tor und griffen auf Saurons Befehl die vereinten Heere des Westens an. Doch in diesem Augenblick wurde der Eine Ring der Macht, der die böse Welt Saurons zusammenhielt, zerstört. Die mächtigsten Diener des Dunklen Herrschers wurden von den Flammen verzehrt, er selbst löste sich in Rauch auf, und die Orks vergingen wie brennendes Stroh. Obgleich einige von ihnen überlebten, gewannen sie nie mehr ihre frühere Macht zurück und verschwanden allmählich vom Antlitz der Erde.

P

Pfeifenkraut – Vor der Zeit des Ringkrieges waren die Hobbits ein unauffälliges Volk, das außerhalb des Auenlandes kaum bekannt war. Doch schon damals waren sie stolz darauf, ein Kraut anzubauen, das die Elben Galenas nannten. Als Menschen es aus dem Lande der Númenórer nach Mittelerde brachten, wurde es nur wegen des Geruchs seiner Blüten gepriesen.

Es waren die Hobbits von Bree, die dieses Kraut zum erstenmal in langstieligen Pfeifen rauchten und Pfeifenkraut nannten. Sie zogen großen Genuß aus diesem Zeitvertreib, und Pfeifenkraut zu rauchen wurde als hohe Kunst unter den Hobbits angesehen.

Im Laufe der Zeit züchteten sie mehrere Sorten des Krautes, von denen die bekanntesten das Langgrund- und das Südhang-Blatt waren. Bald verbreitete sich der Brauch über Mittelerde und wurde vor allem von den Menschen und Zwergen geübt.

Pferde – In den Geschichten von Arda wird nicht berichtet, wie die Pferde entstanden, aber unbestritten ist, daß Nahar, das Reitpferd des Jägers Orome, das erste seiner Art war. Zwar sind alle Pferde Nahar nachgebildet, aber dieser Hengst wurde an Kraft und Schönheit von keinem seiner Nachkommen übertroffen. Seine Hufe waren golden, und sein Fell war am Tage weiß und silbern in der Nacht. Sowohl die Elben als auch die Menschen züchteten Pferde, doch die edleren Rassen stammten von Nahar ab. Es waren weiße oder silbergraue Tiere, langlebig und flink, und sie verstanden die Sprache der Elben und der Menschen. Das berühmteste Pferd der Hoch-Elben war Rochallor, das Schlachtroß, das der tapferste aller Noldor-Könige, Fingolfin, ritt, als er seinen verhängnisvollen Kampf mit Morgoth ausfocht.

Im Dritten Zeitalter der Sonne waren die Mearas von Rhovanion die prächtigsten Vertreter ihrer Art auf Mittelerde. Im 26. Jahrhundert jenes Zeitalters zähmte Eorl, der erste König der Reiter der Mark, Felaróf, den Vater der Mearas, und viele Jahrhunderte hindurch blieb es den Königen der Mark und ihren Söhnen vorbehalten, diese Pferde zu reiten.

In verschiedenen Teilen von Mittelerde waren Pferde Menschen, Elben und anderen – guten wie bösen – Wesen zu Diensten. Einige Völker, die aus Rhûn und Harad in den Krieg zogen, waren entweder beritten oder benutzten von Pferden gezogene Kampfwagen. Am gefürchtetsten waren die Pferde, die Sauron in Mordor gezüchtet hatte.

Einer dieser Hengste war das Reitpferd des Heermeisters von Barad-dûr, des Schwarzen Númenórers, der Saurons Mund genannt wurde – ein gewaltiges, pechschwarzes Tier, aus dessen Nüstern und Augen rote Flammen schlugen.

Ponys – Ponys waren die bevorzugten Reittiere der Hobbits und Zwerge, die infolge ihrer kleinen Statur keine Pferde reiten konnten. Als Lasttiere schleppten die Ponys das Erz aus den Bergminen der Zwerge und halfen Hobbits wie Menschen auf den Feldern.

SEREGON

In den Annalen der Hobbits werden die Ponys erwähnt, welche die neun Gefährten der Gemeinschaft des Ringes auf ihrer Fahrt begleiteten. Auch Tom Bombadil besaß ein Pony, das Dicke Plumpel. Das treue Tier, mit dem Samweis Gamdschie sich anfreundete, hieß Lutz.

R

Raben – Viele Vogelarten lebten auf Mittelerde, von denen vor allem die Adler, die edelsten aller Vögel, und die langlebigen Raben in den Erählungen jener Zeit Erwähnung finden.

So wird in der Geschichte, die erzählt, wie der Goldene Drache Smaug erschlagen wurde, auch von den Raben von Erebor berichtet, die im Dritten Zeitalter der Sonne den Zwergen Durins dienten. Diese Raben waren kluge Ratgeber und verläßliche

Simbelmyne

Boten der Zwerge und sprachen mehrere Sprachen. Zu jener Zeit war Roac, der Sohn Carcs, Herr der Raben. Er redete mit den Zwergen in Westron, der Gemeinsamen Sprache, und wußte ihnen viele Neuigkeiten zu berichten.

Region – Unter den Bäumen, die auf Mittelerde wuchsen, war einer, den die Elben Region und die Menschen Hulst nannten. Ein Teil des Sindar-Reiches war nach ihm benannt – der dichte, in Doriath gelegene Wald von Ost-Beleriand.

Der Region war überall auf Mittelerde verbreitet, gedieh an manchen Plätzen jedoch besonders gut. Einer dieser Orte war Eregion, das „Land der Hulstbäume". Dort lebten im Zweiten Zeitalter der Sonne die Elbenschmiede, welche die Ringe der Macht schmiedeten.

Riesen – Viele Wesen von außergewöhnlicher Körpergröße – sowohl gute als auch böse – lebten auf Mittelerde. Im Ersten Zeitalter der Sterne traten die Ents, die Baumhirten, auf den Plan. Sie maßen vierzehn Fuß, besaßen gewaltige Kräfte und zeichneten sich durch große Weisheit aus. Später folgten ihnen Riesen wie die Trolle und die Olog-hai, die den Dunklen Mächten zu Diensten waren und die weglosen Länder auf Arda unsicher machten. In den Erzählungen der Hobbits wird auch von Riesen berichtet, die im Verein mit den Orks die hohen Pässe in Rhovanion bewachten.

Rinder von Araw – Viele Tiere der Wälder und Felder waren von Orome, dem Jäger der Valar, nach Mittelerde gebracht worden. So die legendären weißen Stiere, die am Binnenmeer von Rhûn lebten und als die Rinder von Araw bekannt wurden (Araw ist der Sindarim-Name für Orome). Ihre langen Hörner waren sehr begehrt. In Gondor war eines dieser Hörner ausgehöhlt und mit Silber beschlagen worden und diente dem ersten der Herrschenden Truchsesse, Vorondil dem Jäger, als Jagdhorn. Das Horn der Truchsesse, wie es genannt wurde, von einer Generation zur nächsten vererbt, ging im Ringkrieg verloren.

Ringgeister – Neun war die Zahl der mächtigen Geister, die Sauron, dem Herrn der Ringe, auf Mittelerde dienten. In der Schwarzen Sprache wurden sie Nazgûl genannt, die „Ringgeister".

S

Schattenheer – Im Ringkrieg wurden die vor dem alten Hafen Pelargir liegenden Schiffe der Corsaren von Umbar von einer Schar geisterhafter Krieger erobert. Es waren dies die Toten von Dunharg – Männer, die das ganze Dritte Zeitalter hindurch als Geister über die Erde geirrt waren, da sie einst einen Schwur gebrochen hatten. Nach dem Sieg über die Corsaren verschwand das Schattenheer für immer von der Erdoberfläche.

Schauerweihen – In den Märchen und Sagen der Hobbits wird von den Sumpfländern erzählt, in denen sich eine Brut von aasfressenden Vögeln ausgebreitet hatte, die Schauerweihen. Sie lebten von den Überresten, welche die Muhlipps zurückließen, nachdem sie sich an der von ihnen geschlagenen Beute gütlich getan hatten.

Schildkrötenwalfisch – In den Sagen der Hobbits wird von einem großen Schildkrötenwalfisch berichtet, dem Fastitokalon. Ob diese Geschichte

auf eine wahre Begebenheit zurückgeht oder der blühenden Phantasie der Hobbits zuzuschreiben ist, bleibt ungewiß. Bei keinem anderen Volk auf Arda findet dieses Riesentier Erwähnung.

Schwäne – In der Geschichte der Großen Reise der Elben wird erzählt, wie die Teleri nach langer Verbannung auf der Einsamen Insel Tol Eressea endlich durch die Schwäne von Ulmo nach Eldamar gebracht wurden.

Der Maia Osse war zu den Teleri gekommen und hatte sie gelehrt, Schiffe zu bauen. Sobald sie fertig waren, schickte Ulmo, der Herr des Wassers, Schwäne über das Meer, weiß wie schäumende Wogen, und sie umkreisten die Schiffe der Elben, bevor sie die Flotte an langen Tauen nach Eldamar zogen. Dann verschwanden sie plötzlich, als ob sie ihren Auftrag vergessen hätten. Aber als ihre Schnäbel die Taue fallenließen und sie sich mit mächtigen Flügelschlägen in die Luft erhoben, grub der Anblick der weißen Schwingen sich in die Herzen der Teleri ein. Es heißt, daß die Elben immer noch den Schlag dieser Schwingen hören, wenn sie am Ufer des Meeres dem Rauschen der Wellen lauschen.

Danach wurden die Teleri See-Elben genannt und erlangten eine Weisheit wie kein anderes Elbenvolk zuvor. An dem Ort, an den die Schwäne sie gebracht hatten, errichteten sie eine herrliche Stadt – Alqualonde, den „Schwanenhafen". Dort bauten sie die schönsten Schiffe von Arda, und sie gaben ihnen die Gestalt der Schwäne Ulmos, mit großen weißen Schwingen und Schnäbeln aus Gold und Edelsteinen.

Schwarze Reiter – Nachdem die Elbenschmiede und der Maia Sauron die Ringe der Macht geschmiedet hatten, erschienen neun Schwarze Reiter auf schnellen schwarzen Pferden in Mittelerde. Sie waren die mächtigsten Diener des Herrn der Ringe.

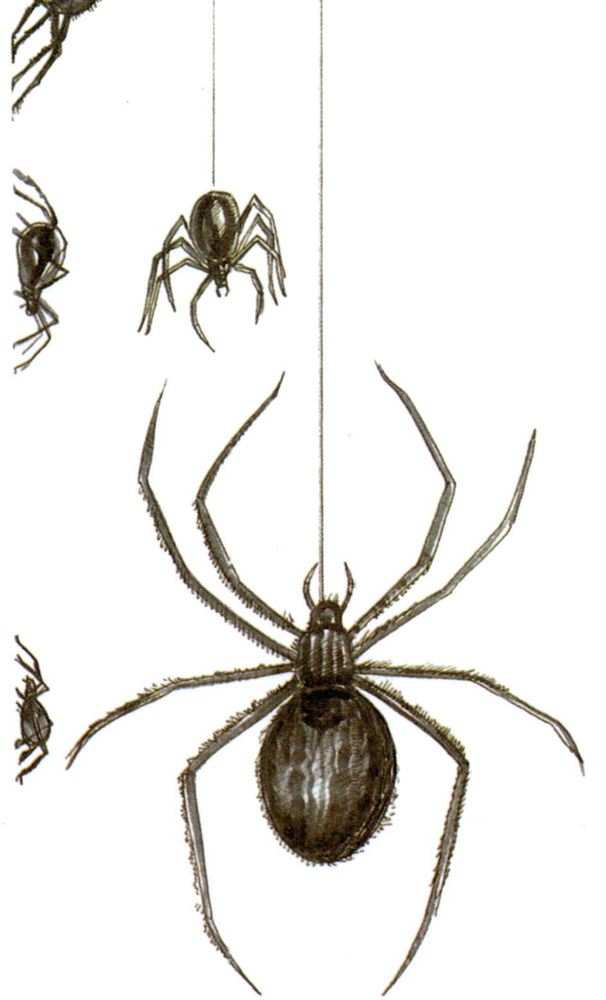

SPINNEN

In der Schwarzen Sprache der Orks wurden sie Nazgûl genannt.

Seregon – In Beleriand erhob sich einst ein felsiger Hügel, der Amon Rûdh genannt wurde, „Der Kahle Berg". In seinem Inneren lagen die Höhlen der letzten Kleinzwerge, und er trug keine andere Vegetation als die genügsame Seregon-Pflanze. Im Elbischen bedeutet ihr Name „Steinblut", denn wenn die dunkelroten Blüten der Pflanze sich öffneten, schien der Hügel mit Blut bedeckt zu sein. Der Eindruck täuschte nicht: Auf dem Hügel wurde Turins Räuberbande erschlagen, und die letzten Kleinzwerge fanden in den darunterliegenden Höhlen den Tod.

Simbelmyne – In der Nähe von Edoras, der Goldenen Halle der Könige der Mark, lagen die großen Hügelgräber der Fürsten, die einst über Rohan geherrscht hatten. Diese Gräber bildeten gegen Ende des Dritten Zeitalters zwei Reihen – die eine für neun Könige der Ersten Linie, die andere für acht Könige der Zweiten Linie. Auf den Gräbern wuchsen die weißen Blumen, welche die Rohirrim Simbelmyne, die Elben Uilos und die Menschen Immertreu nannten. Sie blühten das ganze Jahr über und erinnerten an die hellen Augen der Elben, in denen stets das Licht der Sterne leuchtete.

Snaga – Jene bösen Wesen, die in der Geschichte von Mittelerde Orks genannt werden, wiesen zahlreiche Stämme oder Rassen auf, von denen die am weitesten verbreitete in der Schwarzen Sprache als die der Snaga bezeichnet wurde, was soviel wie „Sklaven" bedeutet. Und Sklaven waren diese Kreaturen in der Tat, da sie nur den Willen der Dunklen Mächte erfüllten, die sie erschaffen hatten.

Spinnen – Zu den widerlichsten Geschöpfen, die je Arda bevölkerten, gehörten die Großen Spinnen. Sie waren mit Haß, Neid und dem Gift der Bosheit erfüllt. Eine der mächtigsten Zauberinnen, die in die Welt trat, bevor die Bäume der Valar erschaffen wurden, war Ungolianth. Sie hatte die Gestalt einer gigantischen Spinne angenommen und lebte in den Einöden von Avathar zwischen den Pelóri-Bergen und dem kalten Meer des Südens. Dort spann sie ein Netz der Dunkelheit, das Unlicht Ungolianths genannt, das selbst die scharfen Augen Manwes nicht durchdringen konnten.

Ungolianth verließ ihren Wohnsitz, um zusammen mit Melkor nach Valinor zu ziehen, wo beide die Bäume der Valar zerstörten. Nachdem sie das Licht der Bäume verzehrt hatte, versuchte Ungo-

Tasarion oder Weide

lianth, auch Melkor zu verschlingen. Doch die Balrogs genannten Feuergeister kamen ihm zu Hilfe und vertrieben das Untier mit ihren Flammenpeitschen. Ungolianth floh nach Beleriand an einen Ort namens Nan Dungortheb, das „Tal des Abscheulichen Todes", an dem bereits andere Ungeheuer ihrer Rasse lebten. Obwohl sie nicht so groß waren wie Ungolianth, verfügten diese Spinnen doch über gewaltige Kräfte, denn Melkor selbst hatte sie erschaffen, lange bevor das Licht der Bäume die Welt erhellte. Ungolianth paarte sich mit ihnen und gebar zahllose Nachkommen.

Danach durchquerte sie Beleriand und zog in die Länder des Südens, wobei sie alles verschlang, was ihr in den Weg kam. Ja, ihr Hunger war so unersättlich, daß sie sich schließlich selbst verzehrte. Doch in Nan Dungoreth lebten ihre vielen Töchter weiter, bis das Land nach dem Krieg des Zorns unterging. Es heißt, daß nur wenige Spinnen sich vor den andrängenden Wassermassen retten konnten.

Zu diesen wenigen gehörte Ungolianths Tochter Kankra. Zusammen mit einigen ihrer Schwestern überquerte sie das Blaue Gebirge und fand Zuflucht im Ephel Dúath, der Gebirgskette zwischen Gondor und Mordor. Hier siedelten sich die Spinnen in den Gebirgspässen an, ehe sie im Dritten Zeitalter der Sonne in den Großen Grünwald einfielen, wo sie ihre Netze spannen und den Wald so verdunkelten, daß er fortan Düsterwald genannt wurde. Obwohl die Spinnen des Düsterwaldes im Vergleich zu ihren Vorfahren klein waren, war ihre Zahl doch groß genug, um Unheil über das ganze Land zu bringen. Sie sprachen sowohl die Schwarze Sprache der Orks als auch die Sprache der Menschen, diese jedoch nach Ork-Art, undeutlich und durchsetzt mit üblen Wörtern.

Nach dem Ersten Zeitalter der Sonne erinnerte nur noch Kankra an die einstige böse Majestät Ungolianths. Sie bewohnte einen als Cirith Ungol bezeichneten Paß im Schattengebirge. Viele Krieger der Dúnedain und Elben kamen in ihr Reich, aber keiner war stark genug, sie zu töten. Sie verschlang sie alle. Erst als es in den letzten Jahren des Dritten Zeitalters dem Hobbit Samweis Gamdschie gelang, ihr eine tödliche Wunde beizubringen, fand ihr langes Leben ein Ende. Als Mordor und Dol Guldur vernichtet wurden, gingen auch die Spinnen des Schattengebirges und des Düsterwaldes zugrunde.

DIE BÄUME DER VALAR

T

Taniquelasse – Einer der vielen herrlichen immergrünen Bäume, welche die Elben von Tol Eressea den Númenórern schenkten, wurde Taniquelasse genannt. Nicht nur die Blüten, sondern auch die Blätter und die Rinde des Baumes waren wegen ihres süßen Geruchs bei den Bewohnern des Inselreiches sehr geschätzt. Wie der Name andeutet, stand der Baum ursprünglich an den Hängen des Taniquetil, des Heiligen Bergs Manwes, in den Unsterblichen Landen.

Tasarion – Zu den ältesten Pflanzen gehörten die von den ersten Elben Tasarion genannten Bäume. Sie waren stark und langlebig und bildeten im Ersten Zeitalter der Sterne den größten Wald auf Mittelerde, den Nan-tasarion, das in Beleriand gelegene „Tal der Tasarion". Die Tasarion haben alle Veränderungen der Welt überlebt und werden jetzt von den Menschen Weiden genannt.

Tindómerel – Der schönste Singvogel auf Arda war Tindómerel, die „Tochter der Dämmerung", von den Elben auch Tinúviel genannt, die „Zwielichtmaid". Bei den Menschen hieß der Vogel Nachtigall.

Tinúviel – In den Liedern und Erzählungen der Elben wird oft von dem Singvogel berichtet, den die Menschen Nachtigall nennen. Die Elben liebten seinen Gesang wie den keines anderen Vogels, da er sie an das Licht der Sterne erinnert, in dem sie selbst geboren wurden. Der Vogel hat viele Namen: Dúlin („Sängerin der Nacht"), Tindómerel („Tochter der Dämmerung") und Tinúviel („Zwielichtmaid").

Die bekannteste Legende über diesen Vogel kam aus Doriath, wo die Maia Melian, die Königin der Grau-Elben und Gattin Thingols, lebte. Beiden wurde eine Tochter geboren – das einzige Kind, das in den Sphären der Welt aus einer Verbindung zwischen einem Elben und einer Maia hervorging. Sie war die Schönste unter den Elben und sang wie keine zweite ihres Volkes, und so wurde sie Lúthien Tinúviel genannt.

HÖHLENTROLL

In der „Geschichte von Aragorn und Arwen" wird erzählt, wie die dunkle Schönheit Lúthiens noch einmal im Dritten Zeitalter der Sonne Gestalt gewann in Arwen, der Tochter des Halb-Elben Elrond. Auch Arwen wurde Tinúviel genannt. Wie Lúthien vermählte sie sich mit einem Sterblichen und bat darum, ebenfalls sterblich zu werden.

Torogs – In den Kriegen von Beleriand trat eine Rasse menschenfressender Riesen von gewaltiger Körperkraft in Erscheinung. Sie standen im Dienste des Dunklen Feindes Morgoth. Die Elben nannten diese Geschöpfe Torogs – ein Name, aus dem die Menschen später „Trolle" machten.

Tote Krieger von Dunharg – Die Toten Krieger von Dunharg bewohnten die alte Zitadelle von Rohan. Es waren einst Menschen aus dem Weißen Gebirge, die im Zweiten Zeitalter der Sonne dem König der Dúnedain Lehnspflicht geschworen hatten, im Kriege aber wortbrüchig geworden waren und ihn an Sauron verraten hatten. Daraufhin wurden sie verflucht und irrten im Dritten Zeitalter als ruhelose Geister über die Pfade der Toten. Reisende, welche diese Pfade betraten, waren verloren. Aber in den letzten Jahren jenes Zeitalters kam Aragorn, der Sohn Arathons und rechtmäßige Erbe des Königreiches der Dúnedain, nach Dunharg und forderte die Toten auf, den Schwur zu halten, den sie einst gebrochen hatten. Sie zogen mit ihm nach Pelargir und bekämpften die Corsaren von Umbar zu Lande und zu Wasser. Nach ihrem Sieg über die Corsaren wurden die Toten Krieger von Dunharg von dem auf ihnen lastenden Fluch erlöst, und ihre gequälten Seelen gelangten endlich zur Ruhe.

Trolle – Im Ersten Zeitalter der Sterne züchtete Melkor in den tiefen Höhlen von Angband eine Rasse kannibalischer Riesen, die stark und wild waren, doch keinen Verstand besaßen. Sie wurden Trolle genannt, und fünf Zeitalter der Sterne und vier Zeitalter der Sonne hindurch trieben sie ihr Unwesen auf Arda.

Es heißt, daß Melkor die Trolle erschaffen habe, um den Ents, den Baumhirten, mit Geschöpfen entgegentreten zu können, die genauso stark waren wie sie. Trolle waren doppelt so groß wie die größten Menschen und hatten eine Haut aus grünen Schuppen, die sie wie ein Panzer schützte. Doch so mächtig sie auch sein mochten – sie wiesen einen Makel auf, der sie äußerst verletzlich machte: Sie scheuten das Licht. Da sie in der Dunkelheit geschaffen worden waren, wurde der Zauber, der sie am Leben hielt, unwirksam, wenn Licht auf sie fiel, so daß der Panzer ihrer Haut nach innen wuchs und sie zermalmte.

Die Dummheit der Trolle war so groß, daß sie nie zu sprechen lernten oder allenfalls Rudimente der Schwarzen Sprache der Orks beherrschten. Obgleich sie durch gewitzte oder listige Gegner leicht getäuscht werden konnten, waren die Trolle in dunklen Höhlen oder Wäldern mit Recht gefürchtet. Sie töteten ohne jeden Grund und häuften sinnlos Schätze an, die sie ihren Feinden geraubt hatten.

In den Zeitaltern der Sterne zogen sie mit den Orks über alle Länder von Mittelerde und schlossen sich oft anderen bösen Geschöpfen Melkors an, um Krieg zu führen. Aber im Ersten Zeitalter der Sonne wurden sie vorsichtiger, denn das Sonnenlicht bedeutete für sie den Tod, und so stellten sie nur noch in der Dunkelheit eine – freilich nicht zu unterschätzende – Gefahr dar.

In der Schlacht der Ungezählten Tränen fochten sie an der Seite Gothmogs, des Herrn der Balrogs, und obwohl sie weder gewandt noch klug waren, kannten sie keine Furcht.

Nach dem Krieg des Zorns und dem Ersten Zeitalter der Sonne blieben viele Trolle auf Mittelerde und verbargen sich in den Berghöhlen. Als Sauron sich im Zweiten Zeitalter erhob, stattete er die Trolle mit einem behenderen Geist aus, und sie wurden gefährlicher als je zuvor.

Als Sauron sich im Dritten Zeitalter der Sonne abermals erhob und über Mordor herrschte, gab es überall auf Mittelerde Trolle. Einige wurden Steintrolle, andere Höhlentrolle, Hügeltrolle, Bergtrolle und Schneetrolle genannt. Viele Geschichten dieses Zeitalters berichten von ihren Untaten. So erschlugen sie in den Kaltfelsen nördlich von Bruchtal Arador, den Stammesfürsten der Dúnedain.

In der Trollhöhle von Eriador lebten jahrhundertelang drei Trolle, welche die Dorfbewohner der Umgebung terrorisierten. Verglichen mit ihren Artgenossen waren sie geistige Riesen, denn sie verstanden Westron, die Sprache der Menschen, und verfügten über elementare, wenn auch fehlerhafte Kenntnisse der Rechenkunst. Dennoch gelang es dem Zauberer Gandalf, sie in Stein zu verwandeln.

Es heißt, daß Sauron, unzufrieden mit den Diensten der Trolle, versucht habe, sich die gewaltigen Kräfte dieser Kreaturen besser zunutze zu machen. So schuf er intelligente und geschickte Trolle, die das Licht der Sonne ertragen konnten. Er nannte sie Olog-hai. Ausgestattet mit Fängen und Klauen wie die anderen Trolle, waren sie überdies mit gewaltigen Hämmern bewaffnet und trugen schwarze runde Schilde.

Im Ringkrieg richteten die Olog-hai auf den Pelennor-Feldern und vor dem Schwarzen Tor schreckliche Zerstörungen an. Doch es war nur der Zauber Saurons, der ihnen Verstand gegeben hatte, und als der Eine Ring vernichtet wurde und Sauron in der Dunkelheit verschwand, zerbrach dieser Zauber. Die Olog-hai irrten planlos umher und wurden trotz ihrer großen Stärke erschlagen.

U

Uilos – Auf Mittelerde wuchs eine immerblühende Blume, welche die Elben Uilos nannten, das bedeutet „weiß". Die vor allem auf Grabhügeln reichlich zu findende Pflanze wurde auch Simbelmyne und – von den Menschen – Immertreu genannt.

Ulari – In den Geschichten des Ringkrieges wird berichtet, wie sich nach dem Krieg Saurons gegen die Elben neun Geister auf Mittelerde erhoben. Es waren dies die Ulari, die in der Schwarzen Sprache Nazgûl und von den Menschen Ringgeister genannt wurden.

Unholde – Die Geschöpfe, welche die Menschen heute als Unholde bezeichnen, wurden früher Orks genannt. Obgleich sie sich jetzt damit begnügen, da und dort vergleichsweise harmloses Unheil anzurichten, waren diese rotäugigen, schwarzblütigen und von Haß erfüllten Kreaturen einst überall gefürchtet.

Uruk-hai – Im Jahre 2475 des Dritten Zeitalters erschien eine neue Rasse von Orks in Mordor, die Uruk-hai. Sie waren schwarzhäutig, schwarzblütig und luchsäugig, fast so groß wie Menschen und scheuten das Licht nicht. Stärker und ausdauernder als die kleineren Orks, wurden sie zu gefürchteten Kriegern. Sie trugen schwarze Rüstungen und schwarze Kettenhemden, waren mit langen Schwertern und Speeren bewaffnet und schützten sich durch Schilde, auf denen das Rote Auge von Mordor glühte.

Die Züchtung der Uruk-hai war eine der schrecklichsten Untaten Saurons. Auf welche Art er diese Wesen schuf, ist nicht bekannt, aber niemand eignete sich besser als sie, seine bösen Absichten zu verwirklichen. Sie vermehrten sich rasch und beherrschten bald die kleineren Orks, deren Heerführer sie häufig wurden. Die Uruk-hai waren stolz auf ihre kämpferische Überlegenheit und neigten dazu, die geringeren Diener Saurons zu verachten.

Als sie plötzlich mit Speeren und Schwertern auf den Plan traten, um Krieg gegen die Menschen von Gondor zu führen, trieben sie die feindlichen Truppen vor sich her, erstürmten Osgiliath, setzten es in Brand und zerstörten seine steinerne Brücke. So fiel die bedeutendste Stadt von Gondor.

Dies war jedoch erst der Anfang. In all den Jahren des Ringkriegs strömten die Uruk-hai in Scharen aus Morgul und Mordor. Und unter dem Banner der Weißen Hand Sarumans verließen sie Isengart, um in die Schlacht von Hornburg zu ziehen. Doch als Mordor fiel und Sauron in der Dunkelheit verschwand, irrten die Uruk-hai ziel- und herrenlos mit den geringeren Orks über die Länder von Mittelerde und verbargen sich in Höhlen, wo sie sich gegenseitig erschlugen oder von ihren vielen Feinden getötet wurden.

Uruks – Im Dritten Zeitalter der Sonne verließ eine Rasse schrecklicher Riesenorks Mordor, um die benachbarten Länder zu überfallen. In der Schwarzen Sprache wurden sie Uruk-hai genannt. Gewöhnlich bezeichnete man sie jedoch nur als Uruks.

Urulóki – Die Feuerdrachen oder Urulóki, die im Ersten Zeitalter der Sonne aus den dunklen Höhlen von Angband kamen, gehörten zu dem großen Volk der Drachen. Die Urulóki, auch als „Heißdrachen" bezeichnet, waren mit Klauen und Fängen bewehrt und spien schweflige Flammen aus. Der erste ihrer Art war Glaurung, der Vater der Drachen. Er hatte zahlreiche Nachkommen, die sich ihrerseits in großer Zahl fortpflanzten. Von allen Geschöpfen Morgoths waren sie bei Elben, Menschen und Zwergen am meisten gefürchtet.

V

Valaraukar – Von den Maiar, den Dienern der Valar, gehörten viele dem Element des Feuers an. Melkor war einer dieser Feuergeister, dem sich zahlreiche andere unterwarfen. Sie wurden Valaraukar genannt, die „Feuergeißeln", doch den meisten Bewohnern Mittelerdes waren sie als Balrogs bekannt, die „Mächtigen Dämonen".

VAMPIRE

Vampire – Ob Melkor die bösen blutsaugenden Fledermäuse von Mittelerde aus einem Vogel oder einem anderen Tier schuf, ist nicht bekannt. Berichtet wird jedoch, daß die Vampire in dieser geflügelten Gestalt, bewehrt mit Klauen aus Stahl, im Ersten Zeitalter der Sonne als Diener des Dunklen Feindes in Erscheinung traten.

So war Thuringwethil, die „Frau vom Geheimen Schatten", ein mächtiger Vampir und eine Botin Saurons, die zwischen Angband und Tol-in-Gaurhoth, wo die Legionen der Werwölfe sich gesammelt hatten, hin- und herflog. Als Tol-in-Gaurhoth fiel, nahm Sauron selbst die Gestalt eines Vampirs an. Mit dem Untergang Saurons schwanden jedoch die Zauberkräfte, über die er gebot. Der Mantel, der Thuringwethil die Macht gegeben hatte, die Gestalt einer Fledermaus anzunehmen, fiel von ihr ab, und der Geist des Vampirs floh.

Vardarianna – Als Númenor entstand, wurden seine Bewohner von den Valar und Eldar mit reichen Geschenken bedacht. Zu ihnen gehörten die vielen immergrünen Bäume, welche die See-Elben oder Teleri von der Einsamen Insel Eressea nach Númenor brachten und welche wegen des himmlischen Duftes ihrer Blüten, Blätter und Rinden sehr geschätzt wurden. Vielleicht die schönsten dieser Bäume waren die Vardarianna, die Lieblingsbäume Vardas, der Königin des Himmels.

W

Wächter – Im Westwall von Mordor lag ein enger Paß namens Cirith Ungol, den im Dritten Zeitalter der Sonne die Riesenspinne Kankra bewohnte. Hier erhob sich ein Wachtturm der Orks, in dessen Mauer zwei Wachtposten ein Tor hüteten, das zwar unsichtbar, aber äußerst stark war. Diese beiden Posten wurden die Wächter genannt. Es waren zwei Steinfiguren, die auf einem Thron saßen. Jede von ihnen hatte drei Gesichter und drei Körper; ihre Köpfe ähnelten denen von Geiern, und sie hatten die Klauen von Geiern. Ihre Augen funkelten vor Bosheit, denn in den Steinfiguren wohnten böse Geister. Sie erkannten jeden Feind, ob sichtbar oder unsichtbar, und versperrten das Tor mit ihrem Haß. Selbst das mächtigste Heer konnte sich keinen Durchgang erzwingen – nur ein Wille, der stärker war als die Bosheit der Wächter. Wenn ein solcher Wille sich bemerkbar machte, stießen die sechs Geierköpfe der Wächter Warnschreie aus, so daß die Truppen der Orks über den Eindringling herfielen.

Warge – Im Dritten Zeitalter der Sonne lebte in Rhovanion eine Brut von Wölfen, die sich mit den Orks der Berge verbündet hatten. Sie wurden Warge genannt, und wenn sie mit den Orks in den Krieg zogen, bestiegen diese sie wie Pferde. Im Ringkrieg wurden die Warge völlig vernichtet, und danach werden sie in den Geschichten von Mittelerde nicht mehr erwähnt.

Weiden – Als in den Zeitaltern der Leuchten die Großen Wälder auf Arda entstanden, erschienen mit ihnen die Weiden. Die ursprünglichen Geister der Weiden waren stark und liebten die Sümpfe und die Ufer langsam fließender Flüsse. Lange Zeit hindurch lebten sie dort friedlich und ruhig, ohne sich um die neu in die Welt gekommene Rasse der Menschen oder um die älteren Rassen der Zwerge und Orks zu kümmern. Einige der Weiden bildeten Empfindungen und bewegliche Glieder aus; sie wurden zu den Huorns gezählt und waren beseelt von dem Willen, alle Feinde der Wälder zu vernichten.

Der mächtigste Weidengeist, von dem in den Erzählungen jener Zeit berichtet wird, ist der Alte Weidenmann, der im Dritten Zeitalter der Sonne an den Ufern der Weidenwinde im Alten Wald lebte. Er war zutiefst böse und besaß die Gabe des Gesanges. Mit seiner Hilfe lullte er Reisende in einen hypnotischen Schlaf; und wenn sie an seinem Stamm eingeschlummert waren, umfing er sie mit seinen knotigen Wurzeln, um sie zu zermalmen oder im Fluß zu ertränken. Ohne die Hilfe Tom Bombadils – wohl der einzige, der dem Alten Weidenmann überlegen war – hätte kaum ein Fremder den Alten Wald durchqueren können.

Werwölfe – Im Ersten Zeitalter der Sonne drang eine Rasse von gemarterten Geistern Melkors in Beleriand ein. Über ihren Ursprung ist nichts bekannt, doch es gilt als sicher, daß sie in der Gestalt von Wölfen auftraten. Ihre Augen glühten vor Haß, und sie wurden überall gefürchtet. Sie sprachen und verstanden sowohl die Schwarze Sprache der Orks als auch die wohlklingende Sprache der Elben.

In den langen Kriegen von Beleriand sammelten sich die Werwölfe unter dem Banner Saurons und griffen die Noldor-Festung auf dem Sirion an. Sie fiel und wurde in Tol-in-Gaurhoth umbenannt, die „Insel der Werwölfe“. Sauron herrschte hier über die tiefen Verliese, die er in das Urgestein unter der Festung graben ließ, und bewacht von den Werwölfen, die über die mächtigen Wälle von Tol-in-Gaurhoth streiften und Ausschau nach Feinden hielten.

Bei der Suche nach dem Silmaril kam Huan, der Wolfshund der Valar, nach Tol-in-Gauroth und tötete viele Werwölfe. Schließlich stellte sich ihm Draugluin, der Herr der Werwölfe, in einem schrecklichen Kampf, der damit endete, daß Drau-

DIE WÄCHTER

Werwolf von Tol-In-Gauroth

gluin in den Turm floh und vor dem Thron Saurons tödlich verletzt zusammenbrach. Sauron verwandelte sich daraufhin selbst in einen Werwolf, größer und stärker als Draugluin, aber auch er konnte Huan nicht standhalten, der ihn so an der Kehle packte, daß er sich weder durch Zauberkunst noch durch Körperkraft befreien konnte. So übergab er die Festung Beren und Lúthien, denen der Wolfshund damals diente. Der böse Zauber fiel von Tol-in-Gauroth, und die gequälten Geister streiften die Gestalt der Werwölfe ab. Sauron entkam in Form einer riesigen Fledermaus.

Werwürmer – Die Erzählungen der Hobbits berichten von einem Volk von Werwürmern, das in der Letzten Wüste auf Mittelerde lebte. Obgleich im Dritten Zeitalter der Sonne diese Wesen nicht mehr erwähnt werden, ist anzunehmen, daß sie jenen Drachen und riesigen Schlangen glichen, die in den Kriegen von Beleriand die Erde heimsuchten.

Westmannskraut – Auf Mittelerde verbreitete sich ein Kraut, das, wie die Hobbits entdeckt hatten, Genuß verschaffte, wenn man es langsam verbrannte und den Rauch einatmete. Es war dies eine nikotinhaltige Pflanze, die in der Sprache des Westens Westmannskraut genannt wurde, meist jedoch als Pfeifenkraut bekannt war.

Wilwarin – In den jungen Tagen von Arda erschufen die Valar Wälder und viele Geschöpfe, die keine Stimme besaßen, doch wunderschön anzuschauen waren. Zu ihnen gehörten die Wilwarin, welche die Menschen später die Schmetterlinge nannten. Diese herrlichen Geschöpfe waren den Valar so ans Herz gewachsen, daß Varda, als sie mit dem silbernen Tau des Telperion die Sterne entzündete, auch die Gestalt eines Schmetterlings als Konstellation an den Himmel versetzte.

Wölfe – Die Wölfe kamen bereits in den Jahren der Sterne in die Westlichen Lande von Mittelerde. Einige, die größer waren als ihre Artgenossen, dienten den Ork-Kriegern Melkors als Reittiere und waren weithin gefürchtet.

Im Ersten Zeitalter der Sonne entstanden die Werwölfe. Der mächtigste von ihnen war Draugluin, ihr Herr und Meister. Es handelte sich bei ihnen jedoch nicht um echte Wölfe, sondern um gequälte Geister, die die Gestalt von Wölfen angenommen hatten.

Obgleich im Dritten Zeitalter der Sonne die Wölfe kleiner waren als die der früheren Zeitalter, hatten sie nichts von ihrem Schrecken verloren. Im Grausamen Winter des Jahres 2911 kam eine Rasse von Weißen Wölfen aus der Nördlichen Öde und färbte den Schnee von Eriador rot mit dem Blut zerfleischter Menschen. Im „Roten Buch der Westmark“ wird von den Wargen berichtet, einer Brut von Wölfen, die in Rhovanion ein Bündnis mit den Orks des Nebelgebirges schlossen und diese – die sogenannten Wolfsreiter – auf ihren Rücken in die Schlacht trugen. So war in der Schlacht der Fünf Heere die auf Wargen reitende Kavallerie die stärkste Streitmacht der Orks.

Am bekanntesten von allen Wölfen ist Carcharoth, der „Rote Rachen“, geworden, der im Ersten Zeitalter der Sonne von Morgoth mit dem Fleisch lebender Tiere aufgezogen wurde. Carcharoth bewachte die Tore von Angband, und es gab niemanden, der stark genug war, ihn zu überwinden.

Als Beren nach Angband kam, biß Carcharoth ihm die Hand ab und verschluckte den Silmaril, der in seinen Eingeweiden wie Feuer brannte. In seiner Qual zerfleischte Calcharoth blindwütig Elben und Menschen. Doch zuletzt begegnete er seinem ihm bestimmten Schicksal, als er auf Huan, den Wolfshund der Valar, traf. Obwohl er Huan mit seinen giftigen Zähnen so verletzte, daß dieser später starb, fand er selbst ebenfalls den Tod.

Wolfshunde – In den Zeitaltern der Sterne kamen viele Untiere aus Melkors Reich, um die Bewohner von Mittelerde in Angst und Schrecken zu versetzen. Zu ihnen gehörten vor allem die Wölfe und Werwölfe. Um ihnen zu begegnen, begannen die Elben Wolfshunde zu züchten.

Der stärkste dieser Wolfshunde wurde jedoch nicht von den Elben, sondern von Orome, dem Jäger der Valar, in den Unsterblichen Landen aufgezogen. Orome gab den Hund später dem Noldor-Fürsten Celegorm, der bei der Suche nach dem Silmaril vor Saurons Festung Tol-in-Gauroth, die Insel der Werwölfe, zog. Dort tötete Huan auf der Brücke zur Insel zahlreiche Diener und Geister Saurons, unter ihnen Draugluin, den Herrn der Werwölfe. Schließlich erschien Sauron selbst in der Gestalt eines Werwolfes, und ein schrecklicher Kampf entbrannte, in dem Huan obsiegte. Die Zauberkräfte fielen von Tol-in-Gauroth, und Saurons Diener flohen in alle Welt.

Doch das war nicht der letzte Kampf Huans. Wie die Sagen berichten, stellte er den Wolf Carcharoth, den „Roten Rachen“, vor den Toren von Angband und tötete ihn nach einem erbittert geführten Zweikampf, der die Berge widerhallen ließ. Dabei wurde Huan aber selbst tödlich durch das Gift in den Fängen des Wolfes verletzt und starb wenig später.

Geflügeltes Untier

Wolfsreiter – Das „Rote Buch der Westmark" berichtet, wie einige Orks auf den Rücken von Wargen genannten Wölfen in die Schlacht der Fünf Heere eingriffen. Diese Orks wurden von Elben und Menschen Wolfsreiter genannt.

Dies war jedoch nicht das erste Bündnis zwischen Orks und Wölfen, denn sowohl die einen wie die anderen waren von Melkor, dem Dunklen Feind, in den Zeitaltern der Sterne geschaffen worden, und bereits die Elben von Beleriand hatten gegen Wolfsreiter kämpfen müssen.

Y

Yavannamire – Als Númenor geschaffen wurde, kamen die Elben von Tol Eressea mit ihren weißen Schiffen und brachten den Númenórern Geschenke wie die herrlich duftenden immergrünen Bäume, die bald in dichten Wäldern auf der Insel wuchsen. Zu den schönsten dieser Bäume gehörte die nach Yavanna, der Königin der Erde, benannte Yavannamire. Der Name bedeutet „Juwel Yavannas". Außer ihren wohlriechenden Blättern und Rinden lieferten die Bäume eine köstliche, runde, scharlachrote Frucht.

Yrch – Gegen Ende der als Friede von Arda bekannten Zeit entdeckten die Sindar-Elben des Königs Thingol und seiner Gemahlin Melian im Osten ihres Reiches ein Übel, das sie vorher nicht gekannt hatten. In den Wäldern und Bergen des Grenzlandes regten sich Wesen, für die sie keine Namen hatten. Es waren dies die schrecklichen Unholde, die den bösen Mächten als Diener und Boten dienten. Die Elben nannten sie Yrch – eine Verballhornung des Namens, den die Wesen sich selbst gegeben hatten:

Uruks. Später wurden sie in der Sprache des Westens Orks genannt.

Thingol zog gegen die Yrch zu Felde und vertrieb sie aus seinem Reich. Erst als Morgoth aus den Hallen von Mandos zurückkehrte, drangen sie wieder über die Blauen Berge in Beleriand ein.

Z

Zirperkirper – In den übelriechenden Sümpfen im Norden Eriadors lebten zahlreiche blutsaugende Insekten. Zu ihnen gehörten einige heuschreckenähnliche Geschöpfe, die von den Hobbits nach den ständig sich wiederholenden zirpenden Geräuschen, die sie ausstießen, Zirperkirper genannt wurden.

YAVANNAMIRE

BIOGRAPHIE

Dieses Kapitel ist ein illustriertes Who's Who aller Hauptcharaktere der epischen Welt Tolkiens und schliesst Menschen, Elben, Hobbits und Zwerge ebenso ein wie Orks, Dämonen, Geister, Ungeheuer, Götter und Ents. In vielen Fällen haben diese Charaktere im Laufe ihres oft Jahrhunderte währenden Daseins auf Mittelerde oder in den Unsterblichen Landen ihre Namen gewechselt. Wo immer möglich, werden Angaben über ihre Lebensdaten ergänzt durch Hinweise auf ihre Abstammung, ihre körperliche Erscheinung und ihre persönlichen Eigenschaften.

A

Amroth – Elbenkönig von Lothlórien. Amroth war der Sohn Amdirs und herrschte von 3434 des Zweiten Zeitalters bis 1981 des Dritten Zeitalters. Amroth verliebte sich in die Elbenmaid Nimrodel, und diese unter einem Unstern stehende Liebe wurde in vielen Liedern besungen. Er lebte einst auf dem Hügel von Cerin Amroth in Lothlórien, zog aber im Jahre 1981 nach Dol Amroth, um von dort mit seiner Geliebten in die Unsterblichen Lande zu segeln. Nimrodel verirrte sich jedoch und kam um, woraufhin Amroth sich ins Meer stürzte.

Anárion – Dúnedain-König von Gondor. Zusammen mit seinem Vater Elendil und seinem Bruder Isildur entging Anárion dem Untergang von Númenor und gründete im Jahre 3320 des Zweiten Zeitalters die Königreiche von Arnor und Gondor. Sie zählten im Zweiten Zeitalter zu den Hauptfeinden Saurons, des Herrn der Ringe. Mit dem Elbenkönig Gil-galad schlossen sie den Letzten Bund zwischen Elben und Menschen. Ihre gemeinsamen Heere vernichteten Saurons Streitmacht, aber Anárion wurde von einem Stein getötet, der vom Dunklen Turm von Mordor auf ihn herabgeschleudert worden war.

Ancalagon – Drache von Angband. Ancalagon war der erste und mächtigste der Geflügelten Drachen. Der Schwarze genannt, wurde Ancalagon im Ersten Zeitalter der Sonne in den Höhlen von Angband von Morgoth, dem Dunklen Feind, geschaffen. Sein Name bedeutet „Klaffender Schlund“, und als er zum erstenmal, in der Großen Schlacht, in Erscheinung trat, verdunkelte seine riesige Gestalt das Licht der Sonne. Eine Zeitlang schien es so, als ob Ancalagon mit seinen Heeren Geflügelter Feuerdrachen die Valar besiegen würde, aber im entscheidenden Augenblick griffen die Großen Adler und Earendil der Seefahrer ein und töteten Ancalagon. Sein Körper war so schwer, daß er im Fallen die Türme von Thangodrim zerschmetterte und die Höhlen von Angband unter seinem Gewicht aufbrachen.

Aragorn I. – Dúnedain-Stammesfürst von Arnor. Nachdem das Nördliche Königreich der Dúnedain im Jahre 1974 des Dritten Zeitalters vom Hexenkönig von Angmar zerstört worden war, wurden die Thronprätendenten, von denen es insgesamt sechzehn gab, als Stammesfürsten bezeichnet. Der fünfte war Aragorn I. Wenig wird über jene dunkle Zeit berichtet. Bekannt ist nur, daß Aragorn, nachdem er acht Jahre als Stammesfürst geherrscht hatte, im Jahre 2327 von Wölfen in Eriador getötet wurde.

Aragorn II. – Dúnedain-Stammesfürst von Arnor. Zur Zeit des Ringkrieges war Aragorn II. der sechzehnte und letzte Stammesfürst der Dúnedain. Im Jahre 2931 des Dritten Zeitalters geboren, wurde Aragorn von dem Halb-Elben Elrond in Bruchtal aufgezogen. Mit zwanzig Jahren begegnete er Elronds Tochter Arwen, und beide verliebten sich ineinander. Elrond wollte jedoch erst in die Verbindung einwilligen, wenn Aragorn der rechtmäßige König von Arnor und Gondor geworden war. Um das zu erreichen, bereiste Aragorn die Länder des Westens und kämpfte für die Rechte der Freien Völker. Er trug viele Namen: Thengel, Ecthelion, Thorongil, Elbenstein, Elessar und Streicher. Als Herrscher der Dúnedain war Aragorn mit einer dreimal längeren Lebensspanne als gewöhnliche Menschen gesegnet. Im Jahre 2956 begegnete er dem Zauberer Gandalf, und beide wurden Verbündete und Freunde. Im Jahre 3018 kam er nach Bree, wo er die Bekanntschaft des Ringträgers Frodo Beutlin machte, und schloß sich in Bruchtal der Gemeinschaft des Ringes an. Als Gandalf von dem Balrog in Moria scheinbar tödlich verletzt worden war, wurde Aragorn der Führer der Gefährten. Im Ringkrieg trug er entscheidend dazu bei, das Heer Sarumans in der Schlacht von Hornburg in die Flucht zu schlagen. Er sammelte die Toten Krieger von Dunharg um sich und eroberte die Flotte der Corsaren bei Pelargir. Sein Eingreifen in die Schlacht auf den Pelennor-Feldern rettete Gondor, und er befehligte die Truppen der westlichen Streitkräfte vor dem Schwarzen Tor von Mordor. Nach dem Krieg wurde Aragorn als König Elessar („Elbenstein“) des Wiedervereinigten Königreichs gekrönt und vermählte sich mit Arwen. Während des nächsten Jahrhunderts weitete Aragorn seine Herrschaft auf die meisten westlichen Länder von Mittelerde aus. Seine Gattin schenkte ihm mehrere Töchter und einen Sohn, Eldarion, der nach Aragorns Tod im Jahre 120 des Vierten Zeitalters König wurde und lange und gerecht regierte.

Aragorn II.

Arien – Wächterin der Sonne. Arien war eine Maia, die einst als Feuergeist Vana, der Ewigjungen, in den Gärten von Valinor diente. Nach der Zerstörung der Bäume des Lichts nahm Arien die einzige übriggebliebene Frucht des Goldenen Baumes und fuhr mit ihr in einem von Aule geschmiedeten Schiff über die Himmel. Als Wächterin der Sonne wird sie wie kein anderer Maia-Geist von den Sterblichen geliebt.

Arwen – Elbenfürstin von Bruchtal. Arwen war die Tochter des Halb-Elben Elrond und der Königin Celebrian. Im Jahre 241 des Dritten Zeitalters der Sonne geboren, galt sie als die schönste Frau ihrer Zeit. Den Elben war sie als Abendstern bekannt, von den Menschen wurde sie gewöhnlich Undómiel, die „Abendmaid", genannt. Sie lebte fast dreitausend Jahre lang in Bruchtal und Lothlórien. Im Jahre 2951 begegnete sie Aragorn, den rechtmäßigen Erben der Dúnedain-Königreiche, und verliebte sich in ihn. Im Jahre 2980 verlobten sie sich einander an, aber Elrond untersagte die Heirat, bis Aragorn König geworden war. Im Ringkrieg suchte Aragorn Elronds Bedingungen zu erfüllen und vermählte sich schließlich mit Arwen, die sich daraufhin entschied, das Schicksal der Menschen zu teilen und sterblich zu werden. Sie gebar Aragorn mehrere Töchter und einen Sohn, und beide herrschten glücklich und weise bis zu Aragorns Tod im Jahre 120 des Vierten Zeitalters. Im folgenden Jahr ging Arwen zurück nach Lothlórien, wo sie auf dem Cerin Amroth – dem Hügel, an dem sie sich Aragorn anverlobt hatte – starb.

Aule – Vala, „der Schmied" genannt. Aule, der auch als Erschaffer der Berge bezeichnet wurde, trug mehr als jeder andere Vala dazu bei, Arda Gestalt zu geben. Er schuf die Leuchten der Valar und schmiedete die Schiffe, welche die Sonne und den Mond tragen. Aule ist der Meister der Handwerke und Herr über Erze und Edelsteine. Von den Zwergen wurde er Mahal genannt, „der Erschaffer", denn er war es, der ihr Volk aus Erde und Stein schuf. Auch lehrte er die Noldor, Gemmen und Steine zu bearbeiten. Die Wohnungen Aules liegen im mittleren Teil von Valinor. Seine Gemahlin ist Yavanna, „die Spenderin der Früchte".

Azaghâl – Zwergenkönig von Belegost. In allen Zeitaltern der Sterne und dem Ersten Zeitalter der Sonne war König Azaghâls Reich in den Blauen Bergen von Beleriand berühmt wegen der Stahlklingen und der Kettenhemden, die hier hergestellt wurden und die besten der Welt waren. Sie wurden zum erstenmal erprobt in der schrecklichen Schlacht der Ungezählten Tränen, in der nur die Zwerge Azaghâls den Flammen der Drachen widerstehen konnten. Es war der Tapferkeit Azaghâls zu verdanken, daß die Drachen schließlich die Flucht ergriffen. Denn obwohl es ihn das Leben kostete, gelang es Azaghâl, den Drachen Glaurung so mit seinem Schwert zu verletzen, daß er das Schlachtfeld verlassen mußte.

Azog – Orkkönig von Moria. Azog herrschte über die Horden, die das alte Zwergenreich Moria besetzt hatten. Er war ein besonders großer Ork, möglicherweise ein Uruk-hai, und verantwortlich für den Tod des Zwergenkönigs Thrór im Jahre 2790 des Dritten Zeitalters. Dieser Mord führte zu dem blutigen Krieg der Zwerge und Orks, der im Jahre 2799 in der Schlacht von Azanulbizar mit der vernichtenden Niederlage der Orks endete. Azog wurde von Dáin Eisenfuß enthauptet und sein abgetrennter Kopf auf einem Pfahl zur Schau gestellt.

AZOG

B

Balin – Zwerg Thorins und seiner Gefährten. Balin wurde im Jahre 2763 im Königreich unter dem Berg in Erebor geboren, sieben Jahre später jedoch mit seinem ganzen Volk von Smaug, dem Goldenen Drachen, vertrieben. Im Jahre 2790 war Balin ein Gefolgsmann König Thrains II., als dieser seinen blutigen Krieg gegen die Orks führte. Danach ließ er sich eine Zeitlang in einer Zwergenkolonie in den Blauen Bergen nieder. Im Jahre 2841 unterstützte Balin einen zum Scheitern verurteilten Versuch Thrains, nach Erebor zurückzukehren, bei dem dieser den Tod fand. Balin zog sich wieder in die Blauen Berge zurück und machte sich genau ein Jahrhundert später mit Thorin und seinen Gefährten auf die Suche nach dem Schatz von Erebor, die mit dem Tod Smaugs und der Wiedererrichtung des Königreichs unter dem Berg endete. Im Jahre 2989 verließ Balin Erebor, um das Zwergenreich in Moria zurückzuerobern. Fünf Jahre kämpfte er gegen den Balrog und seine Orkhorden, wurde aber schließlich mit seinen Gefolgsleuten besiegt und getötet.

Bard der Bogenschütze – Drachentöter. Geboren und aufgewachsen unter den Seemenschen von Esgaroth, wurde Bard von Smaug, dem Goldenen Drachen, mit seinem Volk aus Thal vertrieben. Er war ein starker und wilder Krieger, der seine Abstammung auf Girion, einen berühmten Bogenschützen aus Thal, zurückführte.

Im Jahre 2941 des Dritten Zeitalters gelang es Bard, den mächtigen Smaug zu töten, indem er eine verletzliche Stelle im Panzer des Drachen mit seinem Pfeil durchbohrte. Danach führte er das Heer der Menschen in die Schlacht der Fünf Heere und verwendete nach deren glücklichen Ausgang einen Teil des Drachenhorts, um sowohl Esgaroth als auch Thal wieder aufzubauen. Er wurde der erste einer langen Linie von Königen. Als er im Jahre 2977 starb, folgte ihm sein Sohn, König Bain, auf dem Thron.

Baumbart – Ent des Fangorn-Waldes. Baumbart, was in der Elbensprache „Fangorn" heißt, war der Wächter des nach ihm benannten Waldes. Er war ein vierzehn Fuß hoher „Baumhirte", der ebenso einem Baum wie einem riesigen Menschen glich. Er hatte einen rauhen und knorrigen Stamm, einen verfilzten Bart und astartige Arme mit siebenfingrigen Händen. Zur Zeit des Ringkrieges war er der älteste noch auf Mittelerde lebende Ent. Obgleich er sich sonst wenig um die Angelegenheiten der Elben und Menschen kümmerte, konnten die Hobbits Meriadoc Brandybock und Peregrin Tuk ihn bewegen, sich zusammen mit seinen Artgenossen gegen die Orks von Isengart zu wenden. Der berühmt gewordene Marsch der Ents führte zur völligen Zerstörung der Festung Sarumans. Nach der Schlacht von Hornburg schickte Baumbart auch die Huorns genannten Baumgeister gegen die Orks ins Feld.

Beorn – Nordmensch, Häuptling der Beorninger. In den letzten Jahrhunderten des Dritten Zeitalters bewohnte Beorns Volk die nördlichen Täler des Anduin zwischen dem Nebelgebirge und dem Düsterwald und verteidigte die Furt von Carrock und den Hochpaß gegen Orks und Warge. Beorn war ein riesiger, schwarzbärtiger Mann, der einen rauhen wollenen Umhang trug und mit einer Holzfälleraxt bewaffnet war. Er war ein wilder Krieger, der die Gabe besaß, sich in einen Bären verwandeln zu können. Im Jahre 2941 gewährte

BEORN

Beorn Thorin und seiner Gesellschaft Unterkunft und Schutz und kämpfte später mit ihnen in der Schlacht der Fünf Heere.

Beren – Edain-Herrscher von Dorthonion. Als Sohn Bahahirs im 4. Jahrhundert des Ersten Zeitalters geboren, war Beren der einzige Überlebende der Geächteten von Dorthonion und der einzige, der je das Gebirge des Schreckens und das Reich der Großen Spinnen durchquerte. Als er Doriath betrat, begegnete er Lúthien, der Tochter Thingols und der Maia Melian, und verliebte sich in sie. König Thingol gestattete eine Heirat jedoch nur unter der Bedingung, daß Beren ihm einen der Silmaril bringe. Bei der Erfüllung dieser Aufgabe wurde Beren von Sauron auf der Insel der Werwölfe gefangengenommen und fast erschlagen, aber von Lúthien und dem Wolfshund Huan gerettet. Danach drang Beren mit Lúthien in Angband ein, wo sie einen Zauber über Morgoth warf und Beren einen der Silmaril aus seiner Krone schnitt. Aber als sie flohen, biß der Wolf von Angband Berens Hand ab und verschlang sie mit dem Silmaril. Beren und Lúthien entkamen nach Doriath, doch Beren kehrte mit Huan zurück, tötete den Wolf und rettete den Edelstein, den er Thingol übergab, bevor er selber starb. Nach Berens Tod siechte auch Lúthien dahin und starb an Gram. Sie konnte jedoch Manwe, den Herrn der Toten, bewegen, ihr und Beren ein zweites sterbliches Leben auf Mittelerde zu schenken. So kehrten beide zurück, um ruhig und in Frieden bis zum Beginn des 5. Jahrhunderts in Ossiriand zu leben. Nur einmal noch machte sich Beren auf eine Reise – um den Tod Thingols zu rächen und den Silmaril wieder in seinen Besitz zu bringen.

Bifur – Zwerg Thorins und seiner Gefährten. Bifur beteiligte sich an der Suche nach dem Schatz von Erebor, die im Jahre 2941 des Dritten Zeitalters mit dem Tod des Drachen Smaug und der Wiedererrichtung des Zwergenreiches unter dem Berg endete. Bifur überlebte die Schlacht der Fünf Heere und ließ sich danach in Erebor nieder.

Bilbo Beutlin – Hobbit des Auenlandes. Im Jahre 2890 des Dritten Zeitalters geboren, blieb Bilbo zeit seines Lebens ein Junggeselle. Er wohnte in Beutelsend im Auenland. Im Jahre 2941 wurde Bilbo von einem Zauberer und dreizehn Zwergen überredet, sich an einer abenteuerlichen Reise zu beteiligen, an deren Ende Smaug der Goldene Drache erschlagen und das Zwergenreich unter dem Berg wieder errichtet wurde. Mit einem Teil des Drachengoldes, das er bei diesem Abenteuer erlangt hatte, kehrte Bilbo für die nächsten sechzig Jahre ins Auenland zurück. Bei seiner Reise war er jedoch in den Besitz eines geheimnisvollen Ringes gelangt, der die Eigenschaft hatte, seinen Träger unsichtbar zu machen. Erst später stellte sich heraus, daß dies der Eine Ring war, der Sauron, dem Herrn der Ringe, gehörte. Im Jahre 3001 verschwand Bilbo bei seiner Geburtstagsfeier vor den Augen der eingeladenen Gäste, überließ sein Vermögen, sein Haus und den Einen Ring

BILBO BEUTLIN

seinem Vetter und Adoptivsohn Frodo Beutlin und zog sich nach Bruchtal zurück, wo er in den folgenden zwanzig Jahren ein mönchisches Leben führte. Er schrieb Gedichte, Erzählungen und seine Memoiren sowie ein gelehrtes dreibändiges Werk, *„Übersetzungen aus dem Elbischen"*. Nach dem Ringkrieg segelte Bilbo im Alter von 131 Jahren zusammen mit Frodo in die Unsterblichen Lande.

Bofur – Zwerg Thorins und seiner Gefährten. Bofur war einer der Zwerge, die sich im Jahre 2941 des Dritten Zeitalters auf die Suche nach dem verlorenen Schatz von Erebor machten. Die Fahrt endete mit dem Tod des Drachen Smaug unter der Wiedererrichtung des Zwergenreiches unter dem Berg. Nach Thorins Tod schwor Bofur wie seine Gefährten Dáin Eisenfuß Gefolgstreue und blieb bis zum Ende seines Lebens in Erebor.

Bolg – Orkkönig des Nebelgebirges. Bolg war der Sohn des Orkkönigs Azog, der am Ende des Krieges der Orks gegen die Elben in der Schlacht von Azanulbizar von Dáin Eisenfuß getötet worden war. Wie sein Vater war Bolg ungewöhnlich groß und stark und gehörte wahrscheinlich der Rasse der Uruk-hai an. Bolg führte im Jahre 2941 eine gewaltige Armee von Orks und Wargen in die Schlacht der Fünf Heere. Bei den Kämpfen wurde er von Beorn, dem Häuptling der Beorninger, erschlagen.

Bombur – Zwerg Thorins und seiner Gefährten. Im Jahre 2941 beteiligte sich Bombur an der Suche nach dem Schatz von Erebor, die mit dem Tod Smaugs des Goldenen und der Wiedererrichtung des Zwergenreiches unter dem Berg endete. Wie seine Gefährten Bifur und Bofur war Bombur ein Zwerg von Moria, stammte jedoch nicht aus Durins Volk. Schon in seiner Jugend war Bombur ungewöhnlich dick gewesen; später wurde er jedoch so fett, daß er nicht mehr gehen konnte und sechs andere Zwerge ihn tragen mußten. Bombur ließ sich für den Rest seines Lebens in Erebor nieder.

Borkenhaut – Ent des Fangorn-Waldes. Zur Zeit des Ringkrieges war Borkenhaut einer der drei ältesten Ents oder „Baumhirten" auf Mittelerde. Von den Elben Fladrif genannt, ähnelte Borkenhaut einer mächtigen Birke. Als Saruman zur Macht gelangte, lebte Borkenhaut westlich von Isengart, wo er von Orks angegriffen und verletzt wurde. Er zog sich in die höchsten Hügel des Fangorn-Waldes zurück und weigerte sich, an dem Marsch der Ents gegen Isengart teilzunehmen.

Boromir – Dúnedain-Fürst von Gondor. Im Jahre 2978 des Dritten

CARCHAROTH

Zeitalters als ältester Sohn Denethors II., des Herrschenden Truchsesses von Gondor, geboren, schien Boromir vom Schicksal begünstigt. Er war großgewachsen, tapfer und von edlem Antlitz. Im Jahre 3018 verteidigte er Osgiliath gegen die Streitkräfte Saurons. Nach einem prophetischen Traum zog er in das Elbenreich von Bruchtal und wurde ein Mitglied der Gemeinschaft des Ringes. Nachdem er mit seinen Gefährten viele Gefahren überstanden hatte, überkam ihn unweit der Rauros-Fälle der unwiderstehliche Wunsch, den Einen Ring in seinen Besitz zu bringen und Frodo Beutlin, den Ringträger, zu ermorden. Obgleich Boromir sein Vorhaben bald darauf tief bereute, mußte Frodo seine Reise ohne ihn, nur mit Samweis Gamdschie als Gefährten, fortsetzen. Kurz darauf starb Boromir bei einem Kampf mit den Orks, in dem er tapfer die Hobbits Meriadoc Brandybock und Peregrin Tuk verteidigt hatte. Er wurde in einem Schiff auf den Rauros-Fällen bestattet.

C

Carcharoth – Wolf von Angband. Carcharoth – der Name bedeutet „Roter Rachen“ – war der größte Wolf aller Zeiten. Als Wächter der Tore von Angband war er im Ersten Zeitalter der Sonne von Morgoth mit lebendem Fleisch aufgezogen worden. Als Beren den Silmaril aus Morgoths Krone geschnitten hatte, biß er ihm die Hand mit dem Elbenstein ab, um beide zu verschlucken. Der Stein brannte mit so schrecklichem Feuer in seinen Eingeweiden, daß Carcharoth Amok lief und alles tötete, was ihm in den Weg kam, bis er in Huan, dem Wolfshund der Valar, einen ebenbürtigen Gegner fand. In dem anschließenden Kampf verwundete er sowohl Beren als auch Huan tödlich durch seine giftigen Fänge, wurde aber schließlich selbst erschlagen.

Celeborn – Elbenkönig von Lothlórien. Der Sindar-Fürst Celeborn war ein Verwandter Thingols. Im Ersten Zeitalter der Sonne vermählte er sich mit der Noldor-Fürstin Galadriel, die ihm ein Kind schenkte, Celebrían. Als Beleriand zerstört wurde, flohen Celeborn und Galadriel nach Lindon, um sich im 8. Jahrhundert des Zweiten Zeitalters im Königreich der Elbenschmiede von Eregion niederzulassen. Später gründeten sie Lothlórien im Goldenen Wald am Flusse Silberlauf. Im Ringkrieg verteidigte Celeborn sein Reich dreimal vor den Angriffen der bösen Mächte, dann zog er an der Spitze seines Elbenheeres in den Düsterwald und vernichtete Saurons Feste Dol Guldur. Gegen Ende des dritten Zeitalters segelte Galadriel in die Unsterblichen Lande. Alleingelassen, verließ Celeborn mit den Waldelben Lothlórien und gründete Ost-Lórien im südlichen Teil des früheren Düsterwaldes. Dort herrschte Celeborn eine kurze Zeit, ehe er sich nach Bruchtal zurückzog. Später soll er ebenfalls in die Unsterblichen Lande gezogen sein.

Celebrían – Elbenfürstin von Lothlórien. Celebrían war das einzige Kind Celeborns und Galadriels. Gegen Ende des 1. Jahrhunderts des Dritten Zeitalters der Sonne vermählte sie sich mit dem Halb-Elben Elrond in Bruchtal. Sie hatten drei Kinder: Elladan, Elrohir und Arwen. Als Celebrían im Jahre 2509 von Bruchtal nach Lothlórien reiste, wurde sie mit ihrem Gefolge von einer Horde Orks angegriffen. Obgleich ihre tapferen Söhnen sie retten konnten, war sie von den vergifteten Waffen der Orks verletzt worden und trug eine Wunde davon, die nicht heilen wollte. Sie ertrug ein Jahr lang die Schmerzen, dann entschloß sie sich, in den Unsterblichen Landen bei den Valar Heilung zu finden, und verließ Mittelerde.

Celebrimbor – Elbenkönig von Eregion. In den Zeitaltern der Sterne als Sohn des Noldor-Herrschers Curufin und Enkel Feanors, des Schöpfers der Silmaril, geboren, kämpfte Celebrimbor im Juwelenkrieg und im Krieg des Zorns. Im Jahre 750 des Zweiten Zeitalters gründete er das Reich der Elbenschmiede Gwaith-i-Mírdain. Nachdem er von den Zwergen Mithril und andere Edelmetalle erhalten hatte, schmiedete er die besten Waffen und schönsten Schmuckstücke seiner Zeit. Aber wie Feanor suchte er stets, seine eigenen Leistungen zu übertreffen, und so waren es seine Elbenschmiede, die die Ringe der Macht schufen. Das war sein Verhängnis, denn er wußte nicht, daß der Fremde namens Annatar, der ihm geholfen hatte, die Ringe zu schmieden, niemand anders war als Sauron, der Dunkle Herrscher. Sauron schuf den Einen Ring, der Gewalt über alle anderen Ringe besaß. In dem anschließenden verheerenden Krieg der Elben gegen Sauron wurde Eregion vernichtet und Celebrimbor getötet.

Círdan – Elbenherrscher der Grauen Anfurten. In den Zeitaltern der Sterne wurde Círdan Herrscher der Falathrim. Círdan bedeutet „Schiffbau-

DÁIN II.

er", und sein Volk war das erste auf Mittelerde, das Schiffe herstellte. In den Kriegen von Beleriand blieben die Häfen der Falathrim von Zerstörungen verschont, bis im Jahre 474 die Orkheere Morgoths die Falas überrannten. Círdan zog sich daraufhin mit seinem Volk auf die Insel Balar zurück. Nach dem Untergang von Beleriand wurde er Herr der Grauen Anfurten. Er galt als einer der klügsten Elben und erhielt von Celebrimbor den „Ring des Feuers", Narya. Gegen Ende des Zweiten Zeitalters schloß sich Círdan dem Letzten Bund der Elben und Menschen an. Um das Jahr 1000 gab er seinen Ring dem Zauberer Gandalf. Im Jahre 1975 zog Círdan an der Spitze eines aus Elben und Menschen zusammengesetzten Heeres in die Schlacht von Fornost und besiegte den Hexenkönig von Angmar. Mit dem Ende des Dritten Zeitalters verließen die Hüter der Ringe die Grauen Anfurten. Círdan selbst blieb bis ins Vierte Zeitalter auf Mittelerde, als die letzten Elben in die Unsterblichen Lande zogen.

D

Dáin I. – Zwergenkönig des Grauen Gebirges. Im Jahre 2440 des Dritten Zeitalters der Sonne geboren, wurde Dáin I. im Jahre 2585 König. Kurz danach verwüsteten Drachen sein Reich, und Dáin wurde – zusammen mit seinem Sohn Fror – vor den Toren seiner eigenen Halle von einem Kaltdrachen getötet.

Dáin II. – Zwergenkönig von Erebor. Dáin, Eisenfuß genannt, wurde im Jahre 2767 des Dritten Zeitalters der Sonne in den Eisenhügeln geboren. In seiner Jugend erwarb er sich großen Ruhm, als er 2799 in der Schlacht von Azanulbizar Azog, den Orkkönig von Moria, erschlug. Sechs Jahre später wurde er König der Eisenhügel. Im Jahre 2941 führte er seine Truppen in der Schlacht der Fünf Heere an, deren glücklichen Ausgang er entscheidend mitbestimmte. Als Thorin Eichenschild an den ihm in der Schlacht zugefügten Wunden starb, trat Dáin Eisenfuß seine Nachfolge an und wurde König des Reiches unter dem Berg. Er herrschte bis zu seinem Tode im Jahr 3019. Dáin wurde im Ringkrieg in der Schlacht von Thal getötet.

Denethor I. – Dúnedain-Herrscher von Gondor. Denethor I. wurde der Zehnte Herrschende Truchseß von Gondor im Jahre 2435 des Dritten Zeitalters. Während seiner Herrschaft züchtete Sauron jene böse Rasse übergroßer Orks, die als Uruk-hai bekanntgeworden ist. Im Jahre 2475 überrannten die Uruk-hai Ithilien und brandschatzten Osgiliath. Denethors Sohn Boromir griff daraufhin die Uruks entschlossen an, und es gelang ihm, Osgiliath wieder einzunehmen. Unglücklicherweise wurde die Stadt bei diesen Kämpfen samt ihrer steinernen Brücke völlig zerstört. Denethor starb im Jahre 2477, und Boromir trat seine Nachfolge an.

Denethor II. – Dúnedain-Herrscher von Gondor. Denethor II., Sohn Ecthelions II., regierte Gondor von 2984 bis 3019. Er war der Sechsundzwanzigste – und letzte – Herrschende Truchseß von Gondor. Im Jahre 2976 heiratete er Finduilas, die schöne Tochter des Fürsten von Dol Amroth, welche ihm zwei Söhne schenkte, Boromir und Faramir, aber zwölf Jahre nach ihrer Vermählung starb. Ursprünglich ein edler und kluger Mann, verbitterte Denethor nach Finduilas Tod mehr und mehr und verschloß sich vor seiner Umwelt. Da er wußte, daß die letzte Auseinandersetzung mit Sauron noch während seiner Herrschaft kommen würde, vertraute er niemandem und schloß selbst Aragorn und Gandalf aus dem Kreis seiner Berater aus. Häufig zog er sich in den Weißen Turm zurück, um in den Palantír, den „Sehenden Stein", zu schauen. Obgleich ihm dadurch Wissen zukam, das ihm sonst verschlossen geblieben wäre, alterte er schnell und unterlag dem bösen Einfluß des Steins. Als sein ältester

DRAUGLUIN

Sohn Boromir starb und Faramir scheinbar tödlich durch den giftigen Atem eines der Ringgeister verletzt daniederlag, verwirrte sich sein Geist, und er versuchte, sowohl sich selbst als auch Faramir das Leben zu nehmen. Es gelang Gandalf, einzuschreiten und Faramir zu retten. Denethor jedoch fand den Tod durch eigene Hand.

Dior – Elbenkönig von Doriath. Dior, der Sohn Berens und Lúthiens und Enkel Thingols und Melians, hatte das Blut dreier Rassen in seinen Adern: der Edain, der Eldar und der Maiar. Um 470 des Ersten Zeitalters in Ossiriand in Beleriand geboren, heiratete er die schöne Sindar-Fürstin Nimloth, die ihm drei Kinder schenkte – Elréd, Elurín und Elwing. Nach der Ermordung Thingols und der Verwüstung von Menegroth durch die Zwerge von Nogrod wurde er im Jahre 505 König von Doriath. Als Beren und Lúthien starben, erbte Dior das Nauglamír, das Halsband, das einen der Silmaril enthielt. Bald darauf griffen die Söhne Feanors, die den Silmaril als ihr rechtmäßiges Eigentum betrachteten, Menegroth an. In der anschließenden Schlacht fanden Dior und Nimloth den Tod.

DWALIN

Dori – Zwerg Thorins und seiner Gefährten. Dori beteiligte sich im Jahre 2941 des Dritten Zeitalters an der Suche nach dem Schatz unter dem Einsamen Berg, die mit dem Tode Smaugs des Goldenen und der Wiedererrichtung des Zwergenreiches unter dem Berg endete. Danach gelobte Dori König Dáin Eisenfuß Gefolgstreue und ließ sich in Erebor nieder.

Draugluin – Werwolf von Tol-in-Gaurhoth. Draugluin war der Herr der Werwölfe, die von Angband aus die Elben terrorisierten. Während der Kriege von Beleriand bewohnte er mit den meisten seiner Brut Tol-in-Gaurhoth, die „Insel der Werwölfe". Immer wieder griff er auf Befehl Saurons die umliegenden Elbenländer an. Als Beren und seine Gefährten auf der Suche nach dem Silmaril gefangengenommen wurden, trat Lúthien mit Huan, dem Wolfshund der Valar, Draugluin entgegen. Auf der Brücke von Tol-in-Gauroth entbrannte ein Kampf zwischen den beiden Wölfen, bei dem Draugluin so schwer verletzt wurde, daß er zu Füßen Saurons starb. Nach seinem Tod und Berens Befreiung, benutzten sowohl Huan als auch Beren die Haut des Werwolfes, um unter ihrem Schutz Angband zu betreten.

Durin I. – Zwergenkönig von Khazad-dûm. Durin I. war der erste und älteste der von Aule dem Schmied in den Zeitaltern der Dunkelheit geschaffenen Sieben Väter der Zwerge. Er herrschte über Khazad-dûm im Nebelgebirge, dem größten Zwergenreich auf Mittelerde. Nach der Zerstörung Beleriands am Ende des Ersten Zeitalters der Sonne sind es vor allem die Zwerge aus Durins Volk, von dem uns die Geschichten der Elben und Menschen berichten. Durin lebte so lange, daß er Durin der Unsterbliche genannt wurde. Der Name bezog sich auch auf den Glauben, daß er siebenmal als König seines Volkes wiedergeboren werden würde.

Durin II. – Zwergenkönig von Khazad-dûm. Durin II. herrschte im 8. Jahrhundert des Zweiten Zeitalters über Khazad-dûm. Während dieser Zeit gruben die Zwerge die Höhlen und Minen, die das Nebelgebirge von

West nach Ost durchzogen, und errichteten das Westtor, das ihnen den Handel mit den Elbenschmieden von Eregion erlaubte.

Durin III. – Zwergenkönig von Khazad-dûm. Durin III. war der Zwergenkönig, unter dessen Herrschaft sich im 16. Jahrhundert des Zweiten Zeitalters die Freundschaft mit den Elbenschmieden von Eregion am fruchtbarsten entwickelte. Von Celebrimbor erhielt er den ersten der Sieben Zwergenringe. Bald danach entbrannte der Krieg Saurons gegen die Elben, so daß die Zwerge sich gezwungen sahen, ihr Reich vor der Welt zu verschließen. Khazad-dûm wurde jetzt als Moria bekannt, das „Dunkle Königreich".

Durin VI. – Zwergenkönig von Moria (Khazad-dûm). Im Jahre 1731 des Dritten Zeitalters geboren, herrschte Durin VI. über Moria, als im Jahre 1980 die Zwerge nach Mithril schürften und eine Mine so tief unter den Rothornberg trieben, daß sie eine versiegelte Kammer aufbrachen und einen Balrog genannten bösen Geist befreiten. Durin VI. wurde – wie ein Jahr später sein Sohn Nain – von dem Balrog erschlagen, und die Zwerge verließen für immer das Reich, in dem sie so lange gelebt hatten.

Durin VII. – Zwergenkönig des Letzten Reiches. Als angeblich siebente und letzte Wiedergeburt Durins sah man in seiner Ankunft ein Zeichen, daß mit ihm das Letzte Zwergenreich enden würde.

Dwalin – Zwerg Thorins und seiner Gefährten. Dwalin war der Sohn Fundins und der Bruder Balins. Er beteiligte sich an der Suche nach dem Schatz des Einsamen Berges, die mit der Wiedererrichtung des Zwergenreiches unter dem Erebor endete. Dwalin hatte sich bereits ein Jahrhundert zuvor an einer verhängnisvollen Reise beteiligt, durch die der verbannte Zwergenkönig Thrain II. Erebor wiederzuerlangen suchte. Thrain war bei diesem Unternehmen gefangengenommen und fünf Jahre später getötet worden.

EARENDIL DER SEEFAHRER

E

Earendil – Halb-Elbe und Drachentöter. Als Sohn des Edain-Herrschers Tuor und seiner Elben-Gemahlin Idril im Jahre 504 des Ersten Zeitalters in Gondolin geboren, wuchs Earendil, der Seefahrer genannt, in der Hafenstadt Arvernien auf. Er wurde Herrscher von Arvernien und vermählte sich mit Elwing, der Tochter des Königs und Silmaril-Erben Dior. Sie hatten zwei Söhne – Elrond und Elros. Für Earendil baute Círdan ein geheimnisvolles Schiff, das Vingilot genannt wurde. Während Earendil auf See war, wurde Avernien angegriffen, und Elwing mußte fliehen. Da sie keinen anderen Ausweg sah, stürzte sie sich zusammen mit dem Silmaril ins Meer. Ulmo, der Herr des Wassers, rettete sie jedoch, indem er sie in einen Seevogel verwandelte und ihr gestattete, zu Earendil zu fliegen. Beide benutzten die Kraft und das Licht des Silmaril, um ihren Weg in die Unsterblichen Lande zu finden und die Hilfe der Valar anzuflehen. So verließen diese zusammen mit den Maiar und einem Heer der Elben von Eldamar die Unsterblichen Lande und begannen den Krieg des Zorns. Er endete mit der Großen Schlacht, an der auch Earendil teilnahm. Mit dem Silmaril an der Stirn erschlug Earendil Ancalagon den Schwarzen, den größten Drachen, den die Welt je gesehen hatte. Nach dem Ende des Ersten Zeitalters führte Earendil die überlebenden Edain auf das neugeschaffene Inselreich Númenor, um fortan mit seinem Zauberschiff Vigilot über das Firmament zu segeln, den Abendstern und „Flamme des Westens" genannten Silmaril an der Stirn, der seitdem vom nächtlichen Himmel leuchtet.

Elendil – Dúnedain-König von Arnor und Gondor. Elendil war ein in Andúnië geborener Númenórer.

Nach dem Untergang Númenors im Jahre 3319 des Zweiten Zeitalters segelte Elendil zusammen mit seinen Söhnen Isildur und Anárion nach Mittelerde und errichtete die Dúnedain-Reiche Arnor und Gondor. Während Elendil, genannt der Lange, es vorzog, im Nördlichen Königreich zu leben, wo er als der erste Hochkönig von Arnor und Gondor herrschte, bewohnten seine Söhne das Südliche Reich Gondor. Im Jahre 3429 des Zweiten Zeitalters griff Sauron beide Reiche an. Im folgenden Jahr wurde der Letzte Bund der Elben und Menschen geschlossen. Gil-galad, der letzte Hochkönig der Elben auf Mittelerde, vereinigte seine Heere mit denen der Dúnedain. In der Schlacht von Dagorlad wurde 3434 Saurons Armee vernichtend geschlagen, und der Herr der Ringe zog sich nach Mordor zurück. Bei der anschließenden siebenjährigen Belagerung wurde Anárion getötet. Zwar gelang es Elendil und Gil-galad Sauron in einem Zweikampf vor dem Dunklen Tor zu besiegen, aber beide fanden dabei den Tod. So blieb es Isildur überlassen, das zerbrochene Schwert seines Vaters, Narsil, zu nehmen und den Einen Ring von Saurons Hand zu schneiden.

Elladan und Elrohir – Elbenfürsten von Bruchtal. Elladan und Elrohir waren die Zwillingssöhne Elronds von Bruchtal und Celebrı́ans von Lothlórien. Im Jahre 139 des Dritten Zeitalters geboren, waren die Brüder genau ein Jahrhundert älter als ihre schöne Schwester Arwen. Den größten Teil ihres Lebens verbrachten sie in den Verborgenen Königreichen von Bruchtal und Lothlórien, aber im Jahr 2509 wurde ihre Mutter von Orks angegriffen. Obgleich die Brüder sie retten konnten, wurde Celebrı́an durch eine vergiftete Waffe schwer verletzt. Da niemand die Wunde heilen konnte, suchte sie schließlich Genesung in den Unsterblichen Landen. Die Zwillingsbrüder verbündeten sich in der Folgezeit mit den Waldläufern der Dúnedain und verfolgten die Orks, wo immer sie konnten. Im Ringkrieg schlossen sich Elladan und Elrohir mit den Waldläufern des Nordens Aragorn in Rohan an. Sie waren an allen größeren Schlachten dieses Krieges bis zur letzten Auseinandersetzung vor dem Schwarzen Tor von Mordor beteiligt. Noch lange, nachdem Elrond Mittelerde verlassen hatte, scheinen sie sich in Bruchtal aufgehalten zu haben, und keine Geschichte berichtet, ob auch sie sich schließlich zur letzten Reise in die Unsterblichen Lande aufgemacht haben.

Elrond und Elros – Halb-Elben von Beleriand. Im Jahre 442 des Ersten Zeitalters der Sonne in Arvenien an der Küste Beleriands geboren, waren Elrond und Elros die Zwillingssöhne von Earendil und Elwing. Nach dem Krieg des Zorns gestatten die Valar den Brüdern, als Söhne eines Sterblichen und einer Elbenfürstin selbst über ihr Schicksal zu bestimmen. Elrond entschied sich für das Leben eines unsterblichen Elben, während Elros es vorzog, das Leben der Sterblichen zu teilen. Zu Beginn des Zweiten Zeitalters führte Elros die überlebenden Edain auf die Insel Númenor und wurde unter dem Namen Tar-Minyatur ihr erster König. Er herrschte von 32 bis 442 über Númenor, wo er den Königspalast und die Festung Armenelos errichtete. Elrond zog sich zu Beginn des Zweiten Zeitalters nach Lindon zurück. Im Jahre 1695 wurde er von dem Hochkönig Gil-galad nach Eregion geschickt, um die Elben bei ihrem Kampf gegen Sauron zu unterstützen. Als Eregion jedoch im Jahre 1697 von Saurons Heeren eingenommen wurde, führte Elrond die Überlebenden zu den Ausläufern des Nebelgebirges, wo er Bruchtal gründete, von den Elben Imladris genannt. Im Letzten Bund der Elben und Menschen war Elrond Gil-galads Herold. Bevor Gil-galad starb, gab er Elrond Vilya, den „Ring der Luft", den mächtigsten der Elbenringe. Im Jahre 100 des Dritten Zeitalters heiratete Elrond Celeborn, die Tochter Galadriels, die ihm drei Kinder schenkte – Elladan, Elrohir und Arwen. Im Dritten Zeitalter suchte Meister Elrond der Halb-Elbe, wie er genannt wurde, den Dúnedain zu helfen, wann immer es ihm möglich war. So wuchsen die Thronerben von Arnor häufig unter seinem Schutz in Bruchtal auf. Einer dieser Erben war Aragorn II., der im Jahre 2980 Arwen begegnete. Die beiden verliebten sich ineinander, aber Elrond wollte erst in eine Heirat einwilligen, wenn Aragorn Hochkönig von Arnor und Gondor geworden war. Mit Elronds Hilfe wurde im Jahre 3018 die Gemeinschaft des Ringes in Bruchtal gebildet. Nachdem der Eine Ring vernichtet und Aragorn König ge-

ÉOMER

worden war, vermählte er sich mit Arwen. Am Ende des Dritten Zeitalters verließ Elrond Mittelerde und segelte in die Unsterblichen Lande.

Elwe Singollo – Elbenkönig der Teleri. Elwe war einer der drei Könige, welche die Elben auf ihrer Großen Reise in die Unsterblichen Lande anführte. In Beleriand verfiel er jedoch dem Zauber der Maia Melian und gründete das Reich der Grau-Elben. Er hieß fortan König Thingol, und seine Geschichte wird unter diesem Namen berichtet.

Elwing – Elbenfürstin von Doriath. Elwing die Weiße war die Tochter Diors und Nimloths von Doriath und das einzige Mitglied ihrer Familie, welche die Brandschatzung Menegroths durch die Noldor im Jahre 509 des Ersten Zeitalters der Sonne überlebte. Mit dem ihr vermachten Silmaril fand sie Zuflucht in Avernien. Dort vermählte sie sich mit Earendil dem Seefahrer und schenkte ihm zwei Söhne, die Zwillinge Elrond und Elros. Als jedoch die Noldor erfuhren, wo der Silmaril war, griffen sie erneut an. Da sie keinen anderen Ausweg sah, stürzte sich Elwing mit dem Silmaril ins Meer. In diesem Augenblick griff Ulmo, der Herr des Wassers, in das Geschehen ein und verwandelte Elwing in einen weißen Seevogel. Mit dem Silmaril im Schnabel flog sie über das Meer, um Earendil zu suchen. Als sie ihn gefunden hatten, gelang es beiden, die Unsterblichen Lande zu erreichen, wo sie die Valar um Hilfe baten. Nach dem Krieg des Zorns stieg Earendil mit dem an seiner Stirn befestigten Silmaril in den Himmel auf. Er segelte mit seinem Schiff über das Firmament und wurde als Morgenstern bekannt. Danach bezog Elwing einen Turm an der Nordküste von Eldamar und flog jeden Abend, wenn Earendils Schiff sich über dem westlichen Horizont näherte, als weißer Vogel davon, um sich mit ihrem Gatten zu vereinigen.

Éomer – Nordmensch, Fürst von Rohan. Im Jahre 3019 des Dritten Zeitalters geboren, war Éomer der Neffe des Königs Théoden von Rohan und wie fast alle seines Volkes großgewachsen, stark und blond. Vor dem Ringkrieg diente er dem König als Marschall der Riddermark, verlor jedoch seine Gunst, als er sich mit Gandalf befreundete und öffentlich seiner Sorge über den bösen Einfluß des königlichen Beraters Grima Schlangenzunge Ausdruck gab.

Im Ringkrieg zeichnete Éomer sich in der Schlacht von Hornburg, der Schlacht auf den Pelennor-Feldern und der Schlacht vor dem Schwarzen Tor von Mordor aus. Als Théoden auf den Pelennor-Feldern tödlich verwundet wurde, bestimmte er Éomer zu seinem Erben. So wurde er der Achtzehnte König von Rohan und herrschte bis zum Jahr 63 des Vierten Zeitalters. Im Jahre 3020 heiratete er Lothíriel von Dol Amroth, die ihm bald danach einen Sohn und Thronerben gebar – Elfwine den Schönen.

Eonwe – Herold Manwes. Eonwe, von allen Maiar der mächtigste, trug das Banner Manwes, des Königs der Valar. Seine körperliche Stärke glich der der Valar. Seine Trompete verkündete die Ankunft der Valar, Maiar und Eldar im Krieg des Zorns, der Angband vernichtete und Morgoths Herrschaft für immer beendete. Nach der Großen Schlacht war es Eonwe, der das Urteil über die Elben sprach und den Edain Weisheit und Wissen schenkte.

Eorl – Nordmensch, König von Rohan. Eorl, der Junge genannt, folgte seinem Vater Léod als Herrscher der Eothéod. Er gewann unsterblichen Ruhm, als er Felaróf zähmte, den Vater der legendären Mearas, der weißen „Pferdefürsten" von Rohan. Im Jahre 2510 bewahrte Eorls Reiterei die Menschen von Gondor vor der

ÉOWYN DIE SCHILDMAID

sicheren Niederlage in der Schlacht von Celebrant. Aus Dankbarkeit übereignete der Truchseß von Gondor seinen Verbündeten die Provinz Calenardhon, die später Rohan, das „Pferdeland", genannt wurde. Eorl herrschte als König von Rohan von 2410 bis 2545, als er bei einem Kampf gegen die Ostlinge im Ödland getötet wurde.

Éowyn – Schildmaid von Rohan. Im Ringkrieg verliebte sich Éowyn, die schöne, goldhaarige Nichte des Königs Théoden von Rohan und Schwester Éomers, in Aragorn.

Verzweifelt über seinen mutmaßlichen Tod, verkleidete sich Éowyn als Krieger und nannte sich Dernhelm, um mit den Rohirrim in die Schlacht auf den Pellennor-Feldern zu ziehen. Dort verteidigte sie tapfer den tödlich verwundeten König Théoden und kämpfte mit dem Hexenkönig, dem Herrn der Ringgeister.

Der Herr der Ringgeister fühlte sich durch die Prophezeiung so geschützt, daß er von keines Mannes Hand getötet werden könne. Éowyn offenbarte sich als Mädchen und durchbohrte mit ihrem Schwert das Geflügelte Untier, auf dem er ritt. Dann erschlug sie – mit Hilfe des Hobbits Meriadoc Brandybock – den Hexenkönig selbst. Bei dem Kampf war sie jedoch durch den Atem des Untieres vergiftet worden und fiel in einen todesähnlichen Schlaf. Sie wurde schließlich von Aragorn mit Hilfe des Athelas genannten Zauberkrauts wieder ins Leben gerufen.

Nach dem Ringkrieg genas sie von ihrer unglücklichen Liebe zu Aragorn und vermählte sich mit Faramir, den Truchsessen von Gondor und Fürsten von Ithilien.

Este – Vala, „die Heilerin". In den Gärten von Lórien in Valinor wohnt auf einer mitten im See Lórellin gelegenen Insel Este, die Gemahlin Irmos (auch Lórien genannt), des Herrn der Träume. Ihr Name bedeutet „Rast". Sie wird auch „die Sanfte" genannt. Sie trägt graue Gewänder und schenkt den Leidenden lindernden Schlaf.

FEANOR

F

Fangorn – Ent des Fangorn-Waldes. Zur Zeit des Ringkrieges war Fangorn der älteste Ent auf Mittelerde. Im Westron, der gemeinsamen Sprache, hieß er „Baumbart", und unter diesem Namen wird auch seine Geschichte berichtet.

Faramir – Dúnedain-Herrscher von Gondor. Im Jahre 2983 des Dritten Zeitalters geboren, war Faramir der zweite Sohn Denethors II., des letzten Herrschenden Truchsesses von Gondor. Als Anführer der Waldläufer von Ithilien ordnete er den Rückzug von Osgiliath nach Minas Tirith vor der Belagerung von Gondor. Nach dem Tode seines Bruders Boromir wurde Faramir vom Hexenkönig niedergeschlagen und anscheinend tödlich verwundet. Gandalf verhinderte, daß sein geistig umnachteter Vater ihn auf einem Scheiterhaufen verbrennen ließ. Durch die heilenden Hände Aragorns wieder zurück ins Leben gerufen, verliebte sich Faramir in die Schildmaid Eowyn. Nach dem Krieg vermählten sich beide, und Faramir wurde Truchseß von Gondor und Fürst von Ithilien. Er starb im Jahre 82 des Vierten Zeitalters.

Feanor – Elbenfürst von Eldamar. Feanor, der Schöpfer der Silmaril, war der Sohn des Hochkönigs der Noldor Finwe und seiner Gemahlin Míriel. Bei seiner Geburt Curufinwe geheißen, wurde er später Feanor genannt, was „Feuergeist" bedeutet. In Eldamar heiratete er Nerdanel, die ihm sieben Söhne gebar. Feanor schuf die Elbengemmen, jene Zauberkristalle, die mit dem Licht der Sterne erfüllt waren, sowie die Palantíri, die „Sehenden Steine". Sein Hauptwerk waren jedoch die Silmaril – die drei Gemmen, in denen das lebende Licht der Bäume der Valar eingefangen war. Diese schönsten Edelsteine der Welt wurden für Feanor und sein Volk zu einem Fluch. Denn nachdem Melkor die Bäume des Lichts zerstört hatte, ermordete er Feanors Vater, stahl die Silmaril und floh nach Mittelerde. Feanor scharte die Noldor um sich, um Melkor zu verfolgen, den er jetzt Morgoth nannte, den „Dunklen Feind". Als die Noldor in Beleriand eintrafen, stellte sich ihnen Morgoth in der zehn Tage dauernden Schlacht unter den Sternen entgegen. Sein mächtiges Orkheer wurde jedoch geschlagen. Feanor, der sich unbesonnen von seiner Truppe trennte, um allein die Orks zu verfolgen, wurde von Balrogs eingeschlossen und von Gothmog, ihrem Herrn und Heermeister von Angband, getötet.

Felaróf – Stammvater der Mearas. Im 26. Jahrhundert des Dritten Zeitalters der Sonne wurde Léod, der Herrscher der Eothéod, bei dem Versuch getötet, ein wildes Pferd namens „Mannsfluch" zu zähmen. Es blieb seinem Sohn, Eorl dem Jungen, überlassen, sein Werk fortzusetzen; doch das Pferd fügte sich widerstandslos seinem Willen. Eorl nannte es Felaróf, den „Vater der Pferde", denn von ihm stammten die silbergrauen, mit Zauberkräften begabten Mearas ab. Die Eothéod wurden fortan die Rohirrim genannt, die „Pferdeherren", und das Banner von Rohan zeigt die weiße Gestalt Felarófs auf grünem Grund. Felaróf und seine Nachkommen konnten nicht sprechen, doch verstanden sie die Sprache der Menschen und ließen sich ohne Sattel und Zaumzeug reiten. Felaróf trug Eorl in vielen siegreichen Schlachten, aber im Jahre 2545 wurden beide bei einem Kampf mit den Ostlingen getötet. Sie wurden gemeinsam unter einem Hügel im Ödland von Rohan bestattet.

Fíli – Zwerg Thorins und seiner Gefährten. Im Jahre 2941 des Dritten Zeitalters beteiligte sich Fíli an der Suche nach dem Schatz von Erebor, die mit dem Tod des Goldenen Drachen Smaug und der Wiedererrichtung des Zwergenreiches unter dem Berg endete. Fíli wurde im Jahre 2859 als Sohn Dís, der Schwester Thorin Eichenschilds, geboren. Zusammen mit seinem Bruder Kíli wurde Fíli in der Schlacht der Fünf Heere bei dem Versuch getötet, Thorin zu schützen.

Finarfin – Elbenkönig von Eldamar. Finarfin, der dritte Sohn Finwes, des Hochkönigs der Noldor, entstammte wie sein Bruder Fingolfin der Verbindung Finwes mit dessen zweiter Frau Indis. Feanor war ihr älterer Halbbruder. Finarfin vermählte sich mit Earwin, der Fürstin von Alqualonde, und zeugte mit ihr fünf Kinder – Finrod, Orodreth, Angrod, Aegnor und Galadriel. Nach dem Raub der Silmaril und der Ermordung seines Vaters schloß sich Finarfin seinen Brüdern bei der Verfolgung Morgoths an. Als Feanor jedoch Alqualonde überfiel und viele Teleri-Elben erschlug, um ihre Schiffe zur Überfahrt nach Mittelerde in seinen Besitz zu bringen, weigerte sich Finarfin, den Rachefeldzug fortzusetzen. Er zog sich nach Tirion zurück und herrschte als Hochkönig über jene Noldor, die in Eldamar geblieben waren. Gegen Ende des Ersten Zeitalters der Sonne führte Finarfin das Heer der Noldor im Krieg des Zorns an. Danach kehrte er nach Eldamar zurück, um bis zum Ende seiner Tage sein Volk weise und gerecht zu regieren.

Finduilas – Dúnedain-Fürstin von Dol Amroth. Finduilas war die Gemahlin Denethors II., des Herrschenden Truchsesses von Gondor. Im Jahre 2950 des Dritten Zeitalters als Tochter Adrahils, des Fürsten von Dol Amroth geboren, gebar Finduilas ihrem Gatten zwei Söhne, Boromir und Faramir. Nach zwölfjähiger Ehe entfremdete sie sich jedoch ihrem zu Schwermut neigendem Gemahl und verzehrte sich vor Sehnsucht nach ihrer Heimat. Sie starb im Jahre 2988.

Finduilas von Dol Amroth war zweifellos nach der gleichnamigen Elbenfürstin benannt, die im Ersten Zeitalter der Sonne lebte. Diese Finduilas liebte zunächst Gwindor, einen Elbenherrscher von Nargothrond, und dann Túrin, einen Helden der Edain. Nach der Zerstörung von Nargothrond im Jahre 496 des Ersten Zeitalters wurde Finduilas von Orks gefangengenommen und verschleppt. Als ein Heer von Haladin ihr zur Rettung kommen wollte, töteten die Orks sie an den Teiglin-Stegen und spießten ihren Leichnam mit einem Speer an einen Baum.

Fingolfin – Elbenkönig von Beleriand. Fingolfin war der zweite Sohn Finwes, des Hochkönigs der Noldor. Seine Brüder waren Feanor und Finarfin. Er hatte drei Kinder – Fingon, Turgon und Aradhel. Widerstrebend schloß sich Fingolfin Feanor bei der Verfolgung Morgoths nach dem Raub der Silmaril an. Als Feanor jedoch die Elbenschiffe von Alqualonde durch Mord und Totschlag in seinen Besitz brachte, führte Fingolfin sein Volk nach Norden über die Helcaraxe, die „Malmeis"-Brücke, nach Mittelerde. Als er Fuß auf festes Land setzte, stieg der erste Mond auf, und Morgoths Horden suchten die Flucht. Nach der Schlacht unter den Sternen und Feanors Tod wurde Fingolfin Hochkönig der Noldor auf Mittelerde. Er ließ sich in Hithlum nieder, und es gelang ihm, Morgoths Streitkräfte bis zur Schlacht des Jähen Feuers im Jahre 455 des Ersten Zeitalters in Angband zu binden. Als er die Zerstörungen sah, die diese Schlacht angerichtet hatte, wurde Fingolfin so von Zorn und Verzweiflung erfüllt, daß er vor das Tor von Angband ritt und Morgoth zum Zweikampf herausforderte. Mit seinem Schwert Ringil schlug er Morgoth sieben schreckliche Wunden, bevor dieser ihn tötete. Sein Körper wurde von Thorondor, dem Großen Adler, fortgetragen, und Fingolfin fand in den Umzingelnden Bergen seine letzte Ruhestätte.

Fingon – Elbenkönig von Beleriand. Fingon, als Sohn Fingolfins in Eldamar geboren, gehörte zu den Noldor, die Morgoth nach dem Raub der Silmaril nach Mittelerde verfolgten. Dort beanspruchte er das Königreich Dor-lómin in Beleriand und beteiligte sich am Juwelenkrieg. Mit Hilfe des Großen Adlers Thorondor rettete er den an den Berg von Angband geketteten Maedhros, einen der Söhne Feanors, und er war der erste, der mit dem Drachen Glaurung kämpfte. Nach dem Tode seines Vaters im Jahre 455 des Ersten Zeitalters wurde Fingon Hochkönig der Noldor. Seine Herrschaft währte jedoch nur achtzehn Jahre, denn in der Schlacht der Ungezählten Tränen wurde er im Jahre 473 von Balrogs erschlagen. Nach einer Zwischenherrschaft seines Bruders Turgon folgte ihm sein Sohn Gil-galad auf dem Thron.

Finrod Felagund – Elbenkönig von Nargothrond. In den Zeitaltern der Sterne als Sohn des Noldorfürsten Finarfin in Eldamar geboren, vermählte sich Finrod mit der Vanyarin-Elbin Amarië. Finrod gehörte zu den Noldor, die – wenn auch widerstrebend – Morgoth nach dem Raub der Silmaril nach Mittelerde verfolgten. In Beleriand errichtete Finrod den Turm Minas Tirith auf Tol Sirion, entdeckte aber später ein System verborgener Höhlen am Flusse Narog und baute sie zur Festung Nargothrond aus. Danach wurde er Finrod Felagund genannt, der „Meister der Höhlen". Als Herrscher über das größte Noldor-Reich auf Mittelerde war Finrod der erste, der sich mit den sterblichen Menschen anfreundete. In der schrecklichen Schlacht des Jähen Feuers im Jahre 455 des Ersten Zeitalters wurde Finrod durch Barahir, einen der Edain, vor dem sicheren Tode gerettet. Als Barahirs Sohn Beren nach Nargothrond kam und ihn bei der Suche nach dem Silmaril um Hilfe bat, fühlte sich Finrod daher verpflichtet, seiner Bitte nachzukommen. Bei dem Versuch, den Elbenturm auf Tol Sirion, den er selbst errichtet hatte, von den Werwölfen zu befreien, die ihn inzwischen besetzt hielten, forderte er Sauron zu einem mit Zaubermitteln ausgetragenen Wettstreit heraus, in dem er unterlag. Finrod wurde gefangengenommen und in die Kerker des Turmes geworfen. Als er versuchte, Beren zu verteidigen, wurde er von einem Werwolf getötet.

FRODO BEUTLIN

Finwe – Elbenkönig von Eldamar. Finwe war der erste Hochkönig der Noldor-Elben. Er wurde von den Valar auserwählt, sein Volk in die Unsterblichen Lande zu führen. In Eldamar ließ sich Finwe in der Stadt Tirion nieder und herrschte von hier über die Noldor. Er war zweimal verheiratet. Seine erste Frau war Muriel, die Mutter Feanors, des Schöpfers der Silmaril. Seine zweite Frau war Indris, die Mutter Fingolfins und Finarfins. Als Valinor in Dunkelheit fiel, wurde Finwe bei der Verteidigung der Silmaril von Melkor getötet.

Flinkbaum – Ent des Fangorn-Waldes. Flinkbaum war ein Wächter der Ebereschen, denen er nach Art der Ents im Aussehen ähnelte. Im Ringkrieg bewirtete er die Hobbits Meriadoc Brandybock und Peregrin Tuk. Sein elbischer Name war Bregalad, was ebenfalls soviel wie „Flinkbaum" bedeutet, denn nach den Maßstäben seines Volkes war er ungewöhnlich schnell. Er gehörte zu den jüngsten Ents auf Mittelerde. Er hatte graugrüne Haare, rote Lippen und eine hohe Stimme. Flinkbaum war maßgeblich an der Zerstörung von Isengart beteiligt.

Frodo Beutlin – Hobbit des Auenlandes und Ringträger. Frodo wurde im Jahr 2968 des Dritten Zeitalters als Sohn Drogo Beutlins und Primula Brandybocks geboren. Früh verwaist, wurde er von seinem Vetter Bilbo Beutlin von Beutelsend an Kindes Statt angenommen. Frodo war für einen Hobbit ungewöhnlich abenteuerlustig und bemerkenswert gebildet. Er schrieb Lieder und beschäftigte sich mit den Sagen und der Sprache der Elben. Als Bilbo im Jahre 3001 das Auenland verließ, hinterließ er Frodo Beutelsend und den Einen Ring. Im Jahre 3018 kam Gandalf der Zauberer wieder in das Auenland und brach mit Frodo nach Bruchtal auf, wo die Gemeinschaft des Ringes gebildet wurde. Frodo erhielt den Auftrag, den Einen Ring zu vernichten, und überstand alle Gefahren, die mit dieser Aufgabe verbunden waren. Als der Ring in den Feuern des Schicksalsbergs verglüht und damit der Ringkrieg beendet war, kehrte Frodo nach Beutelsend zurück. Aber die schrecklichen Erfahrungen, die er auf seiner Reise gemacht hatte, waren nicht unbemerkt an ihm vorübergegangen. Im Jahre 3021 bestieg er mit den Hütern der Ringe ein Elbenschiff und verließ Mittelerde, um in die Unsterblichen Lande zu segeln.

GANDALF DER WEISSE

G

Galadriel – Elbenkönigin von Lothlórien. Galadriel, eine während der Zeitalter der Sterne in Eldamar geborene Noldor-Fürstin, schloß sich ihren Brüdern bei der Verfolgung Morgoths nach dem Raub der Silmaril an. Großgewachsen und schön wie ihre Mutter Earwin, wurde sie in Eldamar Altariel genannt, die „Herrin des Lichts“. Im Ersten Zeitalter der Sonne lebte sie bei ihrem Bruder Finrod in Nargothrond, bevor sie in das Sindar-Reich Doriath kam, wo sie sich mit der Königin Melian befreundete und den Grau-Elben Celeborn heiratete. Von Beginn des Zweiten Zeitalters an wohnte das Paar mit seinem einzigen Kind, Celebrían, in Lindon; dann zogen sie im 8. Jahrhundert nach Eregion, in das Reich der Elbenschmiede. Später überquerten Galadriel und Celeborn das Nebelgebirge und errichteten ihr eigenes Reich im Goldenen Wald von Lothlórien. Mit Hilfe eines der drei Elbenringe wob Galadriel einen undurchdringlichen Zauber um Lothlórien. Im Ringkrieg genossen die Gefährten des Ringes ihre Gastfreundschaft und erhielten von ihr Zaubergaben. Galadriel wies drei Versuche zurück, Lothlórien zu erobern, und benutzte ihre Macht, um die Wälle von Dol Guldur niederzureißen und den Düsterwald von seinen bösen Geistern zu befreien. Als das Dritte Zeitalter endete, verließ sie Mittelerde und segelte in die Unsterblichen Lande.

Gandalf – Zauberer. In den Unsterblichen Landen war Gandalf ein Maia-

Geist mit dem Namen Olórin, der in den Gärten Lóriens, des Herrn der Träume, lebte und oft Nienna, die Herrin des Mitleids und der Trauer, aufsuchte. Um das Jahr 1000 des Dritten Zeitalters der Sonne wurde er als einer der Istari oder Zauberer auserwählt, nach Mittelerde zu ziehen. Im Westron Gandalf der Graue genannt, hieß er bei den Elben Mithrandir, der „Graue Pilger“, bei den Zwergen Tharkûn und bei den Haradrim Incánus. Seine äußere Erscheinung war die eines bärtigen alten Mannes, der einen langen Mantel, einen spitzen Hut und einen langen Stab trug. Als er in den Grauen Anfurten ankam, erhielt er von Círdan Narya, den „Ring des Feuers“. Zweitausend Jahre hindurch bekämpfte er die stärker werdenden bösen Mächte in Mittelerde. Im Jahre 2941 begann auf seine Veranlassung die Suche nach dem Schatz des Einsamen Berges, die mit dem Tod des Goldenen Drachen Smaug endete. Bei diesem Unternehmen erlangte Gandalf das Schwert Glamdring, während Bilbo Beutlin in den Besitz des Einen Ringes kam. Im Jahre 3018 besuchte Gandalf Frodo Beutlin im Auenland und traf ihn später in Bruchtal wieder, wo er einer der Gefährten des Ringes wurde. Er führte die Gemeinschaft durch viele Gefahren. Dann wurde er auf der Brücke von Khazad-dûm in einen tödlichen Kampf mit einem Balrog verwickelt, bei dem beide – wie es schien – den Tod fanden. Der Geist des Zauberers erstand jedoch wieder als Gandalf der Weiße, der fortan vor jeder Waffe gefeit war. Im Ringkrieg tauchte Gandalf mit seinem Pferd Schattenfell überall auf; er sprach König Théoden in Rohan Mut zu, besiegte Saruman in Isengart und hielt den Hexenkönig an den Toren von Minas Tirith in Schach. Er kämpfte zusammen mit den westlichen Heerführern vor dem Schwarzen Tor von Mordor, während Frodo den Einen Ring vernichtete. Nach dem Krieg war er Zeuge der Wiedervereinigung der beiden Königreiche Arnor und Gondor, bevor er sich im Jahre 3021 mit den Hütern der Ringe auf den Weg in die Unsterblichen Lande machte.

Ghân-buri-Ghân – Wasas-Häuptling von Druadan. Zur Zeit des Ringkrieges war Ghân-buri-Ghân der Führer eines weißhäutigen, pygmäenähnlichen Volkes, Wasas genannt, das den Druadan-Wald bewohnte und den Rohirrim und Dúnedain half, die Belagerung von Gondor zu brechen. Ghân führte die Rohirrim über die versteckten Pfade des Waldes, so daß sie überraschend in

GLAURUNG

die Schlacht auf den Pelennor-Feldern eingreifen konnten. In der Schlacht selber erschlugen Ghâns Krieger zahlreiche Orks, als diese versuchten, in die Wälder zu fliehen. Nach dem Krieg wurde Ghân und seinem Volk rechtmäßig das Druadan-Waldland zugesprochen.

Gil-galad – Elbenkönig von Lindon. Gil-galad wurde im Ersten Zeitalter der Sonne in Hithlum in Beleriand als Sohn des Hochkönigs Fingon geboren. Nach dem Tode seines Vaters im Jahre 473 sah sich Gil-galad – der Name bedeutet „Strahlenstern“ – genötigt, auf die Insel Balar zu fliehen, und wurde nach dem Fall von Gondolin und dem Tod Turgons, seines Onkels, Hochkönig der Noldor. Als Beleriand vom Meer verschlungen wurde, herrschte er in Lindon über die Elben, die den Untergang überlebt hatten. Im Zweiten Zeitalter unterstützte er die Streitkräfte des Westens bei ihrem Krieg gegen Sauron und schloß sich später den Dúnedain im Letzten Bund der Menschen und Elben an. Im Jahre 3434 führte er, bewaffnet mit seinem gefürchteten Speer Aeglos, die vereinten Heere in die Schlacht von Dagorlad. Saurons Truppen wurden zerschlagen, und die Heere des Letzten Bundes belagerten sieben Jahre lang Mordor. Sauron wurde zu einer offenen Auseinandersetzung gezwungen, aber bei diesem letzten Kampf fanden sowohl der Dúnedain-König als auch Gil-galad den Tod.

Gimli – Zwerg von Erebor. Im Jahre 2879 des Dritten Zeitalters in den Blauen Bergen geboren, ließ sich Gimli 2941 nach dem Tode des Goldenen Drachens Smaug in Erebor nieder. Gimlis Vater war Glóin, einer der Zwerge Thorins und seiner Gefährten. Im Jahre 3018 zog Gimli mit seinem Vater nach Bruchtal, wo er in die Gemeinschaft des Ringes aufgenommen wurde. Gimli war einer der wenigen Zwerge, die Freundschaft mit den Elben schlossen. So verehrte er die Elbenkönigin Galadriel und trug immer eine Locke ihres Haares mit sich. Sein engster Freund war der Sindar-Elbe Legolas.

Gimli kämpfte tapfer in der Schlacht von Hornburg, in der Schlacht auf den Pelennor-Feldern und in der Schlacht vor dem Schwarzen Tor von Mordor. Nach Ende des Krieges wurde er Herr der Glitzernden Höhlen in Helms Klamm. Nach dem Tode Aragorns im Jahre 120 des Vierten Zeitalters schloß er sich seinem Freunde Legolas an und segelte mit ihm in einem Elbenschiff in die Unsterblichen Lande.

Glaurung – Drache von Angband. Glaurung der Goldene war der erste und mächtigste der Urulóki genannten feuerspeienden Drachen. Vater der Drachen genannt, tauchte im Jahre 260 des Ersten Zeitalters der Sonne aus den Höhlen von Angband auf, wurde jedoch zurückgetrieben. Er blieb zwei weitere Jahrhunderte in Angband, bevor er in der Schlacht des Jähen Feuers und später – verstärkt durch ein Heer kleinerer Feuerdrachen – in der Schlacht der Ungezählten Tränen wieder in Erscheinung trat. Nur die Zwerge von Belgost

GOLLUM

waren imstande, dieser Brut zu widerstehen. Obgleich es ihn das Leben kostete, verwundete der Zwergenkönig Azaghâl den Goldenen Drachen und zwang ihn, das Schlachtfeld zu verlassen. Im Jahre 496 vernichtete Glaurung die Heere von Nargothrond in Tumhalad und nahm die Große Halle in Besitz. Er sammelte Schätze an, die er eifersüchtig bewachte. Erst im Jahre 501 gelang es dem Helden Túrin Turambar durch List, sein Schwert in den Leib des Drachen zu versenken und das Untier zu töten.

GOLDBEERE

Glóin – Zwerg Thorins und seiner Gefährten. Glóin, der Sohn Gróins, wurde im Jahre 2783 des Dritten Zeitalters geboren. Er kämpfte in der Schlacht von Azanulbizar und diente sowohl König Thrain II. als auch seinem Sohn Thorin Eichenschild. Mit Thorin und seinen Gefährten beteiligte er sich an der Suche nach dem Schatz von Erebor, die mit dem Tode Smaugs des Goldenen und der Wiedererrichtung des Zwergenreiches unter dem Berg endete. Dort lebte er lange als angesehener und reicher Bürger. Im Jahre 3018 reiste er mit seinem Sohn Gimli nach Bruchtal, wo dieser in die Gemeinschaft des Ringes aufgenommen wurde, während Glóin nach Erebor zurückkehrte. Im Ringkrieg verteidigte er Erebor gegen die Mächte des Bösen. Er starb im Jahre 15 des Vierten Zeitalters.

Glorfindel – Elbenherrscher von Bruchtal. Zur Zeit des Ringkrieges stand Glorfindel im Rang nur dem Halb-Elben Elrond in Bruchtal nach. Im Jahre 3018 begegnete er dem Ringträger Frodo auf seinem Weg nach Bruchtal und wagte es, auf seinem weißen Pferd Asfaloth den Ringgeistern an der Bruinenfurt entgegenzutreten. Seine Ursprünge liegen im Dunkel, aber es ist überliefert, daß Elbenkrieger unter seinem Befehl in der Schlacht von Fornost kämpften, die im Jahre 1975 des Dritten Zeitalters den Untergang des Reiches des Hexenkönigs von Angmar herbeiführte. Zusammen mit den anderen Elben zog er Anfang des Vierten Zeitalters in die Unsterblichen Lande.

Glorfindel wurde vermutlich nach dem legendären Heerführer benannt, der König Turgons Truppen in der Schlacht der Ungezählten Tränen befehligte. Dieser Glorfindel errang seinen größten Ruhm nach den Untergang von Gondolin im Jahre 511 des Ersten Zeitalters. Von Morgoths Streitkräften angegriffen, kämpfte Glorfindel mit einem mächtigen Balrog, wobei beide den Tod fanden.

Goldbeere – Flußtochter des Alten Waldes. Goldbeere war die Tochter der Flußfrau der Weidenwinde und Gemahlin Tom Bombadils. Sie hatte goldene Haare und zeichnete sich durch ungewöhnliche Schönheit aus. Über ihren Ursprung ist wenig bekannt; als gesichert gilt nur, daß sie ein Naturgeist – vielleicht eine Maia – war und sich wie Tom Bombadil der natürlichen Welt der Wälder und Flüsse annahm.

Im Ringkrieg fanden die Hobbits bei Bombadil und Goldbeere Zuflucht. Leuchtend in ihrer Schönheit wie eine Elbenkönigin, trug Goldbeere silberne und goldene Gewänder und Blumen im Haar. Ihre Schuhe schimmerten wie Fischschuppen, und ihr Gesang wurde mit dem der Vögel verglichen.

Gollum – Unhold und ehemaliger Hobbit. Gollum, in den Schwertelfeldern im Tal des Anduin geboren, war einst ein Hobbit aus dem Volk der Starren und trug den Namen Sméa-

Der Balrog Gothmog

gol. Im Jahre 2463 des Dritten Zeitalters fand sein Vetter Déagol beim Fischen den Einen Ring und wurde deswegen von Sméagol ermordet. Die Macht des Ringes verlängerte Sméagols Leben, doch entstellte sie ihn so, daß er nicht wiederzuerkennen war. Danach wurde er wegen der häßlichen, gutturalen Geräusche, die er beim Sprechen ausstieß, Gollum genannt. Er scheute das Licht und lebte in dunklen Tümpeln tief unter der Erde, wo er sich von Aas ernährte. Seine Haut wurde im Laufe der Zeit haarlos, schwarz und glitschig und sein Körper dünn und mager. Sein Kopf ähnelte einem Totenschädel, und seine Augen traten froschartig hervor. Seine Zähne wurden lang wie die Fänge der Orks, und seine Hobbit-Füße bildeten Schwimmhäute aus und wurden flach. Fast fünf Jahrhunderte hindurch lebte Gollum in einer Höhle unter dem Nebelgebirge.

Im Jahre 2941 besuchte der Hobbit Bilbo Beutlin unglücklicherweise die Höhle und entwendete Gollum den Einen Ring. Im Jahre 3019 gelang es Gollum endlich, Frodo Beutlin als den neuen Ringträger ausfindig zu machen, doch versuchte er vergeblich, sich wieder in den Besitz des Ringes zu bringen. Erst als die Macht dieses Ringes selbst Frodo zu überwältigen drohte, griff Gollum ihn am Rande der Schicksalsklüfte an und biß den Ring von Frodos Finger. Doch im Augenblick seines höchsten Triumphes fiel er mit seiner kostbaren Beute rückwärts in den feurigen Schlund des Vulkans und wurde von ihm verschlungen.

Gorbag – Uruk-hai von Minas Morgul. Im Ringkrieg war Gorbag der Hauptmann einer Schar von Morgul-Orks, die mit einer anderen Schar von Orks um den Besitz des aus Mithril geschmiedeten Kettenhemdes Frodo Beutlins kämpften. Die andere, von dem Uruk-hai Schagrat angeführte Schar erwies sich als stärker, und Gorbag wurde getötet.

Gothmog – Balrog von Angband. Gothmog, der Herr der Balrogs und mächtigster Diener Morgoths, war ursprünglich ein Feuergeist der Maiar. Als Morgoth sich gegen die Valar erhob und gegen sie und die Elben Krieg führte, schloß Gothmog sich ihm zusammen mit anderen Balrogs an. Auf Befehl seines Herrn erschlug er den Hochkönig Feanor vor den Toren von Angband. In den Kriegen von Beleriand richtete er mit seiner Feuerpeitsche und schwarzen Axt schreckliche Verwüstungen an. In der Schlacht der Ungezählten Tränen tötete er Fingon und nahm Húrin gefangen. Im Jahre 511 des Ersten Zeitalters führte er die Mächte der Finsternis erfolgreich gegen Gondolin. Als Anführer der Balrogs, der Orks und der Drachen und umgeben von einer Schar von Trollen, überwältigte Gothmog die Verteidiger des letzten Noldor-Reiches. Bei der Einnahme der Stadt wurde er von Ecthelion, dem Heerführer von Gondolin, erschlagen, der dabei selbst den Tod fand.

Grischnákh – Ork von Mordor. Zur Zeit des Ringkriegs war Grischnákh der Hauptmann der Horde, die die Gefährten des Ringes angriff und Boromir tötete. Grischnákh nahm dann Meriadoc Brandybock und Peregrin Tuk gefangen, von denen er glaubte, daß sie ihn zum Einen Ring führen würden, dessen Besitz er selbst begehrte. Doch am gleichen Abend wurde das Ork-Lager von den Rohirrim überfallen, die Grischnákh erschlugen und die Hobbits entkommen ließen.

Gwaihir – Adler des Nebelgebirges, Herr der Winde. Gegen Ende des Dritten Zeitalters der Sonne war

Der Wolfshund Huan

Gwaihir der größte und mächtigste Adler seiner Zeit, König aller Vögel und ein Freund der Elben und Zauberer, seit Gandalf ihn von einer durch eine giftige Waffe empfangenen Wunde geheilt hatte. Bei der Suche nach dem Schatz von Erebor im Jahre 2941 retteten Gwaihir und seine Adler Thorin und seine Gefährten vor den Orks. In der Schlacht der Fünf Heere trugen Gwaihir und seine Adler entscheidend zum glücklichen Ausgang des Kampfes bei. Im Ringkrieg befreite Gwaihir Gandalf aus Isengart und brachte ihn in Sicherheit, als er später nach seinem Kampf mit dem Balrog verletzt auf dem Gipfel Zirak-zigil lag.

In der letzten Schlacht des Ringkrieges vor dem Schwarzen Tor von Mordor führten Gwaihir und sein Bruder Landroval die Adler des Nordens gegen die Ringgeister, ehe sie zum Schicksalsberg flogen, um Frodo Beutlin und Samweis Gamdschie zu retten.

H

Helm Hammerhand – Nordmensch, König von Rohan. Im Jahre 2691 des Dritten Zeitalters geboren, wurde Helm Hammerhand im Jahre 2741 der neunte König von Rohan. Im siebzehnten Jahr seiner Herrschaft fielen die Dunländer in sein Reich ein. Nach der Niederlage der Rohirrim an der Isenfurt im Jahre 2758 zog sich Helm mit seinem Heer in die Festung Hornburg zurück. Im Langen Winter griff er häufig die ihn belagernden Dunländer nachts an, indem er allein durch den Schnee stapfte und seine Feinde mit bloßen Händen erschlug. Bei einem dieser Überfälle fand er durch Erfrieren den Tod. Helms Klamm, Helms Deich und Helms Tor sind nach ihm benannt.

Hexenkönig – Nazgûl-Herrscher der Ringgeister. Der Hexenkönig war ursprünglich ein Zauberer, der im Zweiten Zeitalter den ersten der Neun Ringe vom Herrn der Ringe erhielt. So wurde er zum Herrscher der Ringgeister. Er befehligte im Zweiten Zeitalter die Heere Saurons in allen Kriegen, die dieser führte, doch nach dem Niedergang Saurons und dem Verlust des Einen Ringes wurde er in das Reich der Schatten verbannt. Da der Eine Ring jedoch nicht zerstört worden war, rief ihn Sauron nach tausend Jahren aus der Dunkelheit zurück. Im Jahre 1300 des Dritten Zeitalters trat er in Gestalt des Hexenkönigs von Angmar wieder in Erscheinung. Fast sieben Jahrhunderte hindurch überzog er das Nördliche Königreich von Arnor mit Krieg, bis es ihm gelang, im Jahre 1974 die letzte Festung in Arthedain zu Fall zu bringen. Im nächsten Jahr wurde sein eigenes Heer in der Schlacht von Fornost aufgerieben. Nachdem er das Nördliche Königreich der Dúnedain zerstört hatte, wandte er sich im Jahre 2000 dem Südlichen Reich von Gondor zu. Er griff Minas Ithil an und nahm es ein, um es in Minas Morgul umzubenennen. Als Hexenkönig von Morgul kämpfte er tausend Jahre lang gegen die Menschen von Gondor. Im Jahre 3018 führte er, als einer der Schwarzen Reiter, die anderen Ringgeister auf der Suche nach dem Einen Ring ins Auenland. Auf der Wetterspitze verwundete er den Ringträger und verfolgte ihn bis zu den Furten von Bruchtal. Im Jahre 3019 griff der Hexenkönig mit seinem gewaltigen Morgul- und Haradrim-Heer den Weißen Turm an. In der Schlacht auf den Pelennor-Feldern erschlug er König Théoden, fand dabei aber – in Erfüllung einer seltsamen Weissagung, daß er von keines Mannes Hand getötet werden könne – selbst den Tod durch die Schildmaid Eowyn und den mit einem Elbenschwert bewaffneten Hobbit Meriadoc Brandybock.

IMRAHIL

Huan – Wolfshund der Valar. Orome der Jäger schenkte Huan dem Elbenfürsten Celegorm. Mit seinem neuen Herrn zog der Wolfshund nach Beleriand, wo er – aus Liebe zu der Elbenfürstin Lúthien – eine entscheidende Rolle bei der Suche nach dem Silmaril spielte. Huan tötete nacheinander die Werwölfe von Tol Sirian samt ihres mächtigen Herrn Draugluin und bezwang selbst Sauron, der sich in einen Wolf verwandelt hatte. Schließlich stellte er Carcharoth, den von Morgoth in den Höhlen von Angband eigenhändig aufgezogenen größten und stärksten Wolf aller Zeiten. In dem legendären Kampf der beiden Bestien obsiegte

Huan, wurde aber durch die giftigen Fänge Carcharoths tödlich verwundet.

Húrin – Edain-Herrscher von Dorthonion. Gegen Mitte des 4. Jahrhunderts des Ersten Zeitalters als Sohn Galdors, des Herrschers der Edain, geboren, vermählte sich Húrin mit Morwen, einer Fürstin des Ersten Hauses der Edain, die ihm drei Kinder schenkte – Túrin, Lalaith und Nienor. Im Jahre 462 wurde Húrins Vater vor der Elbenfestung Barad Eithel getötet. Elf Jahre später fand Húrins Bruder Huor zusammen mit allen Edain der Nachhut in der Schlacht der Ungezählten Tränen den Tod. In dieser Schlacht gelang es Húrin, siebzig Trolle zu erschlagen, bevor er selbst gefangengenommen und nach Angband verschleppt wurde. Nach grausamen Foltern wurde er dort achtundzwanzig Jahre hindurch auf Thangorodrim festgehalten. Ein Jahr nach dem Tode seines Sohnes half Húrin unwissentlich Morgoth, die Lage von Gondolin herauszufinden. Ein Fluch lag fortan auf seinem Leben. So fand er seine Gattin erst am Tag ihres Todes wieder. Húrin zog dann nach Nargothrond, wo er den Kleinzwerg Mîm erschlug. Mit dem Halsband Nauglamír trat er in Menegroth vor Thingols Thron. Die Maia Melian heilte ihn von den Verwirrungen des Geistes, die er duch Morgoth erlitten hatte, bevor er im Jahre 503 den Königshof verließ, um zu sterben.

I

Ilmare – Maia-Dienerin Vardas. Ilmare wird vor allem von den Elben unter allen weiblichen Maiar am meisten geliebt. Als Dienerin der Himmelskönigin Varda ist sie der Schutzgeist der Sterne.

Imrahil – Dúnedain-Herrscher von Dol Amroth. Sowohl von Elben als auch von Dúnedain abstammend, zeichnete sich Imrahil in der Schlacht auf den Pelennor-Feldern aus und übernahm vorübergehend nach dem Tode Denethors II. die Herrschaft über den Weißen Turm von Gondor. Als einer der Heerführer des Westens kämpfte er vor dem Schwarzen Tor von Mordor. Seine Tochter Lothíriel heiratete Eomer, den König von Rohan.

Ingwe – Elbenkönig von Eldamar. Ingwe war der Hochkönig der Vanyar, des ersten Elbengeschlechts, das die Reise in die Unsterblichen Lande unternahm. Die Vanyar waren auch die ersten, die sich – später gefolgt von den Noldor und den Teleri – in Eldamar niederließen. Von allen Elben standen sie dem Herzen Manwes am nächsten, und so führte Ingwe sein Volk später nach Valinor, wo es sich am Fuße des Heiligen Berges Taniquetil ansiedelte.

Isildur – Dúnedain-König von Gondor. Im Jahre 3319 des Zweiten Zeitalters entging Isildur mit seinem Bruder Anárion und seinem Vater Elendil dem Untergang Númenors. Auf Mittelerde errichteten Isildur und Anárion die Stadtfestungen Pelargir, Minas Ithil, Minas Anor und Osgiliath im Süden und herrschten gemeinsam als Könige von Gondor. Als Fürst von Ithilien lebte Isildur in Minas Ithil, bis Sauron die Stadt im Jahre 3429 einnahm. Er floh in das Nördliche Königreich seines Vaters und überließ es seinem Bruder, das restliche Gondor zu verteidigen. Mit den Heeren des Letzten Bundes zwischen Elben und Menschen kehrte er 3434 zurück und vernichtete Saurons Armee in der Schlacht von Dagorlad. Sowohl sein Vater als auch sein Bruder starben bei dieser Auseinandersetzung. Im Jahre 3441 gelang es Isildur, Sauron selbst zu überwältigen und ihm den Einen Ring vom Finger zu schneiden. Nach diesem Sieg erlag Isildur der Macht des Ringes und weigerte sich, ihn zu zerstören. Zwei Jahre später geriet er auf den Schwertelfeldern in einen Hinterhalt einer Horde von Orks. Er versuchte zu entkommen, indem er die Kraft des Ringes benutzte, um sich unsichtbar zu machen. Als er durch einen Fluß schwamm, glitt jedoch der Ring von seinem Finger ins Wasser, und die Orks töteten ihn.

K

Kankra – Riesenspinne von Cirith Ungol. Kankra war die größte und stärkste der Spinnen, die den Untergang Beleriands überlebt hatten. Im Zweiten und Dritten Zeitalter bewohnte sie mit ihrer Brut die Berge von Mordor und die schwer zugänglichen Gebiete des Düsterwaldes. Gegen Ende des Dritten Zeitalters zog sie sich nach Cirith Ungol zurück, wo sie sich von jedem ernährte, der es wagte, über diesen Paß nach Mordor einzudringen. Im Jahre 3000 ging ihr Gollum ins Netz, den sie jedoch auf sein Versprechen, ihr weitere Opfer zu bringen, wieder freiließ. Im Jahre 3019 führte Gollum ihr die Hobbits Frodo Beutling und Samweis Gamdschie zu. Kankra lähmte den Ringträger Frodo durch einen Biß, um ihn später zu verzehren. Doch Samweis blendete die Spinne mit dem Licht der Phiole Galadriels und verwundete sie dann so schwer mit einer von Elben gehärteten Klinge, daß sie in ihre Höhle zurückkroch, um zu sterben.

Khamûl – Nazgûl oder Ringgeist. Khamûl war ein König der Ostlinge, der im Zweiten Zeitalter der Sonne unter Saurons Einfluß geriet und von ihm einen der Neun Ringe der Sterblichen erhielt. Gelegentlich der Schwarze Ostling oder Schatten des Ostens genannt, stand Khamûl nur dem Hexenkönig an Rang nach. Er kämpfte für Sauron, bis der Herr der Ringe am Ende des Zweiten Zeitalters überwältigt wurde. Im Dritten Zeitalter scheint Khamûl als Saurons Stellvertreter seit etwa 1100 im Düsterwald geherrscht zu haben. Als gesichert kann gelten, daß er nach 2951 Herr von Dol Guldur war. Zur Zeit des Ringkrieges war Khamûl einer der Schwarzen Reiter, die in Hobbingen eindrangen und Frodo Beutlin verfolgten. Im Ringkrieg

Die Elbenfürstin Lúthien

selbst verbreiteten die Nazgûl überall Angst und Schrecken. Nach der Niederlage des Hexenkönigs in der Schlacht auf den Pelennor-Feldern wurde Khamûl der Herr der Ringgeister. Er gehörte zu den acht Nazgûl, die auf Geflügelten Untieren in die Schlacht vor dem Schwarzen Tor eingriffen. Doch mit der Vernichtung des Einen Ringes in den Feuern des Schicksalsberges endete Saurons Reich für immer, und Khamûl wurde mit den anderen Ringgeistern in die Dunkelheit verbannt.

Kíli – Zwerg Thorins und seiner Gefährten. Kíli beteiligte sich im Jahre 3019 des Dritten Zeitalters an der Suche nach dem Schatz von Erebor, die mit dem Tode des Drachen Smaug und der Wiederrichtung des Zwergenreiches unter dem Berg endete. Als Sohn von Dís, der Schwester Thorins, war er seinem Onkel sehr ergeben, dessen Leben er in der Schlacht der Fünf Heere verteidigte. Wie sein Bruder Fíli fand er dabei den Tod.

L

Landroval – Adler des Nebelgebirges. Landroval war der Bruder Gwaihirs, des Herrn der Winde. Beide zählten zu den größten und mächtigsten Adlern des Dritten Zeitalters und kamen häufig den Freien Völkern in ihrem Kampf gegen die bösen Mächte Saurons zu Hilfe. Landroval begleitete seinen Bruder auf vielen Abenteuern und beteiligte sich wie er an der Schlacht der Fünf Heere und der Schlacht vor dem Schwarzen Tor von Mordor. Nach der Zerstörung des Einen Ringes flogen Landroval und Gwaihir zum Schicksalsberg und retteten die Hobbits Frodo Beutlin und Samweis Gamdschie.

Legolas – Elbenfürst des Waldland-Reiches. Legolas – der Name bedeutet „Grünes Blatt" – war der Sohn Thranduils, des Sindar-Elbenkönigs des Waldland-Reiches im Nordteil des Düsterwaldes. Im Jahre 3019 des Dritten Zeitalters der Sonne trat Legolas der Gemeinschaft des Ringes bei und bestand viele Abenteuer. Nach dem Tode Boromirs und der Auflösung der Gemeinschaft schloß sich Legolas dem Zwergen Gimli und Aragorn an und kämpfte mit ihnen in der Schlacht von Hornburg. Die drei ritten über die Pfade der Toten, um die Corsarenschiffe bei Pelargir zu kapern und mit ihnen in die Schlacht auf den Pelennor-Feldern zu segeln. Nach dem Krieg gründete Legolas eine Kolonie von Waldland-Elben in Ithilien. Als Aragorn im Jahre 120 des Vierten Zeitalters starb, schiffte sich Legolas zusammen mit seinem Zwergenfreund Gimli in den Grauen Anfurten ein, um in die Unsterblichen Lande zu ziehen.

Lockenblatt – Ent des Fangorn-Waldes. Lockenblatt war der Westron-Name eines der drei ältesten zur Zeit des Ringkrieges noch auf Mittelerde lebenden Ents. Die Elben nannten ihn Finglas. Gegen Ende des Dritten Zeitalters bewegte sich Lockenblatt kaum noch von der Stelle, da er sehr träge und „baumig" geworden war.

Lórien – Vala, der Herr der Träume. Lóriens Name bedeutet „Traumland" und bezeichnet auch das Reich, in dem er lebt – die goldenen Gärten in den Unsterblichen Landen, welche die Valar, Maiar und Eldar aufsuchen, um sich zu erholen. Lórien, auch unter dem Namen Irmo bekannt, ist der Spender der Visionen und Träume. In der Mitte seiner Gärten liegt der See von Lórellin, und in der Mitte dieses Sees befindet sich die Insel seiner Gemahlin Este, der Heilerin. Sein Bruder ist Mandos, der Herr des Schicksals, und seine Schwester Nienna, die Klagerin.

Lúthien – Elbenfürstin von Doriath. Lúthien war die Tochter des Grau-Elbenkönigs Thingol und der Maia Melian. In den Zeitaltern der Sterne geboren, galt sie als die schönste Jungfrau, die die Welt je gesehen hatte. Im Jahre 465 des Ersten Zeitalters der Sonne begegnete sie dem sterbli-

MANWE

Melkor oder Morgoth der Dunkle Feind

chen Edain-Helden Beren, und beide verliebten sich ineinander. König Thingol billigte die Verbindung jedoch nicht und stellte Beren vor eine offensichtlich unmöglich zu lösende Aufgabe – die Suche nach dem Silmaril. Trotz vieler Gefahren beteiligte sich Lúthien an dieser Suche. Mit Huan, dem Wolfshund der Valar, überwand sie Sauron auf der Insel der Werwölfe und befreite Beren, der durch widrige Umstände in seine Gefangenschaft geraten war, aus dem Kerker. Sie zog dann mit ihm nach Angband, wo sie es ihrem Geliebten durch einen Zauberspruch ermöglichte, den Silmaril aus der eisernen Krone Morgoths zu schneiden. Obwohl Beren damit die Bedingung Thingols erfüllt hatte, kostete es ihn das Leben. Lúthien überließ sich daraufhin so hemmungslos ihrer Trauer, daß sie dahinsiechte und starb. Als sie jedoch vor Manwe, dem Herrn der Toten, stand, wurde er durch ihr Klagelied so gerührt, daß er dem Paar ein zweites, sterbliches Leben schenkte. Endlich wieder mit Beren vereint, gebar sie ihm Dior, ihr einziges Kind. Beren und Lúthien lebten noch vierzig Jahre zusammen in Ossiriand, bevor sie zum zweiten Mal – und diesmal unwiderruflich – starben.

MERIADOC BRANDYBOCK

M

Mandos – Vala, Herr des Schicksals. Mandos ist der Name des Hauses der Toten an der Westküste von Valinor vor den Wällen der Nacht und die übliche Bezeichnung für den Wächter dieses Hauses, dessen eigentlicher Name freilich Námo ist. Er richtet unerbittlich über die Toten, und nur einmal – als Lúthien vor ihm sang – ließ er sich bei seinem Urteilsspruch von Mitleid leiten. Seine Gattin ist Vaire, die Weberin, sein Bruder Lórien, der Herr der Träume, und seine Schwester Nienna, die Klagerin.

Manwe – Vala, König von Arda. Manwe Sulímo ist der Höchste der Valar, und zusammen mit seiner Gemahlin Varda, der Himmelskönigin, herrscht er von seinem Palast Ilmarin auf dem Gipfel des Taniquetil, des höchsten Berges, über die Welt. Manwe, dessen Name „das Gute" bedeutet, wird oft auch als Herr der Winde bezeichnet, denn seine Elemente sind die klare Luft, der Wind und die Wolken. Die Adler und alle anderen Vögel sind ihm heilig. Seine Augen und seine Gewänder sind blau, und sein Zepter ist aus Saphiren gemacht. Manwe sieht alles unter dem Himmel, und er ist der Atem, der alle Geschöpfe auf der Welt beseelt. Die Vanyar-Elben stehen seinem Herzen am nächsten, da er nichts so liebt wie die Dichtung, in der sie Meister sind.

Melian – Maia-Königin von Doriath. In Valinor war Melian eine Maia, die die blühenden Bäume im Traumland von Lórien hütete und den Valar-Königinnen Vána, der Ewigjungen, und Este, der Heilerin, diente. In den Zeitaltern der Sterne zog sie jedoch nach Beleriand auf Mittelerde und verliebte sich in Elwe Singollo, den Hochkönig der Teleri. Gemeinsam gründeten Melian und Thingol (wie Elwe dann genannt wurde) das Königreich von Doriath und errichteten Menegroth, wo sie – vor der Welt geschützt durch einen mächtigen Zauber, den „Gürtel Melians" – über die Grau-Elben herrschten. Melian und Thingol hatten nur eine Tochter, die unvergleichlich schöne Lúthien. In allen Zeitaltern der Sterne und mehrere Jahrhunderte des Ersten Zeitalters der Sonne hindurch schützte Melians Zauber Doriath vor äußeren Einflüssen, doch im Juwelenkrieg fanden böse Mächte Einlaß in das Sindar-Reich. Als König Thingol durch Verrat im Jahre 505 des Ersten Zeitalters in Menegroth erschlagen wurde, floh Melian aus Beleriand. Ihr Zauber verfiel, und sie kehrte in die Unsterblichen Lande zurück.

Melkor – Vala, Herr der Dunkelheit. Schon als Ainur war Melkor – der Name bedeutet „Er, der in Macht ersteht" – von Hochmut erfüllt und brachte Mißklang in die Große Musik der Weltschöpfung. Er richtete sein Reich in der Dunkelheit und der Kälte ein, und als Arda entstand, störte er den Schaffensprozeß, so daß Arda unvollkommen und anfällig gegenüber dem Bösen wurde. Und als die Valar ihr Reich Almaren errichteten, erlagen viele der Maiar den Einflüsterungen Melkors und zogen mit ihm in den Norden von Mittelerde, um dort zwei mächtige Festungen, Utumno und Angband, zu bauen. Melkor führte fünf große Kriege gegen die Valar, verwüstete Almaren und zerstörte sowohl die Großen Leuchten als auch die Bäume der Valar. Damals trat er noch in zwei Gestalten, einer schönen und einer häßlichen, in Erscheinung, aber nach der Zerstörung der Bäume des Lichts nahm er nur noch seine böse Gestalt an, welche die Elben Morgoth nannten, den „Dunklen Feind der Welt".

Hoch aufragend wie ein Turm, trug Morgoth eine eiserne Krone und eine schwarze Rüstung. Er war mit einer schrecklichen Keule bewaffnet, Grond genannt, der Hammer der Unterwelt, und schützte sich durch einen gewaltigen schwarzen Schild. Das Feuer des Bösen leuchtete in seinen Augen, sein Gesicht war verzerrt und zernarbt, und seine Hände brannten vom Feuer der Silmaril. Aber im Krieg des Zorns wurde seine Macht vernichtet, und Melkor war der einzige Vala, der aus den Sphären der Welt vertrieben wurde, um für immer im Leeren zu wohnen.

Meriadoc Brandybock – Hobbit des Auenlands. Meriadoc Brandybock wurde im Jahre 2982 des Dritten Zeitalters als Sohn Saradoc Brandybocks, des Herrn von Bockland, geboren. Im Jahre 3018 wurde Merry einer der vier Hobbits, die sich der Gemeinschaft des Ringes anschlossen. Er bestand zahlreiche Abenteuer, bis die Gemeinschaft zerbrach und er mit Pippin (Peregrin Tuk) von den Orks gefangengenommen wurde. Als die Orks von den Rohirrim angegriffen wurden, flüchteten die Hobbits in den Fangorn-Wald und veranlaßten die Ents, Isengart anzugreifen. Später wurde Merry der Knappe des Königs Théoden von Rohan. In der Schlacht auf den Pelennor-Feldern tötete er gemeinsam mit der Schildmaid Eowyn den Hexenkönig von Morgul, wobei er selbst schwer verletzt wurde. Nachdem Aragorn seine Wunde geheilt hatte, kehrte er in das Auenland zurück und kämpfte tapfer in der Schlacht von Wasserau. Später heiratete Merry Estella Bolger und wurde Herr von Bockland.

Merry und Pippin waren die größten Hobbits ihrer Zeit und maßen nicht weniger als viereinhalb Fuß. Im Jahre 64 des Vierten Zeitalters verließen beide das Auenland, um ihre letzten Jahre in Rohan und Gondor zu verbringen, wo sie mit allen Ehren im Haus der Könige bestattet wurden.

Mîm – Kleinzwerg von Amon Rûdh. Mîm war der letzte König der Noegyth Nibin oder Kleinzwerge, die in den Höhlen unter dem Amon Rûdh in Beleriand lebten. Gegen Ende des 5. Jahrhunderts des Ersten Zeitalters der Sonne bestand die gesamte Bevölkerung dieses Zwergenvolkes nur noch aus Mîm und seinen beiden Söhnen Ibun und Khîm. Im Jahre 486 wurde Mîm von dem verbannten Túrin Turambar und seinen Gefolgsleuten gefangengenommen, die er in seinen verborgenen Höhlen in Sicherheit brachte. Im folgenden Jahr fiel Mîm den Orks in die Hände und rettete sein Leben, indem er Túrin und seine Männer an die Unholde verriet, die sie daraufhin in ihrem Versteck überfielen und töteten. Doch Mîm konnte sich seiner Freiheit nicht lange erfreuen. Bald darauf kamen seine beiden Söhne ums Leben, und Mîm selbst wurde von Túrins Vater Húrin erschlagen, der sich solcherart an dem Verräter seines Sohnes rächte.

Morgoth – Vala, Herr der Dunkelheit. Morgoth, was „der Dunkle Feind" bedeutet, war der Name, den die Elben dem bösen Vala-Herrscher gaben, der die Bäume des Lichts zerstörte, die Silmaril raubte und ihren König erschlug. Seine Geschichte wird unter dem Namen erzählt, den er ursprünglich trug – Melkor.

N

Nahar – Pferd der Valar. Nahar, das gewaltige weiße Pferd des Jägers Orome, war der Stammvater aller späteren Pferde. In den Zeitaltern der Dunkelheit und der Sterne ritt Orome häufig auf Nahar durch die Wälder von Mittelerde. Bei einer solchen Gelegenheit entdeckte er die Elben am See von Cuiviénen, dem Wasser des Erwachens.

PEREGRIN TUK

Nessa – Vala, „die Tänzerin" genannt. Nessa ist die Schwester des Jägers Orome und die Gemahlin des Ringers Tulkas. Als Schutzgeist der Wälder sind die Rehe ihr heilig. Nessa ist leichtfüßig und liebt den Tanz.

Nienna – Vala, „die Klagerin" genannt. Nienna, die Herrin des Mitleids und der Trauer, ist die Schwester Lóriens und Mandos'. Sie lebt allein im Westen von Valinor in einem Palast am Meer vor den Wällen der Nacht. Ihre Tränen haben die Kraft, zu heilen und Hoffnung zu geben.

Nimrodel – Elbenmaid von Lothlórien. Im 2. Jahrtausend des Dritten Zeitalters der Sonne verlobte sich Nimrodel ihrem Geliebten Amroth in Lothlórien an. Das Paar wurde jedoch zur Zeit des Aufstiegs der Balrogs in Moria um 1980 getrennt. Nimrodel, was „Weiße Herrin" bedeutet, verirrte sich im Nebelgebirge und wurde nie wieder gesehen.

Nori – Zwerg Thorins und seiner Gefährten. Nori beteiligte sich im Jahre 2941 des Dritten Zeitalters an der Suche nach dem Schatz von Erebor, die mit dem Tode des Drachen Smaug und der Wiedererrichtung des Zwergenreiches unter dem Berg endete. Nori ließ sich in Erebor nieder, wo er den Rest seines Lebens verbrachte.

O

Oin – Zwerg Thorins und seiner Gefährten. Oin, der Sohn Gróins, wurde im Jahre 2774 des Dritten Zeitalters geboren und beteiligte sich im Jahre 2941 an der Suche nach dem Schatz von Erebor. Nach dem Tod des Drachen Smaug und der Wiedererrichtung des Königreiches unter dem Berg ließ sich Oin eine Zeitlang in Erebor nieder. Im Jahre 2989 brach er jedoch mit Balin und Ori auf, um ein neues Zwergenreich in Moria zu gründen. Dort wurde er fünf Jahre später von einem Ungeheuer, dem Wächter im Wasser, getötet.

Olwe – Elbenkönig von Alqualonde. Olwe war der Bruder von Elwe, dem ersten Hochkönig der Teleri-Elben. Die Brüder führten zu Beginn der Zeitalter der Sterne ihr Volk bei der Großen Reise in die Unsterblichen Lande an. Während Elwe jedoch in Beleriand von der Maia Melian verzaubert wurde und zurückblieb, um das Königreich der Grau-Elben zu gründen, wurde Elwe Hochkönig der Teleri und zog mit seinem Volk zunächst nach Tol Eressea und dann nach Alqualonde in Eldamar.

Ori – Zwerg Thorins und seiner Gefährten. Im Jahre 2941 des Dritten Zeitalters beteiligte sich Ori an der Suche nach dem Schatz von Erebor, die mit dem Tode des Drachen Smaug und der Wiedererrichtung des Zwergenreiches unter dem Berg endete. Ori blieb bis zum Jahre 2989 in Erebor. Dann brach er mit Balin und Oin auf, um das alte Reich Khazad-dûm in Moria wiedererstehen zu lassen. Dort starb er im Jahre 2994 in der Kammer von Mazarbul.

Orome – Vala, „der Jäger" genannt. Orome, ein Ainu, der in den Zeitaltern der Dunkelheit und der Sterne aus den Zeitlosen Hallen nach Arda kam, liebte es, auf seinem weißen Pferd Nahar durch die Wälder von Mittelerde zu reiten. Oromes Name bedeutet „Hornbläser", und der Klang seines Horns Valaróma versetzte die Diener der Dunkelheit in Angst und Schrecken. Seine Schwester ist Nessa, die Tänzerin, und seine Gemahlin Vána, die Ewigjunge. Orome war der erste Vala, der die Elben entdeckte, und er war es, der sie aufforderte, nach Eldamar zu ziehen. Von den Sindar wird er Araw und von den Menschen Béma genannt. Er lebt in den Wäldern von Orome im südlichen Valinor.

Osse – Maia, Herr der Wogen. Osse herrschte mit seiner Gemahlin Uinen, der Herrin der Ruhigen Gewässer, über die Meere von Mittelerde. Er diente Ulmo, dem König Aller Gewässer. Osse wurde von den Seefahrern gefürchtet, die Uinen anflehten, seinen Zorn zu besänftigen und die wilden Ausbrüche seiner ungezügelten Freude zu beschwichtigen. Osse befreundete sich mit den Teleri, den See-Elben, und lehrte sie, Schiffe zu bauen. Er war es auch, der die Insel Númenor vom Boden des Meeres aufsteigen ließ.

P

Peregrin Tuk – Hobbit des Auenlandes. Peregrin, meist Pippin genannt, wurde im Jahre 2990 des Dritten Zeitalters als Sohn des Thains des Auenlandes geboren. Im Jahre 3019 schloß er sich als treuer Freund Frodo Beutlins der Gemeinschaft des Ringes an. Er bestand zahlreiche Abenteuer, bevor die Gemeinschaft sich auflöste und Pippin mit seinem Gefährten Meriadoc Brandybock von den Orks gefangengenommen wurde. Es gelang beiden Hobbits, in den Fangorn-Wald zu fliehen, wo sie Baumbart begegneten und die Ents veranlaßten, Isengart anzugreifen. Gandalf holte Pippin später nach Gondor. Er wurde einer der Wächter der Veste und trug nicht unwesentlich dazu bei, Faramir, dem Sohn des Truchsesses, das Leben zu retten. In der Schlacht vor dem Schwarzen Tor von Mordor zeichnete er sich dadurch aus, daß er einen Troll erschlug. Später nahm er an der Schlacht von Wasserau teil.

Pippin und Merry waren die größten Hobbits ihrer Zeit und maßen nicht weniger als viereinhalb Fuß. Im 14. Jahr des Vierten Zeitalters wurde Pippin der zweiunddreißigste Thain des Auenlandes. Er herrschte bis zum Jahre 64. Dann entschloß er sich, zusammen mit Merry den Rest seines Lebens in Rohan und Gondor zu verbringen, wo sie mit allen Ehren im Haus der Könige bestattet wurden.

R

Radagast – Einer der Istari. Radagast der Braune war ursprünglich ein Maia

Sauron der Dunkle Herrscher

im Dienste Yavannas, der Spenderin der Früchte, namens Aiwendil, was „Liebhaber der Vögel“ bedeutet. Als einer der Istari oder Zauberer kam er im Jahre 1000 des Dritten Zeitalters der Sonne nach Mittelerde. Er kümmerte sich kaum um das Schicksal der Elben und Menschen, besaß jedoch bedeutende Kenntnisse in der Tier- und Pflanzenkunde.

Radbug – Ork von Cirith Ungol. Im Ringkrieg gelangte Radbug zu kurzem Ruhm, als er sich weigerte, einen Befehl des Hauptmanns der Uruk-hai, Schagrat, nach einem Kampf zwischen den Orks am Turm des Spinnenpasses und den Orks von Minas Morgul auszuführen. Er wurde daraufhin von Schagrat zu Boden geschleudert, der ihm die Augen ausdrückte.

Roac der Rabe – Herr der Raben von Erebor. Roac, im Jahre 2788 des Dritten Zeitalters als Sohn Carcs geboren, war 153 Jahre alt, als er Thorin und seinen Gefährten beistand. Er unterrichtete Thorin vom Tod des Drachen Smaug und schickte seine Raben in die Eisenhügel, um die dort ansässigen Zwerge aufzurufen, an der Schlacht der Fünf Heere teilzunehmen.

Roheryn – Pferd Aragorns II. Im Ringkrieg diente Roheryn seinem Herrn in zahlreichen Schlachten als Reittier. Sein Name bedeutet „Pferd der Herrin“, da er ein Geschenk der Elbenfürstin Arwen an ihren zukünftigen Gemahl war. Aragorn ritt Roheryn in der Schlacht von Hornburg, bei der Überquerung der Pfade der Toten, in der Schlacht auf den Pelennor-Feldern und in der Schlacht vor dem Schwarzen Tor von Mordor.

S

Samweis Gamdschie – Hobbit des Auenlandes. Samweis Gamdschie wurde im Jahre 2980 des Dritten Zeit-

KANKRA DIE GROSSE SPINNE

alters geboren und lebte in Beutelsend, wo er Bilbo und später Frodo Beutlin als Gärtner diente. Er begleitete den Ringträger nach Bruchtal und schloß sich dort der Gemeinschaft des Ringes an. Samweis war der einzige, der Frodo bei der ihm übertragenen Aufgabe stets zur Seite blieb. Mehrmals rettete er seinem Herrn das Leben, so bei dem Kampf mit der Riesenspinne Kankra, als er das Untier zunächst mit der Phiole Galadriels blendete und dann mit der Elbenklinge Stich tödlich verwundete. Danach half er Frodo, in Mordor einzudringen und den Schicksalsberg zu erreichen, wo der Eine Ring schließlich vernichtet wurde. Als Frodo in die Unsterblichen Lande zog, vermachte er Samweis Beutelsend. Dieser lebte fortan als geachteter Grundbesitzer im Auenland, heiratete Rosie Hüttinger und zeugte mit ihr dreizehn Kinder. Siebenmal wurde er zum Bürgermeister gewählt. Nach dem Tode seiner Frau im 82. Jahr des Vierten Zeitalters verließ auch Samweis Mittelerde, um in die Unsterblichen Lande zu segeln.

Saruman – Zauberer von Isengart. Saruman der Weiße war der Oberste der Istari – jener Zauberer, die im Jahre 1000 des Dritten Zeitalters der Sonne nach Mittelerde kamen. In den Unsterblichen Landen war er als Curumo bekannt und diente Aule dem Schmied. Bei seinem ersten Auftreten trug er weiße Gewänder, hatte rabenschwarzes Haar und sprach mit schöner und kluger Stimme. Von den Elben Curunír, der „Mann der Fertigkeiten", genannt, durchwanderte er Mittelerde und rief zum Kampf gegen den Dunklen Herrscher auf. Doch dann wurde er stolz und hochmütig und suchte selbst Macht zu erlangen. Im Jahre 2759 betrat er Isengart und ließ sich im Turm von Orthanc nieder, um Orks, Halb-Orks, Uruk-hai und Dunländer unter seinem Banner – einer weißen Hand auf dunklem Grund – zu sammeln. Saruman verfing sich im Netz des Herrn der Ringe und wurde, ohne es zu wollen, sein Diener. Doch als die Ents im Ringkrieg Isengart angriffen und die Rohirrim die Schlacht von Hornburg zu ihren Gunsten entschieden, schwand seine Macht. Gandalf zerbrach seinen Zauberstab und nahm ihm seine Zauberkräfte. Saruman floh ins Auenland, wo er von seinem eigenen Diener, Grima Schlangenzunge, erschlagen wurde.

Sauron – Maia, Herr der Ringe. Einst ein Maia im Dienste des Schmiedes Aule, wurde Sauron – der Name bedeutet „Der Abscheuliche" – der oberste Diener Melkors. Als dieser in den Zeitaltern der Dunkelheit in Utumno herrschte und in den Zeitaltern der Sterne, von den Valar in Ketten gelegt, im Kerker schmachtete, regierte Sauron als sein Stellvertreter in Angband. In den Kriegen von Beleriand diente er treu seinem Herrn, bis Melkor am Ende des Ersten Zeitalters der Sonne in der Leere verschwand. Sauron erschien jedoch im 5. Jahrhundert des Zweiten Zeitalters als Annatar, der „Herr der Geschenke", wieder auf Mittelerde. Im Jahre 1500 verführte er die Elbenschmiede von Eregion, die Ringe der Macht zu schmieden. Dann schuf er selbst den Einen Ring und machte sich so zum Herrn der Ringe. Im Krieg der Elben gegen Sauron von 1693 bis 1700 verwüstete er Eregion, und nur die Númenórer verhinderten, daß er die Elben völlig vernichtete. In den nächsten 1500 Jahren baute Sauron seine Macht in Mordor aus und brachte die Menschen im Osten und Süden unter seine Gewalt. Im Jahre 3262 zogen die Númenórer gegen ihn zu Felde. Zwar unterlag er ihrer militärischen Macht, aber es gelang ihm durch List und Täuschung, sie so gegen die Valar aufzuhetzen, daß diese Númenor völlig zerstörten. Danach verlor er die Fähigkeit, jemals wieder eine schöne Gestalt anzunehmen. Doch sein Geist floh nach Mordor, und mit Hilfe des Einen Ringes verwandelte er sich in den Dunklen Herrscher´ – einen furchterregenden Krieger in schwarzer Rüstung mit glühenden Augen. Nach dem Krieg mit den Elben und Menschen am Ende des Zweiten Zeitalters verlor er auch diese Gestalt, als der Eine Ring ihm vom Finger geschnitten wurde. Doch da dieser Ring nicht vernichtet wurde, konnte Saurons Geist wieder auferstehen und sich im Jahre 1000 des Dritten Zeitalters als großes, lidloses Auge manifestieren, brennend vor Haß und umgeben von Dunkelheit. Fast zweitausend Jahre hindurch verbarg sich Sauron im Düsterwald, wo er als Nekromant von Dol Guldur bekannt wurde. Von dort schickte er Ringgeister, Orks und Barbaren gegen die Dúnedain und ihre Verbündeten. Im Jahre 2941 drang er abermals in Mordor ein und begann, den Dunklen Turm wieder zu errichten. In diesem Jahr gelangte der Eine Ring in den Besitz des Hobbits Bilbo Beutlin. Siebenundzwanzig Jahre später machte sich sein Vetter Frodo auf jene berühmt gewordene Reise, die damit endete, daß der Eine Ring in den Feuern des Schicksalsberges vernichtet wurde. Damit erlosch Saurons Macht. Er wurde zum letztenmal in das Reich der Schatten verbannt, um nie wieder auf Arda zu erscheinen.

Scatha der Lindwurm – Drache des Grauen Gebirges. Scatha war ein Drache, der im 2. Jahrtausend des Dritten Zeitalters der Sonne mit seiner Brut von Kaltdrachen in das Reich der Zwerge des Grauen Gebirges einfiel, um in den Besitz ihres Goldes zu gelangen. Nachdem er die Zwerge vertrieben hatte, hütete er diesen Schatz, bis Fram, der Sohn Frumgars von den Eothéod, in die Berge gelangte, Scathe tötete und das Gold an sich nahm.

Smaug der Goldene

Schagrat – Uruk-hai von Cirith Ungol. Im Ringkrieg war Schagrat der Hauptmann der Orks, die den Turm des Spinnenpasses bewachten.

Seine Orks wurden in einen kurzen, blutigen Kampf mit einer Truppe von Morgul-Orks verwickelt, bei dem es um den Besitz des aus Mithril gefertigten Kettenhemdes Frodo Beutlins ging. Obwohl er schwer verwundet wurde, gelang es Schagrat, sich des Kettenhemdes zu bemächtigen und es Sauron, seinem Herrn, zu überbringen.

Schattenfell – Pferd von Rohan. Zur Zeit des Ringkrieges der größte und mächtigste Vertreter der Mearas, der „Pferdefürsten“, von Rohan, wurde Schattenfell von Gandalf gezähmt und ohne Sattel und Zaumzeug geritten. Nach seinem silbergrauen Fell benannt, war Schattenfell das einzige Pferd, das es mit den Geflügelten Untieren der Ringgeister aufnehmen konnte. Es trug Gandalf den Weißen zum Turm von Gondor und in die Schlacht vor dem Schwarzen Tor von Mordor.

Schlangenzunge – Nordmensch von Rohan. Zur Zeit des Ringkrieges war Gríma Schlangenzunge der Berater des Königs von Rohan, Théoden. Insgeheim aber diente er Saruman, der den alten und schwachen König durch die Einflüsterungen des falschen Ratgebers zu beeinflussen suchte.

Nachdem Gandalf Théoden geheilt hatte, floh Schlangenzunge nach Isengart, wo er nach dem Eingreifen der Ents zusammen mit Saruman gefangengenommen wurde. Danach zog er mit dem Zauberer ins Auenland, um sich schließlich gegen ihn zu wenden und ihn zu töten. Danach wurde er seinerseits von den Hobbits erschlagen.

Schneemähne – Pferd von Rohan. Im Ringkrieg war Schneemähne das Reitpferd Théodens, des Königs von Rohan. Es trug seinen Herrn in die Schlacht von Hornburg. In der Schlacht auf den Pelennor-Feldern wurden beide vom Hexenkönig getötet.

THÉODEN

Smaug der Goldene – Drache von Erebor. Smaug, der größte feuerspeiende Drache des Dritten Zeitalters, hatte riesige fledermausartige Flügel und eine Haut aus undurchdringlichen eisenharten Schuppen. Sein Bauch, die einzige verletzliche Stelle seines Körpers, wurde von einer Schicht kostbarer Edelsteine geschützt, die dort eingewachsen waren, nachdem er Jahrhunderte auf ihnen gelegen hatte. Seine Ursprünge verlieren sich im Dunkel der Geschichte, doch weiß man, daß er im Grauen Gebirge gelebt hatte, bevor er im Jahre 2770 nach Erebor kam. Dort verwüstete er Thal und drang in das Zwergenreich unter dem Berg ein, dessen Bewohner er tötete oder vertrieb. Zwei Jahrhunderte hindurch bewachte er seinen Hort. Dann störten ihn im Jahre 2941 Thorin und seine Gefährten auf und nahmen einen Teil des Schatzes an sich. Voller Wut wandte sich Smaug gegen die See-Menschen von Esgaroth. Er wurde von Bard dem Bogenschützen erlegt, welcher den Teil seines Bauches mit einem Pfeil durchbohrte, der nicht vom Edelsteinpanzer geschützt war.

Snaga – Ork von Cirith Ungol. Snaga war einer der Orks, die den Turm des Spinnenpasses bewachten und unter ihrem Hauptmann Schagrat mit den Morgul-Orks um den Besitz des aus Mithril gefertigten Kettenhemdes Frodo Beutlins kämpften. Er überlebte diesen Kampf, wurde jedoch von Samweis Gamdschie getötet, der ihm den Hals brach.

T

Théoden – Nordmensch, König von Rohan. Als Sohn Thengels im Jahre 2948 des Dritten Zeitalters geboren, wurde Théoden im Jahre 2980 der siebzehnte König von Rohan. Anfänglich ein guter und gerechter Herrscher, geriet er in wachsendem Maße unter den Einfluß seines Beraters Gríma Schlangenzunge, der ein heimlicher Diener des bösen Zauberers Sarumans war. Im Jahre 3019 heilte ihn Gandalf jedoch von dem Zauber, dem er verfallen war. Théoden bestieg sein Pferd Schneemähne und ritt an der Spitze der Reiter von Rohan in die Schlacht von Hornburg. Er fand einen heldenhaften Tod in der Schlacht auf den Pelennor-Feldern, als er es wagte, sich dem Hexenkönig zum Kampf zu stellen.

Thingol – Elbenkönig von Doriath. An den Wassern des Erwachens zu Beginn der Zeitalter der Sterne geboren, war Elwe Singollo – der als Herrscher den Namen Thingol annahm – der Hochkönig der Teleri. Größer als die anderen Elben, führte der silberhaarige Thingol sein Volk in der Großen Reise an, verfiel jedoch in Beleriand dem Zauber der Maia Melian und vergaß die Zeit. Als er nach vielen Jahren wieder in Erscheinung trat, hatten die meisten der Teleri seinen Bruder Olwe als König erwählt und ihre Reise fortgesetzt. Diejenigen, die zurückgeblieben waren, wurden fortan die Sindar oder Grau-Elben genannt. Mit ihrem verwandelten Herrscher und seiner Gemahlin Melian gründeten sie das Königreich von Doriath und errichteten die Stadt Menegroth. Thingol herrschte friedlich in allen Zeitaltern der Sterne über sein Reich, und seine Gemahlin schenkte ihm ein Kind, die unvergleichliche Lúthien. Selbst während des von Kriegen erschütterten Ersten Zeitalters der Sonne blieb Doriath von äußeren Einflüssen geschützt durch einen von der Königin gewebten Zauber, den sogenannten Gürtel Melians. Im 5. Jahrhundert verliebte sich jedoch Thingols Tochter in den Edain-Helden Beren. Da er Lúthien nicht an einen Sterblichen verlieren wollte, schickte Thingol Beren auf die Suche nach dem Silmaril. Es gelang den Liebenden, den Edelstein aus der Krone Morgoths zu schneiden. Als Thingol die Zwerge von Nogrod bat, den Silmaril in ein Nauglamir genanntes Halsband zu setzen, wurden sie jedoch von der Begierde ergriffen, den Stein in ihren Besitz zu bringen. So töteten sie Thingol und raubten den Silmaril.

Thorin I. – Zwergenkönig des Grauen Gebirges. Im Jahre 2035 als Sohn des Königs Thráin I. im Zwergenreich unter dem Berg geboren, wurde Thorin I. im Jahre 2190 der zweite König unter dem Berg. Dreißig Jahre später führte Thorin sein Volk in das Graue Gebirge, wo er ein neues Königreich gründete, über das er bis zu seinem Tod im Jahre 2289 herrschte.

Thorin II. – Zwergenkönig in der Verbannung. Im Jahre 2746 des Dritten Zeitalters im Zwergenreich unter dem Berg geboren, war Thorin der Enkel des Königs Thrór. Im Jahre 2770 wurden die Zwerge von dem Drachen Smaug aus Erebor vertrieben. Zwanzig Jahre später fand Thorins Großvater den Tod, und sein Vater, König Thráin II., führte sein Volk in den Krieg der Zwerge gegen die Orks. Zu dieser Zeit wurde er als Thorin Eichenschild bekannt, da er einen Eichenzweig als Schild benutzte, als er in der Schlacht von Azanulbizar entwaffnet wurde. Nach der Schlacht hielt sich Thorin in den Blauen Bergen auf und wurde im Jahre 2845 als Thorin II. König in der

TOM BOMBADIL

Verbannung. Fast ein Jahrhundert später brach er im Jahre 2941 zusammen mit Bilbo Beutlin und zwölf Gefährten zu der Suche nach dem Schatz von Erebor auf, die mit dem Tode Smaugs des Goldenen und die Wiedererrichtung des Zwergenreiches unter dem Berg endete. In der Schlacht der Fünf Heere wurde Thorin tödlich verwundet und starb wenig später.

Thorin III. – Zwergenkönig von Erebor. Als Thorin Steinhelm bekannt, wurde der Sohn des Erben Thorins II, Dáin Eisenfuß, im Jahre 2866 des Dritten Zeitalters in Erebor geboren. Nach dem Tode seines Vaters, der bei der Verteidigung von Erebor im Ringkrieg gefallen war, wurde Thorin im Jahre 3019 König unter dem Berg. Zusammen mit den Menschen von Thal brach er die Belagerung von Erebor und besiegte die Ostlinge.

Thorondor – Adler der Umzingelnden Berge. Im Ersten Zeitalter der Sonne war Thorondor der König der Adler. Mit einer Flügelspannweite von dreißig Faden scheint er der größte Adler gewesen zu sein, der je lebte. In den Kriegen von Beleriand rettete Thorondor dem Noldor-Fürsten Maedhros auf den Bergen der Thangorodrim das Leben, trug den Leichnam Fingolfins aus Angband heraus und zerkratzte mit seinen Klauen das Gesicht Morgoths. Auch Beren und Lúthien wurden von ihm aus Angband gerettet. Jahrhunderte hindurch schützten die Adler Thorondors das verborgene Reich von Gondolin vor seinen Feinden. Ihren größten Ruhm errangen die Adler jedoch, als sie in der Großen Schlacht die Geflügelten Drachen von Angband töteten. Am Ende des ersten Zeitalters scheint Thorondor mit den Valar in die Unsterblichen Lande zurückgekehrt zu sein.

Thráin I. – Zwergenkönig von Erebor. Thráin I. wurde im Jahre 1999 des Dritten Zeitalters der Sonne der erste König des Zwergenreiches unter dem Berg. Im Jahre 1934 in Moria geboren, war Thráin der Sohn des Königs Náin I. Sein Vater regierte nur ein Jahr, bevor er 1981 von einem Balrog erschlagen wurde. Aus Moria vertrieben, wurde Thráin ein König in der Verbannung. Er führte sein heimatloses Volk nach Erebor, wo er den Arkenstein genannten großen Edelstein fand, das „Herz des Berges". Das von ihm gegründete Königreich unter dem Berg blühte bis zu seinem Tode im Jahre 2190.

Thráin II. – Zwergenkönig in der Verbannung. Im Jahre 2644 des Dritten Zeitalters der Sonne als Sohn König Thrórs im Zwergenreich unter dem Berg geboren, wurde Thráin mit seinem Volk im Jahre 2770 von dem Drachen Smaug aus Erebor vertrieben. Zwanzig Jahre später wurde

BAUMBART DER ENT

Thrór von den Orks von Moria getötet, und Thráin II. führte einen siebenjährigen blutigen Krieg gegen sie, der mit der Schlacht von Azanulbizar – bei der Thráin ein Auge verlor – seinen Höhepunkt fand. Immer noch aus seinem Reich verbannt, ließ sich Thráin in den Blauen Bergen nieder, entschloß sich jedoch im Jahre 2845, mit wenigen Getreuen nach Erebor zurückzukehren. Er wurde von Sauron im Düsterwald gefangengenommen und mußte ihm den letzten Zwergenring der Macht übergeben. Nach fünfjähriger Gefangenschaft gelang es Gandalf, ihn im Jahre 2850 zu finden, und Thráin händigte dem Zauberer den Schlüssel zu einer geheimen Tür aus, die ihm Zugang zu Erebor verschaffte.

Thuringwethil – Maia und Vampir. Thuringwethil – der Name bedeutet „Frau vom Geheimen Schatten" – war eine Maia und Dienerin Melkors, die die Gestalt einer riesigen Fledermaus mit eisernen Klauen annahm. Im Ersten Zeitalter der Sonne bewohnte sie mit vielen anderen Ungeheuern den Turm Saurons auf der Insel der Werwölfe in Beleriand. Sie beförderte Botschaften zwischen Melkor und Sauron und verübte zahllose Untaten. Nach der Vernichtung Saurons und der Werwölfe scheint sie ihre Macht eingebüßt zu haben. Lúthien benutzte ihre abgeworfene Haut, um unerkannt in Angband eindringen zu können.

Tilion – Maia, Hüter des Mondes. Tilion vom Silbernen Bogen war einst ein Maia im Dienste des Jägers Orome. Doch nachdem Telperion, die letzte Blüte des silbernen Baumes der Valar, ihren Platz in einem silbernen Schiff gefunden hatte, um als Mond zu leuchten, wurde Tilion zu ihrem Wächter bestimmt. Seitdem steuert er das Silberschiff mit der Blüte über den Himmel.

Tom Bombadil – Maia, Herr des Alten Waldes. Von den Elben Iarwain Ben-adar genannt, was sowohl „alt" als auch „vaterlos" bedeutet, war Tom Bombadil vermutlich ein Maia-Geist, der in den Zeitaltern der Sterne nach Mittelerde kam. Die Zwerge nannten ihn Forn, während die Menschen ihn als Orald kannten. Er war ein kleingewachsener, untersetzter Mann mit blauen Augen, einem roten Gesicht und einem braunen Bart. Er trug einem hohen zerbeulten Hut mit blauer Feder und gelbe Stiefel. Stets singend oder in Reimen sprechend, schien er etwas sonderlich zu sein, aber seine Macht im Alten Wald war unbestritten, und kein böses Wesen war stark genug, ihm etwas anzuhaben. Seine Gattin war Goldbeere, die Flußtochter. Zur Zeit des Ringkrieges rettete Tom Bombadil zweimal das Leben des Ringträgers Frodo Beutlin – einmal vor den tödlichen Umschlingungen des Alten Weidenmannes und das zweite Mal vor den Nachstellungen der Grabunholde in den Hügelgräberhöhen.

Tulkas – Vala, „der Ringer" genannt. Tulkas war der Herkules der Valar. Der Letzte der Ainur, der Arda betrat, bekämpfte er Melkor im Ersten Krieg. Ausgeglichen und schwer aus der Fassung zu bringen, liebte Tulkas es, seine Kräfte mit denen anderer zu messen. Er war von jünglinghafter Erscheinung und hatte blonde Haare und einen blonden Bart. Gelegentlich Tulkas der Starke und Tulkas Astaldo, „der Tapfere", genannt, war er mit Nessa der Tänzerin vermählt. Im Krieg der Mächte nahm er Melkor gefangen, und im Krieg des Zorns zeichnete er sich durch seine außerordentliche Körperkraft aus.

Tuor – Edain von Dor-lómin. Tuor wurde im Jahre 473 des Ersten Zeitalters der Sonne kurz vor der Schlacht der Ungezählten Tränen geboren, in der sein Vater Huor getötet und sein Onkel Húrin gefangengenommen wurde. Tuor wuchs bei den Sindar-Elben in den Höhlen von Androth auf, wurde mit sechzehn Jahren jedoch von dem Ostling Lorgan versklavt. Später gelang es ihm zu fliehen, danach lebte er vier Jahre als Verbannter. Im Jahre 496 betrat Tuor der Verborgene Königreich von Gondolin, um Turgon vor der unmittelbar bevorstehenden Zerstörung seines Reiches zu warnen. Turgon weigerte sich jedoch, Gondolin zu verlassen, und auch Tuor blieb, um die Elben-Fürstin Idril zu heiraten, die ihm ein Kind, Earendil, gebar. Im Jahre 511 wurde Gondolin verwüstet. Tuor, Idril und Earendil fanden Zuflucht in Sirion. Einige Jahre später verließen Tuor und Idril Mittelerde, um in Eldamar zu leben.

TÚRIN TURAMBAR

Turgon – Elbenkönig von Gondolin. In den Zeitaltern der Sterne in Eldamar geboren, war Turgon der zweite Sohn Fingolfins von den Noldor. Nach der Zerstörung der Bäume des Lichts war Turgon einer der Noldor, die Morgoth nach Mittelerde verfolgten. In Beleriand beanspruchte Turgon Nevrast als sein Reich, doch im Jahre 51 des Ersten Zeitalters der Sonne zeigte ihm der Vala Ulmo das verborgene Tal von Tumladen in den Umzingelnden Bergen. Dort errichtete Turgon eine Stadt aus weißen Steinen und nannte sie Gondolin. Sie war im Jahre 104 vollendet, und Turgon herrschte fünf Jahrhunderte über sein Reich. Im Jahre 473 führte er die Gondolindrim in die Schlacht der Ungezählten Tränen, die nur dadurch nicht mit einer vollständigen Niederlage endete, daß Turgon die Nachhut der Edain opferte. Im Jahre 496 schickte Ulmo, der Herr der Meere, den Edain-Helden Tuor nach Gondolin, um Turgon vor der unmittelbar bevorstehenden Verwüstung seines Reiches zu warnen; doch dieser weigerte sich zu fliehen. Im Jahre 511 gelang es Morgoth, die Lage Gondolins zu entdecken, und er schickte seine Heere aus, um es zu erobern. Turgon starb mit seinem Schwert Glamdring in der Hand bei der Verteidigung der von ihm über alles geliebten Stadt.

Túrin Turambar – Edain von Dor-lómin und Drachentöter. Túrin wurde im Jahre 465 des Ersten Zeitalters als Sohn Húrins und Morwens geboren. Nach der verhängnisvollen Schlacht der Ungezählten Tränen im Jahre 473 wurde er nach Doriath geschickt, um dort von dem Elbenkönig Thingol aufgezogen zu werden. Zusammen mit seinem Mentor, dem Sindar-Krieger Beleg Langbogen, kämpfte er gegen Morgoths Diener in den Sümpfen von Doriath. Im Jahre 486 nahm er den Namen Neithan an und ging in die Verbannung. Nachdem er den Kleinzwerg Mîm gefangengenommen hatte, ließ er sich mit einer Schar von Getreuen in den Höhlen von Amon Rûdh nieder. In dieser Zeit wurde er Gorthol Drachenhelm genannt. Von 488 bis 496 lebte Túrin in Nargothrond und wurde Mormegil, das Schwarze Schwert, genannt. Nachdem er in der Schlacht von Tumhalad gekämpft hatte, kehrte er nach Nargothrond zurück, wo der Drache Glaurung einen Bann auf ihn legte. In den nächsten drei Jahren lebte Túrin unter dem Namen Turambar („Herr des Schicksals") unter den Haladin und heiratete im Jahre 500 Níniel, das „Tränenmädchen". Ein Jahr später drang Glaurung in Brethil ein, und Túrin tötete ihn mit seinem Schwert Gurthang. Doch bevor er starb, offenbarte der Drache ihm, daß seine Frau Níniel niemand anders war als seine lange verlorene Schwester Nienor. Verzweifelt über seine blutschänderische Tat, beging Túrin Selbstmord.

U

Uglúk – Uruk-hai von Isengart. Im Ringkrieg war Uglúk der Hauptmann der Ork-Truppe, die die Hobbits Meriadoc Brandybock und Peregrin Tuk in Rohan gefangengenommen hatte. Bald darauf wurden die Orks von den Rohirrim niedergemacht. Uglúk verdankte seinen Rang vermutlich der Tatsache, daß er größer, stärker und grausamer als die gewöhnlichen Orks war. Er wurde von Eomer, dem Marschall der Riddermark, erschlagen.

Uinen – Maia. Uinen, die Herrin der Stillen Gewässer, war die Gemahlin Osses, des Herrn der Wogen. Beide dienten sie Ulmo, dem König der Meere. Wie Osse von allen gefürchtet wurde, die zur See fuhren, so wurde Uinen von allen Seefahrern geliebt. An sie wendeten sich die Gebete um eine sichere Rückkehr in den Hafen.

Ulmo – Vala, König der Meere. Ulmo herrscht über jegliches Wasser auf Mittelerde, nicht nur über die Meere, Seen und Flüsse, sondern auch über den Regen, den Nebel und den Tau. In den Zeitaltern der Sterne half er den Elben, in die Unsterblichen Lande zu gelangen, und lehrte sie, Schiffe zu bauen. Wenn Ulmo eine sichtbare Gestalt annahm – was nicht sehr häufig geschah -, manifestierte er sich als gewaltiger Meereskönig, der mit einem schaumgekrönten Helm und einer silbernen Rüstung aus den Wellen auftauchte. Seine Stimme ist tief und stark, und wenn er auf seinen großen Muschelhörnern, den Ulumúri, bläst, erbebt das Meer und erheben sich die Wogen.

Ungolianth – Spinne von Avathar. Ungolianth war eine Riesenspinne, welche in Avathar lebte, einer unbewohnten Einöde zwischen den Pelóri-Bergen von Valinor und den kalten Meeren des Südens. Anfangs vermutlich ein Maia-Geist, war Ungolianth das schrecklichste Geschöpf, das Arda je sah. Sie vermochte, ein dichtes Netz der Dunkelheit zu spinnen, das Unlicht Ungolianths genannt. Melkors Aufforderung folgend, vergiftete und zerstörte sie die Bäume der Valar. Danach flohen Ungolianth und Melkor nach Mittelerde, wo sie um den Besitz der Silmaril kämpften – einen Kampf, den Melkor verloren hätte, wenn seine Balrogs nicht eingegriffen und die Spinne vertrieben hätten. Ungolianth zog sich in das Tal des Todes an den Ausläufern des Gebirges des Schreckens zurück, wo sie sich mit den dort ansässigen Spinnen vermischte und eine Brut von Riesenspinnen gebar. Später zog sie nach Süden in die Wüsten von Harad, wo sie sich in ihrer Freßgier selbst verzehrte.

V

Vaire – Vala, „die Weberin" genannt. Vaire, eine Ainu der Zeitlosen Hallen, welche Arda betrat und eine der Valar wurde, ist die Gemahlin von Mandos, dem Herrn des Schicksals. Sie webt an den Teppichen, die im Haus der Toten hängen und von der Geschichte der Welt bis zum Ende aller Tage berichten.

Vána – Vala, „die Ewigjunge" genannt. Vána ist am glücklichsten, wenn sie von Blumen, Vögeln und Gärten umgeben ist. Eine Verkörperung des ewigen Frühlings, ist sie die Schwester Yavannas, der Spenderin der Früchte, und die Gemahlin des Jägers Orome. Sie lebt in ihren von Blumenduft und dem Gesang der Vögel erfüllten Gärten in Valinor.

Varda – Vala-Königin der Sterne. Varda ist die Gattin Manwes, des Königs von Arda. Sie wohnt in ihrem Palast Ilmarin auf dem Gipfel des Taniquetil, des höchsten Bergs auf Arda. Varda wird oft die „Königin des Lichts" genannt, denn das Licht ist ihr eigentliches Element. Sie war es, die die Sterne geschaffen und entzündet, die Leuchten der Valar entflammt, den Tau des Lichts von den Bäumen der Valar gesammelt und den Mond und die Sonne an ihren Platz im Himmel gesetzt hat. Varda ist die Vala, die von den Elben am innigsten geliebt wird, und ist bei ihnen unter vielen Namen bekannt – Tintalle, Elentári, Fanuilos, Schneeweiß, Gilthoniel und Herrin der Sterne.

GRIMA SCHLANGENZUNGE

W

Weidenast – Entfrau. Weidenast die Leichtfüßige war eine Entfrau des Fangorn-Waldes, die von Baumbart geliebt wurde. Sie ähnelte einer Birke, und so wird ihr elbischer Name Fimbrethil, „Schlanke Birke", ihrem Aussehen eher gerecht als der Name, den die Menschen ihr gaben. In den Zeitaltern der Sterne lebte Weidenast wie die anderen Entfrauen mit den männlichen Ents einträchtig zusammen. In den Zeitaltern der Sonne zogen sich die Entfrauen jedoch in das offene Land zurück, um Obstbäume, Sträucher und Gräser zu hüten, während die männlichen Ents weiterhin die dunklen Wälder bevorzugten. Als im Zweiten Zeitalter zahlreiche Gärten zerstört wurden, fanden die meisten Entfrauen den Tod oder zogen in den Osten und Süden von Mittelerde.

Y

Yavanna – Vala, Königin der Erde. Yavanna ist die Gemahlin des Schmieds Aule und die ältere Schwester Vánas, der Ewigjungen. Sie ist die Wächterin aller lebenden Dinge. Hochgewachsen wie eine Zypresse und stets in grüne Gewänder gehüllt, wird sie Yavanna Kementári genannt, „Fruchtbare Königin der Erde". Yavanna pflanzte die Samen aller Pflanzen auf Arda und schuf die Wälder und Wiesen der Welt, und zu ihrem Schutz schuf sie die „Baumhirten" oder Ents. Sie machte den Weißen Baum der Eldar in Tirion. Vor allem aber ließ sie die Bäume des Lichts entstehen, die zwanzigtausend Jahre hindurch die Länder Valinors mit ihrem Glanz erfüllten. Ihrem Willen und ihrer Macht ist es zu verdanken, daß die letzte Blüte und die letzte Frucht dieser Bäume sich bewahrten, um zum Mond und zur Sonne zu werden. Yavanna lebt in ihren an die Wälder Oromes grenzenden Wiesen und Gärten im südlichen Valinor. Dort wachsen die Zauberblumen, aus denen der Nektar der Götter, Miruvóre, gemacht wird.

Hexenkönig von Morgul

REGISTER

Das Register verweist den Leser von den einzelnen Stichwörtern der Enzyklopädie auf die ursprünglichen Textstellen J. R. R. Tolkiens.

Diese Rückverweise ermöglichen es ihm, sich näher über die hier behandelten Themenkreise zu informieren und die Geschichten, die Tolkien erzählt, in Kenntnis des im vorliegenden Buch erlangten Hintergrundwissens wieder zu lesen.

Folgende Abkürzungen werden verwendet:

S – *Das Silmarillion*
Ain – Ainulindale
Val – Valaquenta
Quen – Quenta Silmarillion
Akal – Akallabêth
RdM – Von den Ringen der Macht und dem Dritten Zeitalter
Anh. – Anhang

H – *Der kleine Hobbit* (Die Zahlen beziehen sich auf das entsprechende Kapitel.)

HR – *Der Herr der Ringe* (Die römischen Zahlen beziehen sich auf das entsprechende Buch, die arabischen Zahlen auf das entsprechende Kapitel.)
Einf. – Einführung
Anh. – Anhang

TB – *Die Abenteuer des Tom Bombadil* (Die Zahlen beziehen sich auf das entsprechende Gedicht.)

NM *Nachrichten aus Mittelerde* (Die römischen Zahlen beziehen sich auf den entsprechenden Teil, die arabischen Zahlen auf das entsprechende Kapitel.)

BVG (1) *Das Buch der Verschollenen Geschichten, Teil 1*

BVG (2) *Das Buch der Verschollenen Geschichten, Teil 2* (Die römischen Zahlen beziehen sich auf das entsprechende Kapitel.)

Zum Beispiel:
Balrogs S Val., Anh.; HR II 5, III 5, Anh. A verweist den Leser auf *Das Silmarillion*, Valaquenta und Anhang, und *Der Herr der Ringe*, Buch II, Kapitel 5, sowie ebenfalls *Der Herr der Ringe*, Buch III, Kapitel 5 und Anhang A.

A
Adler S Quen 2, 13, 18, 19, 22, 23, Akal; H 6, 7; HR II 2, V 10, VI 4
Aglarond HR III 8, Anh. B
Ainur S Ain; BVG (1) II; HR II 4
Alfirin HR V 9
Almaren S Quen; BVG (1) II
Alqualonde HR II 1; S Quen, Akal; NM II 1
Alter Wald HR I 6
Aman S Quen; BVG (1) II
Amanyar S Anh.
Amon Amarth HR Anh. A, S RdM
Amon Hen HR II 10
Amon Lhaw HR II 10
Amon Rûdh S Quen; NM I 2
Amon Uilos S Val; BVG (1) II
Amroth HR II 6, V 9, Anh. E; NM II 4
Anárion HR II 2, Anh. A; S Akal, RdM
Ancalagon S Quen
Andor S Akal; NM I 2
Anduin (Fluß) HR Einf., II 9; S Quen
Andúnië HR Anh. A; S Akal; NM II 1
Angband HR I 12; S Quen, Anh.; BVG (1) II
Angmar HR I 12, Anh. A
Apanónar siehe Menschen
Aragorn I. HR Anh.
Aragorn II. HR I 2, 10, II 2, 3, 4, 8, III 2, 11, V 7, 8, VI 5, 9, Anh. A, B; S RdM
Aratar S Val
Arda HR III 5; S Ain, Val, Akal; BVG (1) I
Argonath HR II 9, Anh. A; S RdM
Arien S Val, Quen
Armenolos S Akal: NM II 1
Arnor HR II 2, Anh. A; S RdM
Arwen HR II 1, VI 6, Anh. A, B
Aschengebirge HR VI 2
Asëa Aranion siehe Athelas
Atanatári siehe Edain
Atani siehe Edain
Athelas HR I 12, II 6, V 8
Auenland HR Einf., I 1, Anh. B
Aule S Val, Quen; BVG (1) III, IV, VIII
Avallóne S Akal; NM II 1
Avari S Quen 3, RdM
Avathar S Quen, Anh.
Azaghâl S Quen
Azanulbizar HR II 3, Anh. A
Azog H 1; HR Anh.

B
Balar S Quen
Balchoth HR Anh. A
Balin H 1, 18; HR II 2, Anh. A
Balrogs S Val, Anh.; HR II 5, III 5, Anh. A
Banakil siehe Hobbits
Barad-dûr HR I 10, V 10, VI 3-4, Anh. B; S RdM
Bard der Bogenschütze H 14, 15, 17, 18
Bardinger H 12, 14; HR II 1, III 2, Anh. E, F
Baumbart HR III 4, 5, 8, 9
Bäume der Valar S Quen 1, 2, 3, 7, 8, 9, 11, 22; HR III 11, IV 3, Anh. A
Belain siehe Valar
Belegaer HR Anh. A; S Quen
Belegost HR Anh. A, S Quen, Anh.
Beleriand HR II 5; S Quen, RdM, Anh.
Beorn H 7, 17
Beorninger H 7, 18; HR II 1
Beren S Quen; BVG (2) I
Beutelsend H 1; HR VI 9
Bienenbrand TB 3
Bifur H 1; HR II 1, Anh. A
Bilbo Beutlin H 1-9; HR Einf., I 1, II 1, VI 9; Anh. B
Blaues Gebirge HR Anh. A; S Quen
Blond-Elben siehe Vanyar
Bofur H 1, 13; HR II 1, Anh. A
Bolg H 17; HR Anh. A
Bombur H 1, 8, 13; HR II 1, Anh. A
Borkenhaut HR III 4
Boromir HR II 2, 3, 7, 8, 10, III 1, 2, IV 5, V 1, Anh. A
Brandywein (Fluß) HR Einf., Anh. F; TB 2
Bree HR I 9, Anh. B
Brethil S Anh.
Bruchtal H 3; HR II 4, Anh. A, B; S RdM

C
Cair Andros HR V 4, 10, Anh. A
Calacirya S Quen
Calaquendi siehe Licht-Elben
Caras Galadon HR II 6, Anh. C, E
Carcharoth S Quen; BVG (2) I
Celeborn S Quen; HR II 7, Anh. A, B; NM II 4
Celebrant HR II 6
Celebrían HR II 1, 8, Anh. A, B
Celebrímbor S RdM; HR II 2, 4, Anh. B
Cerin Amroth HR II 6, Anh. A
Círdan S Quen, RdM; HR II 2, VI 9, Anh. A
Cirith Gorgor HR IV 3, VI 3
Corsaren HR V 6, 9, Anh. A
Crebain HR II 3
Culumalda S Quen 1, Anh.

D

Dagorlad HR II 2, IV 2, Anh. A
Dáin I. HR Anh. A
Dáin II. HR Anh. A, B; H 17
Denethor I. HR Anh. A
Denethor II. HR II 2, V 1, 5, 8, Anh. A
Dior S Quen; HR I 8
Dol Amroth HR V 1, 9, VI 5; TB 16
Dol Guldur HR II 2, Anh. B
Dori H 1; HR II 1, Anh. A
Doriath I 11, Anh. E; S Quen
Dornengestrüpp von Mordor HR VI 2
Drachen S Quen 21, 24; H 1, 12
Draugluin S Quen, Anh.; BVG (2) I
Drosseln H 11, 12, 15
Druadan-Wald HR V 1, 5; NM IV 1
Drúedain siehe Wasas
Dúlin siehe Tinúviel
Dúnedain S Akal, RdM; HR Einf., II 2, IV 4, 5, Anh. F
Dunharg HR V 3
Dunkel-Elben S Quen 3, 4, 17, Anh.
Dunländer HR III 7, Anh. A, F
Durin I. HR II 4, Anh. A
Durin II. HR II 4, Anh. A
Durin III. HR Anh. A
Durin VI. HR Anh. A
Durin VII. HR Anh. A
Düsterwald H 1, 8; HR Einf., I 2, Anh. B, F
Dwalin H 1; HR Anh. A

E

Ea S Ain, Val, Akal; BVG (1) II
Earendil S Quen, Akal, RdM; HR II 1, Anh. A; BVG (2) V
Eber HR Anh. A
Echogebirge S Quen
Edain S Quen 17, 18, 20, Akal; HR Anh. A, F
Edhil siehe Elben
Edoras HR III 6, Anh. A
Eglath S Quen, 5, Anh.
Eisenberge S Quen; BVG (1) II
Eisenhügel H 16, 17; HR Anh. A
Ekkaia S Quen; BVG (1) II
Elanor HR II 6
Elben S Quen 1, 3, 5, 7, 10, 15, 18, 22, 23; H 9;
HR II 6-8, Anh. F; BVG (1) V
Elbenschmiede siehe Gwaith-i-Mírdain
Eldalië S Quen 3, 5, 19, 20, 24
Eldamar H 10; HR II 1, 8, VI 5, Anh. E; S Quen; BVG (1) V
Eldar S Quen 3, 5, 24, RdM; HR II 2, Anh. A, B, F
Elendil S Akal, RdM; HR II 1, IV 5, VI 5, Anh. A
Elendili S Akal RdM
Elladan und Ellrohir HR II 1, V 2, Anh. A, B
Elrond und Elros HR I 11, II 1, 2, Anh. A; H 3; S Quen, RdM
Elwe Singollo siehe Thingol
Elwing S Quen, RdM; HR I 11, II 1
Engwar siehe Menschen
Ents HR I 2, III 2, 4, 5, 8, 9, VI 6, Anh. F
Entwald HR III 4, 5, 8, 9, VI 7, Anh. E
Éomer HR III 2, V 6, Anh. A
Eonwe S Val, Quen, Akal
Eorl HR III 6, Anh. A
Eorlinger siehe Rohirrim
Éothéod HR Anh. A
Éowyn HR III 6, 7, V 4, 6, 8, VI 5, 6, Anh. A
Erebor H 13-19, NM III 2
Eregion HR II 3, Anh. B; S RdM
Eriador HR Anh. A, B; S Quen, Anh.
Erstgeborene siehe Elben
Eruhini siehe Elben und Menschen
Erusen siehe Elben und Menschen
Esgaroth H 13, 18, 19

F

Falas S Quen
Falathrim S Quen 5, 10, 14
Falbhäute HR Einf., Anh. F
Falmari siehe Teleri
Fangorn siehe Baumbart
Fangorn-Wald HR III 4, 5, 8, 9, VI 7
Faramir HR IV 5, V 4, 8, VI 5, Anh. A
Fastitokalon TB 11
Feanor S Quen RdM, Anh.; HR IV 1, Anh. A, E; BVG (1) V
Felaróf HR III 6, Anh. A
Fenster des Sonnenuntergangs HR IV 5
Feuerdrachen S Quen 13, 20, 23; H 1, 12; HR Anh. A
Fili H 1, 17; HR Anh. A
Finarfin S Quen, RdM
Finduilas S Quen; HR VI 6, Anh. A
Fingolfin S Quen
Fingon S Quen
Finrod Felagund S Quen, RdM, Anh.; HR Anh. A, E; BVG (2) I
Finwe S Quen RdM
Firimar siehe Menschen
Fledermäuse S Quen 19; H 13, 17
Fliegen von Mordor HR VI 2
Flinkbaum HR III 4
Flußfrau TB 1
Forgoil siehe Rohirrim
Formenos S Quen
Fornost HR II 2, Anh. A
Forochel HR Anh. A
Forodwaith HR Anh. A
Frodo Beutlin HR Einf., I 1-12, II 1-10, IV 1-10, VI 1-9, Anh. B, C

G

Galadhrim HR II 6, Anh. B, F; NM II 4
Galadriel S Quen, RdM, Anh.; NM II 4; HR II 7, 9, III 6, V 2, Anh. A
Galenas siehe Pfeifenkraut
Galgenkraut TB 9
Gandalf S RdM; H 1, 6, 10; HR I 1, II 1, 2, 3, 4, 10, III 2, 4, 6, IV 5, V 1, 5, VI 5, 6, 8, 9, Anh. A, B; NM IV 2
Gaurhoth siehe Werwölfe
Geflügelte Untiere HR II 9, III 11, V 4, 6
Geister der Totensümpfe HR IV 2, 3, Anh. A
Gelion (Fluß) S Quen
Ghân-buri-Ghân HR V 5, VI 6
Gil-galad S Quen, Akal, RdM; HR I 3, II 3, 6, 7, Anh. A, B
Gimli HR II 2, 3, 6, 7, 8, III 8, VI 6, Anh. A
Glamhoth siehe Orks
Glaurung S Quen; NM I 2; BVG (2) I, III
Glóin H 1; HR II 1, 2, Anh. A
Glorfindel S Quen; HR I 12, II 1, Anh. A
Goldbeere TB 1, 2; HR I 6, 8
Goldodhrim siehe Noldor
Gollum H 5; HR Einf., I 3, II 2, 9, IV 1, 2, 10, VI 3, 4, Anh. B
Gondolin HR II 4, Anh. A; S Quen; NM I 1; BVG (2) III
Gondor HR II 2, IV 8, 9, 10, V 1, 4, 6, 7, 8, VI 5; S RdM
Gondor-Menschen HR II 2, IV 5, VI 1, Anh. A, B, F
Gonnhirrim siehe Zwerge
Gorbag HR IV 10, VI 1
Gorgoroth HR VI 2; S Quen RdM
Gorgûn siehe Orks
Gothmog S Quen
Grabunholde HR I 7,8, II 2, Anh. A; TB 1
Grau-Elben siehe Sindar
Graue Anfurten HR I 2, II 2, Anh.
Graues Gebirge HR Anh. A; H 1, 9
Grischnákh HR III 3, Anh. E
Große Unholde siehe Uruk-hai
Großes Volk siehe Menschen
Grün-Elben siehe Laiquendi
Grünwald HR Anh. A; S RdM
Gwaihir, Herr der Winde H 6, 7, 17; HR II 2, III 5, VI 4
Gwaith-i-Mírdain S RdM; HR II 2, Anh. B

H

Haladin S Quen 17, 18, 20, 21
Halb-Orks HR I 11, III 4, 9, VI 8
Halblinge siehe Hobbits
Harad HR II 10, IV 5, V 6, Anh. A; S RdM

Haradrim S Quen 18; RdM; HR II 2, IV 3, 4, V 6, Anh. A
Haradwaith siehe Haradrim
Harfüße HR Einf.
Helcar S Quen, Anh.
Helcaraxe S Quen, Anh.
Helm Hammerhand HR Anh. A
Helminger siehe Rohirrim
Helms Klamm HR III 7, Anh. A
Hexenkönig HR I 12, II 2, IV 8, V 4, 5, 6, Anh. A; S RdM
Hexer HR Anh. A
Hildor siehe Menschen
Hobbingen HR I 1, VI 9
Hobbits H 1, 5; HR Einf., I 1, 2, 4, 5, 9, IV 1-10,
V 1, 2, 4, 6, 7, VI 1-4, 8, Anh. F
Hoch-Elben HR I 3, II 4, 6, Anh. B, F
Holbytlan siehe Hobbits
Hornburg HR III 7, Anh. A
Huan S Quen 1, 3, 10; BVG (2) I
Hügelgräberhöhen HR I 8, Anh. A
Hügelmenschen HR Anh. A
Hummerhorns TB 3
Huorns HR III 7, 8, 9, V 2
Húrin S Quen; NM I 2; BVG (2) II

I
Ilmare S Val, Quen
Ilmarin HR II 1, 8; S Anh.
Immertreu siehe Simbelmyne
Imrahil HR V 1, 2, 4, 8, 9, Anh. C
Ingwe S Quen
Isengart HR III 8, 9, 10, Anh. A; S RdM
Isildur S Akal, RdM; HR I 3, II 2, IV 8
Istari S RdM; HR I 1, II 2, 4, 5, III 5, 10, V 1, VI 6, Anh. B
NM IV 2

K
Kaltdrachen HR Anh. A
Kankra HR IV 9, 10
Kelvar S Quen 2
Khamûl NM III 4
Khand HR V 6, Anh. A
Khazâd siehe Zwerge
Khazad-dûm HR II 4, 5, Anh. A, F; S Quen, RdM
Kíli H 1, 17; HR Anh. A
Kirinki NM II 1
Kleines Volk siehe Hobbits
Kleinzwerge S Quen 21, 22
Königskraut siehe Athelas
Krähen HR III 2, 10
Krake HR II 4, 5
Kûd-dûkan siehe Hobbits

L
Laiquendi S Quen 10, 14, 22
Lairelosse NM II 1
Landroval HR VI 4
Laurinque NM II 1
Legolas HR II 2-3, 7-9, III 6, V 9, Anh. A
Licht-Elben S Quen 3; H 8
Lindar siehe Teleri
Lindon HR Anh. A, B; S RdM
Lissuin NM II 1
Lockenblatt HR III 4
Lómelindi siehe Tinúviel
Lórellin S Val
Lórien S Val, Quen
Lossoth HR Anh. A
Lothlórien HR II 6, 7, 8, Anh. B, E; S RdM, Anh.; NM II 4
Lúthien S Quen; BVG (2) I

M
Maiar S Val, Quen 4, 5, 8, 10, 11, 22, Akal
Mallornbäume HR II 6, III 5, VI 9
Mallos HR V 9
Mandos S Val, Quen; BVG (2) I
Manwe S Ain, Val, Quen; BVG (2) III
Mearas HR III 2, 5, 6, Anh. A
Meduseld HR III 6, Anh. A
Melian die Maia S Val, Quen; BVG (2) IV
Melkor S Ain, Val, Quen; BVG (2) IV, VI
Menegroth S Quen, BVG (2) IV
Meneltarma HR Anh. A; S Akal
Menschen S Quen 12, 17, Akal, RdM; HR Anh. F
Meriadoc Brandybock HR Einf, I 3-12, II 1-10, III 1-4,
8-11, V 5, 6, 8, VI 8, Anh. B
Mím S Quen; NM I 2
Minas Anor HR II 2, IV 1, Anh. A, B; S RdM
Minas Ithil HR II 2, Anh. A, B; S RdM
Minas Morgul HR II 2, IV 8, VI 6, Anh. A
Minas Tirith HR II 2, V 1, 4, 6, 7, 8, Anh. A
Mittelerde H 9; HR IV 5, VI 5; S Quen, Akal
Mordor HR VI 1, 2, 3, Anh. A, B; S RdM
Morgoth siehe Melkor
Moriquendi siehe Dunkel-Elben
Mria siehe Khazad-dûm
Muhlipps TB 9
Mûmakil HR IV 3, 4; TB 10

N
Nahar S Val, Quen
Nandor S Quen 3, 10, 14, 21
Nargothrond HR Anh. B; S Quen, Anh.
Naugrim siehe Zwerge
Nazgûl S Akal, RdM; HR I 2, 3, 4, 10, 11, 12, II 2, 3,
III 11, IV 2, 3, V 4, VI 3, Anh. A, B; NM III 4
Nebelgebirge H 5; HR I 11, III 5; S Quen
Neldoreth S Quen 4, 10, 14, 19; HR I 11, III 4
Nessa S Val, Quen
Nessalmelda NM II 1
Nienna S Val, Quen
Nimbrethil S Quen 24; HR II 1
Nimrodel HR II 6, V 9; NM II 4
Niphredil S Quen 10; HR II 6, Anh. A
Noegyth Nibin siehe Kleinzwerge
Nogrod HR Anh. A; S Quen, Anh.
Noldor S Val, Quen 1, 3, 5, 6, 7, 9, 12, 13, 16, 17, 23, 24,
RdM; H 8; HR Anh. B, E; BVG VII
Nómin siehe Noldor
Nordmenschen HR V 6, Anh. A
Nori H 1, 2; HR Anh. A
Númenor S Akal; HR II 1, 2, IV 5, Anh. A; NM II 1
Númenórer S Akal; HR II 1, 2, IV 5, Anh. A; NM II
Nurnen HR VI 2

O
Oghor-hai siehe Wasas
Oilarë NM II 1
Oin H 1; HR II 1, 5, Anh. A
Olifanten siehe Mûmakil
Olog-hai HR Anh. F
Olvar S Quen 2
Olwe S Quen
Onodrim siehe Ents
Ori H 1; HR II 1, 5, Anh. A
Orks S Quen 3, 10, Akal; H 4, 5; HR I 2, II 4, 5,
III 1, 2, 3, 4, V 5, VI 1, 2, Anh. E, F
Orodruin HR VI 3, Anh. A, B; S RdM, Anh.
Orome S Val, Quen
Orthanc HR II 2, III 10, Anh. A; S RdM
Osse S Val, Quen
Ossiriand HR III 4; S Quen
Ost-Elben siehe Avari
Ost-in-Edhil S RdM
Ostlinge S Quen 18, 20, 21, 22, 23

P
Pelargir HR V 9, Anh. A; S Akal, Anh.
Pelennor-Felder HR V 1, 6
Pelóri-Berge S Quen, Anh.
Peregrin Tuk HR Einf., I 3-12, II 1-10, III 1-4, 8-11,
V 4, 7, 10, VI 8, Anh. B

Periannath siehe Hobbits
Pfeifenkraut HR Einf., III 8, 9, V 8
Pferde S Quen 1, 3, 10; HR III 2, 5, 6, Anh. A
Pfuhl der Toten Gesichter HR IV 2
Ponys HR I 6, 8, 11, 12, II 3, 4, V 1, 7, 8, 9
Puckelmännchen HR V 3, 5; NM IV 1

Q
Quendi siehe Elben

R
Raben H 15
Rabenhügel H 11, 15, 17
Radagast H 7; HR II 2, 3; NM IV 2
Radbug HR VI 1
Rauros-Fälle HR II 9, 10; S RdM, Anh.
Region S Quen 4, 10, 14, 16, 22
Rhovanion H 1; HR Einf., Anh. A; S RdM, Anh.
Rhûn HR II 2, 10, Anh. A
Riesen H 6
Rinder von Araw HR V 1, Anh. A
Ringgeister siehe Nazgûl
Roac der Rabe H 14
Rógin siehe Wasas
Rohan HR III 2, 6, 7, Anh. A, B; NM III 2
Roheryn HR V 2
Rohirrim HR II 2, III 2, 6, 7, IV 5, Anh. A, E, F; NM III 2

S
Samweis Gamdschie HR Einf., I 1-12, II 1-10, IV 1-10, VI 1-9, Anh. B, C
Saruman HR I 2, II 2, III 2-4, 9-11, VI 6, 8, Anh. A, B; S RdM; UT IV 2
Sauron HR I 2, II 2, 3, 7, 10, III 2, IV 2, V 10, VI 1-4, Anh. A, B, E; S Val, Quen, Akal, RdM, Anh.
Scatha der Lindwurm HR VI 6, Anh. A
Schagrat HR IV 10
Schattenfell HR II 2, III 2, 6, V 5
Schattengebirge HR IV 8, 9, 10, VI 2; S Anh.
Schauerweihen TB 9
Schicksalsberg siehe Orodruin
Schildkrötenwalfisch siehe Fastitokalon
Schlangenzunge HR III 6, VI 8
Schneemähne HR III 7, V 6
Schneemenschen siehe Lossoth
Schönes Volk siehe Elben
Schwäne S Quen 5; HR II 9
Schwarze Menschen siehe Haradrim und Ostlinge
Schwarze Númenórer S Akal; HR V 10, Anh. A
Schwarze Reiter siehe Nazgûl
Schwärzlinge siehe Haradrim
Schwertelfelder NM III 1; HR Einf., I 2, II 2, Anh. B; S RdM
See-Elben siehe Teleri
See-Menschen H 10, 14
Seregon NM II 1
Simbelmyne HR III 6, V 2, Anh. A
Sindar S Quen 4, 10, 12, 13, 14, 15; HR Anh. B, E, F
Sirion (Fluß) S Quen
Smaug der Goldene H 1, 12, 13, 14; HR Anh. A
Snaga HR VI 10
Spinnen S Quen 8, 9, 14, 16; HR IV 9, 10, VI 1
Starre HR Einf., I 2, Anh. A

T
Taniquelasse NM II 1
Taniquetil S Val, Quen, Akal, Anh.
Tareldár siehe Hoch-Elben
Tarks siehe Gondor-Menschen
Telcontari HR V 8
Teleri S Quen 1, 3, 5, 8, 9, 10, 24, RdM; H 8
Tesarion siehe Weiden
Thal H 2, 12, 17; HR II 1, Anh. B
Thangorodrim HR Anh. A; S Quen, Anh.
Théoden HR III 6, 7, V 6, VI 6, Anh. A
Thingol S Quen; HR II 11, Anh. A, E; BVG (2) IV
Thorin I. HR Anh. A
Thorin II. H 1, 2, 16, 17; HR Anh. A
Thorin III. HR Anh. A, B
Thorondor S Quen
Thráin I H 1; HR Anh. A
Thráin II. H i; HR II 2, Anh. A
Thuringwethil S Quen; BVG (2) I
Tief-Elben siehe Noldor
Tilion S Val, Quen
Tindómerel siehe Tinúviel
Tinúviel S Quen 4, 19, Anh.; HR I 11; BVG (2) I
Tirion S Quen, Anh.; BVG (1) V
Tol Eressea HR VI 5, Anh. A; S Quen
Tol Sirion S Quen
Tom Bombadil TB 1, 2; HR I 6, 8, II 6
Torogs siehe Trolle
Tote Krieger von Dunharg HR V 2, 3, 9, Anh. F
Totensümpfe HR IV 2, Anh. B
Trolle S Quen 20; H 2; HR I 12, II 5, III 4, V 10, Anh. A, F
Trollhöhlen H 2; Hr 1 12
Tulkas S Val, Quen
Tuor S Quen; NM I 1
Turgon S Quen; NM I 2; BVG (2) III
Túrin Turambar S Quen; NM I 2; BVG (2) II

U
Uglúk HR III 3, 4
Uilos NM II 1
Uinen S Val, Quen, Akal
Ulairi siehe Nazgûl
Ulmo S Ain, Val, Quen
Umanyar S Quen 3, Anh.
Umbar HR IV 5, Anh. A; S Quen, Akal
Ungolianth S Quen
Unholde siehe Orks
Unsterbliche Lande HR Anh.; S Quen, Akal
Uruk-hai HR II 5, III 3, IV 10, VI 2, Anh. F
Uruks siehe Uruk-hai
Urulóki S Quen 13, 21
Utumno S Quen, Anh.; BVG (1) III, IV

V
Vaire S Val, Quen
Valar BVG (1) II; S Ain, Val, Quen 1, 2, 3, 7
Valaraukar siehe Balrogs
Valimar S Quen; BVG (1) III, IX
Valinor HR II 1, 8, VI 6, Anh. A; S Val, Quen, Akal; BVG (1) III, IX
Vampire S Quen 19
Vána S Val, Quen
Vanyar S Quen 1, 3, 5, 11, 24
Varda S Val, Quen
Vardarianna NM II 1
Variags HR V 6
Verwunschene Inseln S Quen

W
Wächter HR VI 1, 2
Wagenfahrer HR Anh. A
Wald-Elben S RdM; H 8; HR I 2, II 6, Anh. B, F
Waldläufer des Nordens HR I 9, II 1, 2, V 2, Anh. B
Waldläufer von Ithilien HR IV 4, V 10, Anh. A
Waldmenschen HR Anh. A, B, F
Warge H 6, 17; HR II 4
Wasas NM IV 1; HR V 5, VI 6, Anh. F
Weiden S Quen 14, 20, 23; HR I 6, 7, III 4, VI 6; TB 1
Weidenast HR III 4
Weidenwinde (Fluß) HR I 7; TB 1, 2
Weißer Turm siehe Minas Tirith
Weißes Horn HR II 2, III 7; S Quen
Werwölfe S Quen 10, 18, 19
Werwürmer H 1

West-Elben siehe Eldar
Westmannskraut siehe Pfeifenkraut
Wetterberge HR I 11
Wilde Menschen siehe Wasas
Wilwarin S Quen 3, Anh.
Wölfe S Quen 10, 18, 19; H 6, 17; HR II 4, III 2
Wolfshunde S Quen 19
Wolfsreiter H 17; HR III 2

Y

Yavanna S Val, Quen; BVG (1) III
Yavannamire NM II 1
Yrch siehe Orks

Z

Zauberer siehe Istari
Zirak-zigil HR II 3, 5, III 5
Zirperkirper HR I 11
Zweitgeborene siehe Menschen
Zwerge S Quen 2, 10, 13, 22, RdM; H 1; HR II 4, Anh. A, F

DIE ILLUSTRATOREN

IVAN ALLEN
Titel, 6, 13, 30, 45, 60–1, 92–3, 109, 113, 119, 125, 126–7, 128, 151, 162–3, 174–5, 176, 180–1, 189, 190–1, 195, 224, 233, 236, 244, 246, 251, 252 *(rechts)*, 255, 258, 267, 268

SARAH BALL
22–3, 29, 208–9

GRAHAM BENCE
43, 65, 74–5, 104

RACHEL CHILTERN
112–3, 120–1

SALLY DAVIES
46–7, 48–9, 50–1, 52–3

ANDREW MOCKETT
4, 7, 19, 24–5, 32–3, 66–7, 80–1, 100–1, 112, 130–1, 142–3, 159, 170, 179, 185, 193, 198–9, 203, 206, 207, 212, 213, 216–7, 218, 219, 220, 221, 228, 230, 237, 243, 253, 254–5, 259, 263, 272 (links)

TRACY O'DEA
76–7, 141, 144, 145, 147, 149, 152–3, 167

LIZ PYLE
106–7 und Schutzumschlag

Victor Ambrus 247
John Blanche 40, 58–9, 78, 83
Jaroslav Bradoc 229, 240, 242
Allan Curless 132–3, 160, 168, 172, 186–7, 192, 195, 211, 222–3, 232–3, 238, 266, 272 *(rechts)*, 273
John Davis 66, 230
Michael Foreman 85
Linda Garland 20–1, 57, 117
Pauline Martin 99, 103
Ian Miller 26–7, 34–5, 62–3, 68–9, 73, 88–9, 90–1, 110–1, 138–9, 154, 173, 183, 194, 196, 201, 204–5, 214, 225, 241, 250, 269, 270
Sue Porter 54–5, 94–5, 96–7
Lidia Postma 114–5, 156, 157, 239, 249, 252 *(links)*, 257, 260, 261, 264–5